[제4판]

# 지역사회복지론

전해황 이성윤 송낙길 정주석 염일열 김정호

YANGSEOWON
양서원

## 제4판 머리말

2016년 3판을 발행한 이후 제4기 지역사회보장계획 수립과 복지현장에 많은 변화가 있어, 4판을 발간하였다. 구성은 1부 지역사회복지 이론, 2부 지역사회복지 현장, 3부 실천사례이다. 본 교재 특징은 제4기 지역사회보장계획의 실제를 가감없이 수록하였고, 교육부의 국가직무능력표준(NCS)인 복지프로그램 계획 수립을 현장적용이 가능토록 집필하였다.

첫째, 2018년 전국의 지방자치단체는 제4기 지역사회보장계획을 수립하였고, 13장에 지역사회보장계획을 수록하였다. 커뮤니티케어(Community Care)를 잘 실천하기 위하여 일상생활 돌봄이 필요한 계층이 살던 곳에서 계속 살며, 자택이나 그룹홈에서 살 수 있는 지원서비스를 마련하였다.

둘째, 지역사회복지의 직무요구서인 국가직무능력표준(NCS, National Competency Standards)을 반영하여 14장에 지역사회복지 현장에서 활용할 성취목표, 복지프로그램 계획수립의 프로그램 결정, 목표설정, 세부 프로그램 수립, 예산 및 평가계획 수립을 보충하였다.

셋째, 사회복지서비스를 신청하지 않아도 정부 및 지자체의 6,740개소에서 알아서 맞춤 서비스를 제공하는 차세대보장 시스템을 2022년부터 실시한다. 차세대시스템은 누구나 복지멤버십에 가입하여, 임신과 출산, 자녀의 입학, 실직에 따라 맞춤형 서비스를 제공받는다.

넷째, 정부는 60세 정년을 맞은 근로자 고용을 2022년부터 65세로 의무화할 계획이다. 기획재정부, 고용노동부, 법무부에 인구정책 테스크포스(TF)를 마련하여, 인구구조 변화 대응방안을 내놓았다. 국민연금 수급 연령도 2023년 63세, 2033년 65세로 늘리고, 사실상 앞으로는 정년을 65세로 연장하는 방안을 추진할 계획이다.

끝으로 새롭게 펴낸 지역사회복지론이 학생들에게 더욱 필요하고 알찬 내용과 NCS를 담으려고 많은 노력은 하였으나, 부족한 부분은 제5판 개정에 보충할 것을 약속한다.

여러 대학교에서 본 교재를 많이 사랑해 주시는 사회복지학과 교수님들과 외래교수님께 심심한 감사의 말씀을 드린다. 교재가 나올 수 있도록 도움을 준 양서원 박세원 대표님과 직원 여러분에게도 고마운 마음을 전한다.

2021년 3월

대표저자 전해황 외 저자 일동

# 제3판 머리말

2012년 10월에 개정판을 발행한 이후 지역사회복지 현장에 많은 변화가 있어, 그 주요 내용을 재개정판에 담았다.

첫째, 지역사회복지 현장의 직무요구서인 국가직무능력표준(NCS, National Competency Standards)이 강조되면서, 사회복지현장에서 요구하는 직무능력을 교육훈련 현장에 활용할 수 있도록 성취목표와 학습의 방향을 명확하게 제시하는 가이드라인의 역할을 하고자 한다.

둘째, 국가직무능력표준(NCS) 기반의 창의적 실무중심의 교육실현을 위하여 사회복지프로그램 운영의 한 부분인 사회복지프로그램 계획수립(능력단위수준 5)에 필요한 5가지 부분(프로그램 결정, 목표설정, 세부프로그램 수립, 예산수립, 평가계획수립)을 제 15장에 새롭게 수록하였다.

셋째, 생애주기별 맞춤형복지 제공을 위하여 2013년부터 어려움으로부터 국민을 보호하는 일을 시작으로 기초생활수급자나 차상위계층의 특성에 상응하는 맞춤형복지를 정부에서는 제공하고 있다. 빈곤에서의 탈출과 자립할 수 있는 '복지－고용－성장' 간의 선순환 구조를 정책적으로 시행하고 있는 것이다.

넷째, 대부분 국민이 원하는 자립의 복지체제 지원과 구축을 위하여 근로 유인형 복지급여 체계로 개선(탈수급 의지와 자활의지 제고), 정리해고 요건강화, 정년연장 등으로 고용 안정성을 중앙정부에서는 강화하고 있다.

다섯째, 사회복지 일자리 확충 및 처우개선정책으로 사회복지분야에 우수인력 유입과 서비스 수준을 제고한다. 민간·공공 사회복지인력을 확충하고 돌봄서비스 종사자 처우도 개선하고 사회복지시설 종사자 급여인상 등 근로여건도 개선할 계획이다.

끝으로 새롭게 펴낸 책이 지역사회복지를 공부하는 학생들에게 더욱 필요하고 알찬 내용을 담고자 노력은 하였으나, 부족한 부분이 많아서 다음 개정에 보충할 것을 약속한다.

여러 대학교에서 부족한 교재를 많이 사용해 주시는 사회복지학과 교수님들과 조교 여러분에게도 심심한 감사의 말씀을 드린다.

새롭게 나온 본 교재가 교육부에서 원하는 국가직무능력표준(NCS, National Competency Standards)을 충실하게 담기 위하여 함께 노력해 주신 여러 교수와 현장의 관계자와 실무자 여러분에게도 감사를 드리며, 다소의 미진한 부분은 앞으로 보충해 나가는 데 모든 사람들의 충고와 지도를 기대한다. 이번 교재가 나올 수 있도록 물심양면으로 노력해 주신 양서원 박철용 회장님과 방승준 전무 그리고 직원 여러분에게도 고마운 마음을 전한다.

2016년 8월

저자 일동

# 개정판 머리말

2008년 8월에 초판을 발행한 이후 지역사회복지에 많은 변화와 강조되는 부분이 있어, 그 주요 내용을 개정판에 담았다.

첫째, 지역사회복지의 발전을 위한 사회적 자본(social capital)이 강조되면서, 법과 전통 규범준수와 신뢰, 네트워크, 공익조직 활성화와 시민참여 및 통합이 요구된다.

둘째, 지역사회복지실천의 환경변화로 주민의 자발적 참여와 보건복지통합이 강조되고 있다. 특히 5대 유망 지역사회복지서비스로 간병서비스산업 육성, 맞춤형 보육서비스 확대, 장기요양서비스 내실화, 지역사회서비스 확충, 자활공동체도 2~3천 개 확대할 계획이다.

셋째, 지역의료 및 복지서비스 확대를 위하여, 2012년부터는 전국 어느 곳에서나 30분 이내 응급처치가 가능하도록 하였다. 모든 보건소와 복지센터는 만성질환 관리, 치매조기진단 등 예방적 종합복지서비스를 제공하는 기관으로 육성될 전망이다.

넷째, 2010년부터 '행복 e 음' 사회복지통합관리망을 운영으로 소득과 재산조사통합, 공직자료 연계, 찾아가는 서비스, 맞춤형 서비스, 일괄신청, 공무원 부정소지 및 중복수급방지 등 새로운 시스템의 적용이다.

다섯째, 단기보호사업에서 보호기간이 개인마다 1월에 15일 이내를 이용할 수 있도록 개정되었다.

보건복지부 2010 주요 업무계획에서는 지역사회복지를 강조하면서, 서민생활안정과 15만 개 일자리 창출 그리고 저출산·고령사회에 적절한 지역사회복지의 실천을 강조하고 있다. 그 내용은 서민생활안정사업으로 한시적 대책 종료 후에도 공백 없이 서민을 보호하고, 사회복지통합관리망을 통하여 촘촘하고 효율적인 지역사회복지를 구현하며, 나눔문화를 확산시키고자 한다. 또한 베이비 붐 세대 은퇴에 대비한 선제적 대응과 저출산 극복을 통한 미래잠재력확보에 주력하고, 일자리 15만 개를 창출할 계획이다.

위와 같은 내용을 바탕으로 하여, 이 책의 매 장마다 충실하게 근거규정과 법령에 따라 논의하였으며, 다소 부족한 부분과 첨부되어야 할 내용 등을 보완하였다. 쉽고 정확하고 신선한 내용으로 핵심을 바로 이해할 수 있는 요점정리로 지역사회복지의 지침서가 될 수 있도록 하는 마음은 한결같다.

지난 2년간 많은 사회복지가족으로부터 받은 성원과 후의에 다시 한번 감사드린다.

이 책이 앞으로도 더욱 알차고 충실한 내용을 담을 수 있는 격려와 지적을 당부드리며, 지역사회복지에 관심이 있는 여러분의 앞날에 영광과 행운이 늘 함께 하길 빈다. 그리고 개정판이 나올 수 있도록 도와주신 공동저자와 양서원 박철용 회장님과 직원 여러분에게도 감사드린다.

2010년 8월

저자 일동

# 머리말

지역사회는 인간성 형성의 장, 진정한 삶의 현장, 인간 존재의 의미와 가치부여, 행복한 시간을 누리는 창조의 공간으로 사랑과 평등, 행복의 나눔과 창조의 공동공감체와 함께 더불어 살아가는 자기의 몸같이 아끼는 사랑의 공동체의 장으로 자신과 연결을 하여야 한다. 지역사회의 구조와 기능을 파악하여 자신과 의미 있는 관계를 유지하여, 가능한 한 모든 접근방법을 습득하고 적용하여 자신의 정체성을 찾아야 한다. 주민 개인이 정체성을 찾기 위해서는 삶의 당위적 본질인 사회인으로 기본적 양식을 습득하여 지역사회 발전의 중추적 역할을 하여야 하며, 훌륭한 지역사회문화의 전승과 새 문화 창출을 통하여 지역사회 발전을 위한 비전과 전략을 가지고 적절한 제도와 정책이 뒷받침되어야 하겠다.

우리나라 지역사회복지의 역사는 고조선시대의 상호부조 형태의 자원봉사 역사를 시작으로 삼국시대의 두레, 고제의 상호 보완적·협력적 관계를 유지하면서 자연재해 극복을 위한 구제사업과 경로수양에 역점을 두었다. 고려시대에는 충효·자비사상으로 의료, 자연재해, 경로 및 아동사업으로 일체감을 조성하였으며, 조선시대에는 향약과 계 그리고 두레가 성행하여 지방자치제, 경로사업, 자연재해피해구제가 주요 구휼사업이었다. 이처럼 우리 조상에게는 때로는 자원봉사활동으로 어려운 이웃에게 따뜻한 노동력 제공과 음식기부 그리고 농사까지 도맡아 지어 주는 아름다운 전통이 있었다.

1970년대부터 오늘에 이르기까지 공업화, 소득향상, 저축증대 및 수출정책, 새마을운동 등을 통하여 높은 교육열과 성취동기를 통하여 우리 사회는 많은 발전을 하였다. 오늘날 사회복지사업법과 자원봉사활동기본법 등 수많은 지역주민의 욕구를 충족시켜 주기 위한 각종 사회복지법이 통과함으로써 지금까지는 제도적으로 크게 혜택받지 못했던 어렵고 소외된 주민에게 크게 도움이 되고 있다.

최근 세계적으로 지역사회복지의 흐름은 시설복지에서의 예산의 한계를 느끼면서 지역사회를 중심으로 하는 지역사회복지에 많은 관심이 생겼고 지역주민의 자원봉사를 통하여 민간 차원의 많은 부분에서 활성화되어 가고 있다. 특히 지방자치시대를 열면서 지역의 특색과 자연환경을 잘 보전하여 이를 바탕으로 하는 특성 있는 지역사회로 발전을 위하여 많은 노력과 정책이 강구되고 있다.

이러한 각종 사회적 요구와 지역주민의 욕구를 지역사회에서 잘 해결하기 위해서 필요한 내용을 바탕으로 하여, 제1부에서는 이론적 배경을 중심으로 지역사회의 개념과 유형, 지역사회복지의 의의, 지방자치와 지역사회복지, 지역사회복지의 실천이론과 모델을 살펴보았다. 제2부에서는 지역사회복지현장에서 주민의 욕구해결에 적절한 방법을 찾아보기 위하여 지역사회복지실천의 환경과 사회복지관, 재가복지봉사센터, 지역사회복지협의체, 사회복지공동모금회, 자원봉사센터, 지역자활센터의 현장을 점검해 보았다. 제3부에서는 지역사회복지의 실제인 지역사회복지계획의 실제와 사회복지 프로그램의 실제를 알아보았다. 특히 각 장마다 요점정리를 통하여 사회복지사 1급 시험에 크게 참고가 될 것으로 예상한다.

지역사회복지가 더욱 발전하기 위한 실천과제는 첫째, 지역사회의 각종 문제해결을 위한 지역사회와 주민의 적절하게 변화되는 모습이 요구되며, 둘째, 효율적 지역사회복지의 체제구축을 위한 사회복지의 각종 제도의 개혁이 이루어져야 하고, 셋째, 지역사회의 사회복지통합체제를 위한 전달체계 확립이 필수요소이며, 넷째 지역사회의 주민공동체 형성과 지역사회복지의 브랜드화로 요구된다.

끝으로 한 권의 책이 집필되기까지 함께 노력하시고 협력해 주신 여러 교수와 현장의 지역사회복지관계자와 실무자 여러분에게도 감사의 말씀을 드리며, 이 책이 다소의 미진한 부분은 앞으로 보충해 나가는 데 모든 사람들의 충고와 격려를 희망한다. 이번 교재가 나올 수 있도록 물심양면으로 노력해 주신 양서원 박철용 회장님과 관계직원 여러분에게도 고마운 마음을 전한다.

2008년 8월

저자 일동

# 목차

# Part 03 지역사회복지의 실천사례

# 제 1 부

# 지역사회복지의 이론

제1장 | 지역사회 개념과 기능

제2장 | 지역사회복지의 의의

제3장 | 지방자치와 지역사회복지

제4장 | 지역사회복지실천의 이론

제5장 | 지역사회복지실천의 방법

# 지역사회 개념과 기능

## 1. 지역사회의 개념

### 1) 지역사회 이론

인류가 처음 사회를 형성한 마을로서 씨족공동체를 이루어 산과 강에서 의식주 해결이 가능한 채취 가능 지역을 찾아 유목생활을 했을 시대의 농경사회는 물과 음식을 채득할 수 있는 곳이 지역사회의 출발이었다. 산업사회 이후는 무역과 산업생산물의 출현과 시장형성으로 지역별로 경제블록이 형성되어 경제공동체가 형성되었으며, 자국의 이익보호와 다른 나라와 경제이익을 위한 연합과 정보교환이 많은 부분에서 이루어져 연합된 블록의 경제화로 발전되었다. 그 이후 정보화 시대가 도래하면서 이념과 국경, 그리고 사상을 넘어 전 세계가 공통적으로 특정 문제를 해결하고, 첨단정보통신과 지식, 기술을 가지고 하나의 산업공동체로서 전 세계를 하나의 지역개념으로까지 이해하기에 이른 것이다(정지웅, 2002: 2-3).

그러나 우리 사회의 지역사회 현실은 황금만능주의에 따라 인명경시사상이 팽배해 있으며, 소수의 사람과 조직에 따른 지역세력화 현상과 잦은 이사로 인하여 이웃 간 공동체 형성이 어렵고, 지역사회 공동체 해체 현상 등 많은 문제와 갈등이 존재하고 있는 것이다.

정지웅(2002)은 지역(region)을 물리적 형태를 가진 일정한 영역의 공간을 의미하는 것이다. 전체의 일부지역으로서 최소한의 지구상 한정된 공간을 말하며, 인위적 지역사회의 경계를 설정하여 구분할 수 있는 특성을 지닐 수 있다. 우리나라의 경우 17개 시·도 단위 지역으로 구분하거나, 광역권인 수도권, 충청권, 영남권, 호남권으로도 구분할 수 있다.

지역사회에 관한 이론은 지역사회 상실이론, 지역사회 보존이론, 지역사회 개방이론으로 구분된다(오정수 외, 2006: 22).

첫째, 지역사회 상실이론은 순수·혈연 집단인 가정의 해체, 공동체 붕괴, 산업화된 도시에서의 비인간적 사회관계발전의 특성이 있다. 지역사회 공동체는 씨족사회처럼 복구될 수 없는 잃어버린 세계로 이해된다. 상실된 지역사회의 기능을 대체할 수 있는 방법으로 사회복지제도의 개입이 필요하다. 이는 혈연집단인 가정과 가족의 관계 사회집단구성원 상호재결합을 바탕으로 개선하는 데서 출발하여야 한다.

둘째, 지역사회 보존이론은 현대사회의 도시인도 혈연, 이웃, 친구들에 의한 사회적 관계망(social network)을 여전히 갖고 있다는 것이다(Mayo, 1994: 53). 따라서 현대사회에서도 사회적 안전망을 육성함으로써, 전통사회의 사회연대적 기능을 보존할 수 있다고 본다. 우리 사회는 사회연대의식이 많아 아직도 집안에 애경사가 있으면 많은 이웃과 친지, 지인들이 함께 모여서 상부상조하는 모습은 어느 곳에서든 찾아볼 수 있다.

셋째, 지역사회 개방이론은 혈연, 노동, 주거, 직업, 관심 등 폭넓은 관계망이 세계적으로 지역적으로 일반화되고 있다. 지역사회개방(community liberated)이란 좁은 지역성에서 탈피한 새로운 개념으로, 다양한 사회적 관계망의 관점에서 공통의 이해관계와 비공식적 연계 관심의 개념을 통합시키고 있다. 이는 지역사회 상실이론과 보존이론의 제3대안으로 제시되었다. 여기에서 지역사회 개방이란, 기능적 의미가 크며, 사회적 지지망의 관점에서 공식 및 비공식적인 연계를 강조하고 있다.

정지웅(2002)은 지역사회를 이해해야 할 필요는 지역사회라는 단위 속에서 개인이 원하든 원하지 않든 이웃의 영향을 받고 주면서 살아가는 것은 인간의 본질이 사회적 동물이기 때문이다. 개인의 존엄성을 인정하면서 지역사회의 발전에 기여하고, 사회의 총체 속에서 개인의 다양한 장점과 아이디어를 발휘하는 문제는 매우 중요하고 필요한 요소이며, 지역사회의 필요성은 다음과 같다.

① 지역사회는 인간성 형성의 장, 인간 존재의 의미와 가치부여, 진정한 삶의 현장, 행복한 시간을 누리는 창조의 공간으로 사랑과 나눔, 평등, 정의, 행복의 나눔과 창조의 공동 공감체, 더불어 살아가는 자기의 몸같이 아끼는 사랑의 생활공동체의 장으로 자신과 연결하여야 한다.

② 지역사회의 기능과 구조를 파악하여 개인의 욕구와 의미 있는 관계를 유지하며 지역사회와 가능한 모든 접근방법을 습득하고 적용하여 개인별 정체성을 찾는 공간으로 활용하여야 한다.

③ 지역사회의 구성원으로 사회구성의 한 사람으로 기본양식을 습득하여 지역사회 발전의 중추적 역할을 담당하는 공간이어야 한다.

④ 생활공동체의 본질인 타인에 대한 배려와 관심으로 더불어 살아가는 주체가 된다.

⑤ 훌륭한 지역사회문화의 전승과 새로운 문화 창출에 노력하며, 지역사회발전을 위한 비전과 전략을 제시한다.

⑥ 참된 자아실현과 지역사회의 근본을 이해하여 인간의 삶을 이해하고, 사회의 아이디어 창출자로 자질을 함양하여, 지구촌 시대의 세계시민으로 자질을 높인다.

⑦ 지역사회의 근본적 문제 이해를 위하여, 당면문제의 기본적 이해와 해결방향, 그리고 미래의 방향을 제시한다.

지역사회이론을 통해서 우리가 생각할 수 있는 것은, 지역이란 물리적 형태를 가진 일정한 영역의 물리적인 공간을 의미하며, 인위적 지역사회의 경계를 설정하여 구분하는 특성을 지닌다.

지역사회 역할은 인간성 형성의 현장으로 인간 존재의 가치부여와 인간관계와 삶에서 행복한 시간을 누리는 가정과 이웃, 가족과 행복을 함께 하는 공간이어야 한다. 지역사회는 사랑과 나눔, 평등과 정의, 참된 자아실현을 위한 실천현장으로 발전하여야 하며, 더불어 살아가는 생활공동체의 현장을 자신과 연결하는 공간으로 조화롭게 선용되어야 한다. 지역사회와 마을 그리고 도시의 아파트단지는 서로 비슷한 혈연, 이웃, 친구들에 의한 전통적 사회안전망을 갖고 있으므로 복지국가의 제도적 역할을 축소시키며, 가족이나 지역사회가 갖고 있는 상부상조의 기능이 강조되어야 한다. 특히 지역사회의 개방은 혈연, 노동, 주거, 직업, 관심 등 폭넓은 관계망의 틀 속에서 다양한 사회적 관계망을 바탕으로 비공식적 연계와 공통의 이해관계와 관심에 기초한 개념을 결합시키는 일이라고 할 수 있다.

### 2) 지역사회의 어원

지역사회는 영어 community로 번역하고 있는데 'common', 'commune', 'communal'라는 같은 어원을 가지고 있는 '공동체', '공동소유'로 해석하고 있다. 'communis'는 중세때 라틴어에서 처음 사용된 것으로 함께(com)와 봉사하는 일(munis)의 합성어로 모두가 함께 참여하고 동참한다는 뜻을 지니고 있다. 그리고 community는 친하게 교제한다는 뜻(commune)에 ~ity를 붙여서 공동체, 공동사회라는 명사가 된 것이다.

또한 의사소통(Communication)이라는 의미와 뜻도 지니고 있다. 따라서 지역사회란 어떤 조직이나 기관을 직접 의미하지 않으므로 특정 지역이나 마을을 의미하는 지역성보다는 공통된 당면과제에 대한 연대적 협동성과 이익집단으로서 커뮤니케이션의 역동성이 강화되어 가고 네트워크화되어 가는 성향을 보이고 있다.

민중서림 에센스 영한사전에서 community(지역사회)의 뜻은 ① (정치·문화·역사를 함께 하는) 사회, 공동사회, 공동체, ② 지역사회, ③ 공중, ④ (생물)군집, ⑤ (사상·이해 따위의) 공통(성), ⑥ (재산의) 공유, ⑦ (이해를 같이 하는) 단체, ⑧ 공동(사회)생활, 일정한 계율에 따라 공동생활을 하는 집단으로 표기하고 있다.

정지웅은 지역사회연구는 고대로부터 지리학에서 많은 연구가 되어 왔으나, 전문적으로 연구가 시작된 것은 19세기에 철학으로부터 독립되어 발전되면서부터이며 사회학과 인류학에서 깊이 있는 연구가 계속되어 왔다고 지적하고 있다. 특히 20세기에 들어와서 낙후된 농어촌을 개발하여 빈곤으로부터 탈출과 적은 예산으로 큰 효과를 얻을 수 있는 농촌사회학과 산업화된 도시를 전통과 관습을 바탕으로 균형 있는 도시로의 발전을 위한 도시사회학과 도시생태학으로 나누어 연구되어 왔다.

지역사회 개념의 관점은 ① 구조적 관점, ② 사회심리적 관점으로 구분된다. 구조적 관점으로 Durkheim은 지역사회를 사회의 고리인 개인형성과 사회화와 변형을 위한 연결고리로 파악하였다. 사회심리적 관점은 주민의 상호작용을 통한 공동유대감을 강조하고 있다.

### 3) 지역사회의 기본요소

워렌(Ronald L. Warren, 1983)은 '좋은 지역사회의 조건'으로 첫째, 인간적 기초 위에 서로 존중하며, 둘째, 지역사회 내 권력이 광범위하게 배분되고, 셋째, 지역사회의 다양한 집단(소득집단, 인종집단, 종교집단, 이익집단)을 포용하며, 넷째, 높은 수준의 사회통제가 있어야 하고, 다섯째, 의사결정과정에서 협력을 극대화하고 갈등을 최소화하는 것을 말하고 있음은 많은 교훈이 되고 있다. 워렌의 지역사회의 기능 비교 척도는 ① 지역적 자치성, ② 서비스 영역의 일치성, ③ 지역에 대한 주민들의 심리적 동일시를 기준으로 평가하였다(김동훈: 24-25). 이를 바탕으로 하여 지역사회의 기본요소를 살펴보면, 일정한 지리적 공간을 공유하면서 지역주민이 있어야 하고, 주민 상호 간 사회적 상호작용이 빈번하게 수시로 이루어지면서 공동의 목적을 가지고 공동의 유대감을 가져야 한다.

#### (1) 일정한 지리적 공간의 공유

지역사회를 구성하기 위해서는 일정한 지리적 공간을 공유하면서, 함께 더불어 사는 삶의 터전으로서 지리적 공간은 중요하다. 우리 속담에 '멀리 있는 친척보다도 가까운 이웃이 낫다.'는 말은 이웃과 함께하는 삶이 얼마나 중요하고 지역이라는 공간이 우리에게 미치는 영향이 큰 것임을 알 수 있다. 특히 오늘날은 지식·정보화 시대이기 때문에 지식과 정보를 함께 공유하면서 가까운 이웃이나 직장동료들과 더불어 살아가는 창조적 민주주의(함께 더불어 잘사는 사회구현의 원칙)가 강조되기도 한다. 물론 과학문명과 교통, 통신의 발달에 힘입어 세계가 일일 생활권이 되어 세계가 하나 되는 지구촌 시대에서의 지역사회범위는 더욱 넓어지고 있는 것이 현실이다. 즉 지역사회란 일정한 지리적 공간에서 함께 사는 사람들의 집단사회라 할 수 있다.

### (2) 지역주민

지역사회의 구성에 가장 중요한 요소는 그 사회의 주민이다. 민주주의 원천의 힘이 주민으로부터 나오듯이, 어떤 사회이든 주민의 삶에 기본적 인간존중의 사고와 기본적 생활유지를 위한 각종 제도와 정책기준의 초점을 두어야 한다. 특히 현대사회의 역기능으로 나타나고 있는 황금만능주의에 인간의 존엄성 상실과 도덕성이 무시되는 현상은 우리 세대들이 꼭 풀어야 할 사회적 과제이며, 지역사회에서는 주민의 입장과 역할이 강조되어야 한다. 이를 위해서는 주민 중심의 철저한 주민의견 반영과 주민의 적극적 참여, 그리고 주민의 다양한 의견수렴이 함께 체계적이고 효과적으로 이루어질 수 있는 사회구조적 시스템과 사회복지적 분위기가 성숙되어야 한다. 특히 복지사회 구현을 위한 주민의 삶의 질 향상과 문화, 레포츠, 취미활동 등에 보다 많은 관심과 예산이 집중되어야 한다.

### (3) 사회적 상호작용

인간은 사회적 동물이며, 혼자 살아갈 수 없는 사회·문화적 특성을 갖고 있다. 물론 언제나 협동하면서 살아갈 수는 없으나, 많은 부분에서 상호 유기적 관계를 맺기 위하여 노력하는 것은 동물과 다른 점이기도 하다. 사회적 상호작용의 구분은 첫째, 상호 보완적 관계, 둘째 상호 긴장적 관계, 셋째 상호 협동적 관계로 나눌 수 있다. 상호 보완적 관계는 인간은 자신이 부족한 부분을 상대방에게서 찾는 것을 의미하며, 상호 긴장적 관계는 사회활동을 하면서 인간은 가끔은 서로가 경쟁을 하면서 긴장적 관계도 유지하는 것을 뜻한다. 상호 협동적 관계는 인간은 사회적 동물로 어떤 일을 추진하면서 서로가 협동하면서 발전하는 것을 의미하며 이러한 모습은 자연스러운 일 중 하나이다.

현대사회는 이러한 인간의 관계를 통하여 모든 일들이 이루어지고 평가되기 때문에 더욱 그렇다. 가정생활, 학교생활, 사회생활, 노후생활에 이르기까지 인간적·업무적 관계를 잘하는 사람과 집단은 잘 발전하여 번영하나, 이러한 관계를 잘 맺지 못하는 개인과 집단은 많은 어려움과 함께 쇠퇴한다. 이러한 사회적 작용을 잘할 수 있는 방법으로 상대방의 입장에서 원인을 생각해 보고, 함께 발전할 수 있는 방법과 각자의 역할을 분담해 주며, 좀 더 크고 높은 유익한 개인적·집단적 목표를 선정하고, 이 목표를 달성하기 위해서는 상호 협동적 관계를 유지·발전시켜야 한다. 그리고 개인의 신체적 약점이나 집단의 가치기준에 대한 평가절하의 언행은 삼가고, 오히려 함께 발전할 수 있는 상생의 전략으로 시너지 효과를 누릴 수 있는 방향으로 나아가야 한다.

#### (4) 공동의 유대감

인간이 공동의 유대감을 갖기 위해서는 함께하는 가치체계와 규범, 사회분위기, 공동의 목표, 생활 속의 상호 협동 등이 중요하다. 우리 사회는 '우리'라는 말이 나와 타인을 구분할 수 없을 만큼 혼동하여 사용되고 있다. 예를 들면 우리 학교, 우리 마을, 우리 가정 등이다. 전통적 우리 사회는 마을을 중심으로 하는 촌락 주민공동체를 이루며, 사회규범을 공유하고, 농업생활과 일상생활 속에서의 협동하며, 주민의 성원이 자연스럽게 충원되며, 고유의 신앙과 길흉사 때에도 마을이 한 가족처럼 희로애락을 함께해 온 민족이었다.

도시화에 따른 사회발전은 황금만능주의에 따른 인간성 상실과 도덕성 결여를 불러왔고 그 결과 주민공동체 의식이 퇴색되어가고 있는 것이 우리의 현실이기도 하다.

공동체의식의 표상이 되는 소재는 공동체규범과 체제에서도 찾아볼 수 있다(최대권, 1977). 전통적으로 마을 내부의 사회질서와 정의는 마을 내 도덕과 관습에 의하여 실현되고, 유교적 규범체계가 대인관계를 지배하고 있었다. 집안싸움은 담 밖으로 나가지 않게 하고, 이웃 간 싸움은 마을 밖으로 내보내지 않는 것이 전통적 규범이었다. 마을의 전통적 공동체규범이 주민의 구속력을 갖게 하는 근거는 ① 개인을 초월한 공동체규범과 개인 간의 약속이 이분화된 상태로 있기 때문이고, ② 마을의 공동체규범이 가족의 유교적 규범과 이분화된 채로 밀접하게 관련이 있으며, ③ 행동과 의식의 개인적 영역과 공동의 영역이 이분화된 채로 남아 있기 때문이고, ④ 마을 주민의 우리와 남에 대한 의식 때문이며, ⑤ 개인의 다양성과 허용범위가 매우 적고, ⑥ 전통적 염치문화가 마을사람에게 주는 심리적 압박이 국가의 형벌보다 무섭게 느껴지며, ⑦ 주민 간 상호성 원리에 따라 공동체규범의 지지에도 상호 의존성이 강하기 때문이다.

1970년대 조국근대화 운동으로 대칭되는 수출증대운동과 저축운동, 그리고 새마을운동은 국민 1인당 GDP를 67달러에서 3만 달러 시대로 끌어올리는 데 주도적 역할을 한 주민공동체운동이다. 한강의 기적과 세계경제사의 압축성장이라는 신 용어를 창출하였으며, 각급 시민운동을 통한 주민공동체 형성과 월드컵 4강 신화, 그리고 세계경쟁력 10위권 진입 등 모든 것은 한민족 생활공동체를 바탕으로 발전의 기반을 다진 당연한 결과이기도 하다.

### 4) 학자별 지역사회의 정의

지역사회의 정의는 일정한 지리적 공간의 공유, 지역주민, 사회적 상호작용, 생활공동체정신 등 4가지로 구분할 수 있으나 학자별로 주장하는 내용은 다소의 차이가 있으며, 그 내용은 다음과 같다.

Sanders(1958)는 지역사회학의 효시로 보아도 될 만큼 광범위하게 다루었는데 사회적 특성과 사회의 주요 체계 그리고 사회발전으로 나누었다.

첫째, 지역사회의 사회적 특성을 ① 지역(정주, 공간, 경계, 설치물), ② 주민, ③ 직업과 직장, ④ 연계망과 소통, ⑤ 전통적 가치체계, ⑥ 사회계층, ⑦ 사회집단, ⑧ 교제의 광장(협동, 갈등, 동화 등), ⑨ 사회변화, ⑩ 사회통제, ⑪ 사회체계(생태적, 인구학적, 문화적, 시간적 환경과 구성요소) 등의 11가지로 나누었다.

둘째, 지역사회 주요 체계를 ① 지방행정, ② 경제, ③ 가족, 종교, 도덕성, ④ 교육, ⑤ 보건과 사회복지, ⑥ 여가, ⑦ 사회체계의 운용 등 7가지로 나누었다.

셋째, 지역사회의 발전행위로는 지역의 물리적 계획(physical planning)과 지역사회개발(community development)을 지적하고 있다.

1901년부터 1950년까지의 지역사회학에 관한 문헌조사에서 Hillery는 무려 94개의 지역사회(community)에 대한 정의를 분석하고 있다. 이들 정의는 그 내용에 있어 상당한 차이점을 내포하고 있으나, 대부분의 정의는 지역사회의 구성요소로서 다음의 세 가지를 포함하고 있다고 Hillery는 결론을 내리고 있다. 즉, 지역(area), 공통적 유대감(common ties), 사회적 상호작용(social interaction)으로 일정한 지역 내에서 공동의 유대를 가지고 사회적 상호작용을 수행하는 인간집단이라고 정의하였다.

지역사회의 개념이 위의 세 가지 속성을 포함한다는 점에는 거의 모든 학자가 동의할 수도 있겠지만, 이 세 가지 속성이 구체적으로 무엇을 의미하는 것인지에 대해서는 이견이 있을 수도 있다. 예를 들어 '지역사회'의 경계를 어떻게 결정할 것인가? 동일한 지역사회를 정부의 단위로 보느냐, 심리적 실체로 보느냐, 경제적 집단으로 보느냐 또는 상호작용의 조직으로 보느냐에 따라 경계가 달라질 수가 있기 때문이다. 그러나 과거의 지역사회는 상대적으로 구분하기 쉬웠지만, 오늘날의 지역사회는 지리적으로 관찰하고 정의하기가 더욱 어려워졌으며, 사회적 상호작용의 유형도 더욱 복잡해졌다. 경제적 측면도 자급자족적 경제단위에서 국가 및 세계시장과 밀접한 관계를 가지는 의존적 단위로 바뀌고 있다. 이러한 변화의 결과로 새로운 형태의 지역사회가 출현한다.

지역사회를 구조적·사회심리학적 관점에서 보는 학자들로 프랑스 사회학자 Durkheim의 구조적 관점은 "국가는 개인으로부터 분리되어 있기 때문에 지역사회 도움 없이는 사회화 기능을 수행할 수 없다"고 하며 지역사회를 강조하였다.

독일의 사회학자 Tönnies는 공동사회와 이익사회로 구분하였다. 공동사회는 혈연과 지역과 공동운명체를 바탕으로 이루어진 소규모 대면사회로, 가족, 촌락이 여기에 속한다. 이익사회는 이해관계에 기반을 둔 합리적 의지의 산물로 기업, 정당이 여기에

속한다. Tönnies는 인간사회는 공동사회에서 이익사회로 발전하며, 산업화 이후 가속화된다고 보고 있다. 2가지 속성을 보여주는 협동사회(Genossenschft)도 존재하는데 교회, 학교, 국가가 그 예이다.

김영모는 지역사회의 개념을 이익집단과 사회적 지역집단으로 구분하고 있으며, 이를 충족시키기 위해서는 지리적 영역과 공동생활영역을 동시에 공유해야 한다고 보고 있다. 정지웅과 최상호는 지역사회란 일정한 영역에서 공동의식과 그 영역의 소속감을 갖고 활동하는 포괄적 정의를 내리고 있다.

일본의 소노다 고오이치는 지역사회와 공동사회라는 두 가지 의미를 포함시켜서 정의하고 있으며, 일본 자치성 연구회는 생활의 장으로서 주민의 자주성과 책임을 자각한 개인과 가정을 주체로 하여 지역성과 각종 공동목표를 가진 개방적이며, 구성원 상호 간 신뢰감이 있는 집단으로 정의하고 있다.

Olsen은 지역사회의 구성요소를 물리적 배경, 지역주민, 사회조직 등 세 가지 요소로 구성하고 있으며, 특히 지리적 한계를 지양하고 하나의 세계(one world)로 확장하여 연결시키려는 개방적 입장을 취하고 있다.

Cook은 지역사회를 공동생활(life-sharing)의 배경이며, 공동생활의 영위과정으로 보았으며, 이를 위한 7가지의 개념을 다음과 같이 정의하고 있다. ① 인구의 집합체, ② 일정한 지역 안에서의 거주, ③ 역사적 유산의 공유, ④ 기본적 봉사기관의 소유, ⑤ 공동생활양식의 참여, ⑥ 통일성의 의식, ⑦ 협동생활의 가능성이다.

MacIver는 지역사회는 공동의 생활권으로 그 토대로 지역(locality)과 공동체의식(community sentiment)을 지적하고 있다. 지역성은 사회적 유사성, 공통된 사회적 표현, 공동의 전통과 관습, 공속감이며, 공동체의식으로 우리의식, 역할의식, 의존의식을 들고 있다.

지역사회란 일정한 지리적 범위 내의 사람들의 집단 또는 공동의 이해관계, 소속감, 문화에 기초하여 활동하는 사람들이 집단으로 구성하는 사회적 단위라고 정의하고 있다(황성철, 1997: 5-6). 결국 지역사회는 도시와 농촌에 관계없이 지역성에 기초를 두고 있지만 그 경계가 모호해지고 있으며, 공간적 단위보다는 주민이 가지고 있는 흥미와 문제에 기초한 네트워크 차원의 지역사회가 더욱 더 보편화되어 그 특질도 공동사회에서 이익사회적 성격으로 변모해 가고 있다고 할 수 있다.

### 5) 지역사회의 주민운동

한국사회의 대표적 주민공동체운동은 시민운동과 비영리조직운동(NGO 및 NPO)과 새마을운동으로 대칭될 수 있으며, 시민운동은 종교 및 시민 스스로의 조직이념과 사상을 바탕으로 나름대로 지역사회발전에 기여하여 왔다. 특히 1970년대 새마을운동은 한국인에게 면면히 이어져 내려오는 근면, 자조, 협동의 3대 정신을 바탕으로 문화전통에 바탕 위에 공동체의식을 두고 마을의 공동사업을 기초하여, 편리한 주변환경개선과 지역주민의 참여를 바탕으로 소득증대를 통한 생산성 증대와 새마을회관 건립을 통한 지역주민의 생활공동체 현장으로 발전시켜 나갔다.

농어촌의 주민공동체생활은 국가사회의 경제에 밀접하게 통합되면서, 전통적 주민생활공동체의 리듬이 깨어지고 두레와 품앗이, 상부상조하는 전통문화의 협동실행과 동제를 비롯한 마을 주민공동체의 종교적 신앙과 전통의례도 사라져 가고 있으나 아직도 면면히 남아 있어 발전의 가능성은 많이 남아 있다(전해황, 2004: 8). 그 예로 전통적 가치와 규범의 변화는 젊은 세대에게 크게 영향을 미쳐 기존세대와의 큰 격차를 나타내고 있으나, 우리 주변에서는 아직도 고향의 생활공동체를 그리는 고향공동체에 대한 향수는 크게 남아 있다. 즉, 설과 추석 때 몇 시간 또는 몇십 시간씩 도로에서 밀리면서도, 고향을 찾는 귀성객의 모습에서 이를 볼 수 있다. 고향을 떠난 많은 사람들이 촌락의 공동체 규제를 벗어나 개성과 자율에 따라 도시에서 생활은 하고 있으나, 고향의 부모님과 그 정취인 촌락생활공동체는 곧 그들의 내면 세계를 이끌어 가는 근간이 되고 있음이다.

이런 점에서 한국의 도시인은 비록 도시에서 살고 있지만, 그들 중 대부분은 아직도 주민공동체의 생활원리에 따라 행동하고 있는 것 같다. 도시생활 속에서 친척과 이웃, 그리고 고향사람과 학교동창, 직장동료들과의 정기적 만남을 통하여 친밀한 인간관계를 확대함으로써, 급격히 변화하는 도시생활 속에서 개인의 고립된 원자화와 소외감을 줄이고, 정서적 만족과 사회경제적 안정을 찾고자 하는 것은 우리의 전통관습에 뿌리 박혀 있는 호혜성 원리에 근거하고 있는 것이다(한상복, 1984: 24).

현대사회는 교통·통신의 발달로 거리 마찰이 극소화되고, 장소의 의미가 상실된 것처럼 보이는 세계화된 사회에서, 역설적으로 일상적 생활공간에 기초한 공동체에 대한 관심이 되살아나고 있다. 그리고 공동체에 대한 공간적 관심도 현대인의 삶을 기본적 조건으로 특정 짓고 있는 도시라는 공간으로 확장될 필요가 있다.

공동체적 도시계획의 대표적 사례는 쌩시몽의 '새로운 사회' 이념을 전승한 푸리에의 파랑(phalanx), 오웬의 뉴라나이크(Newlanak) 및 뉴하모니 공동체가 있으며, 이는 유토피아 건설을 위하여 공동체 공간건설과 새로운 경제적·사회적 관계가 이루어지는 자급자족 및 협동공동체를 건설하려고 했다. 현재 우리나라에서 나타나고 있는 도시공동체운동은 협동조합운동, 생태공동체운동, 주거공동체운동으로 구분된다. 특히 주거(아파트)공동체운동의 관심이 크게 확대되고 있는데 도시생활에서 나타나고 있는 다양한 문제들과 소외감을 주거공동체 구축을 통하여, 집단적 행위로 문제를 해결하거나 정서적으로 안정감을 찾는 데는 주거공간을 기초하고 있다는 점에서 구체적 의미를 가진다.

### 6) 미래 지역사회의 역할과 발전방향

지역사회의 현실은 사회적 조직으로서의 특징인 생활공동체의식을 대부분 상실하였다. 특히 대도시일수록 심하고, 지역사회가 소수의 지역유지들에 의하여 좌우되고 있으며, 지역언론의 정치세력화도 문제로 지적되고 있다. 지역사회가 경제적 기능을 상실하는 베드타운 문제나 황금만능주의에 의한 인명경시사상과 지역사회의 공동체 해체현상인 공간의 상품화, 도시의 재개발, 사적 이익 추구 등이 그 예이다. 이를 잘 극복하여 새로운 지역사회를 건설하기 위해서는 주민공동체 형성이 시대적 과제이며, 해결하여야 할 과제이다.

미래의 지역사회발전을 위해서는 다음 몇 가지를 참고하여 새로운 시각과 방향의 설정이 필요하다. 인간은 태어나서 죽을 때까지 지역사회라는 공간에서 모든 사람과 삶을 영위하며, 주변 사람과 영향을 주고받으며 살아가기 때문에 지역사회란 매우 중요하고, 사회의 모든 정책 및 제도의 근간은 지역사회 단위가 되고 있다. 즉, 인간으로서 살아가기 위한 인간성과 사회성은 가정과 지역사회로부터 터득하며, 올바른 인간성의 바탕 위에서 전문적 지식과 기술의 터득과 연마를 위한 지역사회가 교육의 장으로서 그 역할을 하여야 하겠다.

삶을 더욱 값있고 보람되게 하기 위해서는, 가정과 직장생활이 지역사회 속에서 이루어지고 있음을 생각해 볼 때, 지역사회야말로 생활공동체가 형성되어야 하겠으며, 그 내용은 다음과 같다. ① 자기 고장의 특색과 자연환경을 잘 살려서 명소화하여 지역사회의 가치를 높이고 나아가서 지역주민의 경제력에 직접 기여하여야 하며, ② 미래사회에 대비하여 지역주민의 자녀나 지역출신의 청소년에게 세계적 인재로 육성할 수 있는 제2세 인재육성 프로젝트를 실행하여야 하고, ③ 지속가능한 개발을 위하여 지역사회의 환경을 잘 보전하고, ④ 이를 바탕으로 하여 미래의 우리 주변환경이 지역주민을 보호할 수 있다는 믿음으로 환경정책개발과 환경개발행정의 이행이 함께 이루어져야 한다. 그리고 ⑤ 지역주민공동체를 중심으로 하는 지역사회의 통합방안이 실현될 수 있도록 지식과 정보를 함께 공유하여야 하며, ⑥ 가장 지방적인 것이 가장 세계적임을 인식하여 세방화(glocalization)에 앞장서 세계의 선진 지역사회로의 발전에 기여하여야 한다.

지역사회발전에 변화를 줄 수 있는 방법으로 ① 대중동원, ② 사회행동, ③ 시민참여, ④ 대중지지, ⑤ 대중교육, ⑥ 지역서비스 개발이 있다.

## 2. 지역사회의 유형

지역사회의 유형과 관련하여 Dunham(1970: 28)은 첫째, 인구의 크기(대도시, 중소도시, 읍 지역과 같은 작은 부락)에 따른 구분, 둘째, 경제적 기반(광산읍·촌, 산촌, 어촌 등)에 따른 구분, 셋째, 정부의 행정구역에 따른 구분(특별시, 광역시·도, 시·군·구, 읍·면·동 등), 넷째, 인구구성의 사회적 특수성(도시 저소득층 지역, 외국인촌, 장애인 밀집지역, 미국의 할렘가, 차이나타운, 유대인 거주지역 등) 등의 기준으로 구분하였으며, 그 내용은 다음과 같다. 또한 지역사회는 인구의 규모, 인구밀도, 생태학적 특성, 법적 지위, 사회문화적 특성, 지배적 경제활동에 따라 구분할 수 있다(홍동식 편, 1995: 45).

지역사회 유형화의 의의는 경험하는 현상이나 대상에 질서를 부여하여 그 현상이나 대상을 보다 더 잘 이해하고 파악하는 데 있는 것으로서, 지역사회의 유형화 역시 기본적으로 이러한 의의에 바탕을 두고 있다. 유형론의 전통은 매우 오래되었지만 Tönnies(1855~1936)가 유형론적 전통의 시조라고 생각된다. Tönnies는 지역사회의 분석에 직접적 관심을 두지 않았지만 그가 이야기한 많은 내용들은 농촌지역사회와 도시지역사회 간의 차이를 반영하여 분류하고 있다.

Bulter는 지역사회 유형을 촌락, 시, 거대도시지역으로 구분하고 인구학적 특성, 지역사회와 배후지의 관계, 사회문화적 특성 등을 중심으로 구분하고 있다.

### 1) 인구의 크기에 따른 분류

홍동식 등(1976)은 지역사회 유형을 촌락(1만 명 이하)과 시 단위(1만 명~5만 명)까지와 거대도시(5만 명 이상)로 구분하고 있다. 김선기와 황병천(1995)은 인구지표를 기준으로 한 과소유형은 ① 인구격감형, ② 고령화형, ③ 저인구밀도형으로 구분할 수 있으며 둘째, 지리적 특성에 의한 유형분류는 ① 산간오지지역, ② 평야지역, ③ 도서지역으로 구분하고 있다.

최양부 등은 제2차 국토종합개발계획의 개발권역과 전국 각 시·군 및 읍·면·동 기초단위의 통계조사를 활용하여 144개 정주생활권을 선정하였다. 정주생활권의 기준으로 ① 중심도시 인구규모 10만 명을 기준으로 도시형과 농촌형으로 구분하고, 도시인구 100만 명을 기준으로 대도시형과 도시형으로 구분하였으며, ② 최근 5년간(1978~1983)의 인구증가율을 기준으로 고성장형, 성장형, 정체형, 낙후형 등 4개 유형으로 구분하였고, ③ 경지율의 평균과 표준편차를 사용하여 평야형, 중산형, 산간형으로 구분하였다(송두범, 1998: 10).

우선 인구학적 특성은 인구규모와 인구밀도, 지역사회와 배후지와의 관계는 배후지의 인구, 배후지에 대한 지역사회의 영향력, 지역사회와 배후지 간의 유대관계이며, 사회문화적 특성은 인구의 이질성, 조직 및 서비스 이용, 분업, 개인의 잠재적 익명성, 사회적 관계의 지배적 유형, 외부로 드러나는 지위의 상징을 바탕으로 상호 서열을 평가하는 정도 등에서 차이를 보이고 있다고 주장한다.

〈표 1-1〉 **지역단위의 사회유형 구분**

| 구분 | 지역단위 | | |
|---|---|---|---|
| | 촌락 | 시 | 거대 도시지역 |
| 인구학적 특성 | | | |
| - 인구규모 | 소규모(10,000 이하) | 중간(10,000~50,000) | 대규모(50,000 이상) |
| - 인구밀도 | 낮음 | 중간 | 높음 |
| 지역사회와 배후지의 관계 | | | |
| - 배후지의 인구규모 | 소규모 | 가변적 | 대규모 |
| - 배후지에 대한 지역사회의 영향력 | 한정 | 가변적 | 광범위 |
| - 지역사회와 배후지 간의 유대관계 | 적음 | 가변적 | 많음 |
| 사회문화적 특성 | | | |
| - 인구의 이질성 | 낮음 | 중간 | 높음 |
| - 조직 및 서비스 이용 | 한정 | 중간 | 광범위 |
| - 분업 | 낮음 | 중간 | 높음 |
| - 개인의 잠재적 익명성 | 낮음 | 가변적 | 높음 |
| - 사회적 관계의 지배적 특성 | 일차적 | 이차적 | 이차적 |
| - 사회통제의 지배적 유형 | 일차적 | 이차적 | 이차적 |
| - 외부로 드러나는 지위의 상징을 바탕으로 상호서열을 평가하는 정도 | 낮음 | 중간 | 높음 |

출처: Butler(1976: 266), 홍동식 외(1996: 56) 재인용.

## 2) 경제적 기반에 따른 분류

지역사회를 경제적 기반에 따라 농촌, 광산촌, 어촌, 산촌으로 나눌 수 있으며, 이는 주민이 경제생활과 사회·문화적 특성을 파악하는 인류학적 조사연구에서 흔히 사용되고 있다. 학자별 경제적 기반에 따른 분류는 다음과 같다.

최수명(1985)은 전국 81개 시·군을 대상으로 농업성과 도시성을 기준으로 5개 유형으로 구분하였다. 도시·농촌성 조화지역, 도시화 지역, 점이지역, 순수농촌지역, 한계지역 등이다.

Hansen은 직접생산활동, 경제적 간접자본, 사회간접자본을 기준하여 ① 과밀지역, ② 중간지역, ③ 낙후지역, ④ 계획지역으로 구분하였다. 과밀지역이란 한계사회비용이 한계사회편익보다 큰 지역을 말하며, 중간지역은 한계비용이 한계편익보다 적은 지역을 말한다. 낙후지역은 소규모 농업과 침체산업이 지배적 경제구조를 지니고 새로운 경제활동의 기능이 적은 지역이며, 계획지역은 지역경제목표를 효율적으로 달성하고 지역경제 개발행정을 원활히 수행하기 위하여 인위적으로 구분된 지역이다(정지웅, 2002: 4).

윤근섭과 최낙필(1994: 245-267)은 지역유형화 시도와 척도를 구성하기 위하여, 전라북도 5개시 13군을 분석단위로 1980년과 1990년 분석대상 연도를 선정하였다. 과소지표는 4개 부문 14지표로 구성하여 요인분석을 통해 중과소지역, 준과소지역, 준도시지역, 도시지역 등 4개 유형으로 구분하였다.

### 3) 정부의 행정구역에 따른 기준

정부의 행정구역별 구분은 특별시·광역시·도, 시·군·구, 읍·면·동, 이·통 단위로 구분하고 있다. 김점수와 유기억(1996)은 강원도의 한계농지의 효율적 활용을 위해 시·군 및 읍·면 단위로 유형을 구분하였다. 첫째, 대도시지역은 농업지구, 다목적지구, 관광농업지구로 구분하였고, 둘째, 농업지역은 농업유지지구, 관광도시화 진행지구, 전형적 농업지구, 축산업적 농업지구를 나누고 있으며, 셋째, 관광농업지역은 고랭지 산악지구, 경사지 농업지구, 미작 농업지구, 관광휴양지구, 농림휴양지구 등의 유형으로 구분하고 있다(김점수·유기억, 1996: 83-102).

한국농촌경제연구원(1983: 2)에서는 종래 농촌과 도시의 구분기준에 있어서 대체로 행정단위를 구분의 기준으로 사용하고 있으며, 각각은 나름대로의 특징을 지니고 있는 것으로 간주하고 있다. 현재의 15개 광역시·도 및 시·군·구, 읍·면·동에 이르기까지 행정구역에 따라 지역사회를 구분하는 유형으로 우리 사회에서는 보편화된 양상이다.

### 4) 인구구성의 사회적 특수성에 따른 기준

인구구성의 사회적 특수성(도시 저소득층지역, 외국인촌, 장애인 밀집지역, 미국의 할렘가, 차이나타운, 유대인 거주지역 등) 등의 기준으로 구분하였다(표갑수, 2003). 우리나라에는 각급 도시에 형성되어 있는 차이나타운과 서울의 이태원의 외국인 밀집촌, 송탄과 의정부 같은 미군이 밀집해 있는 미국군인의 밀집지역이 그 예가 된다.

MacIver는 이러한 사회적 특수성에 기인하는 지역공동체의 발전형태를 ① 촌락공동체(village community), ② 도시공동체(city community), ③ 봉건공동체(feudal community), ④ 민족공동체(nation community)로 분류하고 있다.

### 5) 학자별 지역사회의 유형

지역사회의 유형을 학자별로 주장하는 내용은 2가지 유형에서 5가지 유형까지 다양하며, 유형별 구체적 내용은 다음과 같다.

#### (1) 2가지 유형

Tönnies는 농촌지역사회와 도시지역사회 간의 차이를 공동체적 관계와 결사체적 관계로 구분하였으며, Zimmerman(1974)은 지역지향적(localistic) 지역사회와 광역지향적(cos-mopolitan) 지역사회 중심으로 구분하였다. 2가지의 유형 중 한 유형은 농촌과 도시를 공동체적 관계와 결사체적 관계로 구분하였고, 또한 유형은 크기를 중심으로 하는 지역지향적 사회와 광역지향적 사회로 구분하였다. 여기에서 중요한 점으로 지적되는 것은 첫째, 지역사회에서의 주민 서로 간 공동체 형성관계와 결사체적 정도, 그리고 지역과 광역사회로 구분하고 있음을 알 수 있다.

### (2) 3가지 유형

김점수 등(1996)은 대도시지역, 농업지역, 관광농업지역을 구분하면서 한계농지의 활용방안을 모색하였으며, 김선기 등(1995)은 도서지역, 평야지역, 산간오지지역으로 구분하고 있다. 3개 유형은 대도시지역과 농업의 평야지역, 오지의 관광지역으로 구분할 수 있다.

### (3) 4가지 유형

유근석 등(1995)은 4개 유형으로 중과소지역, 준 과소지역, 준도시지역, 도시지역으로 구분하였으며, Sanders(1975)는 4개 유형을 자급자족형 농촌사회, 읍촌지역사회, 도시지역사회, 대도시지역사회로 구분하였다. 이를 4가지 유형으로 구분하면 ① 인구가 적은 농촌의 촌락, ② 읍촌 단위의 지역사회, ③ 도시지역, ④ 거대도시지역이다.

〈표 1-2〉 **학자별 지역사회유형**

| 구분 | 목적 | 방법 | 유형 |
|---|---|---|---|
| Tönnies(1936)<br>MacIver(1949) | 유형론적 전통 | 평균·표준편차 | 2개 유형(농촌지역사회와 도시지역사회 간의 차이를 공동체적 관계와 결사체적 관계로 구분) |
| Zimmerman<br>(1974) | 직접적·구체적<br>최초의 구성적 유형 | 요인분석<br>군집분석 | 2개 유형(지역지향적(localistic) 지역사회와 광역지향적(cosmopolitan) 지역사회 중심으로 구분) |
| 김점수·유기억<br>(1996) | 한계농지의<br>활용방안 모색 | 주성분분석,<br>군집분석,<br>요인분석 | 3개 지역 (① 대도시지역: 농업, 다목적, 관광농업지역, ② 농업지역: 농업유지지역, 관광도시화, 전형농업, ③ 관광농업지역: 고랭지 산악지구, 경사지농업, 미작농업, 관광휴양지, 농림휴양지구) |
| 김선기·황병천<br>(1995) | 특수, 낙후지역<br>개발의 기본법<br>제정방안 검토 | 평균·표준편차,<br>요인분석 | 3개 유형(지리적 특성기준: 산간오지지역, 평야지역, 도서지역), 인구지표 기준 |
| 윤근석·최낙필<br>(1994) | 과소지역<br>구조특성과<br>동태분석 | 요인분석 | 4개 유형(중과소지역, 준과소지역, 준도시지역, 도시지역) |
| Sanders(1975) | 경계선 설정에<br>따른 유형 | 인자, 군집분석 | 4개 유형(자급자족형 농촌지역사회, 읍촌지역사회, 도시지역사회, 대도시지역사회) |
| 최수명(1985) | 간척지 농촌의<br>개발전략 | 요인분석 | 5개 유형(도시·농촌성 조화지역, 도시화지역, 점이지역, 순수 농촌지역, 한계지역) |

### (4) 5가지 유형

최수명(1985)은 5개 유형으로 도시·농촌 조화지역, 도시화 지역, 점이지역, 순수농촌지역, 한계지역으로 구분하고 있다.

이상의 논의에서 살펴본 바와 같이 Mckinney는 유형구성의 절차가 이론구성 및 경험적 조사연구에서 중요한 역할을 한다는 점을 분명히 하고, 지역사회 분석에서 구성적 유형의 유용성을 다음과 같이 제시하고 있다(전해황, 2002: 17-18).

첫째, 만약 순수한 형태를 찾아볼 수 있다면, 좋은 구성적 유형은 여러 지역사회의 특성을 규명하는 데 도움을 줄 수 있다. 그래서 현대 지역사회가 농촌적 성격과 도시적 성격이 복합적으로 섞여 있지만, 유형구성을 통해 농촌지역사회의 특징적 변인들을 확인하고 선택하는 것이 가능하다.

둘째, 유형구성은 지역사회에 관해 절실히 요구되는 일반화에 효과적 도구가 될 수 있다. 즉, 각 지역사회가 독특하고, 특징적인 속성 및 형태를 가지고 있음에도 불구하고 지역사회의 특수성을 배제하고 단지 공통성에만 초점을 맞춤으로써 농촌지역사회를 비롯한 모든 지역사회에 적용할 수 있는 일반화가 가능하다.

셋째, 구성적 유형이 연속선상의 극단을 나타낼 때에는 두 개 이상의 지역사회를 비교하는 데 매우 유용하다. 즉, 두 개의 지역사회 가운데 더 농촌적인지 도시적인지에 관한 질문은 해당 지역사회가 농촌-도시 연속체상의 양극단 사이에서 어디에 위치하고 있는지를 확인함으로써 쉽게 해명될 수 있다.

넷째, 구성적 유형은 흔히 사회변동을 연구하고 변동하고 있는 지역사회의 발전경로를 예측하는 데 도움을 줄 수 있다. 즉, 농촌지역사회와 도시지역사회에 관한 하나의 적절한 양극유형론(polar typology)은 도시과정에 관한 통찰력을 제공할 수 있으며, 지역사회가 점차 도시화됨에 따라 갖게 될 특성들을 제시할 수 있게 해 준다.

## 3. 지역사회의 기능

지역사회가 수행하는 제 기능이란 자녀양육, 물자의 생산·분배·소비, 여가 등을 포함하는 인간의 활동을 의미하는 것이나, 모든 지역사회가 공통적으로 수행하는 주요 기능에 대해서 Gilbert와 Specht, Warren은 다음과 같이 지역사회를 정의하고 있다. 지역사회의 기능은 경제제도로서 생산·분배·소비의 기능과 가족제도로서의 사회화 기능, 정치제도로서 사회통제의 기능, 종교제도로서 사회통합의 기능, 사회복지제도로서의 상부상조의 기능이며 내용은 다음과 같다.

Warren의 지역사회기능의 비교척도는 ① 지역적 자치성, ② 서비스 영역의 일치성, ③ 지역에 대한 주민의 심리적 일치 정도, ④ 지역사회 각종 조직 간 강한 관련의 정도이다.

### 1) 생산·분배·소비의 기능

지역사회의 기능 중 기본이 되는 기능으로 일상생활을 편안하게 영위할 수 있는 생산을 통하여 분배하며, 일상의 소비생활기능은 우리 인간이 살아가는 데 가장 기초적인 제1차 기능이기도 하다. 이는 대부분 사람들이 지역사회 속에서 많은 사람들과 함께 생활하며, 직장과 사회생활을 유지하고 있음은 그 중요성과 필요성이 강조된다. 지역사회라는 공간 속에서 생산을 위한 가정에서의 몸과 마음의 긴장을 풀고 생산을 위한 체력과 심신을 단련하여, 직장에 나아가서 각종 생산활동에 참여하여 얻은 수익으로 가정생활과 사회생활을 하는 기능이다. 따라서 생산·분배·소비의 기능은 지역주민이 일상생활을 살아가는 데 필요한 재화와 서비스를 생산하고 분배하여 소비라는 과정을 말한다.

### 2) 사회화(socialization) 기능

사회화란 인간이 동물적 인간에서 출발하여 사회적 인간으로 성장하기까지 이루어지는 일련의 모든 학습의 과정이라고 말할 수 있다. 인간은 본인이 원하든 원하지 않든 다른 사람과 조직 속에서 삶을 영위해 간다. 태어나서는 가족과 함께 가정생활을 하며, 유치생원과 학생이 된 뒤에는 동료들과 함께 학교라는 공간 속에서 삶의 참 모습을 배우는 학습의 과정을 거친다. 그리고 사회진출 후에는 직장에서 동료와 다른 사회인과 더불어 살아가는 방법과 전문적 지식과 기술을 터득하여 독립된 사회인으로 자리 매김한다. 정년퇴직을 한 후에는 경로당과 노인양로시설과 사회복지관에서 노후를 동료들과 함께한다. 이러한 과정을 겪으면서 인간은 어떤 과정과 어떤 사람을 만나느냐에 따라 큰 영향을 받는다. 이때 많은 독서와 여행을 통하여 다각적 경험과 많은 체험이 요구되며, 인생의 위인과 성공한 사람의 모습을 보고 준거의 틀을 만들고, 자신과 사회가 함께 성장할 수 있는 여건을 성숙시키는 것은 매우 중요하다.

### 3) 사회통제(social control)의 기능

지역사회는 주민이 사회의 규범인 법과 도덕과 규칙 등에 순응하는 정치적 기능을 한다. 지역주민은 서로 간의 생각과 감정 또는 사상을 서로 교환하며, 이를 효율적으로 활용하기 위한 각종 사회의 제도나 규범은 우리 사회를 통제하고 있다. 어쩌면 우리 사회의 사회통제기능은 법과 제도보다 더욱 구속력이 관습이나 도덕성에 기인하는 경우도 많이 있다. 그리고 개인과 집단의 교육과 예술, 운동과 취미활동은 한 차원 높은 사회통제기능이다.

### 4) 사회통합(social integration)의 기능

사회를 구성하는 사회의 조직원 간의 관련된 기능으로 사회의 구성원 사이에서 서로가 믿음과 신뢰를 바탕으로 상호 존중하고, 사회체계의 정상적 기능을 위하여 구성원 상호간 결속력과 사명감은 필요한 요소이다. 특히 각종 종교활동과 사회봉사의 참여를 통하여 개인의 올바르고 신성한 마음을 통하여 사회발전에 기여할 수 있는 기능이다. 사회구성원끼리 서로의 생활공동체(life community) 형성과 함께 한국인으로서의 자부심과 사명감을 갖고 자신의 발전, 지역사회의 발전을 위하여 소임을 다할 때 사회

통합으로 가는 방법일 것이다. 현대사회에서 사회통합의 역기능으로 나타나고 있는 지방재정자립도 취약과 지역이기주의, 님비현상[1](혐오시설 설치반대), 핌피현상[2](보육시설과 같은 선호시설 찬성)은 우리가 극복해야 할 과제로 지적되고 있다.

### 5) 상부상조의 기능

우리의 조상은 각종 사회의 제도나 규범을 통하여 서로를 돕고 살아가는 지혜와 비결을 갖고 있는 동방의 등불나라라고 인도의 시성 타고르는 표현하고 있다. 특히 어려운 이웃과 질병, 사망, 사고, 실업을 당한 사람에게는 국가를 비롯한 사회사업가와 모든 사회복지기관과 시설은 물론 시민사회단체, 종교단체는 앞장서서 어려운 이웃에게 사랑을 베풀어 왔다.

우리나라는 반만년 가까운 역사를 가진 민족국가이며, 이러한 민족국가를 이룩하는 데는 씨족사회, 부족사회, 부족국가 사회의 단계를 거쳐서 통일된 국가사회를 형성하여 왔다. 이러한 사회로 발전해 오면서 민간 인보제도는 삼한시대부터 내려오는 두레, 공굴, 향도, 고지 등이 있다(이기백, 1982: 74). 두레란 농사를 공동으로 짓는 상호 노력 교환의 풍습이며, 공굴은 마을 안에 중병자나 불구자, 과부, 초상당한 자의 농사를 마을사람이 공동으로 지어 주는 것이다. 무보수이며, 때로는 재산의 정도에 따라 유지가 점심을 제공하기도 했다. 향도는 전근대시대에 존재했던 공동조직의 하나로, 마을에 흉사가 있을 때 무보수로 노력·봉사해 주었던 풍습이며, 고지는 궁핍한 농민이 농업경영자와 노동계약을 맺고 춘궁기에 양식을 받고 농번기에 노동을 제공하는 관습이다.

이처럼 이웃의 고통과 시련을 마치 자기의 일처럼 생각하고 스스로 도와주는 우리 모두의 시민정신은 매우 위대한 미풍양속이다. 서해안 기름유출사고 때 몇백만 명의 자원봉사자가 스스로 기름때를 지우는 모습은 더 이상 설명하지 않아도 우리는 모두

1) 님비(NIMBY: Not In My Backyard)현상은 공공의 이익에는 부합하지만 자신이 속한 지역에는 이롭지 아니한 일을 반대하는 이기적 행동을 말한다.
2) 핌피(PIMFY: Please In My Front Yard)현상은 수익성이 있는 것들이나 사업을 내 지역 안에 유치하겠다는 의미이다.

가 잘 알고 있다. 앞으로도 이러한 아름다운 우리의 미풍양속은 국가적 차원의 정책과 제도, 그리고 규범으로 깊이 있는 접근과 실행능력이 절실히 요구된다. 특히 사회복지적 차원의 전달체계 구축(복지전산망 구축), 민간과 관, 공공부문의 정보화 체제 구축과 시민 사이버 공동체 구축이 함께 이루어져야 한다.

최근에는 사회적 자본(social capital) 이론이 많이 연구되고 있다. Coleman(1990)은 사회적 자본이란 인적 자본이 서로 간 신뢰를 얻을 때 생산활동 촉진에 크게 기여하는 중요한 요소로 지적하고 있다. 특히 Putnam이 이탈리아 지방정부의 성공과 실패를 1970년부터 1989년까지 연구한 결과 성공한 지방정부의 요소는 ① 신뢰, ② 법·전통의 준수, ③ 네트워크, ④ 공익조직의 활성화, ⑤ 시민참여와 사회통합이었다.

## 4. 한국 지역사회의 선행연구

한국에 있어서 지역사회에 대한 선행연구를 주로 ① 사회·심리학적 접근, ② 지역사회운동적 접근, ③ 지역사회계획적 접근 등으로 구분하여 살펴보면 다음과 같다(전해황, 2002: 67-70 재정리).

첫째, 사회·심리학적 접근에서는 지역사회가 일정한 지역 내 주민 간의 상호작용을 통해 형성된다는 전제하에서 인간관계의 변화·발전과정을 심리학적으로 분석하는 것으로 인간의 사회화 과정을 분석하는 것이라고 할 수 있다.

MacIver는 지역사회를 심성적 활동에 의한 결과라고 보고 있으며, 이것은 관심에 의해서 형성되는 것으로 파악하고 있다. 즉, 지역사회는 보다 거대한 심성을 표현하고 있는 것은 아니지만 인간 그 자신이 서로 서로에 쉴 사이 없이 관계해 나가는 인간심성의 활동에 의해서 만들어지는 것이라고 하였다. 심리적 관계가 다른 모든 관계들과 다른 것은 그것이 기계적으로 혹은 외부적으로 결정되는 것이 아니라 동기화된다는 점에 있다고 한다. 분석적으로는 구분되지만 실제에 있어서는 불가분의 관계에 있는 모든 인간활동의 두 가지 대립되는 요소가 여기서 드러난다고 보았는데, 객관적 측면에서는 관심을 들어 이것 때문에 공동체적 관계가 의도되며, 주관적 측면에서는 인간 의지가 있는데 이것은 관심에 대립되어 있는 활동적 심성이라고 하였다. 그리고 지역사회를 만드는 것은 사람들이 서로 서로 관계를 맺어 가면서 그것을 의지하기 때문이지만 이것은 관심에 의해서 또한 관심을 위해서 되는 것이라고 보았다.

둘째, 박서호(1993)는 지역사회운동적 접근에서 지역사회운동이란, 지역사회가 주체가 되어 삶의 현장인 지역사회에서 야기되는 문제 또는 그로 인해서 파괴되는 지역사회를 새롭게 하려는 자구적 노력으로 볼 수 있다고 하였다. 즉, 지역사회의 공동체적 의식과 가치를 이루어 내는 일이며, 또한 공동체의식과 가치에서 지역사회운동이 출발하는 고리를 갖는데 공동체의식과 가치는 지역사회의 물적 토대에서 생기기 때문에 공동체의식을 이루어내기 위해서는 물질적 토대를 살피고 그것의 변화를 통해야 한다는 것이다.

고순철(1994: 14-15)은 공동체의식 형성을 위한 구체적 운동의 한 형태로 논의되고 있는 공동체문화운동의 특징을 다음과 같이 들고 있다.

① 그 방식에 있어 공동체문화운동은 점진적 방식을 택하고 있다. 공동체문화활동에서 제시되는 활동의 핵심은 공동체의 교육활동에 주어지고 있는데 교육은 아무리 대중적 형태로 주어진다 하더라도 그 효과는 각 개인의 단위에서 이루어진다는 점에서 교육이 의도한 목적은 장기적으로 달성될 수 있다는 것을 함축한다.
② 공동체문화운동은 특히 지역성을 반영하는 풀뿌리 운동의 성격을 지니고 있다. 지역성을 강조할 때 주민이 가지는 자원을 최대로 동원할 수 있으며, 운동을 자기의 것으로 생각하는 동일시를 확인할 수 있고, 지역주민의 지지와 승인을 쉽게 얻을 수 있으며, 공동체의 공동문제에 대처하는 등의 장점을 가질 수 있다. 또한 풀뿌리운동의 과정을 통하여 주민은 서로의 의견을 우리의 의견으로 통합·창조되어 가는 시민의식을 함양할 수 있게 된다.
③ 공동체문화운동은 무엇보다도 학습사회를 추구하는 지역공동체 교육운동을 핵심으로 하고 있다. 공동체문화운동은 모든 국민에게 학습의 장을 제공함으로써 '언제, 어디서, 어떤 방법'으로든지 학습이 이루어지는 지역공동체로서의 학습사

회를 추구하기 때문에 학습사회는 지역공동체의식을 발전시킬 수 있는 독특한 잠재력을 지닌 학습공동체의 성격을 지닌다. 따라서 정수복(1995: 9-10)은 지역사회운동이란 지역사회가 가지고 있는 '공동의 유산', '사회적 유산', '집합적 소비재', '공공재', '영향력과 권력의 원천'의 차원에서 발생하는 갖가지 문제점을 스스로 해결해 나가는 과정이며, ① 공동체가 안고 있는 문제와 주민의 요구를 정확히 파악하는 능력, ② 행동의 목표와 우선순위에 대해 의견일치를 이룰 수 있는 능력, ③ 동의된 목표의 수행을 위한 방법과 수단에 대한 합의를 이룰 수 있는 능력, ④ 필요한 행동을 효과적으로 실행할 수 있는 능력을 키워 가는 자기학습의 과정으로 볼 수 있다고 주장한다.

셋째, 지역사회의 계획적 접근은 물리적·사회적 환경의 개선 및 조성을 통해서 공동체사회, 즉 공동체의식을 형성·촉진할 수 있다고 보는 것으로 생활시설과 환경정비계획, 사회적 평등과 건전성을 보장하기 위한 각종 제도적 장치 등을 주된 내용으로 하고 있다. 그 근원은 18세기 서구사회의 산업화·도시화 여파로 도시지역의 환경악화와 사회구조의 부조화가 빚어낸 제반 사회병리현상에 대한 치유책의 하나로 등장한 도시계획에서 찾을 수 있다. 우리나라의 경우 그동안 도시계획은 도로계획 등 도시기반시설의 계획이 주된 것으로 되어 왔으나 최근에 도시계획의 과정에 지역사회가 크게 부각되고 있다.

권순복(1989)은 행정주도하에서 시역을 중심으로 상위계획에 대한 하위계획방식으로 책정되고 도시기반시설의 계획이 주된 도시계획에 대하여 지역사회계획은 좁은 지구(주민의 일상생활의 장)를 계획의 대상지역으로 하고, 지구 내 주민조직을 통하여 주민의 주체적 참여에 의하여 상향식으로 계획되고 주변생활환경정비를 내용으로 하는 생활시설과 환경정비계획을 주된 내용으로 하고 있다고 보고 인위적으로 도시공동사회 형성을 촉진하기 위한 요건으로 커뮤니티 규모와 관련되는 커뮤니티 계층구조와 범역설정, 커뮤니티 주민조직, 커뮤니티 계획수립, 커뮤니티 시설정비, 지역사회 시책화 등 다섯 가지를 제시하고 있다. 이러한 다섯 가지 구성요건을 통하여 지역사회활동의 상승효과를 높일 수 있다고 보는 것인데, 이는 곧 "일정한 지역에서 주거를 함께하는 사람들이 함께 산다는 사실에 기초하여 그들에게 공통적으로 직면하는 신변의 차원의 일들에 단합하여 공감, 합의, 연대로부터 발생하는 자주적 참가활동으로부터 커뮤니티 의식이 형성된다."는 견해로부터 결국 지역사회 형성을 촉진한다는 것으로 볼 수 있다. 이러한 과정은 각각 개별적 과정이라기보다는 동시적 접근과정으로 상호 보완적으로 수행된다. 즉, 지역사회에서 사회자본의 증대과정은 주민의 의식변화과정일 뿐만 아니라, 환경적 변화과정, 의식적이고 계획적인 참여를 통해 보다 잘 이루어질 수 있는 과정이다.

## 요점정리

1. **지리적 지역사회** 일정한 지역사회에 사는 사람들의 집합체, 행정단위인 특별시, 광역시·도, 시·군·구, 읍·면·동 등.

2. **기능적 지역사회** 공통적 관심과 이해관계로 형성된 공동체를 의미하며, 인종·성정체성, 직업, 장애, 종교, 사회계층 등 특수한 속성 및 이해관계에 기초하여 형성됨.

3. **지역사회의 유형** ① 인구의 크기(대도시, 중소도시, 읍지역과 같은 작은 부락)에 따른 구분, ② 경제적 기반(광산읍·촌, 산촌, 어촌 등)에 따른 구분, ③ 정부의 행정구역에 따른 구분(특별시, 광역시·도, 시·군·구, 읍·면·동 등), ④ 인구구성의 사회적 특수성(도시 저소득층 지역, 외국인촌, 장애인 밀집지역, 미국의 할렘가, 차이나타운, 유대인 거주지역 등) 등의 기준으로 분류됨.

4. **지역사회의 기본요소** ① 일정한 지리적 공간, ② 지역주민, ③ 사회적 상호작용, ④ 공동의 유대감.

5. **지역사회의 기능** ① 생산·분배·소비의 기능, ② 사회화 기능, ③ 사회통제의 기능, ④ 사회통합의 기능, ⑤ 상부상조의 기능.

6. **지역사회의 변천내용** 역사적으로 변천하여 왔으며, 지리적 의미와 기능적 의미가 있고, 동질적 정체성에 기초하여 정서적 유대감이 있고, 현재는 새로운 지역사회가 형성되고 있음.

7. **지역사회 개방이론** 지역사회의 지리적 의미와 기능적 의미를 포괄함.

8. **Warren의 지역사회의 기능비교척도** ① 지역적 자치성, ② 주민의 심리적 동일, ③ 서비스 영역의 일치, ④ 수평적 관계성.

9. **지역사회의 관점** ① 구조적 관점, ② 사회심리적 관점

10. **지역사회의 필요성** ① 인간성 형성의 장, 진정한 삶의 현장, 인간 존재의 의미와 가치 부여, 더불어 살아가는 사랑의 공동체, ② 지역사회의 구조와 기능을 파악하여 접근방법을 적용하여 자신의 정체성 발견, ③ 사회인으로 기본적 양식을 습득하여 지역사회 발전의 중추적 역할, ④ 타인에 대한 관심과 배려와 더불어 살아가는 주체, ⑤ 훌륭한 지역사회문화의 전승과 새 문화 창출, 지역사회 미래 발전을 위한 비전과 전략 제시, ⑥ 참된 자기실현과 지역사회를 이해하여 지구촌시대의 세계시민으로 자질 향상

## 요점정리

11. **좋은 지역사회의 조건** ① 인간적 기초 위에 서로 존중하며, ② 지역사회 내 권력이 광범위하게 배분되고, ③ 지역사회의 다양한 집단을 포용하며, ④ 높은 수준의 사회통제가 있어야 하고, ⑤ 의사결정과정에 협력의 극대화와 갈등의 최소화하는 지역사회.

12. **미래 지역사회의 발전 방향** ① 자기 고장의 특색을 잘 살려서 명소화하여 지역사회의 가치를 높이고 지역주민의 경제력에 직접 기여, ② 지역출신의 청소년에게 세계적 인재로 육성할 수 있는 제2세 인재육성 프로젝트 실행, ③ 지속가능한 개발을 위하여 지역사회의 환경보전, ④ 환경정책개발과 환경개발행정의 병행, ⑤ 지역사회의 통합방안이 실현될 수 있도록 지식과 정보 공유, ⑥ 가장 지방적인 것이 가장 세계적임을 인식하여 세방화(glocalization)로 선진 지역사회로의 발전.

13. **지역사회발전을 위한 사회적 자본의 요소** ① 신뢰, ② 법·전통규범 준수, ③ 네트워크, ④ 공익조직의 활성화, ⑤ 시민참여와 사회통합.

# 지역사회복지의 의의

## 1. 지역사회복지의 개념

지역사회복지는 지역사회와 사회복지의 복합적 개념으로 사람들의 생활터전인 지역사회에서 물질적 풍요[福]와 정신적 안정[祉]을 영위할 수 있도록 지역사회를 개선하고 향상시키려 하는 데 있다.

지역사회복지는 일반적으로 통일된 개념의 정의는 없다. 지역사회가 안고 있는 해결해야 할 공통된 사회문제와 구성원의 욕구를 충족하는 데 있어 지역사회의 사회적 자원을 동원하여 개인, 민간부문, 공공부문이 상호 협력하고 구성원의 자발적 참여를 통하여 문제를 해결하고 욕구를 충족시킴으로써 좀 더 나은 환경을 조성하는 것이다. 이러한 지역사회복지 개념의 속성은 다음과 같은 내용을 포함한다(오정수 외, 2008: 33-34).

첫째, 지역사회복지는 지역성과 기능성을 포함하는 일정한 지역사회 내에서 이루어진다.

둘째, 지역사회복지는 지역주민의 삶의 질 향상이라는 목표를 가지고 있다.

셋째, 지역사회복지는 지역사회의 문제를 해결하고 주민의 복지욕구를 충족시키는 기능을 가지고 있다.

넷째, 지역사회복지는 정부와 민간부문이 공동주체가 되어 공공과 민간의 협력이 강화되는 추세로 발전하고 있다.

다섯째, 지역사회복지는 조직적 활동을 강조하는 전문적 서비스와 방법을 사용한다.

현대복지총람(신섭중 외 역, 1995: 521)에서는 지역사회복지란 살기 좋은 이상적 지역사회를 만드는 것을 목표로 하여 지역사회 자체를 변화시키거나 지역사회 내에서 구성원의 복지를 위해 전문적 개입방법을 사용하여 지역주민의 삶의 질을 향상시킬 수 있도록 스스로 변화하게 도와주는 것이다. 다시 말하면 바람직하다고 할 수 있는 표준적 생활수준에서 볼 때 좋지 않은 상태에 놓여 있는 지역주민 또는 지역사회에 대하여 개선 또는 향상을 목적으로 주민 주체의 원칙에 입각하여 국가·지방자치단체 및 주민조직, 민간단체가 협동하여 소득보장정책, 주거환경정책, 교육·문화정책, 노동정책, 교통·통신정책 등 일반 공공정책과 함께 상호 보완적으로 보충하여 개별적, 종합적, 조직적으로 원조해 주는 지역정책과 지역활동을 의미한다.

송정부(1985: 182)는 지역사회복지란 지역주민의 생존을 위하여 공적·사적 기관이 협력하고 조직화하여 생활환경을 개선하는 사회적 시책 및 방법의 체계라고 정의하고 있다. 따라서 지역사회복지란 재가복지서비스를 중심으로 환경개선서비스, 지역주민의 조직화 활동, 지역사회를 중심으로 지역주민에 대한 생활문제의 전반적인 것을 도모하는 포괄적 개념(김범수, 1986: 94; 김범수 외, 2006: 37 재인용)으로 정의할 수 있다.

최일섭과 류진석은 지역사회복지란 매우 포괄적인 개념으로 전문 또는 비전문인력이 지역사회수준에 개입하여 지역사회에 존재하는 각종 제도에 영향을 주고 지역사회 문제를 해결하고자 하는 일체의 사회적 노력을 의미한다고 정의하고 있다(최일섭 외, 1999: 10-13).

이러한 정의를 종합해 볼 때 지역사회복지의 개념은 '지역사회라는 일정한 영역에서 발생되는 사회문제·공통된 욕구를 해결하고 충족하는 데 있어 지역사회의 자원을 동원하고 조직화하여 주민이 주체가 되어 민간부문과 공공부문이 서로 협력하여 지역사회 차원에서 지역사회문제를 해결하는 과정이다'라고 정의할 수 있다.

지역 특성을 고려한 사회복지서비스를 제공한다는 지역사회복지는 국가별로 지역사회복지 발전과정에 따라 용어 및 개념이 각각 다르게 사용하고 있는바 지역사회복지와 관련된 유사개념을 보면 다음과 같다.

### 1) 지역사회조직(community organization)

지역사회복지라는 용어를 사용하기 전에는 지역사회조직이라는 용어를 사용하였다. 정확하게 말하면 지역사회조직은 지역사회복지를 실천하는 여러 조직과 기관 및 과정을 지칭하는 용어로서 지역사회를 구성하는 개인, 집단, 이웃이 사회적 복지를 향상시키기 위해 지역사회수준에서 전개하는 일련의 활동을 의미한다.

지역사회조직의 개념은 일반적 통일된 개념은 없고 학자마다 조금씩 다르게 정의하고 있다. 대표적 정의를 보면 다음과 같다.

Ross(1955: 39)는 지역사회조직이란 지역사회가 충족되지 않은 욕구나 달성하고자 하는 목표를 파악하고 파악된 욕구나 목표의 우선순위를 정하며, 이들 욕구를 충족하고 목표를 달성하고자 하는 자신감과 의지를 발전시키고 필요한 자원을 지역사회 내부 혹은 외부로부터 동원하여, 욕구를 충족시키고 목표를 달성하기 위해 실천함으로써 지역사회 내에 협력적이고 협동적인 태도와 실천력을 발전시키는 과정이라고 정의하였다. Ross는 실천과정과 목표달성을 중시하였다.

Lindeman은 지역사회조직은 지역사회가 자발적 노력과 활동으로 민주적으로 여러 문제를 처리하고 서로 이해하며 지역사회사업 전문가, 다양한 기관, 단체, 시설 등으로부터 최고의 서비스를 얻어 내려고 하는 활동(김범수 외, 2006: 30재인용)이라 했다.

Kurtz는 지역사회조직을 주로 프로그램 간의 관계를 취급하는 과정으로서 사람을 대상으로 하는 개별지도사업이나 집단지도사업과는 구별된다고 강조하고 지역사회 내의 기관과 기관 간, 기관과 지역사회 간의 관계를 중시하였다.

Harper와 Dunham은 널리 통용되는 정의를 제시하였는데, 특히 다음과 같은 4가지

이념을 제시하였다(Harper & Dunham, 1959: 54, 박용순, 2006: 24 재인용).

- 지역사회조직은 협동, 협력, 통합의 사상이다.
- 주민의 욕구충족과 욕구와 자원 간의 균형을 가져오는 사상이다.
- 주민의 다양한 욕구충족을 위해 프로그램 간의 관계에 관심을 두는 사상이다.
- 지역사회의 민주적 과정과 전문가 간의 실무적 관계를 제공한다는 사상이다.

이상과 같이 학자 간에 조금씩 견해의 차이를 발견할 수 있으나 공통적 견해를 정리하면, 지역사회조직이란 '지역주민의 공통된 욕구를 충족하고 공동적으로 안고 있는 지역사회의 문제를 해결하기 위해 지역사회 내·외의 인적·물적 자원을 동원하여 욕구와 문제에 연계해 협력적·협동적·보완적 활동을 위해 조직화하는 과정'이라고 정의한다.

더불어 지역사회조직의 목적을 소개하면 다음과 같다(Weil & Gamble, 1995: 582).

- 지역주민의 '삶의 질' 향상
- 지역주민의 이익 대변
- 지역사회의 사회적·경제적 개발
- 최적의 서비스와 프로그램 개발
- 적절한 서비스의 통합
- 사회행동의 실천과 사회정의 실현

### 2) 지역사회개발(community development)

개발이라는 용어는 성장, 성숙, 그리고 강화라는 매우 다양한 의미를 포함한다. 이는 산업화에 의해 야기되는 일련의 경제적 변화의 과정을 포함하며, 도시화에 의해 나타나는 사회변화의 과정, 현대생활과 새로운 태도를 의미한다. 그리고 사회복지와 관련하면 개발은 개인의 경제적 수입, 교육수준, 주택수준, 건강상태 등을 보다 나은 상태로 변화시켜 주는 것이다.

지역사회개발에 대한 개념도 일반적이고 통일된 정의는 없고 학자마다 다양한 정의를 주장하고 있다. Sanders는 지역사회개발이 지역사회조직과 경제개발의 결합에서 이루어진 것으로 간주하고 있다. 지역사회개발에서 지역행동(local action)과 지역자원의 사용을 강조하는 것은 지역사회조직의 측면이고, 자원의 신중한 배분, 정해진 목표를 향한 체계적 운동을 강조하는 것은 경제개발의 측면이라고 보았다. 특히 경제개발은 요청되는 목표에 이르기 위해 경제 및 사회가 거쳐야 할 단계, 즉 과정에 대한 생각을 제시한다고 본다(Sanders, 1970: 9; 표갑수, 2003: 131 재인용). 또한 Sanders는 지역사회개발에 관한 여러 학자들의 다양한 견해를 네 가지로 나누어 설명하고 있다.

- 과정(process)으로 보는 견해로, 지역사회개발을 하나의 상태에서 다른 상태로 단계에 따라 움직이는 변화의 진행(process)으로 보며, 이 경우 강조되는 것은 사람의 심리와 사회관계에 나타나는 변화이다.
- 방법(method)으로 보는 견해로, 지역사회개발을 목표달성을 위한 수단, 즉 목표를 위한 작업방식으로 보며, 강조되는 것은 업적이다.
- 프로그램(program)으로 보는 견해로, 지역사회개발을 프로그램에 설정된 내용, 일종의 절차로 보며, 강조되는 것은 수량화되거나 보고될 수 있는 활동수행내용이다.
- 운동(movement)으로 보는 견해로, 지역사회개발을 정서적 동일시에 바탕을 둔 이데올로기로 본다. 이 경우 지역사회개발은 그 주창자에 의해 설명된 아이디어로 강조한다(이택룡 외, 2007: 122).

Dunham(1960: 178-186)은 지역사회개발을 지역사회를 더 좋은 상태로 개선하고 지역사회통합(community integration)과 자립지향(self-direction)의 능력을 증진시키기 위한 조직적 노력으로 본다. 이를 위해서는 지역주민에 의해 체계적 계획을 수립하고, 자립정신의 계발, 인적·물적·기술적 지원, 지역사회를 돕기 위한 다양한 특수기관의 통합 등을 기본조건으로 제시하였다.

Taylor는 우리나라 지역사회개발사업을 발족시키는 데 직접 지도하였던 사람으로서 "지역사회개발은 주택개량, 도로건설, 유휴지 개발, 농사개량, 우량가축의 사육, 오락시설 개선만을 중심으로 하는 것이 아니다. 물론 이와 같은 물질적 개선이 지역사회개발의 범주에 포함되지만, 이러한 물질적인 것만을 중심으로 하는 것은 바람직한 지역사회개발이라고 볼 수 없다. 왜냐하면 지역사회개발은 국민생활의 밑바닥까지 파고들어가서 지속적으로 영향을 미치는 그 무엇이 있어야 하기 때문이다."라고 주장하였다. 이와 같이 Taylor는 지역사회개발은 물질적인 것보다 정신적 측면을 강조하면서 지속적 지역사회개발을 위해서는 주민의 태도 및 행위의 변화를 정신계발에 중심을 두는 것이 바람직하다고 하였다(이택룡 외, 2007: 120).

최상호는 지역사회개발을 일정한 지역단위에서 정부나 다른 외부의 지원이 있든 없든 그 지역주민의 공동 또는 협동적 노력으로 그 지역사회의 인적·물적 자원을 증식·개발·선용함으로써 주민 개개인 또는 전체 집단이 고르게 한층 높은 수준에서 인간답게 행복한 삶을 누리고, 그 지역사회가 그들의 경제적·사회적·문화적 활동의 공동체적 기본단위가 될 수 있도록 만들어 가는 과정으로 정의하고 있다(최상호, 1996: 41).

이러한 견해를 종합해 보면 지역사회개발이란 지역사회의 구성원이 스스로 조직화하고 공동체의식·상호 신뢰를 공고히 하여 지역사회의 일반적·개별적 욕구와 문제를 지역사회 내에서 동원된 자원을 통해서 해결하고 보다 나은 지역사회를 만들고자 하는 사회행동의 과정이라고 정의할 수 있다.

### 3) 지역사회보호(community care)

지역사회보호는 사회적 보호가 필요한 사람의 가정이나 가정과 유사한 지역사회 내의 일정한 환경에서 서비스를 제공하는 사회적 보호형태로서 시설보호의 부정적 평가로부터 대두되기 시작하였다. 시설보호의 문제점은 격리성, 폐쇄성, 일방성이라 할 수 있는데, 지역사회보호는 개방적이고 일반주민과 교류를 통해서 이러한 부정적 측면을 해결하고자 함이다. 1950년대 말 영국에서 정신질환자의 치유에 있어 시설보다는 요보호대상자의 생활권에서 치유하고자 한 것이 지역사회보호의 시초라 할 수 있다. 더 나아가 지역사회보호는 정신장애인뿐만 아니라 요보호대상자, 특히 아동, 노인, 장애인 등을 지역사회 내에서 일상적 생활을 유지하면서 필요한 사회복지서비스를 제공받을 수 있도록 하는 것이다. 그러므로 지역사회보호는 지역주민의 적극적 참여를 기반으로 한다.

지역사회보호의 특징은 다음과 같다. 첫째, 가정 또는 가정과 유사한 환경, 즉 통원치료기관, 그룹홈 등과 같은 보호의 장이 전제된다. 둘째, 서비스 제공을 위한 상주하는 직원이 없으며, 외부로부터 전문인이나 자원봉사자의 방문에 의해 서비스가 제공된다. 셋째, 일상적 생활의 결정은 개인에 의해 자율적으로 이루어진다. 넷째, 가정에서의 보호 또는 가정 외부로부터 서비스를 제공받는다는 점이다(오정수 외, 2008: 36).

### 4) 빅 푸시 이론(Big Push Theory)

제프리 삭스(Jeffrey D. Sachs)는 하향식 개발방법을 주장하며, 빅 푸시 이론의 "원조는 효과가 있으며, 현재 효과가 미비한 것은 예산이 부족해서이다. 원조가 더욱 효과적이기 위해서는 많은 예산이 필요하고, 예산 확보를 위해 부자들에게 세금을 더 많이 걷는 것이 필요하다. 그 예산의 양은 부자들에게는 부담이 되지 않는 액수지만 개도국 주민들에게는 삶을 영위할 수 있는 큰 액수다. 더불어 주요 선진공여국은 ODA/GNI 0.7% 달성이라는 국제사회의 약속을 지켜야 하며, 이 예산을 UN과 같은 국제기구가 효율적으로 활용"해야 한다. 아직 빈곤이 존재하는 것은 빈곤을 퇴치하는 데 필요한 예산이 부족하기 때문이며, 그 부족한 예산만 채우면 이 땅의 빈곤을 없앨 수 있다고 주장한다. 과거에는 세계 인구의 절반이 절대빈곤의 상황에 처해 있었지만, 현재는 3분의 1 정도만 절대빈곤의 상황에 있기 때문에 이를 충분히 도와줄 수 있다"고 한다(빈곤의 종말: 2006: 12~25). 절대빈곤의 상황에 처해 있는 사람들, 너무나 가난해서 하루에 한 끼도 먹기 어려운 사람들을 최소한의 삶을 영위할 수 있게 도와주자는 것이다. 그리고 이것은 그리 어려운 일이 아니라는 것이다. 미국의 상위 1% 부자들이 세금을 더 내거나 기부를 하면 빈곤 타파를 위한 충분한 예산을 확보할 수 있다고 한다. 또한 국제사회가 약속한 ODA 예산을 자국의 GNI 대비 0.7% 지출하는 것 역시 꼭 필요한 일이라고 강조한다. 이렇게 확보된 막대한 예산을 사회 전 분야에 동시에 투입하여 발전을 도모해야 한다는 것이 '빅 푸시 이론(Big Push Theory)'이다. 이 이론은 사회에 막대한 예산을 투입해 동시 다발적인 개발 활동을 하면 그 개발의 긍정적인 영향이 개도국 주민 개개인들에게까지 미친다는 것이다. 시장 자유를 옹호하는 신자유주의자들이 주창하는 '낙수효과(Trickle-down Effect)'의 국제개발협력 버전이라고 생각된다.

제프리 삭스의 이런 주장에 반대하는 사람도 있다. 담비사 모요는 아예 원조가 효과가 없다고 주장하고 윌리엄 이스털리(William R. Easterly)는 원조는 효과가 있는데 현재 국제사회가 행하고 있는 원조 행태가 잘못됐다고 지적한다. 윌리엄 이스털리의 주장에 따르면 위에서 아래로의 개발인 빅 푸시 이론의 낙수효과는 잘못된 것이다. 아래에서 위로의 개발(Bottom up)이 효과적이다. 이를 위해 개도국 현지에서 활동하는 많은 NGO 활동가나 개도국 주민에게 많은 권한과 예산을 줘야 한다.

원조는 효과가 있으나 현재 국제사회가 원조를 행하는 행태가 문제가 있다. 담비사 모요(Dambisa Moyo)의 주장에 따르면 공여국의 무분별한 원조는 개도국의 부패를 조장한다. 원조가 아닌 다른 방식으로 개발재원을 확보해야 한다. 원조는 부패를 조장하므로 다른 개발 재원을 확보해야 한다. 객관적인 원조는 확실히 효과가 있으나 실제 원조의 현장에서 직접 몸으로 뛰어봤기 때문에 확신할 수 있다.

제프리 삭스가 말하는 것처럼 대규모의 예산을 동시다발적으로 투입해 위에서부터 아래로 진행하는 개발방식은 다소 효과성이 떨어지는 방법이지만 그렇다고 원조를 아예 없애야 한다는 담비사 모요의 주장은 너무 과격한 것이기에 쉽사리 동의할 수 없다는 비판도 있다. 깨어 있는 시민 개개인들이 스스로 그러한 부패한 정치와 경제체제를 혁파하고 스스로 더 나은 삶을 요구할 수 있게 도와야 한다는 것이다. 바로 이러한 일을 위한 가장 최적의 방법이 밑에서부터 위로의 개발인 윌리엄 이스털리의 '버텀 업(Bottom-Up)' 방식이라는 주장이 있다.

## 2. 지역사회복지의 등장배경

다양화, 세분화, 개방화를 지향하는 사회적 추세에 따라 지역사회 및 가족의 역할이 변화되어 가족과 지역공동체가 지니고 있던 복지적 기능이 약화되었으며 복지욕구도 경제적인 면에서 비경제적 복지서비스로 확대되었다. 또한 종래의 시설수용 위주의 복지에서 탈피하여 가정과 이웃과의 정상적 생활 속에서 요보호대상자를 중심으로 하는 서비스를 제공하는 추세이므로 지역사회복지에 대한 필요성이 점차 증대되고 있다(김광희, 2015: 33-34).

### 1) 지역사회의 구조적 변화

정적(靜的)인 공동사회(Gemeinschaft)에서 동적(動的)인 이익사회(Gesellschaft)로의 변화이다. 즉, 과학·기술과 교통·통신수단의 발달로 인한 지역적 범위의 확대는 관계를 중심으로 형성된 공동체의식, 지역구성원 간 연대감을 약화시켜 공동사회의 붕괴에 따른 이익사회로의 전환을 초래하였다. 또한 급속한 산업화·도시화 과정을 거치면서 치열한 경쟁사회가 형성되었고 다양한 지역사회문제가 야기되어 지역사회 해체 또는 공동체가 붕괴될 위기상황에 처하게 되었다. 이러한 변화에 따른 사회적 안전망 구축이 절실히 요구됨으로써 지역사회복지의 필요성이 대두되었다.

### 2) 사회인구학적 변화

사회적 기능상 중요한 장애나 문제를 가진 사람들의 구성비가 상대적으로 증가하고 있다는 것이다. 즉, 정신지체, 정신질환, 신체장애, 심각한 의료문제를 가진 요보호인구가 증가하면서 이들의 문제해결이 한 기관에 의한 단일한 서비스 체계로는 접근하지 못하고 지역사회 차원에서 통합적으로 접근해야 한다는 것이다(김익균 외, 2000: 26-27). 사회복지서비스가 양적인 서비스에서 질적인 서비스로 전환됨에 따라 복지수요가 점차 다양해지고 세분화되어 요보호대상자가 급증하고 있다. 따라서 이러한 변화에 대응하기 위해서는 공공부문은 물론 지역사회 내의 다양한 민간부문이 적극적으로 참여할 수 있는 지역사회복지체계가 필요하다.

### 3) 가족구조의 변화

가족제도가 대가족제도에서 산업화와 도시화를 거치면서 소규모화·핵가족제도로 변하면서 1세대 단독가구가 급속하게 증가하고 있다. 가족의 유형도 한부모가구, 고령자가구, 노인단독가구, 조손가구, 비혈연가구 등 다양한 유형이 나타나고 있어 급속한 구조적 변화를 초래하고 있는데, 특히 결손가정이 점차 증가하고 있어 가족기능이 약화되고 있다. 정상적인 가족구성원에 결원이 생김으로써 가족구성원 간의 역할분담이 제대로 이루어지지 않게 되어 종전에는 가정의 테두리 내에서 해결할 수 있었던 가족문제가 그 범위를 넘어 이웃, 지역사회로 확대됨으로써 가족의 복지적 기능을 보완할 수 있는 지역사회 수준에서의 복지서비스가 필요하게 된 것이다.

### 4) 고령화사회의 도래

인간의 수명 연장으로 인한 노인인구의 증가는 본격적인 고령화사회를 초래하고 있다. 따라서 종전에는 개인이나 가족의 문제에 국한되었던 노인부양의 문제가 이제는 지역사회의 문제로 전환되고 있으며 그 대상도 요보호노인뿐만 아니라 전체 노인의 삶의 질을 향상시키는 문제로 확대되고 있다. 특히, 외국에 비해 단기간에 급격하게 노령화가 진행되고 있는 한국에서는 고령화에 따른 노인문제가 더욱 심화되고 있어 지역사회는 물론 국가 전체의 문제로 인식되고 있다. 따라서 노인문제를 접근할 수 있는 최소의 단위를 가족이 아닌 지역사회가 그 주체가 되어 서비스를 제공할 수 있는 정책적 전환이 필요하다.

### 5) 사회복지체계의 변화

사회복지서비스체계가 시설 중심에서 재가·지역사회 중심으로, 공급자 중심에서 수요자 중심으로 변화되고 있다. 기존의 사회복지는 주로 빈민보호와 요보호자를 위한 시설 중심의 서비스 제공으로 관리적·격리적 성격을 가지고 있어 인간의 기본적인 권리인 자유와 인권, 사생활이 침해받기 쉽다는 점이 제기되면서 지역주민의 일상생활을 시설입소자에게도 유지시켜 주려는 사회복지의 탈시설화로 변화되고 있다. 또한 수요자의 다양한 요구에 따라 제공되는 서비스의 효율성을 제고하기 위해 찾아가는 맞춤형 서비스를 지향하고 있다. 따라서 민간부문의 다양한 서비스 공급주체를 발굴하여 그들이 갖고 있는 지역사회 내의 인적·물적의 복지자원의 활용을 극대화시킬 수 있도록 공공과 민간부문의 유기적인 협력체계를 구축할 수 있는 지역사회복지네트워크가 필요하다.

## 3. 지역사회복지의 기본원리

지역사회복지의 기본원리는 사회복지의 이념인 인간존엄성의 중시, 평등과 기회균등, 선택의 자유보장, 민주적 참여, 연대감과 보장성 등을 기반으로 하면서 지역사회복지의 특성이 반영되어 있다. 여기서는 정상화, 통합화, 주민참여, 연계화, 탈시설화 등을 중심으로 살펴보고자 한다.

### 1) 정상화

정상화는 기존의 사회복지서비스, 특히 지적장애인 처우에 대한 반성에서 지적장애인에게 가능한 한 정상에 가까운 생활을 제공하는 것이 목적이었다. 스웨덴의 Nirge는 정상화는 지적장애인의 일상생활을 가능한 한 사회의 주류를 형성하게 하고 규범이나 형태를 근접시키도록 하는 것이라고 했다(신섭중 역, 1997: 152-153). 이는 일상생활에서 체험하는 하루의 생활리듬, 1년간의 생활리듬을 실현하는 것이 중요함을 강조한 것이다. Wolfensberger는 "지적장애인이 적어도 평균적 주민과 수입, 주거, 보건서비스 면에서 동등한 생활상태를 가능하게 하고 장애인의 행동을 가능한 한 풍요롭게 하도록 지원하기 위해서 문화적으로 일반인과 동등한 수단으로 이용할 수 있게 하는 것이다."

라고 정의하였다(신섭중역, 1997: 153).

이러한 면에서 보면 정상화의 원리는 요보호대상자가 일반인과 동등한 생활을 지역사회에서 함께할 수 있도록 하는 것이다. 즉, 인간으로서 욕구를 충족시키며 교육, 문화, 취업, 여가 등 사회적 교류의 기회를 정상적으로 확보하게 하는 것으로 그 바탕에는 요보호대상자의 인권, 가치, 존엄성 등이 일반인과 동등한 것으로 인정됨으로써 사회적 약자와 일반인이 서로 어우러져 함께 생활할 수 있는 정상적인 사회를 만들어 가는 것이라고 요약할 수 있다.

### 2) 통합화

통합화는 정상화를 실현하기 위한 주요한 원리로 장애인, 노인, 아동 등 요보호대상자가 자신들의 생활의 터전인 지역사회에서 일반주민과 함께 생활해야 한다는 것이다. 요보호대상자는 지역사회와 격리되어 수용시설에서 특별히 처우하는 것이 일반적이었으나 통합화의 원리에 따라 시설보호의 문제점인 인권, 자유 및 사생활 침해에서 인간의 기본적 인권, 가치, 존엄성을 중시하는 차원으로, 시설보호 중심의 사회복지에서 재가복지 중심의 지역사회복지로 방향이 전환되었다.

요보호대상자들이 지역사회와 가정생활을 기반으로 인생주기에 대응하는 정상적 발달과제, 욕구충족, 인간관계의 형성, 사회적 교류 등을 정상적으로 확보될 수 있도록 지역사회복지체계를 구축해야 한다. 이를 위해서는 외형적 조건의 정비와 더불어 주민의 심리적 장벽의 제거가 요구되며, 장애인을 사회의 일탈자로 간주하는 비장애자의 신념·태도·가치 등의 변화를 도모해야 한다. 특히 인권교육의 강화를 통해서 대등한 입장에서 요보호대상자에 대한 연대적 주민의식·생활태도를 기반으로 하는 지역사회복지체계를 만들어 진정한 통합화를 성취해야 한다.

### 3) 주민참여

주민참여는 지역사회복지를 실현하는 데 있어 중요한 실천원리로서 다음과 같다.

첫째, 지역사회복지의 민주화를 실현할 수 있다. 지역사회복지정책을 결정, 집행, 실시하는 데 주민이 참여하여 주민의 의사를 반영하고 주민이 직접 통제할 수 있도록 함으로써 주민의 욕구나 열망이 정책이나 계획에 반영되도록 하기 위한 적극적 노력이다.

둘째, 지역사회의 공통된 문제를 주민이 공유하고 문제해결을 위한 적극적 참여를 바탕으로 주민운동을 통하여 해결하도록 한다.

셋째, 적극적인 주민참여는 지역사회복지를 실천하는 데 필요한 인적 자원을, 특히 자원봉사자를 확보하는 데 가장 중요한 역할을 한다.

이러한 주민참여의 원리가 구현되기 위해서는 무엇보다도 지방자치의 기본이념인 주민주체의 원칙이 지켜지고 지방자치제도가 활성화되어야 한다.

### 4) 연계화

사회복지패러다임의 커다란 변화 중 하나는 공급자 중심의 서비스제공에서 수요자 중심의 서비스제공으로의 변화이다. 다양한 욕구를 지닌 수요자들이 원하는 맞춤형 서비스를 제공하기 위해서는 공공 및 민간부문의 서비스 공급체계의 연계, 수요자 간의 조직화, 서비스관계자의 유기적 협조, 관련 기관 및 시설의 연결 등 다양한 네트워크의 구축이 필요하다.

지역사회복지에서의 연계화는 지역사회 주민의 욕구에 적합한 서비스 제공을 위하여 지역주민의 조직화, 보건·의료·복지의 연계, 사회복지기관 및 시설의 유기적 협력체계 구축 등을 포함하는 포괄적인 원리이다.

### 5) 탈시설화

탈시설화란 생활시설의 폐지를 의미하는 것이 아니라 생활시설의 형태를 소규모의 다양한 형태로 변화시키는 것을 의미한다. 즉, 대규모시설이 아니라 그룹홈, 주간보호시설, 단기보호시설 등 소규모의 다양한 형태로 변형하는 것을 말한다. 나아가서는 시설의 운영형태를 시설장과 시설직원 중심으로 운영해 오던 폐쇄적인 체제에서 지역주민, 자원봉사자, 후원자 등이 적극적으로 참여할 수 있도록 하는 개방적 체제를 의미이다.

생활시설의 사회화를 통해 시설에 장기적 집단생활을 통해 형성되는 hospitalism(시설병, 시설벽), 즉 인내심 결핍, 의지박약, 사회성 부족, 충동적 형태 등의 집단적 생활습성을 개선함으로써 일상적 생활패턴을 유지하고 지역주민과의 교류를 원활히 하여 지역사회의 한 구성원이 될 수 있도록 한다.

## 4. 지역사회복지의 특징

지역사회복지는 사회복지의 일반적인 특징을 기초로 하면서 지역사회라는 독특한 체계를 기반으로 하고 있어 사회복지와는 또 다른 형태인 다음과 같은 특징을 가지고 있다(신대순, 1991: 54-55; 김치영 외, 2003: 69 재인용).

### 1) 지역사회가 기본단위인 사회복지

지역사회는 주민생활의 장(場)인 동시에 사회참여의 장이다. 주민의 생활터전에서 밀접한 관련성을 가지고 이루어지는 것이 지역사회복지이다. 즉, 국가에서 통합적으로 실시하는 사회복지가 아니라 지역사회단위에서 추진하는 사회복지이다. 주민의 기초적인 생활권역을 중심으로 사회복지서비스가 제공되고 있어 그 지역생활의 특성에 가장 적합한 서비스의 이용 및 제공체계가 필요하다.

### 2) 민간부문과 공공부문의 협력관계로 형성

주민의 자발적 참여에 의하여 이루어지는 것을 본질로 하나 사회복지의 전문적 지식과 기술을 필요로 하며 지역사회적 지원이 뒷받침되어야 하므로 행정조직에서 지도·지원을 할 때 더 큰 실효를 거둘 수 있다. 공공부문인 행정조직과 민간부문인 주민, 사회복지시설 및 기관 등이 수평적인 마인드로 서로를 이해하고 신뢰함으로써 유기적인 협력관계를 형성할 수 있으며, 효율적인 지역복지서비스 네트워크를 구축하여 시너지효과를 창출할 수 있다.

### 3) 주민 전체에 대한 편의성 제공과 소외계층 복지 중점

지역사회복지에서는 지역주민의 건강을 증진하고 쾌적한 생활을 보장하기 위한 주택, 도로, 공공이용시설 등 주민 전체와 관련된 사업을 추진하면서, 장애인, 고아, 실업자, 노인 등과 같이 보호와 지원 없이는 생활이 어려운 사람을 위한 시설관리와 원조를 한다. 전체를 대상으로 국가가 제공하는 사회복지서비스와는 달리 특정 지역에 한정되어 제공되는 지역복지서비스는 주민의 공통적인 복지수요를 파악하여 서비스를 제공할 수 있으며, 사회적 약자, 소외계층, 복지사각지대에 놓인 대상자에게 비교적 쉽게 접근할 수 있다.

### 4) 지역사회의 모든 활동 포함

지역사회복지는 시설 또는 활동사업 면에서의 사회복지와 대인(對人) 중심의 사회복지로 구별되는데, 사회환경개선사업, 생산기반조성사업 등의 시설 또는 활동사업 면에서의 사회복지와 사회적 약자를 보호하기 위한 재가복지서비스 등의 대인 중심의 사회복지 모두 지역사회복지의 대상이 된다. 서비스 공급자 입장에서는 공급의 용이성과 효율성을 강조하면서 서비스를 분리하여 제공하지만 이용자 입장에서는 주민생활과 밀접한 다양한 분야의 서비스를 구분하지 말고 포괄적으로 제공되어야 한다.

### 5) 주민주체의 원칙하에 운영

주민의 자율성을 최대한 보장하고 기획과 예산, 그리고 그 집행에 관한 사항은 지역사회가 담당하며, 주민책임하에 운영된다. 행정기관에서는 기술적·재정적·행정적인 면에서 협조한다. 지역복지는 지방자치의 기본이념인 주민주체의 원칙하에서 이루어지고 있다. 따라서 지역주민이 주인의식을 갖고 적극적·자발적으로 지역사회의 문제에 참여함으로써 명실상부한 지역복지의 주체가 되어야 한다.

이를 종합하면, 지역사회복지란 지역주민생활을 기본으로 추진하며, 민간과 공공기관의 협력관계를 유지하고, 주민 전체의 편의성 제공과 소외계층의 복지에 중점을 두며, 지역사회환경개선과 소득증대의 모든 활동을 포함한다. 특히 주민에게 자율성을 보장하며, 행정기관은 행정적·재정적·기술적 협조를 통해 이루어진다는 특징을 갖고 있다.

한국 사회복지발전의 사회적 배경을 살펴보면 다음과 같다.

첫째, 지역사회의 구조적인 변화를 들 수 있다. 산업화에 따른 인구의 도시집중과 공동체 붕괴, 극단적인 개인주의, 편협된 자아의식에 기초한다고 할 수 있다.

둘째, 개인과 집단의 복지욕구가 다양화되고 많아졌다는 사실이다. 개인의 가치관이 먹고사는 일에서 벗어나 잘 먹고 즐기는 레포츠와 복지에 적극적으로 관심을 갖게 되었다는 사실이다.

셋째, 지방자치시대에 부응하는 복지패러다임의 변화이다. 지방차치시대에 걸맞는 주민복지증진을 위하여 각종 복지서비스개발과 주민들의 참여확대, 주민지원체제 구축, 복지공급 인프라 구축이 시대적 과제로 부상하였다.

넷째, 지역사회별 주민복지증진 정책의 추구이다. 우리 사회가 주민 1인당 GDP가 3만 달러 시대에 육박하면서 국가와 지방정부의 정책목표를 주민복리증진에 두고 있음이다. 즉, 사회통합과 주민보호, 주민의 공공선 추구, 주민 협력체계 구축과 주민 스스로 문제해결능력 배양, 주민복지증진 서비스 생산과 공급정책이다.

이와 같은 사회복지발전에 적합한 일을 잘 해결하기 위한 과정은 다음과 같다. 주민개인별 욕구파악을 근거하여 지역사회자원과 효율적으로 연계하여야 하며, 사회복지서비스의 필요자를 확보하고, 요보호자를 우선적으로 자립을 도와주며, 다음은 주민 전체에게 복지추구체계를 확립하여야 한다.

## 5. 지역사회복지의 구성요건

지역사회복지를 재가복지서비스를 중심으로 환경개선서비스, 지역주민의 조직화 활동 등 지역주민의 생활의 터전인 지역사회를 중심으로 주민의 생활문제를 전반적으로 다루는 것으로 본다. 그 구성요건은 지역사회의 정확한 욕구 파악의 전제하에 효율적 서비스 제공을 위한 체계화, 목적달성을 위한 조직화, 실천전략을 들 수 있다.

### 1) 지역사회욕구 파악

지역사회에 대한 욕구는 개인 및 지역사회의 가치관, 문화 및 경험에 따라 상대적이고 역동적으로 변화하기 때문에 전문적 지식과 기술을 가지고 정확하게 파악되어야 한다. 이는 지역사회복지욕구를 지역사회복지사업으로 전환하는 과정이므로 병행해서 지역사회자원(인적·물적), 적절한 전문적 기술의 입수가능성, 정보, 지방자치단체의 재정상태 등을 정확하게 파악해야만 주민들의 욕구에 부응할 수 있는 서비스를 제공할 수 있으며 서비스의 효율성을 높일 수 있다. 지역사회의 욕구는 지역적 특성에 따라 다양하고 차별화되어 있는데, 이는 지역사회의 인구의 수와 구조, 가족의 규모와 양태, 환경, 문화, 전통 등에 있어 커다란 차이가 있기 때문이다.

### 2) 지역사회복지서비스의 체계화

지역사회보호사업과 공공정책을 연계하여 체계화, 조직화하는 것이 바람직하다. 지역사회보호사업인 재가복지서비스와 시설서비스를 일원화하고 공적 서비스인 공공정책(소득보장, 고용, 교육, 보건의료, 주거환경, 교통·통신 등)을 연계하여 민간부문과 공공부문이 협력적 서비스를 제공한다. 지역사회복지서비스 전체와 관련하여 조직화·체계화하기 위해서는 주민의 적극적 참여와 조직화 활동, 공공부문과 민간부문의 협력적 관계가 전제되어야 한다. 또한 다양한 지역복지자원의 활용을 극대화시키고 서비스의 효율성을 제고하기 위해 지역복지자원 DB를 구축해야 한다. 복지자원목록을 공공 및 민간부문이 공유하여 양자 간의 유기적 협력을 강화할 수 있다.

### 3) 지역사회의 조직화

지역주민 간의 연대감을 증진시키고 공동체의식을 더욱 공고히 하는 과정이다. 바람직한 지역사회를 형성하는 한 방법인 지역사회의 조직화 과정은 지역사회에서 주민이 주체가 되어 지역의 실정에 따라 주민의 복지를 증진시키며, 지역사회의 욕구를 충족시키고 공통된 문제해결을 위하여 조직활동을 통해서 지역사회의 단결 및 통합을 꾀하는 과정이다. 지역사회 조직화과정에서 중요하면서도 가장 기본적인 것은 공동체의식이다. 공동체의식은 우리의식(we-feeling), 역할의식(role-feeling), 의존의식(dependence-feeling) 등의 세 가지 요소가 필요한데 이를 실천하기 위해서는 타인을 배려하는 이타심, 역할분담에 따른 책임의식, 서로에게 믿음을 주는 상호신뢰 등의 미덕이 전제가 되어야 한다.

### 4) 지역사회복지를 위한 실천전략

지역사회복지를 목적에 부합하게 실천하기 위한 전략으로서 지역사회복지와 관련하여 방법론과 기술론의 연계화, 서비스의 체계화, 조직화와 연결 조정하기 위한 방법론 및 기술론뿐만 아니라 개인, 가족, 집단에 대한 개별사회사업과 집단사회사업 등의 조직적 활용을 필요로 한다. 그리고 지금까지 지역사회복지는 기술적 측면에서 조직론에 접근했으나 더 향상된 지역사회복지의 실천전략을 위해 앞으로는 기술론을 행동이론의 영역까지 전개시킬 필요성이 있다(장창호 외, 2006: 19).

지역복지의 주체는 결국 인간이다. 따라서 지역사회복지가 효율적으로 실천되기 위해서는 다양한 접근방법과 실천기술도 중요하지만 인간적인 측면에서 심리적·정서적인 접근전략이 무엇보다 강조되고 있다. 이러한 접근전략의 대표적 방법이 상담이다. 기초상담부터 심층상담에 이르기까지 기술적 전략과 병행한다면 보다 완성된 지역사회복지를 추구할 수 있을 것이다.

## 6. 지역사회복지의 역사

지역사회복지는 전통적으로 국가 주도의 사회복지에서 발생하는 다양한 문제점들로 인한 사회복지 사각지대의 공백을 보충하기 위해 발달되어 왔다. 이러한 성격으로 인해 지역사회복지는 공공부문보다는 민간부문의 자발적 참여가 강조되어 자선조직운동을 중심으로 전개되었다. 특히 지방자치가 발달된 영국과 미국은 주민의 자발적이고 적극적인 참여를 기반으로 하는 지역사회복지가 정착되었으며, 이러한 영·미식 지역사회복지는 한국을 포함한 다른 나라에도 많은 영향을 주었다. 따라서 한국 지역사회복지의 발달과정, 영국과 미국의 지역사회복지의 전개과정과 역사적 배경을 살펴보고자 한다.

### 1) 한국 지역사회복지의 역사

조선시대의 전통사회에서는 자치행정의 지역단위인 생활공동체로서의 마을과 일치되어 있었으며, 그러한 지역사회구조가 주민 상호 간 친밀감과 일체감을 증진시켜, 마을 사람들의 결속력을 공고히 하고, 그들의 강한 연대의식을 고취시켰다. 당시 마을의 주민공동체는 경제적 자족성과 정치적 자율성 및 사회적 상호 의존성을 주도하는 특성이 있다. 이러한 마을의 주민공동체 성격 때문에 주민 상호 간에는 공동운명체로서의 '우리 집단'이 되고, 그 마을을 벗어난 외부인에 대해서는 자신의 신분을 밝히는 준거집단이 되었다(한상복, 1984). 당시 마을에는 동수(洞首)·이도(里導)·존위(尊位)·좌수(座首) 등 명칭을 가진 자치행정의 총책임자가 있었고, 그 밑에 영좌(領座)·동하(洞下)라는 직책을 가진 사람이 마을의 잡역과 심부름을 하였다. 이들 마을의 행정책임자들은, 매년 정월에 대동회(大洞會)에서 선출되며, 임기는 1년으로 되어 있으나, 특별한 사유가 없는 한 연임되는 경우가 많았다. 대동회의 주요 임무는 공동재산과 동계·이중계(里中契)·군포계(軍布契) 등의 계 조직 및 마을의 공익사업에 관한 결산과 토의를 하였다. 공유재산은 주로 토지를 위주로 하는 경작지·임야·혼상구(婚喪具)이었으며, 공유재산의 소유형식이 동계 또는 이중계로 나타났다.

군포계는 균역법(均役法)[3]에 따라 16~60세 남자는 모두 다 평등하게 균역(均役)을 지도록 되어 있었고, 대역(代役)의 경우 당시 화폐였던 포(布)로 대역세(代役稅)를 바치게 하였으며, 이를 공동으로 부담하기 위하여 마을사람들이 조직한 모임이었다(전해황, 2004: 38). 마을 주민의 협동적 사회관계도 생활공동체 그 자체였다. 마을의 공공시설유지를 위하여 도로·교량·우물·회관 등의 증개축작업을 주민 공동으로 시행하였으며, 이는 대동계의 결의에 따라 집집마다 비용을 할당하여 거두었고, 노역(勞役)을 부과함으로써, 지역주민의 평등한 관계를 전제로 하고 있다(새마을중앙본부, 1994). 마을 주민공동체 안의 경제활동 중에서 협동이 제일 잘 이루어지는 부문은 생산활동이었다. 관개와 수리를 위하여 보나 제방을 축조하고 수축하는 데 많은 인력동원이 필요하고, 모내기할 때 김맬 때에는 동시에 많은 일을 해내기 위하여 마을의 장정들이 동원되어 마을의 전체 경작지를 돌며 공동으로 작업을 하였는데, 이것이 두레다. 이는 공동체의식의 발로인 동시에 마을 주민들의 단결력을 강화하는 데 크게 작용하였다.

주민공동체는 신앙과 의례에서도 있는데, 이는 동제(洞祭)로 우리나라의 대부분 농어촌 어느 마을이나 동제를 지내는 제당을 가지고 있으며, 이는 평소 마을사람은 물론 외부인의 접근을 금지하여 성역으로 간주하고 있다. 동제라는 명칭과 신당(神堂)의 형태는 각 마을마다 다르지만, 마을주민은 동제라는 공동체적 신앙과 의례를 통하여, 주민공동체의식을 재확인하는 동시에 동제 직후에는 음식을 나누어 먹음(음복, 飮福)으로써, 단결을 도모하고 의사유통체계를 형성하였다. 이는 마을의 1년간 정치·경제·사회통제 등 중요한 문제를 결정하는 대동회를 개최할 수 있는 분위기를 조성하는 데에도 기여하였다(한상복, 1984). 이처럼 우리 조상들은 제례를 통하여 마을사람들의 주민공동체의식을 갖게 하여 마을의 안녕과 발전에 기원하였으며, 공동작업과 공동의 생산으로 소득을 증대시키고 마을을 발전시켜 왔다.

3) 균역법(均役法): 조선 영조 26년(1750) 백성의 부담을 덜기 위하여 만든 납세법. 종래의 양포세(良布稅)를 줄이고, 그 부족액은 어업세·염세·선박세 등으로 보충함.

신라시대에는 화랑도에게 심산유곡에 가서 시와 노래를 부르게 하여 마음을 편안하게 한 다음 육체적 체력훈련을 실시하였다. 그 내용은 첫째, 담력을 기르게 하기 위하여, 배틀 밑으로 들어가서 배틀이 떨어질 때마다 눈동자를 깜박이지 않는 버릇을 갖게 하여 눈을 끝까지 뜨고 화살과 칼을 사용하도록 하여 담력을 길러 주었으며, 둘째, 눈의 시선고정과 멀리 있는 것을 가까이서 볼 수 있도록 하는 능력을 길러 주는 훈련으로, 머리칼을 가까이서 보기 시작하여 차츰 멀어지게 하여 멀리 있는 물체를 가까이서 볼 수 있는 망원의 효과를 볼 수 있게 훈련을 몇 개월 동안 계속하여 집중력을 길러 주었다. 셋째, 활을 쏠 때에 팔의 힘을 기르게 하기 위하여, 처음에는 대나무를 휘는 연습을 시켜서 어느 정도 힘이 생기면 다음은 쇠를 휘게 하였고, 그 다음은 쇠파이프를 휘게 하여 팔의 힘을 완벽하게 길러서 활의 시위를 당길 때는 마음껏 당겨서, 멀리 있는 물체를 정확하게 조준하여 명중하게 하였다. 그 결과 삼국통일의 기반을 닦는 바탕이 된 점은 현재를 사는 우리 후손들에게 큰 교훈을 주고 있다.

전통사회의 사회복지제도로 고조선시대는 홍익인간의 사상인 온 백성을 이롭게 한다는 인본주의적 사고에 따라 복지의 대상이 온 백성이었으며, 근간이 되는 사회제도는 8조 금법이었고, 민간복지 형태는 상부상조의 형태를 띠고 있다.

고구려, 백제, 신라의 삼국시대에는 국교를 불교로 삼고 자비사상을 바탕으로 하여 인륜사상과 충의 윤리, 호국윤리를 바탕으로 하는 공화정치와 민본정치를 실행하였으며, 공굴, 고지, 두레, 계 형태의 민간 차원의 상부상조의 형태를 갖고 있다.

고려시대는 충효·자비사상으로 의료, 자연재해, 경로, 아동사업으로 일체감을 조성하였으며, 조선시대는 향약, 계, 두레가 성행하였으며 지방자치제, 경로사업, 자연재해 피해구제가 주요 구휼사업이었다(최민홍, 1983: 15-31).

한국의 지역사회복지 역사를 보면 전통적 지역공동체 안에서의 상호부조라는 사회복지기능은 고대로부터 존재하여 왔는데, 대표적인 것이 두레, 품앗이, 계, 향약, 오가통 등이다(김기태 외, 2008: 85-94). 이들의 의미를 살펴보는 것도 중요하지만 앞서 영국과 미국의 지역사회복지 역사를 자선조직협의회와 인보관운동을 기점으로 살펴보았기 때문에 한국의 지역사회복지 역사도 역시 그러한 기준을 통해서 근대화 시기의 지역사회복지, 지역사회복지의 형성기, 지역사회복지의 정착기, 지역사회복지의 발전기 등으로 구분하였다.

〈표 2-1〉 **고제(古制)의 비교**

<table>
<tr><th>구분</th><th>고조선</th><th>고구려</th><th>백제</th><th>신라</th><th>고려</th><th>조선</th></tr>
<tr><td>건국이념<br>(복지이념)</td><td>홍익인간<br>재세이와</td><td>이도여치</td><td>광명의<br>보편적 사실</td><td>광명이세</td><td>金塔</td><td>金尺</td></tr>
<tr><td>국교를 통한<br>복지관</td><td>단군신앙<br>↓<br>자비사상</td><td>불교<br>↓<br>자비사상</td><td>불교<br>↓<br>자비사상</td><td>불교<br>↓<br>자비사상</td><td>불교<br>↓<br>자비사상</td><td>유교<br>↓<br>仁政사상</td></tr>
<tr><td>정치형태</td><td>민본정치</td><td>공화정치<br>群公政治</td><td>→ 절충형 ←</td><td>민본정치</td><td>귀족정치</td><td>양반정치</td></tr>
<tr><td>윤리사상</td><td>'한' 윤리</td><td>인륜사상</td><td>忠 倫理</td><td>護國倫理</td><td>충효사상<br>자비사상</td><td>삼강오륜</td></tr>
<tr><td>복지대상</td><td>전체 백성</td><td>四窮·<br>不能者</td><td>四窮·不能者</td><td>四窮·不能者</td><td>四窮·不能者</td><td>四窮·不能者</td></tr>
<tr><td>민간 복지사업</td><td>상호부조형태</td><td colspan="3">상부상조의 형태<br>(공굴, 고지, 두레, 계의 형태)</td><td>상부상조의 형태</td><td>향약·계·<br>두레 성행</td></tr>
<tr><td>주요 구휼사업</td><td>치국이념과<br>유사</td><td colspan="3">자연재해로 인한 구제사업과<br>경로수양에 역점을 둠</td><td>의료·자연재해<br>경로·아동사업<br>(寺院이 매체가 됨)</td><td>지방자치제(향약)<br>경로사업, 의료,<br>자연재해 등</td></tr>
<tr><td>구휼정책의<br>목적</td><td>치안유지<br>(8조금법)</td><td colspan="3">삼국견제로 인한 인력손실을 막기<br>위해서</td><td>일체감 조성</td><td>양반계급의<br>지속과 통치의<br>수단</td></tr>
</table>

### (1) 근대화 시기의 지역사회복지

사회복지관의 모체라 볼 수 있는 인보관은 20세기에 들어와 외국인 선교사들에 의해 설립되었다. 최초의 인보관은 1906년 미국인 선교사 Knowles가 원산에 세운 반열방으로 여성을 위한 교육이나 보건사업 등을 통해 일본 관리의 감시를 벗어나기 위한 하나의 선교전략이라 볼 수 있었다. 따라서 1921년 미국인 선교사 Myers가 설립한 태화사회관이 순수한 목적의 최초 인보관이라고 할 수 있다.

한일병합 이후 조선총독부는 일본의 사회사업제도였던 방면위원제도를 1927년 경성부에다 설치하였고 그 제도를 보다 효과적으로 수행하기 위해 인보관을 설립하였다. 이때 설립된 인보관이 종로에 설치된 동부인보관이며 이후에 북부인보관(1935), 마포인보관(1936), 성동인보관(1940), 영등포인보관(1941) 등 5개소의 인보관이 설립·운영되었으나, 1954년 이후 폐쇄되었다. 또한 방면위원제도도 1941년 전면 개편되어 경성부 내 8개의 방면을 두고 총 250명의 위원을 위촉하여 지역사회 내의 요보호자에 대한 보호, 구제, 직업알선 등 구체적 지역사회복지업무를 수행하였다. 이렇게 인보관을 건립·운영하게 된 것은 빈민대책사업을 수행하기 위한 것도 있지만 한편으로는 질서유지나 지배강화를 도모하기 위한 통치적 목적도 있었기 때문이라 보인다.

그 밖에도 지역사회복지에 대한 조사연구기관인 조선사회사업연구회(1921)가 조직되었다가 1927년 조선사회사업협회로 개칭하였고, 지역사회구호법(1929)을 제정하여 생활보호법(1961)이 제정되기 전까지 공공부조의 기본법으로서의 역할을 하였다.

### (2) 지역사회복지의 형성기

한국의 사회복지사업은 광복 이후 급속한 사회변화와 한국전쟁에 따른 사회혼란 등으로 아동, 노인, 장애인 등을 위한 수용시설사업이 주류를 이루었다. 이런 시대적 특성으로 지역사회복지사업은 외국 민간원조기관에 의한 사업이 1970년대 초반까지 지속되었다. 이러한 외국 민간원조기관은 외국 민간원조한국연합회(1952)가 조직되면서 본격적 활동이 시작되었으며, 모두 96개에 달하는 이들 기관은 교육, 보건, 지역개발 등의 영역에 기여하였을 뿐만 아니라 미국식 전문사회사업의 실천방법과 관련된 이론들을 국내에 소개하는 데도 큰 역할을 하였다.

외국 민간원조기관과 더불어 이 시기에 사회복지활동을 수행한 기관으로는 대학부설 사회복지관과 민간 사회복지관이다. 지역사회를 근거로 하는 복지실천주체로서의 의미를 가지고 있는 사회복지관은 1956년 최초로 이화여대부설 복지관이 서울 대신동에 건립되었고 그 이후 아현복지관(1956), 목포사회복지관(1962) 등의 설립이 이루어졌다.

한국의 근대적 지역사회복지 발전과정을 볼 때 가장 대표적인 유형은 지역개발사업이라 할 수 있다. 지역사회 중심의 복지실천운동인 지역개발사업은 한·미 합동 경제위원회(1957)와 지역사회개발위원회(1958)가 구성되어 지역개발사업의 실시기반을 구축하게 되었으나, 그 성과는 미미하여 명맥을 이어오다 1970년대 새마을운동사업으로 전환되어 획기적 전기를 마련하게 되었다.

새마을운동은 1970년 10월부터 공식적으로 전국 33,000여 개의 자연부락을 중심으로 '새마을 가꾸기 운동'으로 시작되어 1977년에는 공장새마을운동, 1979년에는 도시새마을운동으로 확대되면서 농촌생활환경개선사업에서부터 소득증대사업으로 확대되었고 나아가서는 의식개선운동으로 전개되었다. 새마을운동은 지역사회복지실천을 위한 기반을 마련하였다는 점에서는 그 의의가 있으나 관 주도의 운동이라는 점에서 지역사회복지의 자발성 원칙이 무시되고 전문성의 결여라는 한계에 봉착하여 새마을운동중앙본부를 창립하고 새마을운동중앙협의회로 개칭하면서 민간주도의 새마을운동으로의 전환을 모색하였으나 1980년대 이후에는 거의 제 기능을 하지 못하고 유명무실한 상태에 놓이게 된다.

### (3) 지역사회복지의 정착기

1980년대 들어서 지역사회복지는 커다란 전환점을 맞는다. 이 시기는 제5공화국의 국정지표인 '복지사회건설'을 추진하기 위해 생활보호법을 전면 개정하여 강력한 복지정책을 추진하기 시작한 시기로서 지역사회복지관의 설립, 재가복지서비스의 도입, 사회복지전담요원제도 실시, 지역사회행동모델의 확대 등 보다 구체화된 복지시책을 실시하였다.

사회복지관은 1983년 사회복지사업법 개정에 따라 종합사회복지관 가형과 나형, 그리고 사회복지관으로 나누어지면서 공식적으로 국가의 지원을 받게 되었다. 저소득층을 위해 영구임대아파트단지 내 사회복지관의 건립을 법제화하였고, 민간에 의한 사회복지관 건립으로 사회복지관이 수적으로 증가하였으며, 1989년 사회복지관 설치·운영·건립 및 국고보조사업지침을 제정하고 사회복지관 중앙협회를 창립하면서 사회복지관사업을 본격적 궤도로 올려놓았다.

또한 지역사회 중심의 복지서비스로서 재가복지제도가 도입되어 찾아가는 서비스 시대를 열게 되었다. 그 내용을 보면 다음과 같다.

① 노인복지분야에서는 1980년대 초의 노인결연사업, 상담사업 등이 가정봉사원 파견사업으로 확대·실시되어 1987년 한국노인복지회가 국제노인복지회의 지원과 국고보조금으로 가정봉사원 파견시범사업을 실시하였다.

② 가정봉사원 파견사업은 종전의 구호방식에서 자원봉사자의 활용, 정기적 서비스 제공, 원조내용의 변화 등 대인사회복지서비스 제공이라는 특징을 갖고 있다.

③ 장애인복지 분야에서는 지역사회 중심의 재활사업이 실시되어 장애인가정방문을 통한 상담, 진단치료, 교육 프로그램 등 재가복지서비스가 실시되었다.

한편 1987년부터 전국 읍·면·동사무소에 지역의 생활보호대상자를 중심으로 공공부조업무를 수행하기 위해 사회복지전문요원을 배치하였다. 이 제도는 사회복지전문인력의 중요성을 부각시키고 주민과 직접 대면하는 말단 행정기관의 역할을 강조함으로써 공공부조업무의 성과뿐만 아니라 지역사회 중심의 공공사회복지 전달체계의 새로운 전기를 만들었다.

1980년대는 1970년대 새마을운동으로 대표되는 지역사회개발모델에서 지역사회행동모델로 점차 확대되는 시기였다. 지역사회행동은 민주화 운동과 더불어 생활권 보장이라는 차원에서 지역사회를 중심으로 사회운동과 연계되면서 구체화되었는데, 특히 주민의 이해관계에 따른 다양한 형태의 반대운동 등은 이러한 변화된 지역사회행동모델을 잘 보여주고 있다. 또한 장애인, 노인 등 민간 차원에서의 사회복지수급대상자 중심의 다양한 자조집단이 출현하여 상호 정보교환과 권익옹호활동을 적극적으로 수행하기 시작하였다.

### (4) 지역사회복지의 발전기

1990년대 이후의 지역사회복지는 지역중심성 강조 및 전문성 강화 등을 기초로 하여 질적 변화를 맞고 있다. 특히, 재가서비스 확대, 지역사회복지실천주체의 전문화 및 다양화, 지역사회 중심의 자활사업 전개, 지방자치제 실시 등에 따른 지역사회복지의 내실화 요구에 따라 지역사회복지의 질적 전환이 이루어지는 시기로 볼 수 있다.

우선 사회복지관은 1990년대 이후 급격한 양적 증가를 보이고 있다. 국고 및 지방비와 법인의 부담이라는 재정구조를 갖고 있는 사회복지관은 민간법인의 운영과 정부의 지도·감독 등으로 반관·반민의 형태를 갖게 되었다. 1997년 사회복지사업법 개정에 의해 실시된 사회복지관의 평가로 인해 사회복지관의 운영 및 프로그램의 효율성 및 전문성을 높이게 하였으며, 지역사회 중심의 자원 동원과 서비스 전달체계의 확립 및 지역주민의 조직화 사업 강화 등 지역사회의 실천영역을 확대시켰다.

1990년대 들어 재가복지는 비로소 정부 차원의 지원을 받아 종합적 프로그램으로 발전하였으며, 가족부양기능이 취약한 계층을 중심으로 지역사회 내 재가복지서비스를 제공하기 위해 1992년부터 재가복지봉사센터를 사회복지관의 부설 형태로 설치·운영하고 있다. 이 시기에 전개되었던 재가복지의 특성을 요약하면 다음과 같다.

첫째, 서비스 실천의 장은 주로 재가복지봉사센터로서 민간 사회복지관 등에 부설되어 서비스가 제공되고 있다. 우리나라는 재가복지의 개념이 지역사회 보호라는 광의의 개념보다는 재가복지라는 협의의 개념으로 일반화되어 있어 소규모 노인거주시설이나 데이케어센터 등은 재가복지대상에서 제외되어 있다.

둘째, 서비스 실천주체는 주로 자원봉사자이다. 재가복지봉사센터에 전문인력이 배치되어 있으나 극소수이며, 주로 자원봉사자를 조직하여 배치하고 관리하는 업무를 담당함으로써 다수의 서비스 대상자들에게 직접적으로 전문적 서비스를 제공하는 데는 한계가 있다. 따라서 지원봉사자의 효율적 활용을 위한 지속적 교육과 훈련이 요구되고 있다.

셋째, 서비스 실천대상은 가족기능이 취약한 계층에 한정되어 있기 때문에 가정과 유사한 소규모 주거시설의 보호대상자들을 적극적으로 포함하지 못하고 있다.

1990년대 이후 지역주민의 삶의 질 향상과 복지욕구해결을 표방하는 지역사회복지조직의 활동이 증대하여 저소득·빈곤계층을 위한 직접적 서비스 지원사업을 수행할 뿐만 아니라 지역주민의 이해관계에 따른 다양한 사회행동을 실현하고 있다. 이러한 자주적 지역사회복지조직은 지역주민운동에 뿌리를 두고 있으며, 지역 중심의 복지이슈를 점차 시민사회운동의 영역으로 전환시키고 있다.

이 밖에도 1998년 광역자치단체 사회복지협의회의 독립법인화 및 기초자치단체 사회복지협의회의 조직화, 지역사회복지조직 및 관련 자원 간의 네트워크를 통한 지역사회복지협의체 구성, 지역사회복지계획수립, 사회복지재정의 지방분권화 등으로 지역사회 중심의 사회복지가 강화되고 있는 추세이다.

### (5) 최근의 경향

우리나라의 지역사회복지는 2000년대 들어서면서 능동적 복지와 고령친화적 복지를 지향하고 있다(김광희, 2005: pp. 90-92). 정부는 생산적 복지에 기초하여 지역사회복지에 능동적 복지를 주창하면서 시혜적이며 사후적인 복지에서 벗어나 예방적이고 생산적인 복지를 추진하여 소외계층의 출현을 막고 지역사회 중심의 자활지원 사업을 강화하기 위해 2000년 1월 1일부터는 재가복지(봉사)센터를 부설로 운영하던 사회복지관과 통합하여 재가복지(봉사)팀의 형태로 운영하고 있다.

또한 2015. 7. 1부터 지역사회복지협의체를 지역사회보장협의체로 명칭을 변경하였으며, 사회보장의 영역에 기존의 사회복지관과 지역자활센터도 2014년 현재 441개소와 247개소로 확대되었다. 또한 지역사회에 직업교육과 평생교육을 제공하여 근로능력이 있는 저소득자가 자립할 수 있도록 하고 노인·장애인·아동 등의 취약계층에게도 2014년 기초생활보장제도를 개편하여 최저생활보장은 물론 의료·교육서비스도 제공할 수 있도록 수급대상자 범위를 확대하였다.

제4기 지역사회보장계획을 수립한 2019년은 전국에 있는 지방자치단체별 사회보장계획을 수립하는 중요한 해였다. 본 교재에는 제13장 지역사회보장계획에 저자가 책임연구원으로 연구한 내용을 과감 없이 수록하였다. 특히, 복지부에서 지역사회보장계획의 캐치프레이즈와 사업계획지침이 커뮤니티케어(Community Care)에 있었다. 우리 인간의 마지막 보루인 가정과 지역사회로의 회귀를 위한 가족의 필요성, 가족 간의 친밀한 관계 개선을 통한 건전한 지역사회와 가정가꾸기 사업에 치중하여야 한다는 전제를 하고 있다는 점이 중요한 요소이다.

지속적으로 증가하는 고령인구의 복지수요에 대응하기 위해 2008년 노인 장기요양보험제도를 도입하여 질병으로 일상생활이 어려운 노인들에게 지역사회의 사회복지시설 및 기관 그리고 의료기관 등을 통하여 신체 및 가사활동 지원서비스를 제공함으로써 노후의 건강증진 및 생활안정을 도모하고 그 가족의 부담을 덜어주는 목적을 갖는다. 또한 노후의 경제적 안정을 위해 2014년 7월 기초노령연금제도를 전면적으로 실시하여 전체 노인인구 중 63%에 해당하는 400만 명이 혜택을 보고 있다. 정부는 60세 정년인 근로자 고용을 2022년부터 65세까지로 의무화할 계획이다. 기재부, 고용노동부, 법무부에 인구정책 테스크포스(TF)를 마련하여, 인구구조 변화 대응방안을 내놓았다. 국민연금 수급 연령도 2019년 62세, 2023년 63세, 2033년 65세로 늘리고, 사실상 앞으로는 정년을 65세로 연장하는 방안을 추진할 계획이다.

정부는 이러한 복지 트렌드를 효율적으로 추진하기 위해 시장개념에 복지개념을 도입, 시장친화적인 복지정책으로 경제성장을 통해 확보된 재원으로 복지욕구를 충족시키며, 인적자본에 대한 재투자를 통해 경제활동 참여기회를 확대하고 더 나은 일자리를 제공함으로써 복지와 노동을 연계한 생산적 복지의 내실화를 도모하고 있다. 민영화를 통해 사회복지서비스 분야의 시장기능을 강화하여 민간복지기관들의 상호경쟁을 유도하고, 공공기관과 민간복지기관 간의 사회복지 구매계약을 체결하거나 바우처 사업을 확대하여 소비자의 복지서비스 선택권을 확대·강화시키는 방향으로 가고 있다.

사회복지의 혜택을 전 국민에게 일반화하기 위하여 복지 칸막이를 걷어내고 복지 멤버십에 한 번만 가입하면 생계급여, 긴급복지, 재개발 임대주택을 공무원이 알아서 제공하는 맞춤 서비스를 2021년 9월부터 실시할 계획이다.

국가에서 치매의 국가책임제를 위하여 전국에 치매안심센터를 256개 설치하였는데, 인력을 채운 건 18곳뿐이다. 2017년 6월에 정부에서 치매국가책임제 정책을 도입한 지 2년이 된 현재에도 치매진단검사를 위한 임상심리사 등 여전히 인력난에 해결되지 않고 있다. 치매안심센터의 주요 임무는 치매의 조기진단과 예방활동, 맞춤형 치매환자 관리이다. 2020년 치매환자 수는 83만 6,834명이며, 2039년에는 200만 명을 넘어설 것으로 예상되어, 이에 적절한 치매예방정책이 요구된다.

사회복지서비스를 신청하지 않아도 정부 및 지자체의 전국 6,740개소에서 알아서 맞춤 서비스를 제공하는 차세대보장 시스템을 2022년부터 실시한다. 차세대시스템은 누구나 복지멤버십에 가입하도록 하여, 임신과 출산, 자녀의 입학, 실직에 따라 맞춤형 서비스를 제공한다. 차세대시스템은 한 명의 국민도 소외되지 않고, 복지서비스를 촘촘하게 지원할 수 있도록 하는 것이 실천의 목표이다.

### 2) 영국 지역사회복지의 역사

영국 지역사회복지의 기원은 1601년 엘리자베스 구빈법에서 출발하지만 1834년 신구빈법의 제정이 전환점이 되어 19세기 후반부터 시작한 자선조직협회(charity organization society)와 인보관운동(settlement movement)을 중심으로 전개되었다.

20세기에 들어 지역사회복지는 지역사회보호와 연관되어 발전되었다. 지역사회보호(김종일, 2004: 46)란 지역주민에 의해 이루어지는 노인, 장애인, 아동 등에 대한 도움, 지지, 보호를 포괄하는 개념으로 지역사회 안에서 지역사회에 의해 제공되는 사회복지서비스를 의미한다. 따라서 지역사회복지는 다양한 지역사회보호서비스의 확충과 질적 향상에 초점을 두고 발전되어 왔다.

#### (1) 자선조직협회와 인보관운동

① 자선조직협회

영국은 산업혁명 이후 지속적 도시화로 인해 도시빈곤문제에 직면하게 되고 국가와는 별개로 민간자선단체에서 이러한 문제에 관심을 갖게 되어 민간 차원의 구제활동을 전개하였다. 그러나 각종 자선활동이 적절하게 관리되지 않아 자선단체가 난립하게 되었고, 그에 따른 자선활동의 중복과 경쟁 등이 반복되어 활동의 효율성을 저해하였다. 따라서 자선단체의 난립과 자선활동을 조정하고, 효과적 활동을 위한 인력과 재원을 확보하기 위한 공동노력을 개발하려는 목적으로 1869년 런던에서 자선조직협회가 최초로 설립되었다.

이 협회의 주요 기능은 효율적이고 공정하게 문제해결을 하기 위해 현존하는 자선단체 간의 상호조정 및 연락 그리고 구호신청자의 엄격한 조사를 위한 호별방문으로,

특히 호별방문(김종일, 2004: 43)은 구호를 신청한 본인과 가족은 물론 집주인, 이웃 및 고용주까지도 방문하여 신청자의 상황을 보다 면밀하고 총체적으로 파악하려는 노력이었다. 19세기 런던에만 40개 이상의 협회 지소가 있었고 지방에도 상호 연락할 수 있는 조직이 75개에 달할 정도로 활성화되었다(김범수 외, 2007: 71).

② 인보관운동

인보관운동의 배경에는 현장실천의식이 깔려 있었다. 즉, 빈민을 돕기 위해서는 빈민지역에 직접 들어가서 그들과 동고동락하면서 그들의 문제가 무엇이며, 무엇을 요구하는지를 체험함으로써 빈민과의 관계를 형성하고 그들과의 우정과 동료애를 강조하여 사회적 갈등을 해결하려는 사회개량적 의식이 그 배경이었다.

최초의 인보관은 Barnett 목사에 의해 1884년 런던의 유대인 빈민가에 세워진 토인비 홀(Toynbee Hall)이다. Barnett 자신도 자선조직협회활동을 하였으나 현장참여의 필요성을 인식하여 모교인 옥스퍼드대학 학생들과 교회 청년 등을 중심으로 빈민지역 내의 인보관운동을 전개하였다. 토인비 홀의 주요 사업은 빈곤자에 대한 교육과 문화활동, 보건위생문제 그리고 빈곤자 문제에 대한 지역주민의 관심과 참여, 특히 지역주민에게 빈곤문제를 환기시킴으로써 빈곤문제를 지역사회의 맥락에서 접근하려 하였다. 이후 인보관운동은 확산되어 영국 전역에 100여 개의 인보관이 설립되었으며, 나아가서는 1889년 미국 시카고에 헐 하우스, 1897년 일본 동경에 킹스레이 하우스 등이 설립되어 인보관운동을 세계적으로 확산시켰다(김범수 외 2007: 72).

### (2) 지역사회복지의 전개과정

영국의 지역사회복지는 상술한 바와 같이 지역사회 중심의 지역사회보호가 주류를 이루어 발전하였기 때문에 그 역사도 지역사회보호의 발전과정을 중심으로 전개되었다. 전개과정은 크게 4단계로 구분하여 진행되었다(김기태 외, 2008: 68-75; 김범수 외, 2007: 72-76).

① 지역사회복지의 반성기

영국의 지역사회복지는 1920년대 정신장애인의 치료와 서비스를 위해 시작하였으나, 열등처우와 격리에 의존하는 시설수용방식에 대한 반성이 일기 시작하면서 약물요법의 발전과 더불어 지역사회 내에서의 치료와 서비스가 강조되었다. 이러한 반성은 노인복지에도 영향을 주어 재가복지서비스 도입, 나아가서는 아동복지법 제정에 따른 요보호아동위탁으로 발전되어 지역사회복지의 시작을 촉진하였다.

② 지역사회복지의 태동기

지역사회복지의 시작은 수용보호에 대한 반성으로 출발하였다. 1950년대 들어서서 두 차례에 걸친 "정신병과 정신장애에 관한 왕립위원회 보고서"가 제출되고, 1959년 정신위생법 제정으로 지역사회보호가 법률적으로 규정됨으로써 형식적이나마 재가복지서비스 중심의 지역사회보호정책이 전개되기 시작했다. 1963년과 1966년에 "보건과 복지, 재가복지서비스 개발"에 관한 정책이 제기되면서 재가복지서비스 정책이 본격화되었으며, 이러한 정책으로 인해 정신병원의 수가 크게 감소하였다. 따라서 정신병과 정신장애를 지닌 사람은 지역사회에서 제공하는 적절한 서비스와 훈련을 통해 지역사회 내에서의 자립을 영위할 수 있는 기반을 제공받게 되었다.

또한 노인복지에 있어서도 이러한 영향이 강화되어 '탈시설이론'에 기초하여 노인을 위한 소규모 보호주택이 건설되었다. 이렇게 수용되었던 사람들이 지역사회로 분산·재배치됨으로써 지역사회가 사회문제와 관련하여 개인과 분리되어 있는 지역이 아니라 상호 밀접한 관계가 있는 지역으로 인식하게 되어 지역사회에 대한 새로운 인식의 전환을 초래하였다.

③ 지역사회복지의 형성기

영국에서 지역사회복지 형성기는 1960년대 후반 시봄보고서(1968)를 시작으로 하여, 1980년대 후반까지로 볼 수 있다. 시봄위원회는 보고서를 발간하면서 서비스 통합의 중요성, 즉 여러 부서에 산재되어 있는 서비스를 통합하여 가족의 총체적 욕구의 측면에서 각각의 문제를 인식하는 가족지향적 서비스의 제공을 주장하였다(오정수 외, 2004: 68).

1960년 후반 이후 사회복지서비스 부문의 주요한 정책적 근거가 된 이 보고서는 지방정부의 서비스의 범위에 고용, 교육, 가정원조, 경찰, 교회, 자원봉사조직, 친구, 이웃 등에 의한 서비스가 포함되는 것으로 이해하였으며, 지역사회보호주체로 공공부문뿐만 아니라 민간의 다양한 조직을 포함시켰다. 또한 시봄보고서는 "주택지방자치부 지침 82호"(1969), 주택재정법(1972)에도 영향을 주어 노인주택건설을 촉진하였고, 1975년 이후에는 노인주택 다양화 정책에 의해 보건·복지, 주택을 통합하는 재가복지서비스가 구체적으로 실시되었다.

결국 재가복지서비스 정책의 구체화는 시봄보고서에 의한 지방정부의 사회복지행정의 개혁, 그리고 국민보건서비스의 개편으로 의료·보건·복지시스템으로의 전환을 통해 이루어졌다. 이 외에도 지역사회복지에 영향을 미친 보고서로는 하버트보고서(Harbert Report)와 바클레이보고서(Barclary Report)가 있는데, 이 보고서들의 공통적 주장은 지역사회의 비공식적 서비스 역할의 필요성을 강조하는 데 있다. 즉, 지역사회의 다양하고 복잡한 주민의 모든 욕구를 공공 및 민간서비스만으로는 충족시키는 데 한계가 있기 때문에 비공식적 서비스를 통해 서비스를 제공해야 한다고 주장하였다.

#### ④ 지역사회복지의 발전기

보수당 정부는 1988년 그리피스보고서(Griffiths Report)로 알려진 지역사회보호행동지침을 발표하였는데, 그 내용을 보면 첫째, 지역사회보호의 1차 책임은 지방정부에 있다는 점, 둘째, 지방정부는 대인서비스의 직접적 제공자가 아닌 계획·조정·구매자로서의 역할을 수행한다는 점, 셋째, 주거보호에 대한 욕구는 지방정부에 의해 사정된다는 점 등이다. 따라서 이 보고서는 지역사회보호를 위한 권한과 재정을 국가에서 지방정부로 이양할 것을 제안하였다.

그리피스보고서의 내용이 반영된 주민보건서비스 및 지역사회보호법(1990)이 제정되었으며, 1993년 지역사회보호개혁에서는 시장경제의 원리, 즉 소비자의 선택과 서비스 제공자 간의 경쟁을 통한 지역사회보호서비스 수준의 향상과 케어매니지먼트(care management)의 도입으로 적절한 서비스 제공 등을 강조하였다. 그 구체적 정책내용을 보면 다음과 같다.

- 지역사회의 욕구와 자원분석과 관련된 보호계획 수립
- 보호욕구의 정확한 판단과 이에 기초한 보호서비스를 제공하기 위한 케어매니지먼트 도입
- 공공서비스에 대한 민간서비스와의 경쟁 유도, 욕구 중심의 서비스 제공 등 지방정부의 역할 변화
- 복지서비스에 대한 감독제도 강화
- 지방정부로의 권한과 재정의 이양으로 지방정부의 재량권 강화

이와 같은 정책의 변화로 지역사회보호의 개념이나 실천방향에 있어서 공공부문이나 지방정부의 역할보다는 민간부문의 역할이 상대적으로 강조되었다.

### 3) 미국 지역사회복지의 역사

미국의 지역사회복지 역시 영국과 마찬가지로 자선조직협회와 인보관운동으로 시작되었다. 영국의 경우는 국가복지가 발달하면서 자원부문 중심의 지역사회복지가 퇴조하였지만, 미국의 경우는 지속적으로 발전해 왔다. 특히, 미국의 지역사회복지는 다민족 중심의 지역적 특성과 문화적 배경으로 사회복지기관의 설립과 재정지원을 위한 모금운동이 활발하게 전개되었다. 미국 지역사회복지의 역사를 크게, 세 단계로 구분하여 변화과정을 살펴보기로 한다(김종일, 2004: 75-82; 오정수 외 2004: 58-65).

#### (1) 지역사회복지의 태동기

이 시기에 영향을 미친 것은 무엇보다도 자선조직협회와 인보관운동이 대표적이다. 자선조직협회는 지역사회복지서비스의 연계와 지역사회계획 및 조직 간 관계의 원천이 되었으며, 인보관운동은 지역사회개발·계획·조직화와 변화의 뿌리 역할을 하였다.

### ① 자선조직협회

미국 최초의 자선조직협회는 1869년 Gurteen 목사가 뉴욕 주 버팔로 시에서 창설하였다. 미국의 협회가 영국의 협회와 다른 것은 기관 간의 업무조정뿐만 아니라 특정 개인이나 가족에게 제공하는 원조활동을 논의하기 위해 사례회의를 조직화하였고, 직접적 구호와 서비스를 제공했다는 점이다. 또한 다양한 사회문제의 해결과정에도 적극적으로 개입하여 결핵퇴치사업, 청소년 전담법원 설치, 아동보육 프로그램 제공, 임대주택에 관한 법과 제도개혁 등과 같은 실질적 성과를 얻어냈다.

미국의 자선조직협회는 19세기 말경 미국 전역에 55개소로 증가하였으며, 그 명칭도 '미국자선조직협회연맹'으로, 나중에는 '미국가족사회사업조직협회'로 개칭되면서 다양한 기능을 수행하였다. 또한 자선조직협회는 지역사회 내의 복지서비스를 조직화하였고 지역문제 해결을 위한 공동모금 능력을 강화하기 위해 사회복지기관협의회로 발전하였다. 이는 회원기관 간의 관계에 있어서 주로 공동모금에 의해 지원받는 복지기관의 연합체적 성격을 가지다가 지역사회 내 복지문제와 서비스에 관심을 갖는 시민협의회로 재구성되기도 하였다(김범수, 2007: 66).

### ② 인보관운동

미국의 인보관운동 역시 영국의 영향을 받아 1889년 Jane Adams 여사에 의해 시카고에 헐 하우스(Hull House)를 건립한 것이 최초이다. 헐 하우스는 시민의식고취, 사회교육실시, 자선계획수립 및 추진을 통한 사회문제조사와 개선, 사업추진 등을 목적으로 설립하였으며, 대학공개강좌, 문맹퇴치활동, 민속축제, 유치원, 여름캠프, 공중목욕탕 등 오늘날 지역사회복지관이 제공하는 서비스를 망라하고 있었다. 또한 노조의 활동공간, 각종 사회문제에 대한 토론의 장으로도 이용되어 사회개혁의 노력을 보여주었다.

1891년 6개에 불과했던 인보관은 확산을 거듭하여 1915년 550개소로 증가하였다. 이는 영국의 1920년도 66개소와 비교할 때 양적으로 크게 증가된 것을 알 수 있다. 미국의 인보관운동이 이처럼 활성화된 것은 영국에 비해 국토가 넓은 데도 기인하지만, 당시 미국의 사회문제가 증가하고 있었으며, 문제해결에 인보관의 직·간접적 참여로 그 효과성이 증명되었기 때문이라고 할 수 있다. 제1차 세계대전 이후 쇠퇴하던 인보관운동은 1929년 경제대공황과 함께 지역사회를 중심으로 새로운 변화를 시도하게 되는데 그것이 바로 근린지역센터운동이다(김범수, 2007: 67-68).

### (2) 지역사회복지의 형성기

미국은 제1차 세계대전 이후 이어지는 산업화와 도시화 그리고 인종 간의 대립 등이 심화되면서, 특히 경제대공황은 미국역사상 유례 없는 충격을 가져왔다. 경제대공황으로 인해 가족복지관, 인보관 등에는 실업자가 증가하였으며, 지역사회복지시스템의 한계를 절감하여 1935년 사회보장법이 제정되었으며, 사회복지영역에 대한 연방정부의 개입이 확대되었다. 따라서 과거 민간부문에서 이루어졌던 빈민구제와 이와 관련된 활동이 국가와 공공기관으로 이양되었고 지역 중심의 사회활동이 국가 차원으로 확대되었다.

연방정부 차원에서의 사회복지에 대한 계획과 조정의 필요성을 인식하여 국가계획위원회가 활동하면서 공공과 민간부문 간의 상호 협력이 시작되었으며, 사회문제와 이와 관련된 서비스에 관심이 집중되면서 지역사회복지협의회가 출현하였다. 또한 1939년에는 지역사회복지발전에 획을 그은 레인위원회의 보고서로 알려진 "지역사회조직의 실천분야"라는 보고서가 발표되었는데, 이 보고서는 사회사업실천방법으로서 지역사회조직을 공식화하여 전통적 사회사업실천방법의 하나로 자리 매김을 하게 되었다. 1940년대와 1950년대에는 보건과 복지협의회의 발전, 지역사회계획, 풀뿌리조직의 개발 등 지역사회복지실천이 강조되었고, 1946년 '지역사회조직에 관한 연구협회'가 설립되었다가 1955년 '전국사회복지사협회'로 통합되는 등 지역사회복지에 대한 실천방법이 보다 전문화되었다.

지역사회조직화를 모색하는 데 있어 빠질 수 없는 것이 앨린스키 모델(Alinsky Model)이다. 이 방법은 주민을 동원하는 데 있어 주민을 일대일로 접촉하는 것이 아니라 지역사회 내의 기초 조직들을 연합하여 지역사회의 다양한 문제와 직접 부딪히게 하면서 조직가는 조언자의 역할을 맡는 방법으로 대결과 갈등에 기초를 둔 지역주민의 직접적 행동만이 결과를 얻을 수 있다는 주장이다.

이 시기에 나타난 특징 중 하나가 바로 지역공동모금제이다. 다양한 사회복지활동을 수행하면서 각종 모금활동이 활발하게 진행되는 과정에서 논란은 모금창구의 단일화와 회계의 투명성 문제였다. 따라서 이러한 문제점을 해결하기 위한 하나의 방안으로 나타난 것이 지역공동체모금제도로서 1919년 뉴욕주 로체스터 시에서 처음으로 지역공동모금이라는 명칭으로 모금활동을 시작하였다. 이 제도는 기부자들의 영향력하에 있기 때문에 지역조직화 사업과 같은 사회개혁 프로그램보다는 서비스 제공사업위주로 지원하여 보수적이라는 비판도 받았으나, 오늘날 사회복지공동모금제도의 효시로서 그 의의를 찾을 수 있다.

### (3) 지역사회복지의 발전기

1960년대와 1970년대에는 미국에서 빈곤의 재발견으로 특징되는 시기이다. 빈곤문제는 인종문제와 결부되면서 사회적 쟁점으로 부각되어 '빈곤에 대한 전쟁'이라는 정책을 내놓게 되었다. 이 정책의 특징은 대규모의 재정과 인력이 투입되는 주민참여를 강조하는 지역사회 프로그램이라는 데 있다. 그중에서도 지역사회행동 프로그램(CAP: Community Action Program)은 가능한 한 최대한 참여를 이끌어 내려는 프로그램으로서 과거 연방정부의 프로그램과는 달리 지역주민을 조직화하여 자신들의 당면한 문제를 직접 해결하도록 유도하는 방식을 사용하였다. 이 과정에서 연방정부의 서비스가 직접 주민에게 전달되었는바, 주민운동과 지역사회조직에 대해 부정적 견해를 갖고 있던 지방정부는 대부분 배제되었다.

CAP는 흑인 및 빈민지역에서 활발하게 진행되어 흑인인권운동가들과 CAP 활동가들은 지방정부나 지역의 기득권 세력에 대항하여 풀뿌리 대중을 조직하는 수단으로 활용하여 서비스 전달보다는 지역사회를 대변하고 조직하는 일에 초점을 맞춰 일종의 정치적 세력화를 도모하려 하였다.

1960~1970년대를 대표하는 '빈곤에 대한 전쟁' 정책을 포함한 사회정책들이 1980년대에 들어서 대부분 종말을 고하게 되었다. 또한 신보수주의의 출현으로 연방정부의

도시지역에 대한 재정지원의 감소와 상당수의 공공서비스의 민영화도 지역사회조직들로 하여금 민간부문 및 지방정부와의 동반자 관계를 조성하게 하여 지역사회조직사업의 관심도 지역사회개발 쪽으로 옮겨 가게 되었다.

지역사회개발공사(CDC: Community Development Corporation)는 이런 변화를 상징하는 조직으로 1960년대 '빈곤에 대한 전쟁' 시기에 등장하여 저소득층 밀집지역의 주거개선에 주력하던 비영리조직이었다. 그러나 1980년대부터 정부의 재정지원이 감소되면서 민간기업과 동반자 관계를 형성하여 새로운 활로를 모색하고 있다. CDC의 주력사업은 연방정부가 지원하는 주택사업 중 10% 이상을 차지할 정도로 저소득층을 위한 저가의 주택을 건설하고 있으나 점차 고용창출과 범죄문제 등을 포괄하는 종합적 지역사회개발에까지 영역을 확대하였다. 그러나 지나치게 경영이나 전문성을 강조하여 점차 기업조직화가 되면서 지역사회조직으로서 대중조직으로서의 모습이 퇴색되고 있다는 비판도 받고 있다.

1990년대부터는 포괄적 지역사회변화운동(CCI: Comprehensive Community Initiative)이라고 하는 새로운 형태의 합의중심모델이 주목받고 있다. 이는 CDC처럼 지역주민, 기업 그리고 정부의 협력을 강조하지만 지역사회의 다양한 쟁점에 대해 포괄적이고 장기적인 전략으로 접근한다는 점에서 CDC와의 차별성을 보인다. CCI가 지역주민을 조직화하는 과정에서 강조하는 것은 포괄성과 지역사회건설이라는 두 가지 원칙이다. 포괄성의 원칙은 지역사회문제는 복합적 성격을 지니고 있으므로 특정한 측면에서의 접근보다는 모든 측면에서 접근해야 하는 원칙이고, 지역사회건설은 리더십과 사회복지, 그리고 인적 네트워크를 강화하는 차원에서의 주민참여를 중시한다는 원칙으로 그 궁극적 목표는 지역사회의 문제해결 역량을 키우자는 것이다.

## 요점정리

1. **지역사회복지의 등장배경** ① 지역사회의 구조적 변화, ② 사회인구학적 변화, ③ 가족구조의 변화, ④ 고령화사회의 도래, ⑤ 사회복지체계의 변화.

2. **지역사회복지의 개념** ① 일정한 지역사회 내에서 이루어는 복지, ② 지역주민의 삶의 질 향상의 목표, ③ 지역사회의 문제를 해결하고 주민의 복지욕구를 충족시키는 기능, ④ 정부와 민간기관이 공동주체가 되어 공공과 민간의 협력이 강화되는 추세로 발전, ⑤ 조직적 활동을 강조하는 전문적 서비스와 방법 사용.

3. **지역사회조직의 개념** ① 지역주민의 공통된 욕구를 충족시키고, ② 공동적 지역사회의 문제를 해결하는 과정이며, ③ 문제해결을 위한 인적·물적 자원을 동원하고, ④ 주민의 욕구와 문제를 연계하여 협력적·협동적·보완적 활동을 조직화하는 과정.

4. **지역사회개발의 의의** ① 지역사회를 더 좋은 상태로 개선하고, ② 지역사회통합(community integration), ③ 자립지향(self-direction)의 능력을 증진하기 위한 조직적 노력, ④ 지역주민에 의해 체계적 계획을 수립하고, ⑤ 자립정신의 계발, ⑥ 인적·물적·기술적 지원, ⑦ 지역사회를 돕기 위한 여러 가지 특수기관의 통합 등이 기본조건.

5. **지역사회보호의 특징** ① 가정 또는 가정과 유사한 환경(통원치료기관, 그룹홈)으로 보호의 장, ② 서비스 제공을 위한 상주 직원이 없으며, ③ 외부로부터 전문인이나 자원봉사자의 방문에 의해 서비스가 제공되고, ④ 일상적 생활의 결정은 개인에 의해 자율적으로 이루어지며, ⑤ 가정에서의 보호 또는 가정외부로부터 서비스 제공.

6. **지역사회복지의 구성요건** ① 지역사회의 정확한 욕구파악, ② 주민의 욕구에 효율적 서비스 제공을 위한 체계화, ③ 목적달성을 위한 조직화, ④ 주민의 대상별, 계층별 실천전략수립 및 프로그램 적용.

7. **지역사회조직화의 앨린스키 모델 방법** ① 주민을 동원하는 데 지역사회 내의 기초조직들을 묶어서 지역사회의 다양한 문제와 싸우도록 하면서 ② 조직가는 조언자의 역할, ③ 대결과 갈등에 기초를 둔 지역주민의 직접적 행동의 결과를 얻음.

8. **영국 지역사회복지의 기원** ① 1601년 엘리자베스 구빈법에서 출발, ② 1834년 신구빈법의 제정, ③ 19세기 후반의 자선조직협회와 인보관운동을 중심으로 전개, ④ 20세기 지역사회복지는 지역사회보호와 연관되어 발전.

9. **미국 지역사회복지의 형성기** ① 제1차 세계대전 이후 산업화, 도시화, 인종 간의 대립, 경제대공황으로 가족복지관, 인보관 등에는 실업자가 증가, ② 지역사회복지시스템의 한계를 절감하여 1935년 사회보장법 제정, ③ 사회복지영역에 대한 연방정부의 개입이 확대, 과거 민간에서 이루어진 빈민구제활동이 국가와 공공기관으로 이양, ④ 지역 중심의 사회활동이 국가차원으로 확대.

10. **한국 사회복지사업의 역사** ① 광복 이후 급속한 사회변화와 사회혼란으로 아동, 노인, 장애인 등을 위한 수용시설사업이 주류를 이룸, ② 시대적 특성으로 지역사회복지사업은 외국 민간원조기관에 의한 사업이 1970년대 초반까지 지속, ③ 외국 민간원조한국연합회(1952)가 조직되면서 본격적 활동시작, ④ 96개의 외국 민간원조한국연합회는 교육, 보건, 지역개발 등의 영역에 기여, ⑤ 미국식 전문사회사업의 실천방법과 관련된 이론들을 국내에 소개시키는 데도 큰 역할 담당.

# 지방자치와 지역사회복지

지방자치의 핵심은 지역주민의 복지증진에 있다. 즉, 지방자치가 주민의 삶의 질을 개선하는 데 궁극적 목적이 있다고 본다면 지역사회복지는 지방자치의 가장 중요한 과제라고 할 수 있다. 지방자치에 있어 지역사회복지가 차지하고 있는 비중은 헌법의 규정만 보아도 알 수 있다. 우리나라 헌법 제117조 제1항에서는 "지방자치단체는 주민의 복지에 관한 사무를 처리하고, 법령의 범위 안에서 자치에 관한 규정을 둘 수 있다."고 정하고 있어 지방자치단체의 존립 목적이 바로 지역사회복지의 증진에 있음을 명시하고 있다.

지방자치시대의 도래와 함께 지방자치단체가 지역사회복지의 중심으로 인식되고 있으나 아직까지는 지역사회복지에 관한 주요 정책은 중앙정부에서 결정하고 있는 실정이다. 그러나 앞으로 상당부분이 지방자치단체로 위임되고 그 집행도 전적으로 자치단체를 통해 복지서비스가 전달될 것이다. 현재 사회복지서비스는 보건복지부에서 정책을 결정하여 자체적 사회복지서비스 전달체계를 통해 서비스 대상자에게 전달되는 것이 아니라 행정자치부의 전달망, 즉 시·도－시·군·구－읍·면·동을 통해 전달되고 있어 몸과 마음이 제대로 일치되지 않는 격이어서 서비스의 효율성을 크게 제약하고 있다. 따라서 어떤 형태로든 사회복지서비스 전달체계의 변화가 요구되고 있는데 현실적으로 사회복지 자체 전달망을 구축하는 것은 어렵기 때문에 기존 지방행정 체계상의 변화를 모색해야 할 것이다.

사회복지서비스는 그 특성상 서비스 대상자에게 직접 전달해야 하기 때문에 가능한 한 작은 단위에서 전달하는 것이 훨씬 효과적이다. 따라서 지역사회복지 전달체계도 기존의 읍·면·동을 중심으로 이루어지는 것이 이상적이긴 하나 현실적 행정환경을 고려해서 시·군·구를 중심으로 하는 지역사회복지서비스 전달체계를 구축하는 것이 바람직하다.

## 1. 지방자치의 이해

지방자치는 각 나라의 역사적 배경과 자치행정 형태에 따라 다의적으로 해석되고 있는데, 일반적으로 지방자치의 개념은 "일정한 지역의 주민이 지방자치단체를 구성하여, 국가(중앙정부)의 일정한 감독 아래 그 지역 내의 문제를 자기부담에 의하여 스스로 또는 그 대표자를 통하여 처리하는 것"이라고 정의할 수 있다. 따라서 지방자치는 그 지역의 정치·행정 등의 문제를 그 지역주민이나 대표자에 의해 처리한다 하더라도 중앙집권과 대칭적 관점에서 국가통치를 부정하는 일방적이고 편향적인 개념이 아니라 중앙정부와 상호 보완적 차원에서의 협조체제를 전제로 하는 개념이다.

지방자치의 이러한 고전적 관념이나 역할은 과학기술의 발달과 사회·경제적 구조 변화에 따라 새롭게 해석해야 할 것이다(최창호, 2003: 59). 먼저 지역사회의 구조적 변화에 따른 지방자치 개념의 변화이다. 과거의 지역사회는 정적 공동사회였으나 오늘날에는 기술혁신과 민주의식의 변화로 인해 지역연대의식은 점차 희박해져 가고 있기 때문에 이익사회적이고 시민사회적 특징인 직업, 종교, 사상, 문화, 직장 등에 더 큰 관심을 갖게 된다는 것이다. 따라서 지방자치는 지역이라는 공통분모적 자치가 아니라 기능적 자치의 개념으로 해석해야 한다.

또한 지방자치는 주민복지를 위한 주체여야 한다. 그동안 경제개발이 주민의 물질적 생활을 향상시키는 데 많은 공헌을 하였으나 이러한 경제발전이 자동적으로 주민의 복지를 보장해 주지 못했고, 오히려 불공평한 분배 등 역복지적 문제점을 노출시켰다. 따라서 지방자치시대의 복지는 주민의 실정을 가장 정확하게 파악하는 지방자치단체의 입장에서 획일적, 통제중심적이 아닌 지역특성과 주민의 요구에 부합하여 복지수준을 향상시킬 수 있는 능동적이고 적극적인 지역사회복지가 되어야 한다. 나아가서 복지대상자도 노약자, 장애인, 빈민, 부녀자 등 사회문제의 영역뿐만 아니라 지역주민 전체의 행복을 추구한다는 차원에서 논의되어야 한다.

본격적 지방자치제의 시행으로 지방자치가 정착되어 가고 있고, 지역주민의 욕구가 그 어느 때보다 다양하고 높을 뿐 아니라 이에 대해 지방자치단체의 적극적 대처가 요구되는 현시점에서 지방자치단체는 다음의 두 가지 측면을 고려하여 지역사회복지를 실시해야 한다. 우선 중앙정부의 사회복지정책방향에 입각하여 지역적 특성과 주민의 욕구에 부응하여 실시하는 것이고, 또 하나는 지역적 특수상황을 고려하여 지방자치단체가 독자적으로 복지사업을 계획하고 실시해야 한다는 것이다.

이렇게 사회복지의 문제를 그 지역사회의 특성에 맞도록 지역주민이 복지수요의 주체로 참여함으로써 다음과 같은 효과를 기대할 수 있다(장창호외, 2006: 69).

첫째, 지역사회복지서비스의 질적 향상과 행·재정 효율화를 통한 복지행정 강화

둘째, 지역주민의 복지의식 고취로 주민복지의 발전

셋째, 지역사회복지자원의 개발과 아울러 지역개발에 기여

넷째, 지역 간의 사회복지수준의 격차 해소

다섯째, 행정기관은 물론 민간 사회복지기관 및 단체, 지역주민의 협력과 참여 활성화

## 2. 지방자치와 지역사회복지의 관계

지방자치는 자치권이 미치는 일정한 지역적 범위 내에서 주민이 공동으로 지방자치단체라는 독립적 공법인을 설립하여 그 지역주민이 공동으로 처리해야 할 문제를 주민 자신들의 부담으로 스스로가 자주적으로 처리하는 것을 기본요소로 하기 때문에 지방자치단체는 국법에 의해 설립된 것이고 자치권은 국가주의 아래의 권리이기 때문에 국가로부터의 감독을 수용하고 있다. 이와 같이 지방자치는 지역주민이 공공단체를 설립하여 그들이 생활하는 일정한 지역 내의 일상생활과 관련된 공동의 문제, 특히 복지증진을 위한 문제들을 주민의 부담에 의해 자주적으로 처리하는 것이 중요한 요인임을 알 수 있다.

지역사회복지의 기본요소는 ① 지역사회를 기본단위로 추진, ② 주민조직과 행정조직의 협력관계 구축, ③ 주민 전체에 대해 편의성 제공, 특히 소외계층의 복지를 강조, ④ 인적 서비스를 특히 중시하면서 금품서비스를 병행으로 제공, ⑤ 기획과 예산, 그리고 그 집행에 관한 사항은 지역사회가 담당하여 주민책임하에 운영되고, 행정기관에서는 행정적, 기술적, 재정적인 면에서 지원·협조하는 것을 기본요소로 하고 있다(신대순, 1991: 55).

이렇게 지방자치와 지역사회복지는 기본요소라는 측면에서 유사성을 가지고 있다. 지역사회복지의 핵심적 방법이라 할 수 있는 지역사회조직사업에 있어서도 주민 스스로가 문제를 발견하며, 이에 대한 해결방안을 강구하고 자원 및 노력을 동원하여 문제해결을 하는 것으로서 주민의 자치능력에 크게 의존하고 있다는 점과 지방자치단체가 의회에서 조례를 제정함에 있어 주민 스스로가 주민복지에 관련된 문제에 참여·해결할 수 있는 방향으로 추진할 수 있고, 복지정책의 수립과 재정배분에 관여할 수 있다는 점에서 지역사회복지는 지방자치와 불가분의 관계를 갖는다(이정호, 1997: 12).

또한 지방자치를 실시함에 따라 지방자치단체의 재량권이 확대되기 때문에 과거처럼 지역의 사회학적·인구학적 특성을 반영할 수 없었던 복지정책이 지역주민의 실제적 욕구에 부응하여 수립·적용될 수 있다. 지방자치단체의 재정편성권이나 기타 행정적 권한이 증가함에 따라 자치단체장이나 지방의회의 의지가 충분히 반영된 독자적 지역사회복지계획의 수립이 가능하게 되어 현재와 같은 획일화된 복지정책이 다양화되고 서비스의 질도 향상될 수 있는 긍정적 효과를 초래하게 된다.

지방자치의 성패가 단순한 정치·사회적 차원을 넘어 주민의식의 변화에 직결되어 있다는 것은 지난 경험으로부터, 그리고 다른 나라의 예로부터 배워서 알고 있다. 다시 말해서 주민이 지방자치를 심리적으로 받아들이고 능동적으로 참여하는 이른바, '자치마인드'의 함양이 그 요체라 할 수 있으며, 이러한 주민 심리의 기저에는 "지방자치 = 지역사회복지증진"이라는 기대방정식이 깔려 있다. 따라서 지역복지와 괴리된 지방자치, 주민의 실제적 생활수준의 향상 없이 그저 정치화된 영역만을 확대시키려는 수단으로서의 지방자치는 주민들로부터 배척받고 고사할 수 있는 위험을 내포하고 있다는 것을 유의해야 한다(김용래, 1995: 11-12).

이처럼 지방자치가 가지고 있는 이념적 측면과 기능적 측면은 지역사회복지의 차원과 맥을 같이하고 있어 지방자치의 중심적 이념과 행정적 기능은 지역사회복지의 실현에 있다고 볼 수 있다. 따라서 지방자치단체는 종래의 중앙집권적 사회복지가 지역사회 중심의 사회복지로 이행할 수 있도록 지역사회 실정에 적절한 미래의 종합적 복지모형을 설계하고 이를 집행하기 위한 독자적 지역사회복지 발전계획을 세워 지역사회복지를 강화하는 방향으로 전환해야 할 것이다.

또한 지역사회복지의 문제는 지방화, 자율화, 그리고 복지화의 이념적 가치를 토대로 스스로의 문제를 해결하려는 의식실천의 장으로 인식되어야 한다. 그러기 위해서는 첫째, 사회복지 담당부서의 전문성과 활동범위의 확대, 둘째, 지방자치단체 중심의 사회복지행정으로의 전환, 셋째, 자원봉사, 민간참여의 활성화를 통한 민간 사회복지 기관 및 단체의 육성 강화 등이 선행되어야 할 것이다.

이러한 점에서 지방자치단체는 중앙정부 차원의 복지정책을 집행만 하는 역할에서 탈피하여 지방자치 차원에서 주민의 복지증진을 위한 종합적이고 체계적인 지역사회복지정책을 입안하고 추진하는 데 혼신의 노력을 해야 할 것이다. 뿐만 아니라 지역사회복지서비스의 효율적 제공을 위해서는 실질적 재원의 확보, 충분한 사회복지전문인력의 배치 그리고 공공 및 민간부문의 지역사회복지서비스 전달체계의 개선 등이 요구되는데, 특히 지방자치 실시에 따라 사회복지서비스를 지역사회에 전달하는 지역사회복지서비스 전달체계에 초점을 두고 있다.

## 3. 지방자치단체의 지역사회복지기능

오늘날 현대국가에 있어 정부기능은 점차로 질서유지와 규제에서 주민에 대한 봉사와 복지증진으로 이행하고 있다. 즉, 주민의 기본적 생계를 보장하고 생활의 질적 향상을 도모함으로써 모든 국민이 인간적 생활을 영위할 수 있도록 함을 그 책무로 한다. 이런 맥락에서 주민 가까이에 있으면서 주민의 생활과 관련된 사무를 직접 처리하고 복지증진의 기능을 담당해야 할 당사자는 바로 지방자치단체이고, 또한 자치단체의 존재 의의도 바로 지역사회복지증진에 있다.

지방자치단체는 국가와 지방자치단체 간의 기능배분에 따라 지방자치단체에 배분된 사회복지기능과 국가사무이지만 중앙정부가 지방자치단체나 그 장에 위임한 사회복지에 관한 기능을 수행한다. 즉, 개인의 최저생활보장, 생활안정을 위한 사회보장정책, 일반적 사회복지업무, 의료보호서비스 업무, 대규모 사회보장사업, 실업대책, 근로기준 및 직업안정, 복지수준에 관한 기능 그리고 그 밖의 특정 지역주민에게만 이해관계가 있는 사업 또는 개인의 생활에 관하여 개별적으로 시행해야 할 사업 등의 기능을 수행하고 있다.

현행 지방자치단체가 수행하는 지역사회복지기능은 지방자치법 제9조와 동법 시행령 제8조에서 규정하고 있다. 즉, 지방자치법 제9조에서 주민복지증진에 관한 사무를 명시하고 있으며, 동법 시행령 제8조에서는 지역사회복지 기능을 구체적으로 열거하고 있다. 여기에서는 전술한 바와 같이 지역사회복지의 수준과 범위를 기초자치단체인 시·군·구로 한정하고 있는바, 복지기능도 지방자치단체에서 주로 담당하고 있는 생활보호사업과 의료보호사업, 주민건강 관련 사업, 그리고 일반적 사회복지서비스를 중심으로 살펴보고자 한다.

### 1) 주민복지에 관한 사업

① 주민복지 증진사업계획의 수립·시행, ② 시·군·자치구 단위 주민복지시설의 운영·지원, ③ 주민복지 상담, ④ 환경위생증진 등 주민보건향상을 위한 사업 실시이다.

### 2) 사회복지시설의 설치·운영 및 관리

① 사회복지시설의 설치·운영, ② 사회복지시설 수혜자로부터의 비용수납, ③ 사회복지법인에 대한 보조 및 지도, ④ 사회복지법인 등의 시설설치허가 및 동 시설의 운영 지도이다.

### 3) 생활이 어려운 자의 보호 및 지원

① 국민기초생활보장수급자의 조사·선정, ② 국민기초생활보장수급자의 보호·관리, ③ 기초생활보장 실시(생업자금대여, 직업훈련, 취로사업, 수업료 지급, 장제보호비 지급 등)이다. ④ 기초생활보장비용의 일정액 지원, ⑤ 국민기초생활보장수급자의 부양의무자로부터의 보호비용 징수, ⑥ 기초생활보장기금의 적립 및 운영·관리이다.

⑦ 기초생활보장의 변경 및 중지, ⑧ 의료급여대상자 관리 및 의료급여 실시(진료증 발급 등), ⑨ 의료급여기금의 설치·운영이다.

### 4) 노인·아동·장애인·청소년 및 여성의 보호와 복지증진

#### (1) 노인복지사업

① 노인복지사업계획의 수립·시행, ② 노인복지사업의 시행, ③ 경로행사 등 경로사업의 실시·지원, ④ 노인복지시설의 설치·운영 및 지원이다.

### (2) 아동복지사업

① 아동복지사업계획 수립·시행, ② 아동상담소의 설치·운영, ③ 아동전용시설의 운용, ④ 아동보호조치이다.

⑤ 아동복지시설의 운영·지원, ⑥ 아동복지단체의 지도·육성, ⑦ 보호시설에 있는 고아의 후견인 지정이다.

### (3) 장애인복지사업

① 장애인복지에 관한 계획수립 및 시행, ② 장애인의 파악·관리, ③ 장애인의 검진·재활상담 및 시설에의 입소이다.

④ 장애인 고용촉진, ⑤ 장애인 편의시설의 설치·지도, ⑥ 장애인복지시설 운영·지원이다.

### (4) 청소년복지사업

① 청소년 선도대책 수립·추진, ② 요보호청소년 선도·계몽, ③ 불우청소년 보호이다.

④ 청소년시설의 설치·운영, ⑤ 지방청소년위원회 운영(시·군·자치구 단위), ⑥ 청소년지도위원 위촉, ⑦ 청소년의 달 행사 추진이다.

### (5) 부녀자복지사업

① 여성복지에 관한 계획 수립·시행, ② 모자보건사업의 세부계획 수립·시행, ③ 모자보건기구의 설치·운영이다.

④ 모자보건대상자 선정(수첩발급 등), ⑤ 임산부 및 영유아의 건강관리, ⑥ 여성교실 운영 및 여성교육이다.

⑦ 여성단체 육성·지원, ⑧ 여성복지시설의 운영·지원, ⑨ 성매매피해자 등의 선도 및 직업교육·지원이다.

### 5) 국민건강증진사업

① 주민건강증진업무 세부계획수립, ② 주민건강실천운동 지원, ③ 건강생활실천협의회 구성·운영이다.

④ 보건교육 실시 및 지도·감독, ⑤ 영양개선업무 수행 및 조사, ⑥ 구강건강사업 수행이다.

### 6) 보건진료기관의 설치·운영

① 보건소 및 지소의 설치·운영, ② 무의촌 및 오지 주민에 대한 순회진료, ③ 보건진료소의 설치·운영이다.

### 7) 전염병 및 그 밖의 질병의 예방과 방역

① 전염병 예방을 위한 주민홍보·계도, ② 전염병 예방접종 실시, ③ 전염병 예방대용시설 지정 및 운영이다.

④ 전염병 예방조치와 소독실시, ⑤ 전염병 환자의 격리수용 및 진료조치, ⑥ 기타 질병의 예방과 방역이다.

### 8) 묘지·화장장 및 납골당의 운영·관리

① 공설묘지·공설화장장 및 공설봉안당의 설치·운영(자치구의 경우는 제외한다), ② 매장·화장 및 개장신고와 묘적부관리, ③ 종중·문중 또는 자연인이 설치하는 묘지·화장장 및 봉안당의 허가이다.

④ 종중·문중 또는 자연인이 설치한 묘지·화장장·봉안당의 구역 및 시설변경과 폐지허가, ⑤ 종중·문중 또는 자연인이 설치한 묘지 등의 이전명령, 시설개수 또는 허가취소, ⑥ 무연분묘(無緣墳墓)의 정리이다.

⑦ 분묘의 개장명령, ⑧ 무연분묘의 개장허가이다.

### 9) 공중접객업소의 위생을 개선하기 위한 지도

① 공중접객업소의 위생개선을 위한 종합지도계획 수립·시행, ② 식품접객업소 시설의 설치 지도, ③ 식품접객업소의 위생등급 지정이다. ④ 식품접객업소에 대한 현장 검사·수거, ⑤ 식품접객영업소 영업 허가 및 취소, ⑥ 위생접객업소의 등급 설정이다.

⑦ 위생접객업 등의 허가 및 신고 수리, ⑧ 위생접객업 등의 휴업·폐업 신고 수리, ⑨ 위생접객업자 등에 대한 공중위생 지도·명령이다. ⑩ 위생접객시설의 개선명령, ⑪ 위생접객업 허가의 취소 등 제재처분, ⑫ 공중이용시설 소유자 등의 신고 수리, ⑬ 공중이용시설 관리상태의 검사 및 시정지시이다.

### 10) 청소, 오물의 수거 및 처리

① 일반폐기물 처리 기본계획 수립, ② 일반폐기물(분뇨, 쓰레기 등)처리시설의 설치·운영(자치구의 경우는 제외한다), ③ 일반폐기물 처리업의 허가 및 지도·감독(일반폐기물 수집·운반업만 해당한다)이다. ④ 일반폐기물의 적정관리 조치, ⑤ 일반폐기물 무단투기에 대한 지도, ⑥ 일반폐기물 처리수수료의 요율결정이다.

⑦ 일반폐기물 다량배출자의 신고 수리 및 관리, ⑧ 일반폐기물 재활용신고의 수리 및 관리, ⑨ 폐기물 처리에 관한 보고·검사 등 조치명령이다. ⑩ 특별청소지역의 지정 및 조정, ⑪ 특별청소지역 내의 일반폐기물 수집·처리, ⑫ 특별청소지역 내의 분뇨사용 제한이다.

⑬ 분뇨·쓰레기 처리시설에 대한 개선명령, ⑭ 오수처리설, 단독정화조 또는 축산폐수 처리시설의 설치 신고 수리 및 관리, ⑮ 대청소 실시계획의 수립·시행, ⑯ 공중변소, 공중용 쓰레기용기 및 쓰레기 적환장(積換場)의 설치·유지 관리이다.

# 4. 지방자치단체의 지역사회복지 전달체계

## 1) 지역사회복지 전달체계의 의의

현대사회가 요구하는 사회복지의 궁극적 목적은 경제적·사회적·문화적 욕구를 지닌 개인이나 가정, 집단이나 지역주민에게 그들의 사회적 욕구에 상응하는 서비스를 제공함으로써 보다 만족스럽고 자립적인 생활을 영위할 수 있도록 도와주는 데 있다. 그러므로 주민의 복지수요를 수용하기 위해서는 합리적 사회복지정책의 수립도 중요하지만 사회복지대상자, 즉 복지수혜자에게 어떠한 내용의 서비스를 어떤 경로를 통해 전달하는 것이 더 효과적인가 하는 복지서비스 전달체계의 확립도 중요하다고 할 수 있다. 왜냐하면 대상자의 선정이나 수혜자격요건의 설정, 수혜내용의 성격에 관한 정책의 실질적 집행은 바로 복지서비스 전달체계를 통해서 이루어지고 있기 때문이다(Friedlander & Apte, 1980: 4).

이런 의미에서 볼 때 수혜대상자에게 적합한 서비스를 가장 효율적으로 제공하기 위한 지역사회복지 전달체계는 각 조직에 속한 인력이 수혜대상자에게 제공하는 서비스의 성질과 직접적으로 관련되어 있으므로 사회복지사업의 성패와 밀접한 관련이 있다고 본다. 따라서 복지전달체계의 확립으로 각각의 전달기관의 기능의 극대화가 이루어지지 않으면 서비스의 중복과 누락 등으로 자원의 낭비는 물론 복지대상자의 치료나 자활에 역기능을 초래하기 때문에 지역사회복지 전달체계의 확립은 효과적 사회복지서비스를 수행하는 데 있어 복지행정조직과 함께 불가분의 중요한 병행조건이라 할 수 있다.

그렇다면 지역사회복지서비스 전달체계는 무엇인가? 사회복지 전달체계를 "사회복지서비스의 공급자 간, 그리고 공급자와 수혜자 간의 조직적 연결망이다."(Gilbert & Specht, 1980: 4)라고 볼 때 지역사회복지의 전달체계란 "지역 차원에서 사회복지적 급부나 서비스를 산출하는 공공 또는 민간기관 상호 간의 관계와 서비스 공급주체에 의해 수혜계층인 복지대상자에게 효율적으로 전달되는 데 필요한 공·사의 사회복지조직 연결망"을 지칭한다. 또한 복지서비스가 효율적이고 완전하게 그 기능을 발휘하기 위해서는 전달체계를 이루는 각 단위의 복지기관 및 조직들이 적절한 기능을 수행해야 하는데, Perlman(1975: 103-107)은 복지 전달체계의 기능으로 다음과 같은 점을 들고 있다.

첫째, 초입기능으로 이는 전달체계가 완전한 기능 및 과업수행을 위하여 각급 복지기관이 복지수요대상자에게 이용 가능한 서비스에 대한 홍보와 교육은 물론, 이들 대상자의 문제해결을 위하여 지역사회에 있는 다른 복지기관과 협력하는 기능을 말한다.

둘째, 복지수혜대상자의 권리를 보호하기 위하여 대변자의 역할을 하는 책임기능이다. 즉, 사회복지기관이 대상자의 문제를 사정하고 이용 가능한 자원을 발굴하여 복지대상자가 이를 활용할 수 있도록 도와주거나 필요한 경우 대상자를 타 기관에 위탁하여 그 기관으로부터 필요한 서비스를 제공받을 수 있도록 보장해 주는 기능이다.

셋째, 서비스 제공기능으로 이는 사회복지기관이 복지대상에게 제공하는 care work 서비스나 재활서비스 등의 특정한 형태의 서비스를 제공하는 기능이다.

끝으로, 계획 및 통제기능을 들 수 있는데, 이는 복지수혜대상자의 욕구와 그 욕구를 충족시킬 수 있는 능력을 평가하는 것과 관련된 기능으로 지역사회에 충족되지 않은 욕구가 발견되었을 때 사회복지기관은 문제해결을 위해 지역사회의 타 기관과 공동협력하거나 가능한 한 욕구에 부합할 수 있도록 자체 서비스를 조정할 책임을 가져야 한다는 것이다.

이상에서 볼 때 지역사회복지 전달체계의 기능이 지역 차원에서 지역복지정책을 수립하는 데 누구를 복지수혜대상자로 선정하여 어떤 종류의 서비스를 어떤 재원을 가지고 어떠한 조직체계를 통해 전달하느냐 하는 것으로서, 조직 및 복지정책의 중요성과 함께 궁극적으로 지역주민 전체의 복지수요 및 욕구를 효율적으로 공급하고 충족시키기 위해서는 이를 보장할 수 있는 지역사회복지 전달체계의 구축이 시급하게 요청되는 것이다.

## 2) 지역사회복지 전달체계 구축을 위한 기본원칙

복지수혜대상자에게 만족스러운 서비스를 제공하기 위해서는 우선 복지행정조직이 제도적으로 완비됨과 동시에 복지서비스 전달체계가 기능적으로 설계되어야 한다. 따라서 효과적 지역복지서비스 전달체계를 구축하기 위해서는 다음과 같은 두 가지 측면에서의 기본원칙이 제시되어야 한다. 하나는 복지수혜대상자에게 적절한 서비스를 제공하기 위해 모든 사회복지기관 및 조직들이 수행하고 있는 다양한 기능들의 효율성을 극대화시키기 위한 행정적 측면에서의 원칙이고, 또 다른 하나는 일정시점에서 정해진 가용자원, 즉 현재 제공되고 있는 복지자원을 서비스와 대상자의 욕구를 연결시킴에 있어 서비스의 효율성을 제고시키기 위한 서비스 제공 측면에서의 기본원칙이 그것이다(이계탁, 1997: 216-220).

### (1) 행정적 측면

#### ① 기능분담 체계성의 원칙

사회복지 수혜대상자에게 적합한 서비스를 제공하려면 복지업무 담당기관의 행정상의 위치에 따라 각각의 역할이 다르기 때문에 이상적 전달체계가 되기 위해서는 상부로부터 하부 또는 하부에서 상부로 연결하는 기능상의 분담이 체계성과 일관성을 유지해야 한다. 즉, 보건복지부 같은 상부체계는 주로 정책결정과 관련된 계획 및 통제기능을, 시·군·구와 같은 중간체계는 책임기능 및 서비스 제공기능을, 읍·면·동의 하부체계는 복지대상자와의 접촉기능을 담당해야 한다.

#### ② 전문성에 따른 업무분담원칙

사회복지와 관련된 제반 업무는 그 특성에 따라 전문분야와 비전문분야로 구분할 수 있는바, 전문분야인 경우에는 전문적 업무에 대한 권위와 자율적 책임성을 지닌 전문가와 업무성격상 전문성을 필요로 하는 준전문가로, 비숙련 및 일반행정 비전문분야인 경우에는 비전문가 또는 자원봉사자로 구분하여 업무를 분담시킴으로써 경비 절감, 효과적 서비스 제공 등을 기대할 수 있다.

③ 책임성의 원칙

사회복지서비스의 제공과 관련된 모든 절차를 규정에 따라 수행해야 할 책임이 서비스 제공자에게 주어지고 있으며, 서비스 제공자는 지역사회에 대한 책임은 물론, 복지대상자에 대한 책임뿐만 아니라 전문가로서의 책임도 져야 한다. 특히, 전문가로서의 책임은 전문가로서 윤리강령을 준수하고 전문가다운 지식과 기술을 지속적으로 연마하고 발전시켜야 할 책임을 의미한다.

④ 접근용이성의 원칙

복지서비스에 대한 충족은 복지수혜대상자가 사회복지서비스에 대한 필요성을 느낄 때마다 쉽게 접근할 수 있는 서비스 전달체계가 보장되는 곳에서 이루어진다. 다시 말해서 복지서비스를 필요로 하는 사람이 필요한 때 편리한 곳에서 필요한 서비스를 얼마나 쉽게 제공받을 수 있는가 하는 것은 매우 중요하다. 왜냐하면 서비스 제공시기가 늦을수록 복지대상자의 문제가 그만큼 악화되어 서비스의 효과가 반감되기 때문이다.

⑤ 통합조정의 원칙

복지대상자의 문제는 다양한 서비스가 동시에 투입되어야 할 정도로 복잡성을 띠고 있기 때문에 이 같은 문제를 해결하기 위해서는 다양한 서비스를 통합·관리할 수 있는 책임기관이나 전문가를 선정하거나, 서비스제공 장소들이 지리적으로 상호근접되거나, 사회복지계획 및 자원배분 그리고 업무수행 시 관계기관 및 관계자 간의 협조·조정이 원활하게 이루어질 수 있는 협력체계를 구축해야 한다.

⑥ 지역사회참여의 원칙

오늘날의 사회복지문제는 공식적 사회복지체계만으로 해결하기에는 서비스의 양과 질이 부족하다. 따라서 지역사회가 안고 있는 사회복지문제들을 해결하기 위해서는 공식적 체계는 물론, 비공식적 체계도 최대한 수용·활용해야 효과적이기 때문에 지역사회의 광범위한 참여가 요구된다. 특히, 지역사회의 자발적인 참여는 사회복지의 한 축을 이루고 있는 자원봉사를 활성화시킬 수 있다.

⑦ 조사 및 연구의 원칙

사회복지기관 및 조직의 주요 기능 중 하나인 계획 및 통제기능을 수행하기 위해서는 조사 및 연구의 필요성이 요구되고 있다. 사회복지서비스의 전문화는 바로 조사 및 연구활동의 성패에 따라 좌우되기 때문에 바람직한 지역복지서비스의 전달체계는 조사 및 연구기능을 활성화시키기 위해 자체 전문인력의 개발과 동시에 산업협동체제의 구축을 위한 노력이 필요하다.

### (2) 서비스 제공 측면

① 평등성의 원칙

모든 복지수혜대상자는 성, 연령, 종교, 지역, 지위 및 소득 등에 상관없이 사회복지서비스를 신청 또는 이용할 수 있는 권리를 갖는다. 그러므로 국가가 모든 사람들에게 사회복지서비스를 평등하게 제공하고 복지서비스 전달체계가 합리적이고 효율적으로 유지·운용될 때 지역주민의 복지권이 보장될 수 있다.

② 재활 및 자활의 원칙

사회복지서비스의 궁극적 목표는 복지수혜대상자로 하여금 필요한 사회복지서비스를 통해 자립 또는 정상적 사회복귀를 가능케 하는 것이기 때문에 이를 위한 서비스가 적절하게 제공되어야 한다.

③ 적정성의 원칙

서비스의 궁극적 목표인 자활 및 재활을 성취하는 과정에서 필요로 하는 서비스를 양적·질적인 면에서 충분하게 제공받을 수 있어야 한다. 그러나 한정된 복지재원을 고려해서 적정성의 수준은 상대적으로 평가되어야 할 것이다.

④ 포괄성의 원칙

복지수혜대상자의 욕구가 다원화되고 있어 제공하는 사회복지서비스도 복지대상자의 다양한 욕구를 충족시킬 수 있도록 다각적 측면에서 포괄적으로 제공해야 한다. 그러기 위해서는 동시에 접근하고 순서적으로 해결할 수 있도록 다양한 방법, 즉 일반화, 전문화, 집단 그리고 사례관리 등의 접근방법을 적절하게 활용함으로써 만족도를 제고시킬 수 있어야 한다.

⑤ 지속성의 원칙

사회복지서비스의 목표인 재활 및 자활을 달성하기 위한 과정은 오랜 기간을 요구하는 어려운 과정이기 때문에 사회복지서비스가 그 효과를 달성하기 위해서는 적절한 수준의 서비스가 복지수혜대상자의 각각의 수준과 필요에 따라 일정기간 동안 지속적으로 제공되어야 한다. 그러기 위해서는 같은 조직 내의 서비스 프로그램 간의 상호협력뿐만 아니라 지역사회 내의 사회복지 서비스 제공 주체 간의 유기적 연계가 잘 이루어져야 한다.

⑥ 가족중심의 원칙

일반적으로 개인에게 발견되는 문제는 자신뿐만 아니라 그가 속해 있는 가족, 집단, 지역사회 또는 전체사회의 구조적 문제로까지 확대될 수 있다. 따라서 복지문제 해결의 대상이 개인일지라도 문제해결을 위한 서비스 제공의 기본단위는 최소한 가족 또는 가정을 하나의 단위로 해서 서비스를 제공하는 것이 바람직하다.

## 3) 지역사회복지 전달체계의 환경변화

### (1) 사회복지사무의 지방이양 증가

우리나라의 복지행정 전달시스템은 중앙정부의 기본 정책과 계획을 지방정부로 하달하는 상의하달식 전달체계로 이루어지고 있어 중앙부처와 지방자치단체 간의 수평적·협력적 관계가 미흡한 실정이다. 그러나 참여정부 이후 '중앙행정권한의 지방이양 촉진 등에 관한 법률' 제정으로 사회복지서비스의 분권화를 추진하면서 지속적으로 중앙정부의 국고보조금사업으로 추진되었던 사회복지서비스를 지방사업으로 이양하고 있다. 복지업무의 지방이양이 확대됨에 따라 지방자치단체가 지역실정에 맞는 복지계획의 수립과 집행, 복지자원의 조정과 관리할 수 있는 권한이 강화되고 있어 그에 따른 지역복지 전달체계상의 역할로 변화가 있어야 할 것이다.

### (2) 사회복지의 재정분권화

복지업무의 지방이양에 따라 지방정부가 책임성과 자율성을 갖고 명실상부한 지역복지의 주체로서 사업을 수행하려면 사업시행에 절대적으로 필요한 재정적 권한이 수반되어야 한다. 종전의 사무이양은 주로 집행권만을 이양하고 재정권은 중앙정부가 그대로 갖고 있는 반쪽에 불과한 사무이양이었기 때문에 지방정부는 사업시행에 있어 중앙정부의 눈치를 보게 되어 지역복지 수요를 제대로 반영하지 못했다. 따라서 지방이양사무에 필요한 재정을 지방정부에 이전하기 위해 분권교부세를 신설하여 지방자치단체가 이양된 복지업무를 추진하는 데 필요한 재원으로 충당케 하였다. 재정적 분권화를 통해 사회복지 전달체계상의 각급 행정단위가 종전의 수직적 관계에서 서로 대등한 입장에서 협조적 관계를 구축할 수 있도록 적절한 조직의 개편이 필요하다.

### (3) 복지수요의 확대

지역복지수요가 양적으로도 증가하고 있지만 질적으로 다양하게 세분화되고 있어 기존의 지역복지 시스템으로는 복지서비스의 만족도, 효율성 등을 제대로 충족시키지 못하고 있다. 이렇게 세분화하고 전문화되고 있는 복지수요에 적절히 대응하기 위해서는 무엇보다 그 업무를 담당하고 있는 복지담당 공무원 인력과 복지재정의 확대가 시급히 요청되고 있는데 제한된 복지예산은 이를 어렵게 하고 있다.

2015년 현재 사회복지담당 공무원 비율은 전체 공무원의 11.8%인 30,170명인데 전문성을 지닌 사회복지직렬은 15,949명으로 담당공무원의 52.8%에 불과하다. 자치단체별로는 시·도는 평균 143명, 시·군·구는 122명, 읍·면·동은 3.9명으로, 특히 읍·면·동은 지역주민들과 대면적 접촉을 하는 최일선 행정기관이라는 점을 고려할 때 인력부족이 심각한 수준이다. 또한 지방복지재정도 총지출의 18%정도로 중앙복지재정의 27%와 비교해 현저히 차이나고 있다. 따라서 점증하고 있는 사회복지 업무를 효과적으로 수행하고 서비스의 전문성을 제고하기 위해서는 합리적으로 재정을 집행하고 복지전담인력을 확대·재배치할 수 있는 복지행정 전달체계의 개편이 필요하다.

### (4) 가족구조의 변화

인구의 고령화, 저출산, 가족규모 및 유형의 변화에 따른 가족구조의 변화와 함께 최근 급증하는 신 빈곤층의 복지수요에 대응하여 공공부문의 보호체계를 확립해야 할 필요성이 제기되고 있다. 즉, 가족이 갖는 복지 기능이 약화됨에 따라 노인가구, 한부모가구, 조손가구, 1인가구, 비혈연가구 등이 급증하게 되면서 새로운 형태의 취약계층으로 전락하게 되어 이들에 대한 공적사회복지서비스가 필요하게 되었다. 이러한 취약계층이 빈곤, 질병, 장애, 소외 등을 경험하지 않도록 하는 예방적 대응이 요청되고 있어 보호가 필요한 주민에 대한 체계적 일선 서비스 전달체계를 구축해야 한다. 특히, 농촌지역인 경우 민간복지자원이 부족하기 때문에 공공부문의 역할을 강화하는 방향으로 지역사회복지 전달체계의 개편이 이루어져야 한다.

### (5) 수요자 중심의 복지서비스 요청

수요자 중심의 사회복지서비스를 제공할 수 있는 지역사회 중심의 복지전달체계의 강화가 필요하며, 이를 주도할 수 있도록 지방자치단체의 지역사회복지행정조직 또한 개편되어야 한다. 즉, 기초적 생계보장뿐만 아니라 간병·가사지원 등의 재가보호, 재활, 취업 등에 필요한 서비스를 제공하기 위해서는 공공부문과 민간부문 복지전달체계 간의 유기적 협력체계가 요청되고 있는바, 공공부문에서 제공하기 어려운 복지서비스는 민간부문과 연계하여 지역 내 산재해 있는 지역복지자원을 최대한 활용할 수 있도록 해야 한다. 이를 위해 지역실정에 정통하고 효율적으로 정보를 교환·공유·활용하여 업무를 전문적으로 분담하고 협력할 수 있는 공·사 조직을 연계화한 지역단위의 서비스 전달체계의 확립이 필요하다.

### 4) 지역사회복지 전달체계의 개편

지역사회복지 전달체계는 사회복지정책이 설정한 목적 또는 목표를 효율적으로 달성하기 위해 한정된 재원으로 가능한 한 주민의 복지증진을 극대화시키기 위해 지역사회 내에 존재하는 복지서비스 공급자 사이를 또는 서비스 공급자와 수급자 사이를 연결하기 위해 만들어진 조직적 체계이다. 사회복지서비스 전달체계를 보면 정책결정은 보건복지부에서 이루어지고 있고 일선 집행기능은 행자부 산하의 시·도 → 시·군·구 → 읍·면·동으로 이어져 복지수요자에게 최종적으로 전달되는 상의하달식의 수직적 구조를 갖고 있다.

지역복지 전달체계가 공공전달체계로만 이루어지는 것은 아니다. 공공전달체계가 실효성을 갖기 위해서는 다양한 형태로 존재하는 지역사회의 민간 복지기관 및 시설체계의 역할이 필요한데, 민간복지 전달체계를 통해 보다 정교하게 복지서비스를 전달할 수 있어 사회복지서비스의 효율성을 높일 수 있다. 그러나 민간전달체계는 공공전달체계라는 독립변수에 의해 변화될 수 있는 종속변수적 성격을 띠고 있어 지역복지 전달체계에 변화를 주기 위해서는 공공전달체계의 조작이 선행되어야 한다.

지역복지 전달체계는 전술한 바와 같이 지역복지 전달체계의 환경이 변화함에 따라 지역주민에 대한 서비스 제공의 포괄성 결여, 복지행정의 일관성 및 전문적 집행 미흡, 수요자 중심의 복지서비스 제공의 비효율성 등의 문제로 인해 개편이 요구되어 왔다.

이에 부응하여, 지역공공복지 전달체계의 개편방안으로 사회복지사무소의 설치방안이 적극적으로 검토되어 2004년 7월부터 2006년 6월까지 2년간 시범사회복지사무소를 설치·운영하였으나, 사회복지사무소의 설치는 실현되지 않았다. 2006년 7월 이후에는 시·군·구 단위에 주민생활지원국을 설치하여 운영하고 있으나 사회복지전담공무원의 업무과중 및 복지수요자의 복합적 욕구에 대한 대응 부족, 사례관리의 미흡 등으로 복지체감도의 문제가 지속적으로 제기되고 있다. 이러한 문제점을 해소하기 위해 전달체계의 개편을 논의한 결과, 2012년 상반기부터 시·군·구에 희망복지지원단을 설치하여 운영하고 있으며, 2013년부터는 국민 중심의 맞춤형 복지전달체계 구축방안을 수립하여, 도시와 농촌의 특성을 고려한 읍·면·동 기능개편을 추진하고 있다.

### (1) 사회복지사무소의 시범운영

사회복지사무소는 2004년 7월부터 2006년 7월까지 시·군·구 단위에서 시범적으로 실시하였다. 시·군·구 조례를 개정하여 한시적 기구로 9개 지역(서울 서초구, 부산 부산지구, 사하구, 광주 남구, 울산 울주근, 안동시, 공주시, 충북 옥천군)을 대상으로 2년 간 운영되었으나 인력 및 재정지원의 부족, 전면적 확대를 위한 정책적 의지 부족, 읍·면·동과의 연계 미흡 등으로 서비스 전달체계의 내실화, 서비스의 양적·질적 향상, 복지업무 통합을 통한 효율화·전문화 등의 긍정적 측면이 있음에도 불구하고 사회복지사무소의 설치는 실현되지 못했다. 사회복지사무소의 시범사업 내용을 살펴보면 다음과 같다.

#### ① 사회복지사무소의 목표와 기능

- 목표
  - 지방자치단체의 책임성과 자율성 강화
  - 지역주민에 대한 서비스 제공의 포괄성·다양성 확보
  - 지역사회 민간부문 참여 및 공공·민간부문의 협력 증진
  - 국민기초생활보장제도를 비롯한 각종 공공부조의 효율적 집행
  - 읍·면·동에 분산 수행되던 복지업무 통합으로 업무수행의 효율화·전문화 도모
- 기능
  - 시·군·구 단위의 지방행정기관으로서 사회복지 관련 사무 전담
  - 국민기초생활보장을 비롯한 공공부조업무 집행 전담
  - 노인, 장애인, 아동, 가족 등에 대한 기존 공공복지서비스 집행 및 기초사례 관리
  - 지역단위 사회복지 종합기획 및 지역사회복지 프로그램 기획·개발

– 지역사회의 공공·민간복지자원의 관리·조정·연계
– 지역사회복지의 중심축으로서 관련 민간복지기관과의 협력증진

② 사회복지사무소의 조직구조

시범사회복지사무소의 조직구조는 인구규모가 반영된 지역별 행정구역과 해당 지역의 직제를 고려한 다음과 같은 3개의 대표모형을 구성하며, 복지자원과 접근성의 기준은 지역 여건에 따라 보완 적용하도록 하였다.

• 대도시형(3개과형): 대도시형의 적용 지역은 특별시·광역시의 자치구(도의 시 지역 일부 포함) 중 현지 시·구에 사회복지 관련 과가 2개 설치된 지역이며, 지역 특성으로는 인구가 많고(약 40만 명 이상), 비교적 민간복지자원이 풍부하며, 교통이 편리하여 접근성이 양호한 지역을 중심으로 설치된다.
• 일반도시형(2개과형): 일반도시형의 적용 지역은 일반적인 중소도시인 도의 시 지역(특별시, 광역시의 자치구 일부 포함) 중 현재 시·구에 사회복지 관련 과가 1개 설치된 지역이며, 지역 특성으로는 인구 약 10~40만 명 수준이고 대체로 민간복지자원의 분포가 양호하며, 도시 지역이므로 접근이 어렵지 않은 지역이다.
• 농어촌형(팀제형): 농어촌형의 적용 지역은 도의 군 지역 전체, 도시 시 지역 중 국 단위 조직이 없는 소도시 일부가 포함된 지역이며, 지역 특성으로는 인구가 적고(약 10만 명 이하), 대부분 활용 가능한 복지자원이 적으며, 교통이 불편하고 사무소까지의 거리가 멀어 접근성이 떨어지는 지역이다.

인력구성을 보면 대도시형은 소장(4급) 1인, 과장(5급) 3인, 팀장(6급) 12~14인으로, 일반도시형은 소장(4급) 1인, 과장(5급) 2인, 팀장(6급) 8~10인으로, 농어촌형은 소장(5급) 1인 팀장(6급) 6~8인으로 구성되어 있어 기존의 인력구성에 비해 승진할 수 있는 기회를 확대시킨다는 의미에서 조직구성원들에게는 긍정적인 평가를 받았다.

③ 사회복지사무소의 업무

시범사업에서 제시된 사회복지사무소의 업무는 팀별로 업무내용을 명시하였으며,

그중 사회복지사무소의 설치효과를 높이기 위해 핵심적인 역할을 하고 있는 복지상담팀, 복지기획팀, 통합조사팀, 서비스연계팀, 자활지원팀 등을 중심으로 각 팀별 주요 업무 및 역할을 살펴보면 다음과 같다.

• 복지상담팀

지역사회주민의 접근성을 높이고, 접수된 민원을 담당팀에 연계함으로써 초기상담(intake)을 전문화하여 충분한 시간을 투입함으로써 수급자 선정의 정확도를 제고하고 서비스 수급의 포괄성을 향상하는 데 초점을 둔다.

• 복지기획팀

지역사회복지협의체의 구성 및 운영, 지역복지전산망의 운영 등 공공·민간기관 간의 협력체계를 구성하여 지역복지시스템을 구축하고 해당 지역의 자원 활용 및 서비스 제공을 체계화하는 역할을 담당하게 된다. 그리고 지역 특성 및 주민욕구를 반영한 수요자 중심의 서비스를 확대하는 데 초점을 둔다.

• 통합조사팀

공공부조 및 사회복지서비스 대상 선정에 필요한 자산조사를 전담하는 팀으로서 자산조사의 정확도를 높이고 조사된 내용에 따라 복지대상자의 급여를 결정 또는 중지할 수 있도록 하여 복지행정업무 수행의 효율성을 향상하는 데 초점을 둔다.

• 서비스연계팀

서비스의 질적 제고 및 양적 확대를 도모할 것이며 재가방문복지, 자원봉사, 후원, 결연 등 서비스 제공의 연계기능을 강화함으로써 서비스 이용의 대상별·지역별 형평성 제고는 물론 서비스의 다양성 및 통합성을 강화하는 데 초점을 둔다.

• 자활지원팀

대상자 특성에 따른 자활지원의 개별화를 통하여 자활사업의 효과성을 향상시키고 지역 내 자활사업의 종합계획과 자활기관의 관리를 통하여 지역 내 자활사업의 활성화, 전문성 제고, 고용지원과 복지사업의 연계기반 강화에 초점을 둔다.

이와 같은 사회복지사무소의 업무분담을 통한 기대효과를 살펴보면, 첫째, 팀 체제를 기반으로 하기 때문에 업무의 효율성을 높일 것이며, 복지전담조직에서 복지업무에 전념함으로써 사회복지 전문인력의 효율적 활용이 가능할 것이다. 둘째, 업무수행 절차의 단순화와 전문성이 강화됨으로써 복지행정업무 수행의 체계화와 전문화를 유도할 수 있을 것이다. 셋째, 지역사회복지협의체를 중심으로 지역 내 각종 사회복지기관과의 복지서비스 및 자원활용을 연계하여 One-Stop 서비스를 제공할 수 있으며, 복지대상자 가구별·개인별 욕구에 부합하는 맞춤서비스를 제공함으로써 수요자 중심의 복지서비스를 제공할 수 있을 것이다.

### (2) 주민생활지원서비스의 전달체계

주민생활지원서비스의 전달체계는 복지, 보건, 주거, 고용, 평생교육, 생활체육, 문화, 여가 등 8대 서비스 전반에 대한 통합적인 연계시스템과 종합적인 정보제공체계를 구축하여 주민편의를 증진하고 찾아가는 서비스 실현, 서비스 접근성 및 신뢰성, 체감도를 제고하기 위해 시·군·구에 전담부서를 설치하며, 읍·면·동에 주민생활지원담당을 설치하는 행정조직체계를 말한다.

주민생활지원서비스 전달체계는 ㉠ 주민에게 필요한 다양한 서비스를 통합적으로 제공(통합성), ㉡ 국민이 원하는 서비스를 접근이 쉽고 편리하게 제공(접근성), ㉢ 주민생활지원과 관련한 충분한 상담, 현장방문 등으로 정책에 대한 신뢰 제공(신뢰성), ㉣ 기관별 서비스를 연계하여 중복·누락 방지와 자원 활용(효율성) 등의 원칙을 토대로 다음과 같은 과제를 수행하고자 한다.

그 수행과제로는 첫째, 시·군·구청 및 읍·면·동사무소를 주민서비스 위주로 개편하는 지방행정조직의 개편, 둘째, 주민이 온라인으로 관련 서비스에 대한 정보를 얻고 서비스를 신청하며, 자격을 조회할 수 있는 통합정보시스템 구축, 셋째, 공공 및 민간부문이 함께 서비스를 기획·집행하는 지역단위에서 민간협력 네트워크 구축, 넷째, 다양한 중앙부처의 서비스를 수요자 입장에서 조정하는 중앙부처의 서비스 조정 등이다(신복기 외, 2008: 201).

① 주민생활지원조직의 개편

주민생활지원조직의 개편방안은 다음과 같다.

가. 실·과별로 분산되어 있는 복지, 고용, 여성·보육, 주거복지, 평생교육, 문화 등 주민생활지원 기능을 하나의 부서로 통합

나. 주민생활지원을 통한 종합기획, 서비스 조정, 자원의 종합적 관리, 신규업무 대응 등을 위해 시·군·구별로 1과 3~4 담당범위 내에서 조직을 확대하되 시·군·구 자율로 결정

다. 국(局)제 운영 시·군·구(138개)와 국(局)제 미운영 시·군(96개)의 차별화

라. 국(局)제 운영 시·군·구는 기존 유사기능을 수행하는 국(局)을 주민생활지원국으로 전환하고 주민생활지원기능을 수행하는 기구·인력을 통합하고 대도시형과 중소도시형으로 구분(김형식 외, 2007: 96-102)

- 대도시형(4국 이상)은 주민생활지원국 전체가 주민생활지원기능을 수행토록 조직개편([그림 3-1] 참고)

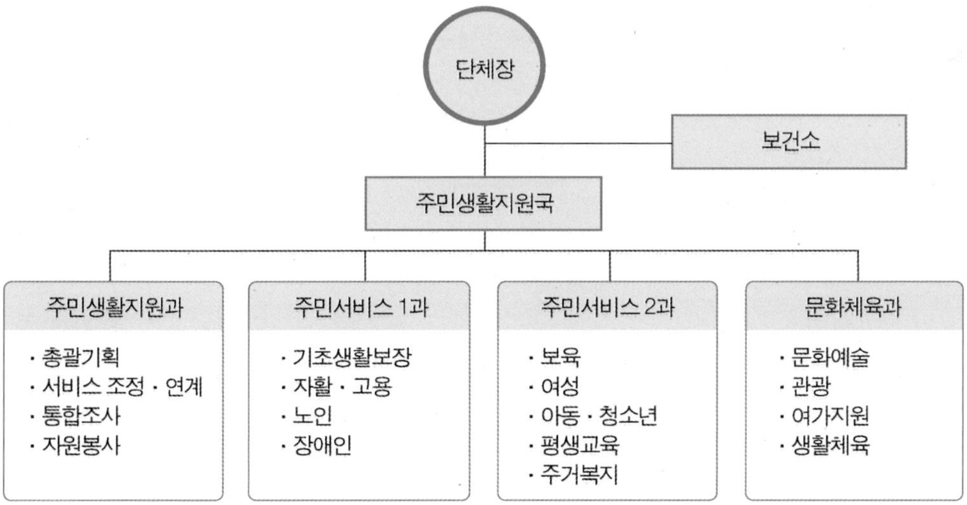


**[그림 3-1] 대도시형: 4개국 이상 시·구(65개)**

• 중소도시형(3국 이하)은 주민생활지원국이 주민생활지원 기능과 함께 유사기능을 수행할 수 있도록 조직개편([그림 3-2] 참고)

• 대도시 일반 구(65개)와 국(局)제 미운영 시·군은 주민생활지원기능을 통합하여 주민생활지원과를 설치([그림 3-3] 참고)

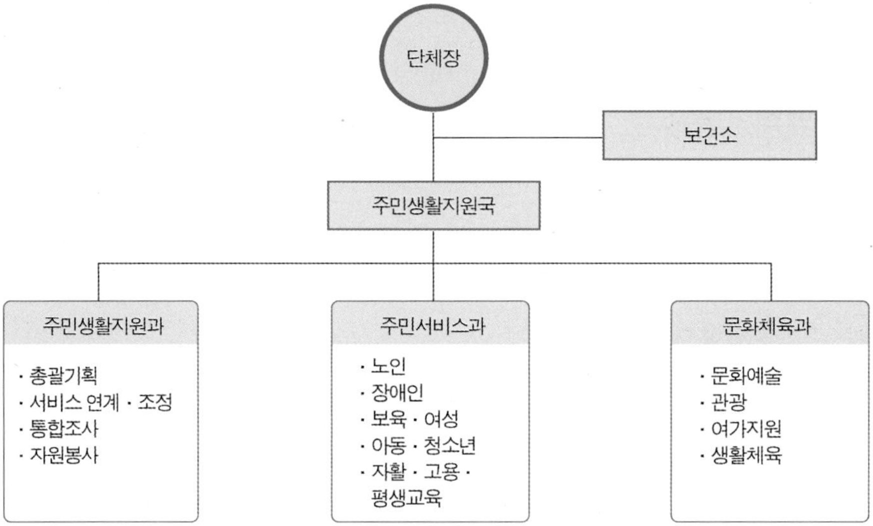


**[그림 3-2] 중소도시형: 3개국 이하 시·구(73개)**

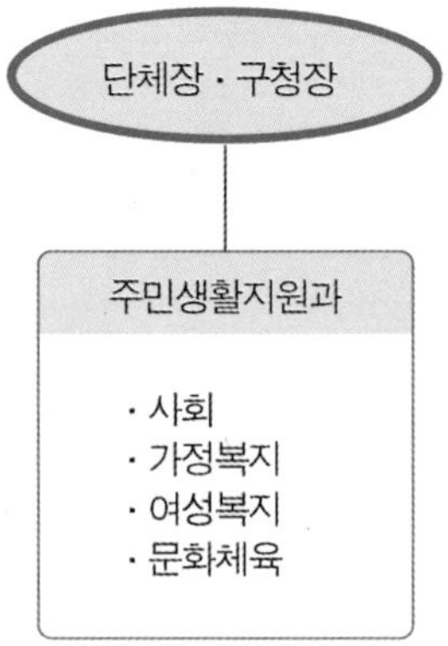


**[그림 3-3] 일반 구(26개), 국(局)제 미운영 시·구(96개)**

② 인력 및 업무의 재배치

보건, 복지, 주거, 고용, 평생교육, 생활체육, 문화, 관광 등의 8대 주민생활지원 서비스를 영유아, 아동·청소년, 중장년, 노인, 여성, 장애인 등 6대 대상별로 연계하여 수요자 중심의 통합서비스를 종합적으로 제공하고 취약계층 등 보호 및 서비스가 필요한 복지수요를 최대한 발굴하고 지원하기 위해 시·군·구에 주민생활전담부서를, 읍·면·동에 주민생활지원 담당을 설치하여 역할분담에 따른 업무의 재배치를 통해 통합 업무의 효율성을 제고하였다.

시·군·구에 주민생활 지원서비스 전담부서인 주민생활지원국 또는 과를 설치하여 읍·면·동의 업무진행이 원활히 이루어질 수 있도록 통합조사와 정책기능을 보강하고 시·군·구청장이 수립 주체가 되어 주민생활서비스에 대한 종합계획을 수립한다. 또한 지역사회에 산재한 공공 및 민간서비스 자원을 주민생활 통합정보시스템을 통해 지속적으로 발굴하고 체계적으로 관리하고 있으며, 주민생활서비스 민관협의체 구성을 포함하여 주민생활지원서비스의 인프라를 제공하고 있다.

읍·면·동 주민생활지원팀은 통합서비스 제공의 최일선 창구로서 8대 서비스의 신청 접수를 받고 서비스 실시계획을 수립하여 시·군·구-민간과의 서비스 연계를 통해 필요서비스를 안내하거나 종합 제공하는 역할을 수행한다. 따라서 읍·면·동 주민생활지원팀은 심층상담, 현장방문, 사후관리 등 찾아가는 서비스를 실현하고, 각종 종합적인 정보 제공, 상담, 관련 기관 의뢰·연결 등 주민통합서비스 일선창구 역할을 하고 있다.

주민생활서비스 민관협의체는 시·군·구 단위로 활용 가능한 공공과 민간의 8대 분야별(복지, 보건, 주거, 고용, 평생교육, 생활체육, 문화, 여가) 주민생활서비스 자원을 영유아, 아동·청소년, 중장년, 노인, 여성, 장애인 등 6대 서비스 대상별로, 연계 및 네트워크를 통하여 공공기관협의회(지방자치단체, 중앙행정기관의 일선기관, 특수행정기관의 관계자 등으로 구성된 협의회)와 주민협의회(민간 영역에서 주민생활서비스를 제공하는 민간기관, 시설, 단체, 개인 등으로 이루어진 민간 네트워크), 지방자치단체가 상호 협력하는 거버넌스 체계를 구축한다. 지역사회의 다양한 복지주체가 참여하여 지역문제 해결을 공동의 목표로 삼아 유기적 협력 관계를 조성함으로써 보다 효율적으로 지역복지 전달체계를 운용할 수 있게 된다. 읍·면·동의 일반행정 및 민원업무와 사회복지업무의 일부를 시·군·구에 이관하였으며, 이에 따른 여유 전문인력을 시·군·구의 전담부서로 이동 배치하였다. 또한 읍·면·동에 사회복지직과 행정직 간 합리적인 업무분담을 통한 협업적 업무체계를 구축하여 주민생활지원서비스를 제공하는 방향으로 조직 개편을 추진하였다.

이상과 같이 주민생활지원서비스 전달체계의 개편 취지는 복지환경 변화 및 복지수요에 대한 대응, 지방자치단체의 자율성 및 책임성 강화, 지역사회 자원활용을 통한 서비스 연계체계 구축, 복지업무의 질적 개선 등에서 찾을 수 있다. 따라서 주민생활지원서비스 전달체계 구축은 지방자치단체 단위로 서비스 제공을 위한 정책기획력 및 책임성 제고, 수요자 중심의 서비스 제공기반 조성과 서비스의 전문화 증진, 욕구에 맞춘 서비스, 찾아가는 서비스 등 서비스의 대응성 향상 등을 목표로 한다. 궁극적으로 주민생활지원서비스 전달체계는 지역주민의 삶의 질 향상을 위한 서비스 충족에 있으며, 이를 위해 주민생활지원서비스를 강화하기 위한 조직 개편, 복지행정인력의 의식 및 행태 변화, 서비스 연계를 위한 민간협력체계의 조성 및 지역자원의 역량 강화에 주안점을 두었다.

### (3) 희망복지지원단의 설치

주민생활지원서비스 전달체계로 개편되었음에도 기대한 효과에 비해 실효성이 떨어져 여전히 복지체감도가 낮고, 인력 재배치의 결과 읍·면·동의 인력 부족, 업무부담의 증대로 사례관리 등 전문 현장지원서비스의 부재 및 신속성이 저하되는 문제가 나타났다. 이러한 상황과 관련하여 보건복지부는 복지를 중심으로 주민밀착형 서비스가 가능하도록 공공기관과 민간복지기관의 협업구조를 마련하여 복지체감도를 높이려는 전달체계 개선 노력을 한 결과, 2012년 상반기에 전국 시·군·구에 희망복지지원단을 설치하여, 현재 운영하고 있다.

희망복지지원단은 복지·보건·고용 등 다양한 문제를 가진 저소득 주민에게 필요한 서비스를 최대한 통합·연계 제공하는 것을 목적으로 한다. 시·군·구 희망복지지원단은 읍·면·동 주민센터의 충실한 상담을 거친 저소득 주민에게 공공과 민간이 보유한 각종 지원과 서비스를 맞춤형으로 연계 제공하고, 그 과정을 계속해서 모니터링해 나가는 역할을 수행한다. 그리고 희망복지지원단은 지역주민에게 원스톱(One Stop) 서비스를 제공하기 위하여 지역에서 활동하는 다양한 서비스 공급기관과의 연계·협력을 추진하고 있다.

① 목표

희망복지지원단은 복합적 욕구를 가진 대상자에게 통합사례관리를 제공하고, 지역 내 자원 및 방문형 서비스 사업을 총괄·관리함으로써 지역단위 통합서비스 제공의 중추적 역할을 수행하는 전담조직으로 민간협력을 통한 지역단위 통합적 서비스 제공체계를 구축·운영함으로써 맞춤형 서비스 제공 및 지역주민의 복지체감도의 향상, 기초수급자 및 차상위 계층 등 빈곤층의 탈빈곤 및 빈곤예방 그리고 전체 지역주민의 다양한 복지수요에 능동적 대응 등을 목표로 하고 있다.

② 조직구성 및 인력배치

희망복지지원단의 조직구성은 시·군·구별로 상이한 상황에 따라 자치단체의 특성에 맞게 추진되고 다양한 형태로 운영되고 있는데, 원칙적으로는 시·군·구청의 사회복지과 또는 주민생활지원과 내에 '팀' 단위로 설치·운영하고 있다. 그 조직 구성형태를 보면 다음과 같다.

- 1개 팀 운영: 주로 '군' 단위에서 조직되어 있으며 '과' 내에 희망복지지원팀으로 운영
- 2개 팀 운영: 주로 '시 또는 자치구' 단위의 도시 지역에서 구성되어 있으며 통합사례 업무를 담당하는 '희망복지 지원팀'과 자원총괄관리 업무를 담당하는 '복지자원관리팀'으로 운영
- '과' 단위로 운영: 주로 인구가 밀집한 대도시 지역에서 운영되는 조직으로 기획·지원 담당, 통합사례 담당, 복지자원관리 담당, 서비스 연계 담당 등 4개 팀이 1개 과로 구성되어 운영

희망복지지원단의 인력배치는 최소 5년 이상 근무경력이 있는 사회복지직 공무원(7~8급)을 사례담당으로 배치하고 통합사례관리업무를 전담하는 통합사례관리사는 모두 희망복지지원단으로 배치하여 통합사례관리업무만 전담하도록 한다.

③ 희망복지지원단의 운영체계

희망복지지원단의 운영체계는 [그림 3-4]와 같다. 주민센터로부터 복합적인 욕구를 가진 사례관리대상자를 희망복지지원단으로 의뢰하고, 희망복지지원단은 사례관리대상자에 대한 심층욕구조사, 통합사례관리회의 실시 및 종합서비스 제공계획 수립, 모니터링 등을 실시하게 된다. 또한 읍·면·동 주민센터와 방문형 서비스 체계화 등을 통한 사후관리지원체계의 연계협력이 이루어지며, 지역사회보장협의체를 중심으로 공공 및 민간 협력 강화를 통한 지역단위 통합서비스 제공체계를 구축한다. 그리고 희망복지지원단은 사회보장정보시스템(행복e음), 복지자원관리시스템을 이용해 대상자 통합관리 기능을 수행한다.

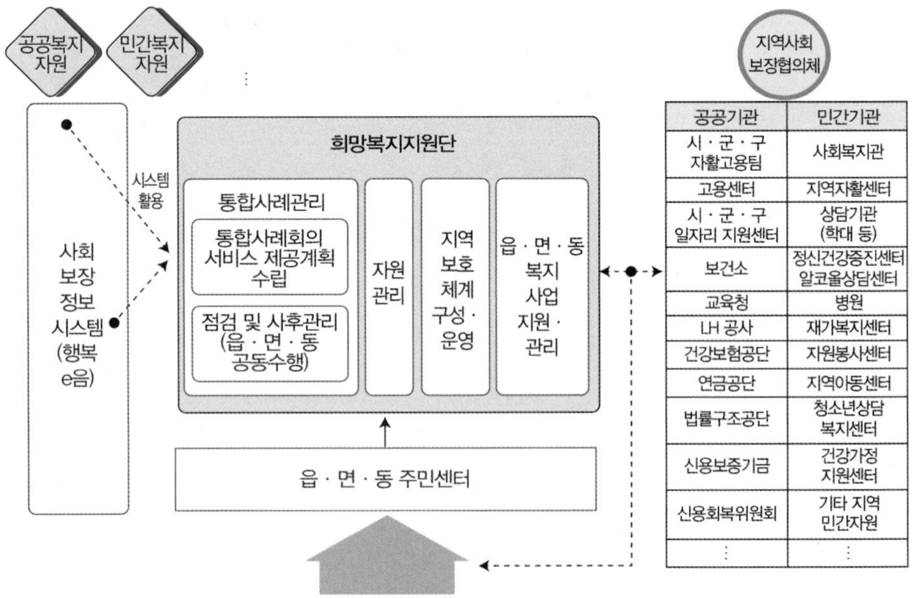


**[그림 3-4] 시·군·구 희망복지지원단의 운영체계**

④ 희망복지지원단의 주요 업무

희망복지지원단의 주요 업무는 통합사례관리사업, 자원관리, 지역보호체계 운영, 읍·면·동 복지사업 지원·관리 등이며, 이러한 주요 업무를 살펴보면 다음과 같다.

- 통합사례관리사업: 지역사회 공공·민간자원에 대한 체계적인 관리·지원체계를 토대로 복합적이고 다양한 욕구를 가진 대상자에게 복지·보건·고용·주거·교육·신용·법률 등 필요한 서비스를 통합적으로 연계·제공하고, 이를 지속적으로 상담·모니터링해 나가는 사업이다. 사례관리 대상자는 통합사례관리를 통해 탈빈곤 지원이 가능한 국민기초 생활 수급가구, 차상위 빈곤가구, 긴급지원 대상가구 및 국민기초생활 수급자 탈락 가구 중 통합사례관리를 통한 빈곤예상 지원가능기구 등이다.
- 자원관리: 지역사회 복지대상자 등 지역주민이 가지고 있는 다양한 욕구에 능동적으로 대응하기 위해서는 공공자원(예산, 프로그램 등)뿐만 아니라 지역사회가 보유하고 있는 여러 가지 유형의 민간자원을 적극 개발하고 체계적으로 관리할 필요가 있다. 자원관리의 주요 사업은 지역사회 공식·비공식 자원 현황에 대한 총괄 관리, 자원조사 및 자원개발을 통해 통합사례관리의 원활한 지원, 공공 및 민간 복지자원 통합 DB의 운영을 통한 지역자원의 효과적 관리, 지속적인 자원현황 업데이트로 지역 내 주민 및 관련 기관에 정보 공유, 나눔 문화 활성화 등 지역사회 자원개발 기획·실천 등이다.
- 지역사회보호체계 운영: 지역보호체계는 지역 내 보호가 필요한 대상자에 대해 민관협력을 기초로 지역단위 보호망을 구축 및 운영하는 것을 의미한다. 지역사회보호체계의 내용으로는 지역단위 방문형 서비스 사업 간 현황 공유 및 연계·협력 체계 마련(특히, 읍·면·동 주민센터와 보건소 간의 협력), 복지통(이)장제, 읍·면·동 민관협의체(또는 읍·면·동 지역사회보장협의체)의 구성 및 운영으로 읍·면·동 단위 인적 안전망 강화, 지역복지 활성화 방안 마련 등 지역복지 컨트롤타워로서 역할 강화, '좋은 이웃들' 사업 등과의 효과적인 연계를 통한 지역 내 복지소외계층 상시 발굴체

계 구축 및 운영 등이다.

- 읍·면·동 복지업무 지원 및 관리: 희망복지지원단은 읍·면·동 복지업무 중 희망복지지원단 관련 업무에 대한 적극적인 지원 및 관리를 통해 읍·면·동이 지역주민을 위한 공공 복지서비스 수행기관으로 정착하고 기능할 수 있도록 노력해야 한다.

### (4) 읍·면·동 기능의 개편

시·군·구에 희망복지지원단을 운영하여 보건·복지·고용 등 통합서비스의 제공 기반을 마련하였으며, 사회보장정보시스템의 구축(행복e음, 범정부), 민관협력 및 나눔 활성화로 수요자 중심의 서비스 기반을 구축하였다. 그러나 여전히 원스톱 서비스가 용이하지 않고, 사회보장급여 제공기관별 협업체계의 미흡으로 서비스 연계가 부족하고, 일선 복지전담공무원의 업무과부하 등의 문제가 해결되지 않고 있다. 이러한 전달체계상의 문제를 개선하기 위해 2013년 '국민중심의 맞춤형 복지 전달체계 개편방안'을 제시하였다.

맞춤형 복지 전달체계 개편은 읍·면·동의 복지병목 현상을 해소하고, 원스톱 통합서비스 제공, 찾아가는 서비스의 활성화, 공공과 민간의 연계협력 활성화 등을 목적으로 하고 있다. 전달체계 개편방안은 읍·면·동 기능 개편을 주요 내용으로 하고 있으며, 도시형과 농촌형으로 구분하고 있다. 이러한 읍·면·동 기능개편방안의 주요 내용을 살펴보면 다음과 같다(강혜규 외, 2013; 사회보장위원회, 2013).

#### ① 도시형: 동 주민센터 허브화 추진

동 주민센터의 복지 허브화는 동 주민센터를 지역 차원의 사회보장 허브기관으로 그 기능을 대폭 강화하기 위한 방안으로서, 복지제도의 집행 및 지역복지운영의 기초단위인 지방자치단체가 복지 책임성을 새롭게 인식하고, 주도적으로 복지행정서비스 수행여건을 마련하는 데 있다. 동 주민센터의 개편 모형으로는 다음의 세 가지가 있다.

• 기능보강형

–읍·면·동 복지업무 확대·강화

–담당인력의 대폭적 충원

–희망복지지원단의 조직 재편이 병행
 현재 '팀' 단위의 조직이 '과' 단위로 재편

–사회복지팀과 민원행정팀으로 구분
 사회복지팀도 복지민원담당과 사례관리담당으로 분리

• 통합형

–동의 인구규모를 감안하여 평균 3~4개의 동주민센터를 1개 통합센터로 개편

–복지기능을 센터의 중심기능으로 하되 주민자치기능과 일반행정기능을 병행

–기획관리팀, 복지상담팀, 사례관리 1, 2, 3팀, 지역복지지원팀, 일반민원 1, 2팀 등 8개 팀으로 구성

• 거점형

–통합형의 대안모형으로 현재의 동 주민센터는 일반 민원행정기능에 국한시키고 복지기능만을 전담하는 별도의 기관으로 '거점복지행정센터' 설치

–3~4개의 동을 하나의 단위로 설치

–복지기능은 통합형과 동일하고 일반민원행정업무를 수행하지 않음

–조직구성은 통합형에서 일반민원 1, 2팀이 제외된 6팀으로 구성

동 주민센터 허브화 추진경과를 보면, 업무조정 및 인력재배치를 통해 2014년에 기능보강형을 우선적으로 추진하였으며, 기능보강형 개편에 필요한 인력확충, 복지동장제 도입, 일부 복지업무에 행정직의 업무분담 등이 이루어졌다. 그리고 2014년 말까지 통합형, 거점형 등 행정조직의 변화가 필요한 모형에 대해 시범사업을 추진하면서, 지방자치단체와 전달체계 개편 성과계약방식을 도입하여 기능보강형을 업그레이드하고, 통합형, 거점형을 확산시킬 예정이다.

〈표 3-1〉 동 주민센터 개편모형 비교

| 구분 | 기능보강형 | 통합형 | 거점형 |
|---|---|---|---|
| 개편 개요 | • 현주민센터 유지 (복지기능강화) | • 몇개동 통합 (일반행정+복지행정) | • 몇개동 관할 복지 전담 센터 설치(복지행정만수행) |
| 개편 수준 | • 소폭개편 | • 대폭개편 | • 중폭개편 |
| 비고 | • 지자체 수용성 높음<br>• 인력확충: 대폭<br>• 접근성 유리 | • 지자체 수용성 낮음<br>• 인력확충: 소폭<br>• 접근성 제약 | • 지자체 수용성 보통<br>• 인력확충: 보통<br>• 접근성 제약<br>• 일반행정분리 불편 |

② 농촌형: 희망복지지원단 강화

군 지역(농촌)은 도시보다 넓은 지역적 특성, 상대적으로 인구의 수는 적고 서비스의 대상자는 많으며, 보건복지의 인적 및 물적 자원이 부족한 것 등을 고려하여, 전달체계 개편은 희망복지지원단의 강화 및 보건서비스와의 연계 강화 및 보건서비스와의 연계 강화로 접근성 및 서비스 제공 기능을 향상시키는 데 초점을 두고 있다.

농촌형의 추진경과를 보면, 군 지역의 희망복지지원단을 내실화하여 지역 내 통합사례관리 활성화, 지역 복지자원의 총괄 및 관리기능을 개선하였으며, 보건소와 협업을 통해 복지와 보건을 연계기능을 강화하였다. 그리고 우체국, 농협 등 지역조직을 활용하여 취약계층에 대해 지역실정에 맞는 복지서비스를 제공하고 있다. 희망복지지원단 권역센터 시범사업과 함께 지역주민의 접근성 보완 및 균형 있는 서비스 제공 기반을 마련하기 위해 2~3개 면을 통합하는 희망복지지원단 권역센터를 추진할 계획이다.

향후 사회복지전담공무원의 인력 확충과 읍·면·동 기능 개편이 완료되면, 시·군·구 희망복지지원단과 읍·면·동 주민센터의 역할에 상당한 변화가 있을 것이라 예상할 수 있다. 시·군·구 희망복지지원단은 자원조사 및 발굴 총괄, 자원관리, 시·군·구 단위 민관협력 등의 고유업무와 복지상담 지원, 사례관리 지원, 읍·면·동 단위의 민관협력체계 마련에 관한 지원 등 읍·면·동 지원 및 조정 업무에 집중할 것이다. 반면에, 읍·면·동 주민센터는 직접적으로 복지상담서비스, 통합사례관리의 직접 수행, 읍·면·동 인적 안전망 운영 활성화, 복지 보건 고용 연계 등 통합서비스를 제공할 계획이다.

## 요점정리

1. **사회복지의 문제해결을 지역주민의 주체로 참여 시 효과** ① 지역사회복지서비스의 질적 향상과 행·재정 효율화를 통한 복지행정 강화, ② 지역주민의 복지의식 고취로 주민복지의 발전, ③ 지역사회복지자원의 개발과 아울러 지역개발에 기여, ④ 지역 간의 사회복지수준의 격차해소, ⑤ 행정기관은 물론 민간 사회복지기관 및 단체, 지역주민의 협력과 참여 활성화.

2. **지역사회복지의 기본요소** ① 지역사회를 기본단위로 추진, ② 주민조직과 행정조직의 협력관계 구축, ③ 주민 전체에 대해 편의성을 제공하며 소외계층의 복지강조, ④ 인적 서비스를 중시하면서 금품서비스 병행 제공, ⑤ 기획과 예산 및 집행은 지역사회가 담당하여 주민책임하에 운영되고, 행정기관은 행정적·기술적·재정적 지원과 협조.

3. **지방자치단체의 지역사회복지기능(지방자치법 제9조)** ① 주민복지증진에 관한 사무와 지역사회복지기능을 구체적으로 열거, ② 지역사회복지의 수준과 범위를 기초자치단체인 시·군·구로 한정, ③ 복지기능도 지방자치단체에서 주로 담당하고 있는 생활보호사업과 의료보호사업, 주민건강 관련 사업, 일반적 사회복지서비스 중심.

4. **지역사회복지 전달체계의 기능** ① 각급 복지기관이 복지수요대상자에게 이용 가능한 서비스에 대한 홍보와 교육, 다른 복지기관과 협력기능, ② 복지수혜자에게 필요한 서비스를 제공받을 수 있도록 보장해 주는 기능, ③ 복지대상에게 제공하는 care work 서비스나 재활서비스 등의 특정한 형태의 서비스를 제공하는 기능, ④ 계획 및 통제기능은 문제해결을 위해 지역사회의 타 기관과 공동협력 및 자체 서비스를 조정할 책임.

5. **지역사회복지 전달체계 구축을 위한 행정의 기본원칙** ① 기능분담 체계성의 원칙으로 하부에서 상부로 연결하는 기능상의 분담이 체계성과 일관성 유지, ② 전문성에 따른 업무분담원칙으로, 비전문분야인 경우에는 자원봉사자로 구분하여 업무를 분담시킴으로써 경비절감, 효과적 서비스 제공 기대, ③ 책임성의 원칙으로 서비스 제공자는 지역사회에 대한 책임, 복지대상자 및 전문가에 대한 책임, 전문가에 대한 책임은 윤리강령을 준수하고 지식과 기술을 지속적으로 연마와 발전의 책임, ④ 접근용이성의 원칙은 복지서비스를 필요로 하는 사람이 필요한 때 편리한 곳에서 필요한 서비스를 제공받는지 여부, ⑤ 통합조정의 원칙은 다양한 서비스를 통합·관리할 수 있는 책임기관이나 전문가를 선정하거나, 사회복지계획 및 자원배분, 관계기관 및 관계자 간의 협조·조정의 원활성, ⑥ 지역사회참여의 원칙은 각급 기관을 최대한 수용·활용, ⑦ 조사 및 연구의 원칙은 사회복지서비스의 전문화, 조사 및 연구기능 활성화 요구.

## 요점정리

6. **지역사회복지 전달체계 구축의 서비스 기능** ① 평등성의 원칙은 복지서비스 전달체계가 효율적으로 유지·운용될 때 지역주민의 복지권 보장, ② 자활의 원칙으로 자립 또는 정상적 사회복귀가 가능하도록 적절한 서비스 제공, ③ 적정성의 원칙은 자활 및 재활을 성취하는 데 필요한 서비스를 충분하게 제공, ④ 포괄성의 원칙으로 다양한 욕구를 충족하도록 포괄적으로 제공, ⑤ 지속성의 원칙은 적절한 수준의 서비스가 복지수혜대상자의 필요에 따라 지속적 제공, ⑥ 가족중심의 원칙은 서비스 제공의 기본단위는 가족 또는 가정을 하나의 단위로 해서 서비스 제공.

7. **편리한 주민생활 전달체계의 개선과제** ① 통합적 서비스 제공은 주민의 복지고용·주거·평생교육·생활체육 등 삶의 질과 관련된 서비스를 제공받기 위해 서비스와 정보를 통합적으로 제공, ② 찾아가는 서비스의 실현으로 읍·면·동에 주민생활지원 담당인력이 확충되어 현장방문·사례관리 등 찾아가는 서비스 기능, ③ 정책에 대한 신뢰성 형성은 수요자가 필요 서비스에 종합적 정보제공·관련 기관 의뢰와 연결기능수행, 충분한 상담으로 주민에게 신뢰성 형성, ④ 복지자원의 효율성 증대는 부서별 유사정책으로 인한 혼선과 기관 간의 중복서비스를 조정함으로써 기초자치단체의 자원을 효율적 관리.

8. **정책적 전달체계로서의 개선과제** ① 사회복지 인력충원 및 역할강화로 합리적으로 인력을 충원하고 역할부여, ② 정책조정기구의 신설은 주민생활지원서비스를 담당하는 부처 간의 업무조정과 조정기구 필요, ③ 사회복지과 기타 직렬 공무원 간의 협업체계구축, ④ 지역자원의 발굴은 지역에서 발굴 가능한 자원을 목록화한 후 필요할 때 제공함으로써 자원의 활용성 극대화, ⑤ 주민서비스 통합시스템의 조기구축으로 주민서비스 통합시스템 구축요구, ⑥ 지역사회의 다양한 서비스 주체의 적극적 참여와 협조, 사회복지담당자의 철저한 사례관리, 효과적 정보제공 및 홍보가 요구.

# 지역사회복지실천의 이론

## 1. 지역사회복지실천의 이해

### 1) 지역사회복지실천의 개념

지역사회복지실천이란 용어는 학자 간에 다양하게 정의하고 있어 명료하고 납득할 만한 개념규정을 찾기 힘들지만, 기본적으로 '지역사회를 기반으로 하는 사회복지의 구체적 개입활동'이라는 의미를 바탕으로 하고 있다. 지역사회복지실천을 강조하게 된 이유는 현대의 산업사회가 안고 있는 사회문제에 대해 과거의 자선적이고 비조직적인 노력으로선 대처하기 어려워서 보다 과학적이고 조직적이고 계획적인 전문노력이 강조된 데서 비롯된 것이다. 최근 우리나라에서 지역사회를 클라이언트로 보는 지역사회실천이 강조되고 있다(최옥채, 2001).

지역사회복지실천에 관한 개념으로 Weil(2005)은 지역사회에서의 삶의 기회와 선택의 기회를 제공하고 인간으로서의 권리와 분배정의를 실현시키기 위해 사회복지 전문영역에서 개입하는 활동들로, 이러한 개입의 내용은 기본적으로 개발(development), 조직화(organizing), 계획(planning), 진보적 변화(progressive change)로 구성될 수 있다고 설명한다. 이런 일련의 흐름 속에서 지역사회복지실천의 개념 구성요소를 살펴보면 다음과 같다(김범수, 2003).

① 지역사회를 대상으로 하는 사회복지실천을 의미한다.

② 지역사회수준의 지역사회집단, 조직과 제도, 지역주민 간의 관계 및 상호작용의 행동패턴을 변화시키는 실천기술의 적용이라 할 수 있다.

③ 지역사회복지 달성이라는 목적을 위해 보다 구체적으로는 지역사회구성원이 공유하는 문제와 관련된 지역사회의 변화를 위해 요구되는 개입기술을 응용하고 활용한다.

④ 지역사회계획 및 서비스 통합, 지역주민의 조직화와 사회행동을 포괄하는 것으로서 변화를 위한 직접적 개입활동에 초점을 두는 개념이다.

### 2) 지역사회복지실천의 목표

앞에서 정리한 지역사회복지실천의 개념을 근거로 할 때 지역사회복지실천은 무엇을 지향하고 있는가? 간단히 정리하면 지역사회복지실천은 지역사회구성원이 기본적 욕구를 충족시킬 수 있도록 제대로 기능하는 지역사회를 만드는 것을 그 목표로 하고 있다. 특히 그 지역사회의 문제가 되는 상황이나 환경조건 등을 파악하여 역기능적 상황을 순기능적 상황으로 변화시키는 것이 그 궁극적 목표이다. 지역사회복지실천활동이 달성하려는 목표에 대한 학자들의 견해를 살펴보면 다음과 같다.

Dunham(1970: 4)은 지역사회 구성요소 간의 상호작용에 의식적 변화를 추구하는 과정으로서 다음의 세 가지 목표를 강조하였다.

① 지역사회의 광범한 욕구를 충족하고, 욕구와 자원 간의 조정과 균형을 도모한다.

② 지역주민의 참여의지, 자조능력, 협동능력 등을 강화하여 자신의 문제에 보다 효과적으로 대처할 수 있게 한다.

③ 지역사회와 집단 간의 관계와 의사결정권의 분배에 변화를 초래한다.

Weil과 Gamble(1995: 582)은 지역사회복지실천의 중요한 목표로 ① 지역주민의 '삶의 질'의 향상, ② 지역사회의 이익대변, ③ 인간적 사회·경제적 개발, ④ 최적의 서비스와 프로그램 개발, ⑤ 적절한 서비스의 통합, ⑥ 사회행동의 실천과 사회정의 실현 등을 제시하고 있다.

Perlman과 Gurin(1972: 37-38)은 지역사회복지실천의 목표에 따라 지역사회의 실천에 관한 내용을 다음과 같이 분류하여 제시하였다(Perlman & Gurin, 1972).

① 지역사회 참여와 통합의 강화: 지역사회에 있는 모든 집단이 자신들의 의사를 표현하도록 격려하고 효과적 상호작용을 통해 자신들의 사회환경을 개선하는 방안에 대해 협의한다.

② 문제대처능력의 고양: 지역사회가 환경과 변화에 대처할 수 있는 능력을 갖도록 하기 위해서 소통과 상호작용의 수단을 향상시키는 데 역점을 둔다.

③ 사회조건과 서비스의 향상: 지역사회의 욕구와 결함을 찾아내고, 사회문제를 해결하거나 예방하기 위한 효과적 서비스와 방법을 개발한다.

④ 불이익집단의 이익 증대: 지역사회 내의 특수집단이 받아야 할 물질적 재화와 서비스의 몫을 증대시킴으로써, 또 지역사회의 주요 결정에 있어서 그들의 역량과 참여를 증대시킴으로써 그들의 이익을 증대하도록 한다.

### 3) 지역사회복지실천의 기능

지역사회복지실천은 지역사회 내의 일차적 문제를 취급하는 것으로 항상 지역주민의 욕구나 문제에 대한 반응에서 시작한다. Dunham(1970: 209-214)은 사회복지기관에서 사회복지사가 행하는 지역사회복지실천의 기능을 다음과 같이 제시하고 있다.

① 지역사회 계획: 지역사회의 계획범위를 정하고, 프로그램을 개발하며, 지역수준의 복지를 향상하고 조정하는 계획활동을 수행한다.

② 프로그램 운영: 지역사회의 변화를 위해, 지역사회복지기관을 통하여 적절한 프로그램을 운영한다.

③ 사실발견과 조사: 지역사회조직의 계획과 프로그램 개발에 관련된 사실을 발견하고 조사한다.

④ 공적 관계 형성: 지역주민의 욕구에 따른 프로그램과 서비스를 제공하고, 공적 관계를 통하여 지역사회의 이익을 위해 노력한다.

⑤ 기금확보와 배당: 대내·외적으로 기금확보의 노력과 연합 캠페인을 통하여 지역사회기관과 단체에 기금의 예산을 편성하고 배당을 실시한다.

⑥ 근린집단사업: 저소득층 지역과 도시 근린지역의 주민집단과 함께 자립사업을 추진한다.

⑦ 지역사회개발: 지역사회의 욕구해결과 자기결정, 자립과 협동에 대한 태도를 개선하며 지역주민의 조직화를 실시한다.

⑧ 지역사회행동: 지리적 수준에서 사회적 약자를 위해 법률분석과 참여증진을 촉진하고, 절차상 지역사회행동이나 직접적 행동을 유도한다.

⑨ 기타 활동: 지역사회조직과 지역사회개발을 위하여 교육하고 자문을 실시하여 지역복지를 실현하도록 한다.

### 4) 지역사회복지실천의 원칙

지역사회복지의 구체적 실천이 이루어지기 위해서 지역사회를 대상으로 활동하는 사회복지사는 지역사회복지실천상의 원칙을 체득하고 있어야 하며, 이를 바탕으로 구체적 실천과정에 임해야 한다. 여기서 지역사회복지의 원칙이란 지역사회복지사업을 수행하는 데 있어서 올바른 행동에 관한 규칙을 의미한다.

많은 학자들이 지역사회복지사업을 수행하는 데 지침이 되는 원칙들을 정립하기 위해 노력해 왔는데, 그중에서 McNeil, Johns와 Demarche의 견해를 토대로 한 일반적 원칙과 Ross의 실천원칙을 살펴보면 다음과 같다.

### (1) 지역사회복지실천의 일반적 원칙

#### ① McNeil의 견해

사회복지를 위한 지역사회복지실천의 원칙에 대해서 McNeil은 다음과 같은 7개 원칙을 제시하고 있다(McNeil, 1954: 123; 최일섭·류진석, 2004: 154-156 재인용).

첫째, 지역사회복지활동은 사람들과 그들의 욕구에 우선적 관심을 가져야 한다.

둘째, 사회복지를 위한 지역복지활동에 있어서 일차적 클라이언트는 지역사회이어야 한다.

셋째, 지역사회를 있는 그대로 이해하고 수용하여야 한다.

넷째, 지역사회의 모든 사람은 보건과 복지서비스에 관심을 가지고 있으므로 각계각층의 이익을 대표하는 사람들의 적극적 참여가 지역복지활동의 중요한 목표가 된다.

다섯째, 인간의 욕구는 계속 변한다는 사실과 사람들과 집단 간의 관계도 계속 변한다는 현실이 지역복지활동에 인식되어야 한다.

여섯째, 지역사회 내의 모든 사회복지기관과 단체가 서로 협력해야 한다. 어떤 기관도 고립해서 존재할 수 없으며 다른 기관과의 관계 속에서 맡은 바 기능을 수행하는 것이다.

일곱째, 과정으로서의 지역복지활동이 사회복지실천의 한 분야임을 인식한다.

#### ② Johns와 Demarche의 견해

Johns와 Demarche(1951: 235-239)는 지역사회복지실천의 일반적 원칙에 대해 다음과 같이 견해를 제시하고 있다.

첫째, 지역사회복지실천은 목적이 아니라 수단이며 인간의 복지와 성장이 목적이다.

둘째, 개인과 집단처럼 지역사회도 상이하기 때문에 지역사회의 특성에 따른 개별화의 원칙을 준수해야 한다.

셋째, 지역사회는 개인과 마찬가지로 자기결정의 권리를 가지며, 강요에 의한 사업추진을 해서는 안 된다.

넷째, 지역복지활동의 토대는 사회적 욕구이다.

다섯째, 사회복지기관 자체의 이익보다 지역사회의 욕구를 우선하여 고려하여야 한다.

여섯째, 조정(coordination)은 공통의 이익과 목표에 대한 지적 인식에서 이루어져야 한다.

일곱째, 지역복지활동을 수행하기 위한 구조는 가능한 한 단순해야 한다.

여덟째, 지역사회의 서비스는 공평하게 분배되어 모든 사람들이 차별 없이 평등하게 이용할 수 있어야 한다.

아홉째, 문제해결을 위한 접근방법에 있어서 다양성이 존중되어야 한다.

열째, 활동기관은 광범위한 집단의 이익을 반영하여야 한다.

열한째, 지역사회복지기관의 효과적 운영과 사업을 위해서는 집중(다른 기관과 협력)과 분산(자체의 사업과 이익을 유지하려는 태도) 간의 균형이 있어야 한다.

열두째, 지역사회 내에 존재하는 집단 간의 의사소통을 가로막는 장애는 제거되어야 한다.

열셋째, 지역사회는 전문가의 도움이 필요하다. 전문가의 역할은 지역사회로 하여금 사회복지의 욕구를 발견하고, 규명하고, 충족할 수 있도록 돕는 것이다.

### (2) Ross의 지역사회복지실천 원칙

지역복지를 효율적으로 실현하기 위해서는 지역사회조직을 중심으로 실천원칙에 접근할 필요가 있다. 지역복지활동을 전개하는 데 있어서 실제로 준용할 수 있는 원칙으로는 Ross의 견해가 가장 대표적인 것으로 생각되고 있다. Ross는 지역복지사업을 전개하는 주체로 사회조직체인 추진회(association)와 연결하고 있으며, 추진회를 중심으로 전개되는 지역복지의 실천적 원칙을 구체적으로 살펴보면 다음과 같다(Ross, 1967).

① 현재 지역사회의 조건에 대한 불만으로부터 추진조직의 결성이 이루어진다.

② 불만족에 초점을 두고 문제해결을 위한 구체적 계획과 실천방안이 수립되어야 한다.

③ 문제상황에 대한 인식이 지역 전체에 공유되어야 한다.

④ 문제해결을 위한 추진조직에는 지역의 유력한 사람들을 참여시켜야 한다.

⑤ 문제해결 추진조직은 지역주민들로부터 지지를 받을 수 있는 목표와 운영방법을 가져야 한다.

⑥ 문제해결을 위한 추진조직의 활동에는 정서적(emotional)이고 문화적인 내용들이 포함되어야 한다.

⑦ 지역사회 내의 지지와 관심을 활용해야 한다.

⑧ 문제해결을 위한 추진조직은 회원 상호 간과 또 지역사회와의 활발하고 효과적인 대화통로를 가지고 있어야 한다.

⑨ 문제해결을 위한 추진조직의 다양한 성원에 대한 지속적 지지활동의 강화와 관계유지가 중요하다.

⑩ 추진조직은 조직운영에 있어 정상적 업무상의 결정과정을 해치지 않는 범위 내에서 융통성(flexibility)을 지녀야 한다.

⑪ 추진조직은 지역사회의 현 상태를 이해하고 접근하여야 한다.

⑫ 조직과 지역을 위한 지도자를 배출하여야 한다.

⑬ 지역의 문제해결을 위한 추진조직의 권위화와 네트워크가 필요하다.

## 5) 지역사회복지실천의 가치와 윤리

### (1) 지역사회복지실천의 가치

지역사회복지실천을 특징짓는 기본가치들을 살펴보면 다음과 같다(Hardina, 2002: 19-27; 감정기 · 백종만 · 김찬우, 2005: 37-39).

#### ① 다양성 및 문화적 이해

실천가가 문화를 이해하고, 그것이 인간의 행동과 사회에 대해 행하는 기능을 파악하는 일과 관련을 맺는다.

#### ② 자기결정과 임파워먼트

자기결정이란 클라이언트가 전문가의 개입여부를 결정하고, 개입의 방법과 그것이 가져올 결과 등에 대해서도 선택할 수 있도록 하는 것을 말한다. 임파워먼트란 대상자 집단의 의사결정 참여를 대단히 소중한 것으로 여기는 것을 말한다. 자기결정과 임파워먼트에 초점을 둔 실천은 개인 스스로가 환경을 이해하고, 선택하고, 선택에 대해 책임을 지고, 조직화와 옹호를 통해 자신의 삶의 위치에 영향을 줄 수 있도록 개인의 능력을 발전시키고자 한다.

③ 비판의식의 개발

지역사회복지실천가가 억압을 조장하는 사회의 매커니즘을 인식할 뿐 아니라, 그러한 사회의 구조 및 의사결정과정을 주시하고 이해하는 것을 가리키는데, 한 발 더 나아가 이를 서비스 대상자들과 공유함으로써 그들의 비판의식을 제고하는 것을 말한다.

④ 상호 학습

조직화의 과정에서 파트너인 대상자 집단의 문화적 배경을 배우고자 하는 적극적 학습자가 되어야 함을 말한다. 이것은 대상자 집단으로 하여금 클라이언트로서의 역할을 뛰어넘어 교육자이자 파트너로서의 역할을 맡을 수 있도록 동기를 부여함이 중요하다.

⑤ 사회정의와 균등한 자원배분에 대한 헌신

억압적이거나 정의롭지 못한 사회현실을 바꿀 책임을 지역사회복지실천가가 포기하지 말 것을 이른다. 여기서 공정성, 책임의식, 이타심, 균등한 자원·기회·권리·혜택 등이 그 예가 될 수 있다.

### (2) 지역사회복지실천의 윤리

사회복지실천의 가치가 무엇이 좋고(good) 바람직한가(desirable)를 가리는 것이라면, 윤리는 무엇이 정당하고(right) 바른(correct) 것인지를 가리는 지침이 된다. 여기서는 한국사회복지행정연구회에서 제시한 사회복지전담공무원에 대한 지역사회 및 유관기관에 대한 윤리조항과 사회복지사의 지역사회에 대한 윤리규정을 설명하겠다(김영태·조당호·이대진, 2007: 72-74). 사회복지전담공무원에 대한 윤리조항은 다음과 같은 네 개의 전문으로 되어 있다.

① 복지대상자에 대한 보호를 행함에 있어 필요한 경우에는 유관 복지기관과 연계하여 보호수준 등에 대한 객관성을 확보하도록 한다.

② 지역사회 내 사회복지 유관 시설과 긴밀한 관계의 유지 및 협동 실시, 복지 프로그램의 수행 및 후원자 관리 등의 지역사회 네트워크 형성을 위한 각종 방안을 강구하며, 선배나 상사의 직무상 명령을 수행한다.

③ 지역사회 내의 꾸준한 복지대상자 발굴 및 자원관리를 하여야 한다.

④ 지역사회 내에서 지역복지센터 및 복지교사로서의 역할을 한다.

지금부터는 사회복지사의 지역사회에서의 윤리규정에 대하여 알아보겠다. 사회복지사의 사회에 대한 윤리기준은 네 개의 조항으로 되어 있다.

① 인권존중 및 인간평등을 위한 노력과 사회적 약자에 대한 옹호를 하여야 한다.

② 지역주민의 욕구충족을 위하여 끊임없이 사회정책 수립과 발전, 입법, 집행을 위하여 적극적으로 노력해야 한다.

③ 사회환경 개선 및 사회정의 증진을 위한 사회정책의 수립과 발전, 입법, 집행에 대한 노력을 하여야 한다.

④ 거주지역의 지역사회문제를 이해하고, 해결하기 위해 적극적으로 노력해야 한다.

## 2. 지역사회복지실천의 이론

### 1) 사회체계이론

#### (1) 기본개념

사회학의 창시자인 Durkheim은 일찍부터 사회를 부분들의 합으로 이루어진 전체로 이해하였다. 인체에 비유한다면 전체 사회는 몸(body)이고, 사회 내의 개인이나 학교, 병원 등과 같은 부분은 세포, 폐, 위장, 팔, 다리 등의 기관에 해당한다. 인체 기관들이 몸 전체의 평형상태를 위해 상호 보완적 기능을 수행하듯이, 사회 내부의 각 단위 및 부분들은 전체 사회체계를 유지하기 위한 기능을 수행한다. 따라서 부분들끼리는 조화, 협동, 합의를 통해 관계를 유지한다(최순남, 2001: 46). 사회체계이론은 사회를 체계로 보고 복잡한 사회의 본질이 무엇인지 규명하는 이론으로 평가된다.

여기서는 사회체계이론에서 일반적으로 논의되는 체계의 속성 등을 중점적으로 살펴본다. 체계란 체계를 구성하고 있는 부분적 요소들이 상호 의존적 관계를 맺고 있는 단위, 구성체, 집합체라고 정의할 수 있다. 체계이론에 따르면, 체계는 다음과 같은 특징을 가지고 있다(김종일, 2005: 68).

첫째, 전체는 부분의 합보다 크다. 즉 각 부분이 모여 상호작용을 하여 이루어 내는 전체로서의 체계가 부분의 단순 총합과는 질적으로 다른 상위체계임을 강조한다.

둘째, 체계의 구성요소들은 밀접하게 상호작용을 하고 있기 때문에 어느 한 곳에서 변화가 일어나면 나머지 모든 요소에서도 변화가 일어난다.

셋째, 모든 체계는 다른 체계와 구분되는 독자 영역을 갖는데, 이 영역을 가르는 기준이 경계(boundary)이다.

### (2) 사회체계이론의 관점에서 본 지역사회 속성

하나의 체계로서 존재하는 지역사회를 사회체계론적 관점에서 볼 때 지역사회의 기본속성은 다음과 같이 설명할 수 있다(강철희·정무성, 2006: 49-51).

첫째, 사회체계이론의 관점에서 지역사회는 하나의 사회체계이다. 지역사회는 경제제도, 교육제도, 종교제도, 가족제도와 같이 지역사회 유지기능을 수행하는 경제, 정부, 교육, 종교, 가족 등의 하부시스템들로 구성된다.

둘째, 지역사회 내부 구성체들은 수평적으로 연결되며, 동시에 지역사회 외부와는 동일한 성격의 구성체들과 수직적으로 연결된다.

셋째, 지역사회는 평형상태를 향해 움직이는 경향성을 갖는다. 즉, 지역사회라는 체계 어느 한 부분의 변화가 지역사회 전체와 지역사회의 다른 부분에 영향을 주는 특성을 갖는다.

넷째, 한 지역사회를 구성하는 체계 간에는 높은 상호 관련성이 있지만, 각각의 분리된 실체를 이루고 있다. 따라서 모든 사회체계의 구성원은 의식적·무의식적으로 다양한 경계유지활동에 종사하게 된다.

#### (3) 지역사회복지실천을 위한 이론적 유용성

사회체계이론은 지역사회의 구성, 지역사회구성체 사이의 관계, 그리고 지역사회와 외부환경의 관계 등 세 가지 측면에서 지역사회를 이해하고 지역사회가 갖는 욕구 및 문제들을 설명하는 데 유용하다. 즉, 지역사회가 어떻게 구성되었는지, 지역사회를 구성하는 각 구성체들(구성시스템들)은 어떤 관계를 형성하는지, 그리고 외부환경과는 어떤 관계를 갖는지 등에 대한 질문에 답을 제공해 줄 수 있다. 사회체계이론은 지역사회복지실천을 통해 우리가 개입하려는 지역사회문제와 지역사회 내외의 구성체계들이 어떤 관련성을 갖고 영향을 주고받는지를 이해하는 데 매우 유익한 분석틀이 될 수 있다.

### 2) 생태학적 이론

#### (1) 기본개념

생태학적 이론은 환경과 동·식물 간의 상호관계를 하나의 생태체계(ecosystem)로 보면서, 어떠한 과정을 거쳐 그 체계가 변형되는지를 설명한다. 따라서 생태학적 이론은 인간이 환경과 상호작용을 하면서 살아가는 동적(dynamic) 존재라는 가정에서 출발한다. 즉, 인간은 환경에 적응하면서도 그것을 변화시키려고 끊임없이 노력하는 존재로 묘사된다. 이것은 환경 속의 인간(PIE: Person in Environment)과 맥락을 같이한다.

#### (2) 생태학적 이론의 관점에서 본 지역사회 속성

생태학적 이론은 지역사회와 환경 간의 상호 교류와 생태체계로서 지역사회를 환경제 요소들과 끊임없이 상호 교류하면서 적응·진화해 나가는 하나의 체계로 간주하면서 지역사회 관련 현상들을 설명한다. 생태학적 이론에 따르면 지역사회는 다양한 공간적 분포를 보이는 곳이다. 이주, 인구변화, 사회조직 및 사회계층의 구조적 변동 등은 지역사회의 공간적 변화를 설명하는 요소가 된다. 생태학적 이론을 지역사회에 적용하면서 지역사회현상을 분석하고 설명하는 데 사용되는 개념은 다음과 같이 설명된다(강철희·정무성, 2006: 57-58).

첫째, 경쟁(competition)은 보다 나은 토지, 위치를 차지하기 위한 적응과정을 말한다.

둘째, 협동적 경쟁(cooperative competition)은 파괴적 경쟁과정을 통해 다양한 집단을 제거하기보다는 다양한 집단의 이해관계에 적응해 나가는 것을 말한다.

셋째, 중심화(centralization)는 지역의 기능과 사회시설 및 서비스가 지역의 중심으로 몰리는 것을 지칭한다.

넷째, 분산(decentralization)은 구성원이 중심으로부터 밀도가 더 낮은 외곽으로 빠져나가는 것을 말한다.

다섯째, 집결(concentration)은 도시의 어떤 부분이 과도하게 혼잡하고 인구가 과밀한 데 비해 도시의 다른 부분은 인구가 과소한 경향을 지칭한다. 또는 주변지역으로부터 인구가 이주함으로써 도시지역의 인구가 증가하는 경향을 말한다.

여섯째, 분리(segregation)는 개인, 집단 등이 배경적 특징에 따라 물리적 지역 내에서 서로 떨어져 유사배경 및 기능을 중심으로 한데 모이게 되는 것을 말한다.

일곱째, 우세(domination)는 기능적으로 우위에 있는 것이 다른 단위에 대해 영향력을 행사하는 것을 지칭한다.

여덟째, 침입(invasion)은 지역사회의 한 집단이 완전히 분리된 다른 집단이 거주하는 지역으로 들어가는 것을 말한다.

아홉째, 계승(succession)은 침입이 완결된 단계로 어떤 지역의 용도가 완전히 전환되는 것을 말한다.

이러한 개념들은 지역의 특성, 도시화, 도시공동화, 지역사회에서의 사회적 층화, 이웃의 모습 등을 연구하고 규명하는 데 유용하다.

#### (3) 지역사회복지실천을 위한 이론적 유용성

생태학적 이론을 지역사회복지실천에 적용했을 때 얻을 수 있는 이점은 다음과 같다.

첫째, 지역사회와 지역사회문제의 변형과정에 대한 이해를 가능하게 하여 지역사회와 지역사회문제에 대한 이해를 넓히고 심화시키는 안내자 역할을 수행하는 데 유용하다.

둘째, 지역사회 변화과정에서 사회복지사가 대상으로 하는 문제를 역동적 진화과정 측면에서 이해하면서 지역사회문제를 새로운 시각에서 설명할 수 있게 한다.

### 3) 힘(권력) 관련 이론

힘(power)과 관련된 이론은 지역사회의 권력에 초점을 맞추는 이론을 총칭하는 용어이다. 힘과 관련된 주요 이론으로 이 책에서는 힘 의존이론, 갈등이론, 자원동원이론을 살펴본다.

#### (1) 힘 의존이론

① 기본개념

힘 의존(power-dependency)이론은 사회복지서비스 조직들은 생존의 차원에서 외부 재정적 지원에 의존할 수밖에 없다는 전제에서 출발한다. 우리나라의 경우 많은 사회복지관이 정부의 후원금에 의존하고 있는데, 이런 경우 정부의 요구에 순응하며 클라이언트의 욕구를 충족해 나가는 중간자로서의 기능이 강조되어 순수한 사회복지서비스 기관으로서의 정치적 중립성이 훼손될 가능성을 내포하고 있다(감정기·백종만·김찬우, 2005: 92).

힘 의존이론은 복지조직이 여러 재원으로부터 재정지원을 받을 수 있도록 후원자 개발에 힘을 쏟는 것은 단지 많은 재원확보 차원이 아니라 특정 지원자로부터의 의존성을 탈피하려는 것임을 보여준다.

② 힘 의존이론의 지역사회복지실천에의 적용

이러한 의존성을 탈피하기 위해 지역사회서비스 조직들은 지역사회복지실천과 관련하여 다음 사항을 고려하여야 한다.

첫째, 재정지원에 대한 동일한 가치의 대가를 재정지원자에게 제공한다.

둘째, 다른 여러 재원들을 확보하여 서비스를 제공한다.

셋째, 서비스의 지원 없이(또는 최소의 서비스로만) 생존하는 방법을 클라이언트에게 교육한다.

넷째, 재정지원자들이 직접 클라이언트에게 서비스를 제공하도록 만든다.

### (2) 갈등이론

① 기본개념

갈등이론에서는 어떠한 사회이든 인간집단에는 갈등이 있는데, 그 이유는 사회구성원이 가치를 부여하는 자원이 한정되어 있기 때문이라고 본다. 따라서 사회적으로 희소자원인 권력과 부를 놓고 대립과 투쟁을 벌이고 있는 것이 사회라는 것이다. 이러한 갈등이론을 지역사회에 구체적으로 적용한 대표적 이론가는 Coleman으로 그는 지역사회 갈등의 원천을 경제적 쟁점, 권력과 권위, 그리고 문화적 가치와 신념에서 찾고 있다(김종일, 2005: 77).

② 갈등이론의 관점에서 본 지역사회 속성

갈등이론의 핵심은 사회가 권력이나 힘을 가진 계층과 그 힘을 소유하지 못하는 계층으로 구분되어 지역사회에서 양자 간의 지속적 갈등은 피할 수 없다는 설명이다. 갈등이론의 기본가정을 지역사회에 적용해서 설명하면(강철희·정무성, 2006: 65), 지역사회의 희소자원과 권력의 불평등한 분배로부터 지역사회에서는 서로 상충되는 이해관계가 만들어지고, 이러한 이해관계가 지역사회집단의 갈등을 양극화시키며, 갈등의 해결은 또 다른 갈등의 발생을 초래하는 모습을 갖는데, 이는 자본주의 이념에 따라 운영되는 지역사회가 본질적으로 포괄하는 현상이라는 것이다.

③ 지역사회복지실천을 위한 이론적 유용성

갈등이론을 통한 지역사회문제에 대한 이해는 현실에 대한 이해를 다음과 같은 이유 때문에 보다 정확히 할 수 있게 도움을 준다.

첫째, 지역사회에서 발생하는 문제가 구조적으로 연계된 것이며, 문제해결방안을 모색하는 과정에서 다양한 수준으로 접근할 수 있다는 것을 이해하는 데 도움을 준다.

둘째, 모든 지역사회에는 갈등, 긴장, 논쟁이 존재하는데, 이러한 갈등과 긴장은 지역사회에서 지속되던 균형을 변화시키고자 할 때 불평등한 구조, 이로부터 파생되는 이해관계, 이해관계의 대립, 그리고 이해관계의 대립이 지역사회에 미치는 영향 등에 대해 더욱 정확히 이해하고 예측하는 데 기여한다.

### (3) 자원동원이론

① 기본개념

자원동원이론(resource mobilization theory)은 힘 의존이론과의 연관된 맥락에서 사회운동조직의 역할과 관계를 설명하는 데 초점을 두고 있다. 여기서 사회운동은 크게 두 가지 유형으로 구분된다. 첫째는 사회적 소수자층이나 비주류계층의 권리를 옹호하고 보장하기 위한 활동이며, 둘째는 이타주의적 관점에서 스스로 대변하기 힘든 대상자에 대한 보호를 위한 것으로 동물보호운동이나 환경운동이 이에 해당한다. 자원동원이론에 의하면 본질적으로 사회운동조직은 회원을 모집하고, 필요한 모금활동을 하고, 직원을 채용하는 데 주력하는 동시에 대중과 주요 의사결정자에게 정당성을 인정받는 역할을 한다. 사회운동단체가 힘을 갖기 위해서는 다음의 몇 가지 사항이 충족되어야 한다(감정기·백종만·김찬우, 2005: 94).

첫째, 보다 적극적 참여와 활동을 위해 회원 간의 동질적 정체성을 갖는 것이 필수적으로 요구된다.

둘째, 사회운동조직은 그들의 대의를 전달하기 위해 외부의 여러 가지 채널을 활용한다.

셋째, 재정의 안정성 측면에서 볼 때, 충성심이 강한 회원과 거액기부자들을 확보해야 한다.

② 자원동원이론의 관점에서 본 지역사회 속성

자원에는 돈, 정보, 사람은 물론 조직원 간의 연대성, 운동의 목적과 방법에 대한 정당성 등이 포함된다. 다음은 사회복지사들이 지역사회복지실천과정에서 유념해야 할 주요 내용이다(Hardina, 2002: 57).

첫째, 사회적 항의는 사회운동조직이 대중의 인지와 정당성을 획득하기 위해 사용하는 일차적 방법의 하나이다.

둘째, 사회운동의 성패는 조직원 충원과 자금조달, 그리고 적절한 조직구조를 개발할 수 있는 능력에 달려 있다.

셋째, 사회운동이 성공하기 위해서는 조직원의 집합적 정체성 형성을 돕고 이것을 토대로 조직원의 헌신을 이끌어 낼 수 있는 환경의 조성이 필요하다.

넷째, 자원동원을 위해 외부 자원에 의존하다 보면, 조직의 자율성과 역동성이 약해질 가능성이 있다.

## 4) 사회적 교환이론

### (1) 기본개념

인간의 행동을 타인과의 보상, 또는 이익교환의 과정으로 보는 사회적 교환이론에서는 사회적 행동을 사람들 사이에 교환자원을 주고받는 행위가 반복되는 현상으로 본다. 이 교환자원에는 물질적인 것(금전, 물품 등)과 비물질적인 것(칭찬, 복종, 존경, 인정 등)이 포함된다(감정기, 백종만, 김찬우, 2005: 96). 비용, 보상, 사회적 자산(학력·지위 등) 등에 있어 상호 교환의 비율관계가 다른 사람과 비교해서 유리하면 이제까지 취한 행동을 지속해 나가며, 오히려 불리하다고 판단되면 그 관계를 개선하거나 중지해서 새로운 비율관계로 지향하는 행동이 나온다. 따라서 사회적 교환이론은 보상·이익의 최대화와 처벌·비용의 최소화와 관련된 인간관계를 경제적 관점에서 분석하는 데서 출발하였다.

사회적 교환이론을 주로 개발한 Homans에 의하면, 모든 사회적 상호작용에는 반드시 교환이 관계되어 있다. 사람들은 교환과정에서 돌아올 보상과 지불해야 할 비용을 면밀히 검토하여 최소의 비용으로 최대의 보상을 얻을 수 있는 길을 선택한다는 것이다(김종일, 2005: 79).

Blau(1964)는 이러한 경제적 관점의 교환이론에 권력분석을 가미하여 교환이론을 재구성하였다. 그는 교환이라는 인간의 사회적 행동이 어떠한 경로를 통해 사회적 유대(동반자·평등의 관계) 또는 차별적 지위구조(불평등의 관계)를 만들어 내는지에 관심을 가졌다. Blau는 이러한 관계상의 차이를 호혜성(쌍방의 상호교환)과 시혜성(일방적 제공)의 개념으로 설명하였다. 여기서 호혜성은 양자의 관계를 긍정적 관계로 작용하게 하여 상호 신뢰로까지 발전하게 만들며, 시혜성은 권력이나 지위에 의한 차별적 관계를 만들어 낸다. 따라서 사회적 교환이론에서는 사회가 교환관계를 통해 권력을 얻기 위한 경쟁과 분화 및 통합과정의 반복으로 제도화되어 생성된 것으로 본다.

#### (2) 교환이론의 관점에서 본 지역사회의 속성

사회적 교환이론에 의하면 지역사회복지실천 역시 교환의 장에서 이루어진다. 지역사회 차원의 중요 교환자원으로는 상담, 지역중심서비스, 기부금, 재정지원, 정보, 정치적 권력, 의미, 힘 등이 포함된다. 이 이론은 지역사회문제가 교환관계의 단절이나 불균형 때문에 생기는 것으로 보며, 교환자원이 부족·고갈상태에 빠지거나 가치저하 현상을 보일 때 지역사회문제가 빚어질 수 있다고 주장한다.

### 5) 사회구성론

#### (1) 기본개념

사회구성론적 시각은 기존의 지역사회분석이나 문제해결에 사용되었던 많은 이론들이 주류계층 중심의 시각에 의해 발전되어 왔다는 문제의식에서 출발한다. 사회구성론은 소외계층의 삶과 관련된 심층적 지식축적에 대한 분석틀을 제공한다. 사회구성론은 크게 포스토모더니즘과 상징적 상호주의에 영향을 받으며 본격적 틀을 갖추게 된다(감정기 · 백종만 · 김찬우, 2005: 98).

사회구성론의 포스트모더니즘적 요소는 억압계층의 삶과 경험에 대한 새로운 이해를 통해 지식을 형성하며 그 억압을 해소하려는 점이다. 사회구성론에 있어 상징적 상호작용주의 요소는 문화적 규범, 가치, 언어 등을 통해 구성되는 일상활동에 대한 재해석을 강조한다는 데 있다. Lee와 Green(1999: 21-37)은 사회적으로 구성된 지식은 절대적인 것이 아니라는 점을 강조한다. 사회구성론의 시각에서는 지식이 사회적으로 구성되었다는 것은 오랜 역사를 통해 다양한 문화집단의 인간의 믿음, 가치, 규범, 전통 및 삶의 방식의 교류에 의해 발전해 왔음을 의미하며, 따라서 사회적으로 구성된 지식을 획일적이고 절대적인 지식으로 받아들여서는 안 된다는 점을 강조한다.

### (2) 사회구성론의 관점에서 본 지역사회복지실천활동

사회구성론의 관점에서는 사회복지사의 일이 개인의 행동을 통제하고 규제하려는 사회적 욕구해결을 위한 기능을 한다고 본다. 클라이언트에게 나타나는 도움 요청 행동은 소득과 인구사회학적으로 다양한 기준에 의한 집단들에 의한 것이므로 그 맥락과 배경은 각 사례별로 차이가 크다. 따라서 사회복지사는 이 도움 요청 행동이 갖는 각각의 의미를 파악하여 적합한 해결책을 가지고 클라이언트가 처한 억압의 상태에서 스스로 벗어날 수 있도록 해야 한다는 것이 사회구성론이 지역사회복지실천에 보내는 메시지로 볼 수 있다. 따라서 사회구성론의 시각에 의하면 사회복지사는 다음과 같은 사항을 고려해야 한다(감정기 · 백종만 · 김찬우, 2005: 100).

첫째, 클라이언트의 행동에 영향을 끼치는 사회 · 경제 및 정치적 구조에 대한 이해를 갖고 클라이언트의 문화적 가치와 규범에 대한 의미를 해석해야 한다.

둘째, 다양한 문화를 가진 클라이언트와의 지속적이고 집중적인 대화과정을 강조해야 한다.

셋째, 소수자에 대한 억압구조를 해석해 나가는 연구를 지속적으로 수행하여 지식의 축적과 이론적 발달에 힘써야 한다.

## 6) 엘리트 이론과 다원주의 이론

### (1) 기본개념

지역사회의 전반적 모습에 대한 이해 또는 지역사회변화에 대한 이해를 통해 효과적 지역복지실천을 이루기 위해서는 지역사회를 움직이는 권력이 어디에, 어떻게 집중 또는 분산되는지, 그리고 이들이 갖는 이해관계와 영향력 등을 정확하게 이해하는 것이 매우 중요한 과제이다. 엘리트 이론과 다원주의 이론은 지역사회 의사결정구조에 초점을 맞춰 권력구조의 집중과 다원화를 설명하는데, 각 이론에서 강조하는 그 기본개념은 다음과 같다(강철희·정무성, 2006: 60).

엘리트 이론은 사회에는 지역사회수준에서 서로 결탁하여 권력을 독점적으로 행사하는 소수의 기업인, 관료, 정치인 등이 존재하는데, 바로 이들에 의해 지역사회가 지배되는 경향이 있다고 강조한다. 반면 다원주의 이론에서는 지역사회권력이 집중되는 형태를 갖기보다는 전문성 등에 기반을 둔 다양한 사람들의 참여와 함께 다원화되는 경향이 크다고 설명한다.

### (2) 지역사회복지실천을 위한 이론적 유용성

지역사회 권력분포와 관련해서 엘리트 이론과 다원주의 이론은 상이한 주장을 전개하는데, 상이성을 갖는 이러한 이론은 여러 가지 측면에서 효과적 지역복지실천을 위해 매우 유용한 지역사회 분석틀이 될 수 있다.

첫째, 엘리트 이론에서 주장하였듯이 지역사회마다 엘리트지배의 영향력 정도는 다를 수 있다. 엘리트 이론은 지역사회복지실천가로 하여금 지역사회 수준에서 소수의 기업인, 관료, 정치인 등의 권력구성 및 권력관계 그리고 영향력을 평가하여 지역사회 문제해결을 위한 의제선정과 정책결정과정을 준비하도록 만든다.

둘째, 다원주의 이론에서 주장하였듯이 지역사회 내 다양한 집단이 지역사회 의사결정의 참여자가 될 수 있고, 또 정책결정과정에 영향력을 행사할 수 있다. 그러므로 지역사회복지실천가는 그 집단들이 가지고 있는 힘의 영향력 정도, 전문성 정도 등을 평가하여 지역사회문제와 지역주민의 욕구를 해결하기 위한 정책결정과정이 민주적 합의로 이루어지도록 준비할 수 있을 것이다.

## 요점정리

1. **지역사회복지실천의 개념** ① 지역사회에서의 삶의 기회와 선택의 기회 제공, ② 인간으로서의 권리와 분배정의 실현, ③ 사회복지 전문영역에서 개입하는 활동, 개입의 내용은 기본적으로 개발, 조직화, 계획, 진보적 변화로 구성됨.

2. **지역사회복지실천의 목표** ① 광범위한 욕구를 충족하고, 욕구와 자원 간의 조정과 균형 도모, ② 지역주민의 참여의지, 자조능력, 협동능력 등을 강화하여 자신의 문제에 보다 효과적인 대처, ③ 지역사회와 집단 간의 관계와 의사결정권의 분배에 변화요구.

3. **사회복지사의 지역사회복지실천 기능** ① 지역사회계획, ② 프로그램 운영, ③ 사실발견과 조사, ④ 공적 관계형성, ⑤ 기금확보와 배당, ⑥ 근린집단사업, ⑦ 지역사회개발, ⑧ 지역사회행동, ⑨ 지역사회조직과 지역사회개발을 위한 교육과 자문으로 지역복지실현.

4. **McNeil의 지역사회복지실천 원칙** ① 지역사회복지활동은 사람들과 그들의 욕구에 우선적 관심, ② 사회복지의 일차적 클라이언트는 지역사회, ③ 지역사회는 있는 그대로 이해하고 수용, ④ 각계각층의 이익이 대표들의 적극적 참여가 지역복지활동의 중요한 목표, ⑤ 인간의 욕구와 사람들과 집단 간의 관계도 계속 변한다는 현실이 지역복지활동에 인식, ⑥ 지역사회 내의 모든 사회복지기관과 단체들 서로 협력, ⑦ 과정으로서 지역복지활동이 사회복지실천의 한 분야임을 인식.

5. **Ross의 지역복지활동 원칙** ① 현재 지역사회의 조건에 불만으로부터 추진조직의 결성, ② 불만족에 초점을 두고 문제해결을 위한 구체적 계획과 실천방안 수립, ③ 문제상황에 대한 인식이 지역 전체에 공유, ④ 문제해결을 위한 추진조직에는 지역의 유력한 사람들의 참여, ⑤ 문제해결 추진조직은 지역주민들로부터 지지를 받을 수 있는 목표와 운영방법 유지, ⑥ 문제해결을 위한 추진조직의 활동에는 정서적이고 문화적인 내용, ⑦ 지역사회 내의 지지와 관심을 활용, ⑧ 문제해결을 위한 추진조직은 회원 상호 간과 또 지역사회와의 활발하고 효과적 대화통로 유지, ⑨ 문제해결을 위한 추진조직의 다양한 성원에 대한 지속적 지지활동의 강화와 관계유지, ⑩ 추진조직은 조직운영에 있어 정상적 업무상의 결정과정을 해치지 않는 범위내에서 융통성 유지, ⑪ 추진조직은 지역사회의 현 상태를 이해하고 접근, ⑫ 조직과 지역을 위한 지도자 배출, ⑬ 지역의 문제해결을 위한 추진조직의 권위와 네트워크 필요.

6. **지역사회복지실천의 가치** ① 다양성 및 문화적 이해, ② 자기결정과 임파워먼트, ③ 비판의식의 개발, ④ 상호 학습, ⑤ 사회정의와 균등한 자원배분에 대한 헌신.

## 요점정리

7. **사회복지사의 사회에 대한 윤리기준** ① 인권존중 및 인간평등을 위한 노력과 사회적 약자에 대한 옹호를 하여야 하며, ② 지역주민의 욕구충족을 위하여 끊임없이 사회정책 수립과 발전, 입법, 집행을 위하여 적극적으로 노력해야 하고, ③ 사회환경 개선 및 사회정의 증진을 위한 사회정책의 수립과 발전, 입법, 집행에 대한 노력을 하여야 하며, ④ 거주지역의 지역사회문제를 이해하고, 해결하기 위해 적극적으로 노력.

8. **사회체계이론의 관점에서 본 지역사회 속성** ① 사회체계이론의 관점에서 지역사회는 하나의 사회체계, ② 지역사회 내부 구성체들은 수평적으로 연결되며, 동시에 지역사회 외부와는 동일한 성격의 구성체들과 수직적으로 연결, ③ 지역사회는 평형상태를 향해 움직이는 경향성 유지, ④ 한 지역사회를 구성하는 체계간에는 높은 상호 관련성이 있지만, 각각의 분리된 실체를 이룸.

9. **생태학적 이론의 관점에서 본 지역사회 속성** ① 경쟁은 보다 나은 토지, 위치를 차지하기 위한 적응과정, ② 협동적 경쟁은 파괴적 경쟁과정을 통해 다양한 집단의 이해관계에 적응해 나가는 것, ③ 중심화는 지역의 기능과 사회시설 및 서비스가 지역의 중심으로 몰리는 것을 지칭, ④ 분산은 구성원이 중심으로부터 밀도가 더 낮은 외곽으로 빠져나가는 것, ⑤ 집결은 도시의 어떤 부분이 과도하게 혼잡하고 인구가 과밀한데 비해 도시의 다른 부분은 인구가 과소한 경향을 지칭, ⑥ 분리는 개인, 집단 등이 배경적 특징에 따라 물리적 지역 내에서 서로 떨어져 유사 배경 및 기능을 중심으로 한데 모이게 되는 것, ⑦ 우세는 기능적으로 우위에 있는 것이 다른 단위에 대해 영향력을 행사하는 것, ⑧ 침입은 지역사회의 한 집단이 완전히 분리된 다른 집단이 거주하는 지역으로 들어가는 것, ⑨ 계승은 침입이 완결된 단계로 어떤 지역의 용도가 완전히 전환되는 것.

10. **자원동원이론의 관점에서 지역사회 속성** ① 사회적 항의는 사회운동조직이 대중의 인지와 정당성을 획득하기 위해 사용하는 일차적 방법, ② 사회운동의 성패는 조직원 충원과 자금조달, 그리고 적절한 조직구조를 개발할 수 있는 능력, ③ 사회운동이 성공하기 위해서는 조직원의 집합적 정체성 형성을 돕고 이것을 토대로 조직원의 헌신을 이끌어 낼 수 있는 환경의 조성, ④ 자원동원을 위해 외부 자원에 의존하다 보면, 조직의 자율성과 역동성이 약해질 가능성 있음.

11. **사회구성론의 관점에서 본 사회복지사의 고려사항** ① 클라이언트의 행동에 영향을 끼치는 사회·경제 및 정치적 구조에 대한 이해를 갖고 클라이언트의 문화적 가치와 규범의 해석, ② 다양한 문화를 가진 클라이언트와의 지속적이고 집중적 대화과정을 강조, ③ 소수자에 대한 억압구조를 해석해 나가는 연구를 지속적으로 수행하여 지식의 축적과 이론적 발달에 치중.

12. **지역사회복지실천을 위한 엘리트 이론과 다원주의 이론의 유용성** ① 엘리트 이론은 지역사회복지실천가로 하여금 지역사회 수준에서 소수의 기업인, 관료, 정치인 등의 권력구성 및 권력관계, 그리고 영향력을 평가하여 지역사회문제해결을 위한 의제선정과 정책결정과정을 준비하도록 하며, ② 다원주의 이론에 입각하는 경우 지역사회복지실천가는 그 집단들이 가지고 있는 힘의 영향력 정도, 전문성 정도 등을 평가하여 지역사회문제와 지역주민의 욕구를 해결하기 위한 정책결정과정이 민주적 합의로 이루어지도록 준비.

# 지역사회복지실천의 방법

## 1. 지역사회복지실천모델의 목적과 역할

### 1) 지역사회복지실천모델의 목적

지역사회복지실천모델의 기본목적은 두 수준에서 논의된다(감정기·백종만·김찬만, 2005: 101-102).

첫째, 실천과정과 관련된 목적이다. 과정 중심의 목적은 지역사회에 대한 개입을 위한 구체적 수단과 방법들에 초점을 맞춘다. 지역주민의 참여를 통한 지역사회의 역량을 강화하는 데 실천모델의 경우 지역주민, 여성, 소수자의 권리 강화 등을 통한 지역사회복지실천의 여건을 향상시키는 것이 과정중심목적의 주요 관심사이다.

둘째, 과업 중심목적이 있다. 과업 중심목적은 지역사회에 대한 개입에 따른 성과에 초점을 둔다. 지역사회문제 해결이나 네트워크 구축 같은 구체적 목표와 달성 등이 이러한 목적에 해당한다. 과정중심목적은 지역사회의 전반적 임파워먼트를 제고하는 반면, 과업 중심목적은 구체적 문제해결에 초점을 둔다.

### 2) 지역사회복지실천모델의 역할

지역사회복지실천모델의 역할에 대해 Hardina(2002)는 지역사회복지실천모델은 사회복지사에게 지역사회개입방법을 안내하는 역할을 수행한다고 하였다. 또한 Weil(1996)은 지역사회복지실천모델은 사회복지사에게 지역사회문제해결을 위한 사정과 전략선택, 실천개입에 대한 평가 등에서 유용하게 활용될 수 있다는 점을 강조하고 있다. 따라서 사회복지사는 지역사회복지실천의 영역에서 지역사회의 개입방법들을 비교하고 특정 상황에서 필요한 적정모델을 선택하고자 할 때 도움이 될 수 있다.

## 2. 지역사회복지실천모델의 유형

지역사회복지실천은 각 지역사회마다 각기 다른 발전과정과 특수성을 가지면서 변화, 발전되어 왔기 때문에 단일한 모형으로 모든 지역사회에 적용하기는 곤란하다. 여기에서는 대표적인 지역사회복지실천모델로 언급되고 있는 Rothman, Weil과 Gamble, 그리고 Taylor와 Roberts의 모델을 살펴본다.

### 1) Rothman의 모델

지역사회복지활동을 체계적으로 분류하여 지역사회복지실천모델로 제시한 대표적인 학자로 Rothman을 들 수 있다. Rothman의 3분류 방식은 지역사회복지실천모델의 가장 전형적인 모형으로 인식되고 있으며 구체적 내용을 살펴보면 다음과 같다.

#### (1) 지역사회개발모델

지역사회개발모델(locality/community development model, model A)이란 지역사회의 변화를 위해서는 지역사회의 다양한 사람과 집단이 참여해야 한다는 전제에서 나온 지역사회복지의 가장 전형적인 형태의 모델이라고 할 수 있다. 이러한 전제 아래 지역사회개발은 자조(self-help) 정신에 바탕을 두고 지역사회 역량과 통합을 강화하는 것을 목적으로 삼는다. 유엔에서는 지역사회개발을 "지역주민이 적극적으로 참여하고 이들 스스로가 주도력을 발휘하여 지역사회의 경제적·사회적·정치적 여건을 향상시키는 실천과정"이라고 정의하였다. 따라서 주민이 문제를 스스로 해결할 수 있는 능력을 강화시켜 주는 데 역점을 두고 문제의 파악 및 해결과정에 있어 주민의 광범위한 참여를 장려한다(오정수·류진석, 2004: 81).

지역사회개발은 과업 중심의 목표보다는 과정 중심의 목표에 역점을 두는 것으로 교육적 방법을 통해 주민 가운데 지도자를 양성하고 그 지도력을 개발하여 지역사회 문제에 주민이 협력적으로 일할 수 있는 분위기를 조성하는 것이 강조되고 있다. 지역사회개발모델의 활동내용은 지역사회복지관, 인보관, 평화봉사단 등에서 펼치는 지역사회개발사업과 성인교육, 기타 지역활동 등을 들 수 있다(박용순, 2006: 99).

그러나 지역사회개발모델의 한계점으로는 첫째, 지역사회 변화노력을 위해 지역사회의 관련 집단 간의 합의와 협력을 이끌어 내기가 용이하지 않다는 점과 둘째, 성, 계층, 인종, 연령 등으로 구분되는 지역사회 내의 다양한 집단 사이에서 공통의 이해관계를 찾기란 쉽지 않다는 점과 셋째, 권력이 강한 집단이나 지도자들이 합의도출과정에 반드시 참여한다는 보장이 없으며, 오히려 이 과정을 방해할 수도 있다는 점이다(Hardina, 2002).

### (2) 사회계획·정책모델

사회계획·정책모델(social planing/policy model, model B)은 각종 지역사회문제를 결정하는 데 있어 합리적인 면을 강조한다. 이 모델은 현대의 복잡한 사회환경을 변화시키려면 전문성을 지닌 계획자의 역할이 중요하다고 가정한다. 이러한 가정에 따라 사회계획모델은 지역주민의 참여보다는 기술적 합리성을 더욱 중요하게 생각한다. 사회계획모델은 지역사회개발모델과 달리 과업 중심의 목표에 역점을 두는 것이다(김종일, 2005: 86).

이 모델은 지역사회가 안고 있는 주택, 교통, 환경, 빈곤, 노인, 비행과 같은 다양한 사회문제를 해결하고자 하는 기술적(technical) 방법을 강조하고 있다. 특히 사회계획모델은 문제확인, 사정, 목표개발, 실행, 평가에 이르는 과정에 따라 전개된다. 그리고 활동내용은 정부의 기획부서, 지방자치단체의 도시계획부서, 사회복지협의회와 관계기관의 기획담당자 등을 통해 지역사회계획, 도시계획, 농촌개량 등에 개입하는 것이다(박용순, 2006: 100).

그러나 사회계획모델의 한계점으로는 첫째, 계획가가 무제한적 시간과 자원을 가지고 있지 않다는 점과 둘째, 계획과정의 합리성을 전제하고 있기 때문에 문제해결과정에 미치는 정치적 영향력을 고려하지 못하고 있다는 점 등이 지적되고 있다(Hardina, 2002).

### (3) 사회행동모델

사회행동모델(social action model, model C)은 지역사회에는 자원과 권력의 배분에 있어서 불평등이 존재한다는 갈등론적 시각을 갖는 유형으로서 부당한 대우나 불이익을 받는 집단이 사회에 존재하기 때문에 지역사회의 억압받고 소외된 주민이 보다 나은 처우를 받을 수 있도록 개입하는 모델이다. 따라서 지역사회의 기존 제도, 즉 정치적·사회적·경제적 제도들의 불합리성에 대한 근본적 변화를 추구한다(양정하 외, 2008: 105). 때문에 사회행동모델은 지역사회의 불우계층에 처한 주민이 사회정의와 민주주의에 입각해서 보다 많은 자원과 향상된 처우를 그 지역사회에 요구하는 행동을 말한다.

이 모델의 활동내용은 환경보호단체, 소비자보호단체, 여성단체, 노동조합, 기타 활동단체 등을 통해 환경보호운동, 소비자보호운동, 여권신장운동, 노동운동, 학생운동, 복지권운동 등에 개입하는 것이다(박용순, 2006: 100).

그러나 사회행동모델에서는 다음과 같은 점이 한계점으로 지적되고 있다(Hardina, 2002). 첫째, 일부 실천가는 지역사회 상황에서 실천활동을 대항활동으로 제한시키고 있다는 점이다. 둘째, 일부 조직가와 지역사회구성원이 대항전략에 대해 주저할 수 있다는 것이다. 셋째, 윤리적 이슈와 관련된 것으로 대항형태의 불법성이 있을 수 있으며, 긴급상황에서 사용될 수 있어 조직가와 조직구성원이 위험에 놓여 있을 수도 있다는 점이다.

〈표 5-1〉 Rothman의 지역사회복지실천모델의 비교

| 구분 \ 모형 | 지역사회개발(모델 A) | 사회계획(모델 B) | 사회행동(모델 C) |
|---|---|---|---|
| ① 개념 | • 지역사회의 변화를 가장 효과적으로 이룩하기 위해서는 광범위한 주민을 변화의 목표설정과 실천행동에 참여 | • 범죄, 주택, 정신건강과 같은 사회문제를 해결하고자 하는 기술적 과정 강조 | • 지역사회의 불우계층에 처한 주민이 사회정의와 민주주의에 입각해서 보다 많은 자원과 향상된 처우를 그 지역사회에 요구하는 행동 |
| ② 예 | • 새마을운동<br>• 지역사회복지관의 지역개발사업<br>• 성인교육분야의 지역활동 등 | | • 학생운동<br>• 여성해방운동, 여권신장운동<br>• 복지권운동<br>• 소비자보호운동 등 |
| ③ 지역사회활동 목표 | • 지역사회가 기능적으로 통합을 이루고, 자조적으로 협동적 문제해결에 참여하며, 민주적 능력배양(과정목표) | • 주요한 지역사회문제의 해결(과업목표) | • 권력관계와 자원의 변화<br>• 기본적 제도변화(과업 및 과정목표) |
| ④ 지역사회구조와 문제상황에 관한 견해 | • 지역사회의 상실, 아노미<br>• 사회적 관계나 민주적 문제해결 능력의 결여<br>• 정태적·전통적 지역사회 | • 지역사회는 빈곤, 주택, 고용, 보건, 비행과 범죄, 여가활용, 교통 등 수많은 사회문제 산재 | • 사회적 고통을 당하고 있는 사람<br>• 사회적 부정, 박탈, 불평등 |
| ⑤ 변화전략 | • 문제결정 및 해결에 다수의 사람 참여 | • 문제에 관한 자료수집과 최적의 합리적 행동조치 결정 | • 이슈의 구체화와 표적대상에 대해 조치를 취할 수 있도록 주민동원 |
| ⑥ 변화전술과 기법 | • 합의<br>• 지역사회집단 간, 이해관계 간 상호의사소통, 집단토의 | • 합의 또는 갈등 | • 갈등, 직접행동, 협상 |
| ⑦ 사회복지사의 역할 | • 조력자(촉매자, 조정자)<br>• 교육자(문제해결기술, 윤리적 가치관에 대한 교사) | • 사실수집자와 분석자<br>• 프로그램 실행자, 촉진자 | • 행동주의적 옹호자<br>• 선동자, 중개자, 협상자 |
| ⑧ 변화의 매개체 | • 과업지향적 소집단 활용 | • 공식조직과 객관적 자료 활용 | • 대중조직과 정치과정 활용 |
| ⑨ 권력구조에 대한 지향성 | • 협력자로서 권력구조의 구성원 | • 고용주와 후원자로서 권력구조 | • 활동의 외부표적으로서 권력구조<br>• 타도되거나 강요된 압제자 |
| ⑩ 수급자 체계의 범위정의 | • 지리적 측면에서 전체 지역사회 | • 지역사회 전체 또는 지역사회 일부 | • 지역사회의 일부(억압받고 있는 주민이나 지역의 문제해결) |

| 구분 ＼ 모형 | 지역사회개발(모델 A) | 사회계획(모델 B) | 사회행동(모델 C) |
|---|---|---|---|
| ⑪ 지역사회구성원 간의 이해관계에 대한 전제 | • 공통의 이해관계 및 조정 가능한 차이 | • 이해관계의 조정가능 또는 갈등 | • 쉽게 조정할 수 없는 갈등적 이해관계<br>• 자원의 희소성 |
| ⑫ 수급자 개념 | • 시민 | • 소비자 | • 희생자 |
| ⑬ 수급자 역할의 개념 | • 상호작용적 문제해결과정에 참여 | • 소비자 혹은 수혜자 | • 고용주, 지역사회구성원, 회원 |
| ⑭ 임파워먼트의 활용 | • 협동적이고 의사결정을 할 수 있는 지역사회 능력 구축<br>• 주민의 개인적 주인의식 고취 | • 소비자의 서비스 욕구 규명<br>• 소비자의 서비스 선택의 정보제공 | • 수급자 체계(지역사회의 정책 결정에 영향을 미치는 권리나 수단)에 객관적 권력을 부여하는 것<br>• 참여자의 주인의식 고취 |

출처: Rothman, Erlich, & Tropman(2001: 45-46).

## 2) Weil과 Gamble의 모델

1990년대 초반 이후 Weil과 Gamble(1995)은 기존 사회복지실천모델에 관한 문헌을 검토한 후 목표, 변화표적체계, 일차적 구성원, 관심영역, 사회복지사의 역할 등을 중심으로 지역사회복지실천모형을 8가지 유형으로 구분하고 있다. 이러한 Weil과 Gamble의 8가지 모델은 상호 배타적이지 않으며 중복되는 점도 있지만 지역사회복지실천과 관련하여 가장 적절한 개입전략을 선택하는 데 유용한 준거틀을 제시해 줄 수 있다.

### (1) 근린지역사회조직

근린지역사회조직(neighborhood and community organizing)모델은 지리적 개념의 지역사회에 초점을 두고, 이 모델의 일차적 구성원인 지역주민의 삶의 질을 향상시키고 스스로의 역량을 강화시키기 위해 조직화하면서 협력적으로 과업을 수행할 수 있도록 지역사회구성원 역량을 개발하는 데 있다. 근린지역사회조직모델은 지역주민이 바라는 변화를 스스로 이끌어 낼 수 있도록 구성원 역량을 개발하여 지역사회 변화과업을 수행하는 데 초점을 두는 모델이라고 할 수 있다(강철희·정무성, 2006: 175).

이 모델에서 변화를 위한 표적체계는 지역사회 삶의 질을 저해하는 모든 부분으로 시와 같은 공공행정기관, 개발계획의 추진기업, 지역주민 모두가 표적체계가 될 수 있다. 이 모델에서 사회복지사는 지역사회구성원이 문제해결을 위해서 참여할 수 있도록 조직화하고, 서로 협력하여 의지할 수 있게 하며, 민주적 리더십을 개발하도록 돕는 데 있다. 또한 구성원이 세운 목표를 달성할 수 있도록 센터·조사·행동전략 등을 세우는 과정에서 조언을 제공하는 역할을 수행한다.

### (2) 기능적 지역사회조직

기능적 지역사회조직(functional community organizing)모델의 구분은 지리적 의미의 지역사회조직보다 기능에 초점을 두고 있다. 기능적 의미의 지역사회조직이란 이해관계를 기초로 한 지역사회조직을 말한다. 오늘날 많은 사람들은 지리적 근접성보다 공통이슈에 관한 관심을 공유하는 경향이 높아, 이러한 조직활동이 활발하게 이루어지고 있다(오정수·류진석, 2004: 90).

기능적 지역사회조직의 핵심적 관심과 목표는 자신들이 선택한 이슈의 정책, 행위, 태도의 옹호나 변화에 있다. 이 모델의 일차적 구성원은 뜻을 같이하는 사람, 문제를 공유하는 사람들이며, 표적집단은 기능적 지역사회의 삶과 관련된 사회적 제도 형성에 영향을 주는 일반대중이 될 수 있고, 정책을 결정하고 집행하는 정부기관 등이 될 수도 있다.

이 모델에서 사회복지사는 기능적 지역사회구성원을 발굴하여 조직화하면서, 문제를 함께 정의하고 옹호전략을 결정하는 역할, 실제의 변화활동이 진행될 수 있도록 도움을 제공하는 촉진자의 역할, 조사·분석기법 등을 가르치는 교육자의 역할 등을 수행한다(강철희·정무성, 2006: 178). 또한 이해관계를 기반으로 한 기능적 지역사회조직은 조직구성원이 지리적으로 흩어져 있기 때문에 소식지, 보고서 등의 다양한 매체를 통해서 정보제공자로서의 역할을 수행한다.

### (3) 지역사회의 사회·경제개발

지역사회의 사회·경제개발(community social and economic development)모델의 주요 목적은 저소득층, 사회에서 억압받거나 소외당하는 계층에 있는 지역주민의 삶의 질을 제고하고 이들이 가진 사회·경제적 기회를 증진시키는 데 있으며, 주요 관심범위는 지역사회와 주민이 지역의 사회·경제적 개발을 위한 계획을 개발하고 이행하도록 내부적 능력을 강화하는 것뿐 아니라, 사회·경제적 영역의 투자를 통한 외부적 지원강화를 위해 자원을 개발하고 자원들을 목록화하는 것에 관심을 두는 모델이다(최일섭·류진석, 2004: 63).

이 모델의 일차적 구성원은 어려운 여건에 있는 저소득집단, 불이익집단이며, 변화를 위한 표적체계는 은행 등의 경제조직, 지원재단, 외부개발자, 지역주민이라 할 수 있다. 이러한 표적체계와 관련하여 중요한 점은 지역사회의 사회·경제적 개발에 투자할 수 있도록 자원을 가진 사람들을 설득하는 것이다.

이 모델에서 사회복지사는 지방자치단체의 스태프 또는 초기조직단계에서 집단의 스태프로 역할을 수행하며, 현실적 개발목표를 결정하거나 필요한 지역사회기술과 자원을 명확히 하기 위한 욕구사정과 조사의 기술을 발휘해야 한다. 또한 조직을 만들고 훈련시키는 능력뿐만 아니라 계획, 관리, 협상능력을 갖추는 것이 필요하다.

### (4) 사회계획

사회계획(social planning)모델은 합리적 의사결정을 통해 문제에 대한 우선순위를 설정하고 자원을 활용하고 배분함으로써 문제를 해결하는 데 초점을 둔다. 따라서 지역사회가 가진 문제에 관한 전반적 고려와 함께 통합적 문제해결방안을 마련함과 동시에 사회복지서비스 기관의 활동조정을 통해 보다 효율적이고 효과적으로 문제를 해결하고자 하는 것이다(강철희·정무성, 2006: 180).

이 모델에서 변화를 위한 표적체계는 지역사회 지도자의 관점, 인간서비스 지도자의 관점이며, 일차적 구성원은 선거로 선출된 공무원, 사회복지영역기관, 기관 상호간의 조직 또는 이들 간의 조합으로 이루어진다. 주요 관심영역은 휴먼서비스의 관계망을 계획하고 조정하는 데 있으며, 공공영역의 지역계획에 사회적 욕구를 통합시키는 일이다(최일섭·류진석, 2004: 64).

이 모델에서 사회복지사는 연구자, 의사소통자, 기획자, 관리자 등의 역할이 강조된다. 이러한 역할을 제대로 수행하기 위해서는 조사, 욕구사정, 분석, 평가, 사업계획의 개발, 조정 등의 기술을 보다 향상시킬 수 있어야 한다.

### (5) 프로그램 개발과 지역사회연결

지역주민의 욕구를 충족하기 위하여 다양한 수준의 프로그램을 개발함에 있어 지역사회조직의 연결활동은 필수적이다. 프로그램 개발과 지역사회연결(program development and community liaison)모델은 지역사회에서 필요하다고 평가되는 서비스를 향상시키거나 새로운 서비스를 계획하고 실행하는 것을 목표로 한다. 또한 지역사회서비스의 효과성을 증진시키기 위해 기관 프로그램의 확대 또는 프로그램의 방향 전환도 이 모델의 목표가 될 수 있다.

이 모델의 목적을 달성하기 위해서는 잠재적 클라이언트인 시민과 기관실무자 간의 상호작용이 매우 중요하다. 지역사회문제를 해결하는 데 필요한 프로그램을 기획하고 실행하기 위해서는 욕구사정과정에서부터 전문가 집단 인터뷰 등을 통해 잠재적 소비자인 시민이 참여할 수 있는 기회를 확대하고, 다양한 기관실무자 및 지역사회지도자들이 관여할 수 있는 기회를 강화하는 것이 필요하다. 또한 보다 효과적인 프로그램을 위해서는 프로그램 실행 이후 나타나는 지역사회 피드백이 중요하기 때문에 지역사회 전체로부터 피드백을 받을 수 있는 메커니즘을 구축하는 것 역시 매우 필요하다(강철희·정무성, 2006: 181).

변화를 위한 표적체계는 새로운 서비스나 재계획된 서비스의 잠재적 수혜자이고, 이러한 서비스에 비용을 지불하는 사람들이다. 이 모델의 일차적 구성원은 계획된 변화와 프로그램 개발과정에 관여한 기관위원회와 지역사회대표이며, 주요 관심영역은 특정 대상이나 지역사회를 위한 서비스 개발이다.

이 모델에서 제시하는 사회복지사의 역할은 계획가(planner), 사업계획서의 작성자

(proposal writer), 대변자(spokesperson), 중재자(mediator), 촉진자(facilitator)라 할 수 있으며, 관리자(manager), 감시감독자(monitor), 평가자(evaluator)의 역할도 수행해야 한다.

### (6) 정치 · 사회행동

정치 · 사회행동(political and social action)모델은 지역사회에서 기회를 제한하는 불평등을 극복하거나 지역사회의 욕구를 무시하는 의사결정자에게 대항하고, 불공정한 조건을 변화시키려는 기술을 개발함으로써 사람들의 권한을 부여하는 것을 주요 내용으로 한다.

이 모델의 초점과 목표는 정치 또는 정책결정자들을 변화시키는 데 있으며, 특히 저소득집단에 불이익을 야기하는 정부당국의 조치를 변화시키는 데 초점을 둠으로써 사회적 · 정치적 · 경제적 정의를 위한 행동이라 할 수 있다(오정수 · 류진석, 2004: 93). 정치 · 사회행동모델에서 가장 중요하게 설정하는 가치는 바로 참여민주주의를 강화시키고 사회정의를 지역사회의 모든 근간에 확립하는 것이다.

변화를 위한 주요 표적대상은 잠재적 참여자이다. 그리고 선거로 선출된 공직자와 행정관료가 될 수 있다. 또 다른 변화의 표적은 지역주민의 건강과 생존을 위협하는 환경오염 등과 같은 지역사회에 해를 미치는 활동에 참여한 기업과 정부당국이 될 수 있다. 이 모델의 일차적 구성원은 특정 정치적 권한이 있는 시민이거나 특정사안에 책임 있는 시민이다. 그리고 사회복지사는 옹호자, 교육가, 조직가, 연구자로서 역할을 수행한다.

### (7) 연합

연합(coalitions)모델은 지역사회를 기반으로 하는 존재하는 각 기관들이 함께 힘을 모아 지역사회가 가진 문제들에 대해 집합적 변화를 만들어 내는 것을 추구하는 모델이라 할 수 있다. 이 모델은 지역사회 프로그램의 방향을 재설정할 수 있을 만큼 영향력을 행사하고, 자원을 동원할 수 있는 잠재력을 가진 연대조직체를 형성하여 지역사회에서 집합적으로 문제를 해결하는 것을 주요 목적으로 한다(강철희 · 정무성, 2006: 184). 연합모델은 지역사회가 당면하고 있는 문제의 해결이 한 집단의 노력으로 해결되기 어렵다는 인식이 명백하여 지역사회 여러 집단 간의 장기적 협력관계가 필요할 때 선택될 가능성이 높다.

이 모델의 일차적 구성원은 지역사회의 특정 문제에 이해관계를 갖는 조직체와 시민이 될 수 있다. 변화를 위한 표적체계로는 특정 사회문제에 대한 행정적 권위를 가진 공공기관과 선출공무원, 지역사회 지원재단 등이다. 주요 관심영역은 지역사회의 특정 현안문제들로, 개별적 노력을 통해서는 충분히 효과가 나타나기 어려운 지역사회의 특정 현안을 해결하기 위한 방법으로 연대적 접근을 추구한다.

이 모델에서 사회복지사의 역할은 중재자, 협상자, 대변인, 조직가 등이다. 다른 모델과 달리 이 모델에서는 지역사회가 가진 문제에 협력해 집합적으로 해결하는 과정에서 이를 중재하고 협상하는 역할의 중요성을 강조한다.

### (8) 사회운동

사회운동(social movement)모델은 지역사회의 특정 인구집단이나 복지 관련 현안 문제 등과 관련하여 지역사회구성원과 다양한 형태의 지역사회조직체에게 새로운 패러다임을 제공함으로써 사회변화를 이루고자 하는 모델이다. 이 모델의 목표는 바람직한 사회변화로 민주화 운동, 시민운동 등이 대표적 사회운동이다.

이 모델의 변화를 위한 표적체계는 일반대중과 정치제도라 할 수 있으며, 일차적 구성원은 새로운 비전과 이미지를 창출할 수 있는 조직과 지도자이다. 사회복지사는 사회운동의 자원봉사자, 사회운동조직의 스태프로서 관여할 수 있다. 이때 사회복지사는 옹호자와 촉진자로서 역할을 수행한다.

〈표 5-2〉 Weil과 Gamble의 지역사회복지실천모델의 비교

| 구분 | 목표 | 변화의 표적체계 | 1차적 구성원 | 관심영역 | 사회복지사의 역할 |
|---|---|---|---|---|---|
| 근린지역사회 조직모형 | • 조직화를 위한 구성원의 능력개발<br>• 도시·지역계획과 외부개발에 영향과 변화 | • 지방자치단체, 외부개발자, 지역주민 | • 지역주민 | • 지역주민의 삶의 질 | • 조직가, 교사, 코치, 촉진자 |

| 구분 | 목표 | 변화의 표적체계 | 1차적 구성원 | 관심영역 | 사회복지사의 역할 |
|---|---|---|---|---|---|
| 기능적 지역사회조직 모형 | • 행동과 태도에 있어 변화에 초점을 둔 사회정의를 위한 행동<br>• 서비스 제공 | • 일반대중, 정부기관 | • 마음이 맞는 사람(동호인) | • 현안 문제나 그 대상집단에 대한 옹호 | • 조직가, 옹호자, 정보전달자, 촉진자 |
| 지역사회의 사회·경제적 개발모형 | • 지역주민 관점에 입각한 개발계획 주도<br>• 사회경제적 투자를 주민이 이용할 수 있도록 준비 | • 은행, 재단, 외부개발자, 지역주민 | • 지역사회의 저소득계층, 불이익계층 | • 소득, 자원, 사회적 지원개발<br>• 교육과 리더십 기술 향상 | • 협상가, 추진자, 교사, 계획가, 관리자 |
| 사회계획모형 | • 선출된 기관 또는 인간서비스계획협의회가 행동을 위한 제안 | • 지역사회 지도자의 관점<br>• 인간서비스 지도자의 관점 | • 선거로 선출된 공무원<br>• 사회기관과 기관 간의 조직 | • 지역계획에 사회적 욕구 통합<br>• 인간서비스 관계망 조정 | • 조사자, 사업계획 제안자, 정보전달자, 관리자 |
| 프로그램 개발과 지역사회 연결모형 | • 지역사회서비스의 효과성을 증진시키기 위한 기관 프로그램의 확대와 방향수정 | • 기관 프로그램의 재정 충원자<br>• 기관서비스의 수혜자 | • 기관위원회 또는 행정가<br>• 지역사회 대표자 | • 특정대상자를 위한 서비스 개발 | • 대변인, 계획가, 관리자, 사업계획 제안자 |
| 정치·사회 행동모형 | • 정책 또는 정책형성자의 변화에 초점을 둔 사회정의를 위한 행동 | • 선거권자, 선출된 공무원, 잠재적 참여자 | • 특정 정치적 권한이 있는 시민 | • 정치권력의 형성, 제도의 변화 | • 옹호자, 조직가, 조사자, 조정자 |
| 연합모형 | • 프로그램의 방향 또는 자원을 최대한 끌어낼 수 있는 다조직적 권력기반 형성 | • 선출된 공무원, 재단, 정부기관 | • 특정 현안에 이해관계가 있는 조직 | • 사회적 욕구 또는 관심사에 관련된 특정 현안문제 | • 중개자, 협상가, 대변인 |
| 사회운동모형 | • 특정 대상집단 또는 현안문제에 대해 사회정의를 위한 행동 | • 일반대중, 정치제도 | • 새로운 비전과 이미지를 창출할 수 있는 조직과 지도자 | • 사회정의 | • 옹호자, 촉진자 |

### 3) Taylor와 Roberts의 모델

1980년대 이후 지역사회복지실천방식은 사회변화와 함께 새롭게 부상하는 욕구들에 부응하기 위해 보다 다양화되고 세분화되는 양상을 갖는다. 이러한 변화를 반영해 Taylor와 Roberts는 Rothman의 기본 3모델을 중심으로 2모델을 새로 추가하여 5모델을 제시하고 있다. 각 모델의 특징을 간략하게 정리해 보면 다음과 같다.

#### (1) 프로그램 개발 및 조정모델

지역사회복지의 모체인 인보관운동과 자선조직협회운동에 근거하고 있으며, 지역사회 변화를 효과적이고 효율적으로 유도하기 위해 프로그램을 개발하고 조정해 나가는 모델이라 할 수 있다. 따라서 프로그램 개발 및 조정모델(program development and coordination model)은 지역사회의 욕구를 파악하고, 문제해결방법을 사정하며, 문제해결을 위해 지역사회 자원을 활용하는 활동을 중심으로 구성된다고 설명한다.

이 모델은 어느 특정한 목적에 대해 모두가 합의를 지향하는 상황에서, 그리고 이러한 합의가 가능한 상황에서 변화를 위한 실질적 힘을 발현시킬 수 있는 모델이라 할 수 있다. 이 모델은 변화과정에서 클라이언트의 직접적 참여를 허용하기보다는 기본적으로 지역사회 서비스 기관, 자원제공자, 정치적 의사결정자와 같은 후견인을 중심으로 변화노력을 진행시킨다는 뚜렷한 특징을 갖는다.

지역사회에서 이러한 방식의 지역사회복지실천활동을 실행하는 대표조직으로는 자선조직협회운동 기반으로 발전한 각 지역의 사회복지협의회 및 지역공동모금회 등을 언급할 수 있다.

#### (2) 계획모델

계획모델(planning model)은 Rothman의 초기 사회계획모델을 보다 인간 중심 측면으로 강조하여 수정한 형태로서 다양한 지역단위에서 합리성과 전문성에 기초하여 변화를 유도하는 모형이다. 특히 합리적 기획모델에 기초한 조사전략 및 기술 강조, 기획에 있어 사람들과의 상호 교류적 노력을 강조하고 보다 옹호적이며 진보적인 정치적 접근을 포함하고 있다.

그리하여 계획모델에 따라서 실천하는 사회복지사는 다양한 역할을 수행해 낼 수 있어야 하는데, 그러한 역할에는 계획의 전반적 과정을 관리하는 것, 계획과정에서 영향력을 발휘하는 것, 상호 간의 관계를 조정하는 것, 설계된 내용을 진척시키는 것, 디자인된 내용을 실제로 실행하는 것 등과 같이 기술적이고 과업 지향적인 역할을 주장한다.

### (3) 지역사회연계모델

지역사회연계모델(community liaison model)은 Rothman의 모델에는 포함되어 있지 않는 것으로 사회복지기관의 일선 스태프나 행정가들에 의해 수행되는 기능을 중심으로 하며, 개별적 문제와 지역사회문제의 연계를 통해 지역사회문제를 해결해 나가는 모델이다. 이 모델에서 지역사회복지실천은 사회복지기관의 일차적 책임인 직접적 서비스 전달에 대한 이차적 기능으로 보고 있다.

이 모델은 기본적으로 사회복지기관의 다양한 구성원(행정가, 사회복지사, 이사회, 자원봉사자 등)이 클라이언트의 문제해결을 위해 필요한 연계활동을 통해 접근해 나가는 방식을 중심 내용으로 하며, 사회복지기관이 전개하던 기존의 일반적 활동에 지역복지실천의 의미를 부여하고 있다. 이 모델에서 사회복지기관의 행정가들은 지역사회관계, 지지활동, 환경개선, 조직 간의 관계 등과 같은 역할을 수행하는 데 반해, 일선 사회복지사들은 클라이언트의 옹호, 욕구사정, 프로그램 개발 등의 역할을 수행한다. 따라서 행정가 및 일선 사회복지사들 모두 소비자 집단과 함께 일하며, 표적집단의 욕구충족을 위한 프로그램의 적용 등에 관한 지역사회실천기술을 필요로 한다.

### (4) 지역사회개발모델

지역사회개발모델(community development model)은 지역사회의 자체적 역량을 개발하여 지역사회문제를 스스로 해결할 수 있도록 지지하고 지원하는 것에 초점을 맞추고 있으며, 이 모델의 핵심은 지역사회구성원과 지역사회를 성장하게 하는 것이기 때문에, 지역복지실천가의 가장 중요한 역할은 이러한 성장과 개발을 위해 지역사회구성원이 지역사회문제 해결과정에 참여하고 관여하도록 하는 것이다. 또한 지역사회개발모델은 그 과정에서 모든 구성원의 참여를 강조하는데, 이것은 지역사회개발모델이 추구하는 지역사회통합을 위한 것이기도 하고, 지역사회의 자기결정권 실현을 위한 것이기도 하다.

지역사회개발모델에서 핵심적인 것은 지역 특성에 민감하고 지역주민에게 교육을 제공할 수 있는 기술을 지닌 전문적 지역사회개발실천가를 통해서 지역사회가 자력적으로 문제를 해결할 수 있도록 하는 것이다. 동시에 지역사회 스스로가 자조적 노력을 지속적으로 진행하도록 하는 것이다. 이 모델에서 전문가는 조직가(organizer)의 역할보다는 주로 조력자(enabler)의 역할을 강조한다.

#### (5) 정치적 역량강화모델

정치적 역량강화모델(political empowerment model)은 Rothman의 사회행동모형과 밀접히 관련된 것으로 갈등이론과 다원주의 사회에서 다양한 이익집단의 경쟁원리에 기초하고 있다. 이 모델은 배제된 집단으로 구성한 조직들을 개발하여 사회참여의 대안적 채널들을 활성화시키는 활동을 중심으로 삼으며, 배제된 집단구성원의 사회참여 노력을 확대시키는 것에 상당히 큰 비중을 두는 지역사회문제 접근방식으로 사회체계 및 사회제도에서 시민의 참여를 보장하고 극대화함으로써 민주주의 확장을 도모하고 새로운 조직개발을 통해 참여의 채널을 촉진하는 데 목적이 있다. 이 모델에서 사회복지사는 교육자, 자원개발가, 운동가로서 역할을 하며, 중재자, 막후조정자, 대변가의 역할 등은 하지 않는다.

### 4) Popple의 모델

Popple(1996)은 영국의 경험을 보호(care)와 행동(action)의 연속선을 기준으로 지역사회복지실천모델을 8가지로 유형화하고 있다. 그러나 각 모델은 독립적으로 구별되기보다는 기법이나 기술 측면에서 중복될 수 있으며, 상이한 전통과 이데올로기를 반영하고 있다. Popple이 분류한 지역사회복지실천모델의 주요 내용을 살펴보면 다음과 같다(오정수·류진석, 2004: 96-98).

### (1) 지역사회보호

지역사회보호(community care)는 노인, 장애인, 아동 등 지역주민의 복지를 위한 사회적 관계망과 자발적 서비스를 증진하는 데 목적이 있으며, 복지욕구를 충족시키기 위한 자조개념을 개발시키는 데 집중한다. 이 모델에서 사회복지사는 지역주민을 자원봉사활동의 주도자와 보호를 제공할 수 있도록 격려해 주는 역할을 수행한다.

### (2) 지역사회조직

지역사회조직(community organization)은 타 복지기관 간의 상호협력을 증진시키는 수단으로 사용되고 있으며, 사회복지기관의 상호 협력 및 조정은 중복서비스를 방지할 수 있으며, 자원의 부재현상을 극복하여 복지전달의 효율성과 효과성을 높이는 데 일조하고 있다. 이 모델에서 사회복지사는 조직가, 촉매자, 관리자로서 역할을 담당한다.

### (3) 지역사회개발

지역사회개발(community development)모델은 지역사회구성원의 삶의 질을 향상시키기 위한 기술과 신뢰를 습득할 수 있도록 집단을 원조하는 데 중점을 둔다. 교육을 통해 자조개념을 증진시킴으로써 지역사회의 독자성을 반영할 수 있으며, 사회복지사는 조력자(enabler), 지역사회활동가, 촉진자로서의 역할을 수행한다.

### (4) 사회·지역계획

사회·지역계획(social/community planning)모델은 지역사회개발모델과 유사한 측면이 있지만, 사회적 상황, 사회정책과 사회복지기관의 서비스의 분석, 주요 목표 및 우선순위의 설정, 서비스 프로그램의 기획과 적절한 자원의 동원, 그리고 서비스와 프로그램의 집행 및 평가 등에 중점을 두고 있다.

### (5) 지역사회교육

지역사회교육(community education)모델은 교육과 지역사회 간의 관계를 보다 밀접하고 동등한 관계로 방향설정을 모색하는 시도로서, 비판적 사고와 담론을 통해 억압적 조건이나 상황을 변화시키는 행동양식을 고양시키는 데 중점을 둔다.

### (6) 지역사회행동

지역사회행동(community action)모델은 전통적으로 계급에 기초한 모델로 갈등과 직접적 행동을 활용하며, 권력이 없는 집단이 자신들의 효과성을 증가시킬 수 있는 대응으로 볼 수 있다. 그리고 이 모델은 특정 이슈에 대해 권력자와의 협상을 위해 직접행동을 선호하고 있다.

### (7) 여권주의적 지역사회사업

여권주의적 지역사회사업(feminist community work)모델은 지역사회실천에 대한 페미니즘의 적용이라는 특징을 가지고 있으며, 여성 불평등의 사회적 요인에 대한 집합적 대응을 통해 여성의 복지를 향상시키는 데 초점을 두고 있다.

### (8) 인종차별철폐 지역사회사업

인종차별철폐 지역사회사업(black and anti-racist community work)모델은 지역사회실천에 있어서 인종차별에 저항하거나 그들의 권리보호를 위해 상호원조와 조직화하는 데 초점을 두고 있다. 이 모델은 교육, 주택, 건강, 고용 등의 영역에서 차별을 시정하는 데 있으며, 캠페인, 자조집단 형성, 직접행동, 보충적 급여제공 등 다양한 방식으로 전개되고 있다.

〈표 5-3〉 Popple의 지역사회복지실천모델의 비교

| 모형 | 주요 전략 | 사회복지사의 역할 |
|---|---|---|
| 자역사회보호 | • 사회적 관계망과 자발적 서비스의 증진<br>• 자조개념의 개발 | • 조직가, 자원봉사자 |
| 지역사회조직 | • 타 복지기관 간 협력증진 | • 조직가, 촉매자, 관리자 |
| 지역사회개발 | • 삶의 질 향상과 관련된 신뢰 및 기술습득을 하도록 집단원조<br>• 적극적 참여 | • 조력자, 지역사회활동가, 촉진자 |
| 사회·지역계획 | • 사회적 상황의 분석, 목표와 우선순위의 설정, 서비스 및 프로그램의 실행 및 평가 | • 조력자, 촉진자 |
| 지역사회교육 | • 교육과 지역사회 간의 밀접하고 동등한 관계 시도 | • 교육자, 촉진자 |
| 지역사회행동 | • 지역수준에서 계급 및 갈등에 기초한 직접적 행동 | • 행동가 |
| 여권주의적 지역사회사업 | • 여성복지의 향상<br>• 성 불평등 해소를 위한 집합적 행동 | • 행동가, 조력자, 촉진자 |
| 인종차별철폐 지역사회사업 | • 소수인종의 욕구충족을 위한 집단조직 및 활동<br>• 인종주의에 대한 도전 | • 행동가, 자원봉사자 |

## 5) 실천모델의 선택

사회복지현장에서 지역사회복지실천의 과정을 실제로 실행할 때 각 이론이나 모델에 대한 지식을 이해하는 것과 동시에 강조되는 것이 어떠한 모델을 실제 선택하는가 하는 점이다. 실천모델의 선택과 관련하여 일반적으로 다음 사항들이 관련되어 있다고 볼 수 있다(감정기·백종만·김찬우, 2005: 121-123).

① 지역사회구성원의 욕구와 문화적 가치
② 지역사회복지실천가나 사회복지사가 선호하는 이론적 배경
③ 지역사회복지실천가나 사회복지사 자신의 인성 및 성장배경
④ 지역사회복지실천상의 특정한 문제점이나 특수한 상황
⑤ 지역사회복지실천 전략수립상의 윤리적 또는 사회적 가치가 가져올 사회적 파장

지역사회복지실천가는 이를 바탕으로 개입계획을 수립하고 계획을 실천해 가게 되는데, 지역사회복지실천모델 선택과 실천에 관련된 요소들을 정리해 보면 다음과 같다(Hardina, 2002).

① 기본전제는 개인과 지역사회의 임파워먼트이다.
② 지역사회복지실천가는 개입대상지역 고유의 장점, 기술, 가치, 그리고 역량을 충분히 인식하여야 한다.
③ 다양한 문화적 집단이 혼재하는 지역사회에 개입해야 하는 경우, 지역사회복지실천가는 각 문화집단의 특성을 파악하여 상호 교류를 최대한 이끌어 낼 전략을 개발해야 한다.
④ 기본 실천목표는 지역사회 내 취약계층이나 소외계층에게 마땅히 지원되어야 할 자원들이 분배될 수 있도록 하는 것임을 명심해야 한다.
⑤ 지역사회복지실천가는 지역사회 내 다양한 유형의 억압이 존재한다는 점을 인식해야 한다.
⑥ 지역사회 의사결정 및 지역사회복지실천과정(문제확정, 욕구조사, 목표수립, 개입실행 및 평가)의 모든 단계에 최대한 다양한 계층의 참여를 이끌어 낼 수 있는 의사결정구조 개발이 필수적이다.
⑦ 전문가, 준전문가, 일반 지역주민 3자의 평등적 참여가 가능한 의사결정구조가 개발되어야 한다.
⑧ 지역사회복지실천가는 반드시 다양한 지역 내 이익집단 간의 욕구와 선호를 조정할 수 있는 협상기술을 충분히 습득해야 한다.
⑨ 지역사회복지실천가는 지역사회복지실천의 전략과 전술개발 및 선택과 관련된 윤리상 문제에 확고한 자세를 취할 수 있는 이론적 틀이 분명해야 한다.
⑩ 지역사회복지실천은 다양한 접근들이 고려되어야 하며 한 가지 옳은 결정만 존재한다는 편견은 버려야 한다.

## 요점정리

1. **Rothman의 지역사회복지실천모델 유형** ① 지역사회개발모델, ② 사회계획·정책모델, ③ 사회행동모델.

2. **Weil과 Gamble의 지역사회복지실천모델** ① 주민 삶의 질 향상, 조직화, 협력관계 역량개발, ② 이슈, 정책, 행위, 태도 옹호, ③ 저소득·소외계층 자립의욕, ④ 사회계획은 자원활용, 배분, ⑤ 목표: 프로그램 개발, 연결개선, 새로운 서비스 개발, ⑥ 정치·사회행동: 주민욕구 무시자 대항, 불공정한 조건 변화, ⑦ 연합: 문제에 집합적 변화모형, ⑧ 지역사회운동은 주민에게 새로운 패러다임 제공으로 사회변화.

3. **지역사회복지실천모델의 선택기준** ① 지역사회구성원의 욕구와 문화적 가치, ② 지역사회복지실천가나 사회복지사가 선호하는 이론적 배경, ③ 지역사회복지실천가나 사회복지사 자신의 인성 및 성장배경, ④ 지역사회복지실천상의 특정한 문제점이나 특수한 상황, ⑤ 지역사회복지실천전략 수립상의 윤리적 또는 사회적 가치가 가져올 사회적 파장.

4. **Popple의 지역사회복지실천모델** ① 지역사회보호, ② 지역사회조직, ③ 지역사회개발, ④ 사회 및 지역계획, ⑤ 지역사회교육, ⑥ 지역사회행동, ⑦ 여권주의적 지역사회사업, ⑧ 인종차별철폐 지역사회사업.

5. **지역사회실천가의 실천모델선택과 실천요소** ① 기본전제는 개인과 지역사회의 임파워먼트, ② 개입대상 지역 고유의 장점, 기술, 가치, 역량 인식, ③ 각 문화집단들의 특성을 파악하여 상호 교류를 최대한 이끌어 낼 전략을 개발, ④ 기본실천목표는 지역사회 내 취약계층이나 소외계층에게 마땅히 지원돼야 할 자원들의 분배임을 명심, ⑤ 지역사회 내 다양한 유형의 억압이 존재한다는 점을 인식, ⑥ 지역사회 의사결정 및 지역사회복지실천과정(문제확정, 욕구조사, 목표수립, 개입실행 및 평가)의 단계에 최대한 다양한 계층의 참여를 이끌어 낼 수 있는 의사결정구조 개발, ⑦ 전문가, 준전문가, 일반 지역주민 3자의 평등적 참여가 가능한 의사결정구조 개발, ⑧ 다양한 지역 내 이익집단 간의 욕구와 선호를 조정할 수 있는 협상기술을 충분히 습득, ⑨ 지역사회복지실천의 전략과 전술개발 및 선택과 관련된 윤리상 문제에 확고한 자세를 취할 수 있는 이론적 틀이 분명하게 제시, ⑩ 지역사회복지실천은 다양한 접근들이 고려돼야 하며 한 가지 옳은 결정만 존재한다는 편견은 버려야 함.

# 제2부

# 지역사회복지의 현장

# 지역사회복지실천의 환경

## 1. 사회적 환경의 변화

농경시대의 지역사회 특징은 ① 밀접한 관계유지, ② 의식주 모든 문제해결을 지역사회 해결, ③ 정신적 규범 유지·통용(가치, 윤리, 도덕), ④ 사회경제적 공동체를 유지하면서 살았다. 특히 씨족과 함께 지역사회 내에서 농사와 수렵생활을 중심으로 자급자족을 하면서 한곳에서 조상의 대를 이어 가며 정착하여 전통과 사회규범을 중요시하면서 살았다.

우리나라 지역사회복지실천의 역사는 고조선시대의 상호부조 형태의 자원봉사 역사를 시작으로 8조금법, 천재지변으로 인한 재난구제가 국가의 주요 임무였다. 사회의 기본이념은 홍익인간, 경천애인이었으며, 구제제도는 집단적 공동연대의식에 입각한 상호부조였다. 홍익인간의 특징은 인간애, 무차별주의, 사회연대성, 평등주의 이념이었으며, 복지국가가 지향하는 목적은 인간의 존엄성, 기회균등권, 자기결정권, 인간고통에 사회연대성이었다.

삼국시대의 두레, 고제의 상호 보완적·협력적 관계를 유지하면서 자연재해 극복을 위한 구제사업과 경로수양에 역점을 두었다. 고려시대에는 충효·자비사상으로 의료, 자연재해, 경로 및 아동사업으로 일체감을 조성하였으며, 조선시대에는 향약과 계 그리고 두레가 성행하여 지방자치제, 경로사업, 자연재해피해구제가 주요 구휼사업이었다(최홍민, 1938: 15-31). 이처럼 우리 조상들은 때로는 자원봉사활동으로 어려운 이웃에게 따뜻한 노동력 제공과 음식기부, 그리고 농사까지 도맡아 지어 주는 아름다운 전통이 있었다.

한국의 1970년대에는 공업화, 소득향상, 저축증대 및 수출정책 등을 통하여 높은 교육열과 성취동기를 통하여 우리 사회는 많은 발전을 하였다. 오늘날 자원봉사활동기본법을 통과함으로써 지금까지는 제도적으로 크게 혜택받지 못했던 자원봉사가 자원봉사 마일리지제도의 도입으로 우리 사회에서 어려운 사람들을 도와주는 촉매자, 조정자, 전문가, 교육자 역할을 더욱 많이 할 것으로 예측된다.

최근 한국의 지역사회복지실천 역사는 1970년대 도시지역의 재개발사업으로 강제철거에 따른 철거민들의 권익보호운동으로 시작되어, 1990년대 주민자조운동, IMF 이후 실업극복운동, 1990년 이후 자활공동체사업으로 발전하였다.

유엔의 지속가능발전목표는 2000년 유엔 밀레니엄 정상회의에서 채택된 새천년개발목표(MDGs, Millennium Development Goals)가 2030년까지 이행할 세계적인 빈곤퇴치를 목적으로 한 발전 계획이다. 지속가능발전목표는 빈곤·기아 종식, 건강 및 웰빙, 교육보장, 성 평등, 지속가능한 경제성장, 국가 내·국가 간 불평등 완화, 기후변화 대처, 생태계 보호 등 다양한 영역을 아우르는 17개의 목표와 목표마다 10개 남짓의 세부목표(총 169개)가 있다(연합뉴스, 2018.07.14). 유엔에서도 이처럼 2030년까지 세계의 제일 발전목표는 빈곤·기아 종식으로 사회복지를 강조하고 있음을 알 수 있다.

앞으로 향후 30년간의 성취과제로 21C위원회[1]에서는 ① 남북통일을 대비하여 북한의 붕괴를 관리하며, 통일에 따른 희생을 최소화하고, 종합적 통일을 완수할 수 있는

1) 김대중 전 대통령 자문기구로 1989. 6. 1.부터 1994. 5. 31.까지 5년 동안 한국의 장기적 국가정책을 기획·연구하였음. 주요 내용은 국가발전목표의 선정, 주요 정책 간 우선순위 결정을 위한 체계적 접근의 기본 지침 마련.

여건을 조성하며, ② 지구화와 지역화에 대비한 정책적 실리와 정치적 독립성의 균형과 조화를 이루어야 하고, ③ 고도의 성장기간의 모순을 제거하기 위하여 성장을 유지시키고 국민이 함께 성장할 수 있는 균형성장의 방법, ④ 민주주의 정착과 성숙된 국민의식구조를 형성하고 지역과 계층 간 갈등을 해소하고 화합된 나라를 건설하여야 한다.

현대사회에는 급속한 산업사회로 전환하면서, 직업의 다양성과 사회의 복잡성 때문에 한곳에서 정착하지 못하고 때로는 세계를 돌면서 생활을 하기에 이른 것이다. 현대사회의 특징은 첫째, 지구촌이 하나 되는 세계화 현상이며, 둘째, 지역의 지방자치와 지역의 분권화 현상이고, 셋째, 생태적 입장과 환경을 보존하면서 지속가능한 발전전략이며, 넷째, 지식·정보사회에 적절한 네트워크 형성을 통한 복지사회의 구현이다. 그 외에도 ① 생활공동체 붕괴, ② 구성원 상호작용과 정서적 연대감 상실, ③ 주택은 단순한 베드타운(bed town)으로 변신, ④ 세방화(glocalization) 현상에 따라 지역사회를 새롭게 만들 필요성이 대두되고 있다.

### 1) 세계화와 4차 산업혁명

지구가 하나의 세계를 지향하면서 지구촌 시대가 열리고 있으며, 전 세계인이 하나의 공동체의식을 갖고 인간의 기본권을 존중하는 인본주의를 바탕으로 함께 번영하려는 평화주의와 창조적 민주주의가 전개되고 있는 것이 오늘날 우리의 현실이다. 그 특징은 국가기능의 감소와 지방기능의 강화, 자발적 민간부문의 참여강조, 사회복지의 필요성 강화와 유사가정 다수출현, 나라 간·계층 간 불평등 확대 현상, 경쟁적 시장의 회복과 국제무역과 자본시장의 개방이다. 때로는 공동체의식의 역기능으로 나타나고 있는 ① 지역패권주의, ② 제한된 공동체의식, ③ 극단적 이기주의 등은 우리가 극복해야 할 현대사회의 과제이기도 하다.

특히 세계화는 이러한 한계를 극복하여, 기회를 최대한 활용하기 위한 전략으로 개인적·사회적·국가적 차원의 다각적 노력이 요구된다. 개인적 차원에서는 전문화와 특성화, 지구촌 평생교육 활용과 사회복지 강화정책이며, 사회적 차원에서는 개방화, 합리화, 규제완화의 수용태세가 중요하고, 국가적 차원에서는 다자주의를 인정하고 지역주의를 통해 지방의 특색 있는 발전과 사회복지를 도모하여야겠다.

4차 산업혁명 사회를 대변하는 키워드 중 하나는 초연결이다. 사람의 몸이 여러 종류의 세포가 서로 연결되어 통신하면서 생명작용을 하듯이 미래사회에서는 사람과 사람, 사람과 사물, 현실세계와 가상세계가 서로 연결돼 인터넷을 통해 통신하면서 살게 된다는 것이다. 이런 세상이 되면 내가 필요로 하는 지식정보는 원하기만 하면 바로 그 순간 그 장소(Now and Here)에서 습득이 가능해지며, 웬만한 지식정보는 휴대폰으로 내 손가락 끝에서 즉각 얻을 수 있는 포노사피엔스(phonosapiens)의 세상을 살고 있다.

2016년 세계경제포럼 보고서에서는 4차 산업혁명 시대를 살아갈 미래인재는 컴퓨터·IT 및 STEM(Science, Technology, Engineering, Mathematics) 분야의 능력과 지식은 물론 문화·예술적 감성을 동시에 갖출 것을 제안하고 있다. 또한 2020년에 요구되는 교육목표 1위로 '복잡한 문제를 푸는 능력'을, 이어서 '비판적 사고', '창의력', '사람관리', '협업(協業)능력'을 차례대로 들었다. 이런 요구조건을 모두 충족한 인재는 결국 전인적 인재다. 이를 달리 표현하면 4차 산업혁명과 같은 문명사적 변화의 시대에도 결국은 교육의 본질에 충실한 인재, 우리 식으로 말하면 이공계적 자질과 문과적 자질을 두루 갖춘 전인적 인재가 시대의 주인공이 된다는 것이다(한국대학신문, 2018).

지식정보의 생산과 전수 관점에서 보면 4차 산업혁명 시대는 모든 사람이 지식정보의 생산자이자 소비자(prosumer)이며 모두가 서로에게 가르침을 주는(mutual teacher) 시대다. 이런 맥락에서 보면 선진국에서 하고 있다는 거꾸로 학습(Flipped Learning)이나 무크(MOOC)와 같은 온라인 교육의 활성화 역시 자연스런 미래 교육의 모습이다. 학교에 와서는 그 지식정보를 실제 상황에 적용하고 실험해 봄으로써, 각자의 개성에 맞게 다양한 지식정보로 재생산할 수 있는 능력을 배양하는 것이다. 바로 이 지점이 미래 세상에서도 강의실, 연구실, 캠퍼스와 같은 전형적 개념의 대학이 존재해야 하는 이유이고 현재의 대학이 지향해야 하는 변화의 방향이기도 하다.

### 2) 지방자치와 지역분권

김병준(1995)은 지방자치란 일정한 지리적 경계 내의 주민이 그들의 대표로 구성된 지방정부를 통하여 지역적 성격을 지닌 문제를 자율적으로 처리하는 통치양식으로 정의하고 있다. 세계적으로 급속한 산업화에 따라 농어업은 정체되거나 종사하는 사람의 수가 많이 적어졌으나 도시화, 산업화에 따라 제조업과 서비스업, 지식산업은 많은 발전이 있어 인구가 도시로 모여들어 과도한 인구밀도와 각종 문화시설 및 교육기관이 도시에 집중되는 도시의 과밀화 현상은 심각하다.

지방화란, 탈 중앙집권화, 즉 권력의 지방분권화라는 의미 외에 시장과 시민사회의 중요성 증가를 의미한다. 넓은 의미의 지방화는 국가, 시장, 시민사회의 세 가지 축에서 역할 중심의 수렴이라는 범세계적 추세 속에서 이루어지고 있으며, 복지를 둘러싼 외부환경의 변화가 사회복지 민간조직에 영향을 미치고 있는 것이다. 한편 미시적 관점에서 볼 때 민간 사회복지의 조직체계를 재정립하고 자율적 조직운영과 자원동원의 활성화를 위한 조직 내부로부터 요구를 반영하고 있다.

지방자치권이란, 지방 스스로가 스스로를 다스리는 모든 권리를 말한다. 구체적 내용은 ① 자치입법권(조례, 규칙 제정), ② 자치행정권(자치법에 의한 잘못된 내용 심판), ③ 자치조직권(자치권 수행을 위한 필요한 조직탄생과 관리), ④ 자치재정권(재정의 확보와 관리)을 말한다. 이러한 지역사회의 어려운 일이나 주민의 숙원사업과 주민의 경제·사회·문화적 향상을 위하여 지방자치단체가 스스로 자립을 목적으로 책임지고 실천하는 여러 방면의 종합적 과정을 지방분권이라고 말할 수 있다.

조선일보(2008.6.27)가 전국 기초자치단체장들 213명을 대상으로 설문조사한 결과 일을 가장 잘하고 있는 단체장으로 전남 함평 이석형 군수를 꼽았고, 각종 사업 중 가장 성공적인 것으로는 함평의 나비축제를 들었다. 전남 함평 이석현 군수가 가장 좋은 평가를 얻은 이유는 척박한 환경을 뛰어넘는 아이디어와 창의성, 시민 눈높이에서의 역발상, 오픈 마인드와 추진력 등의 장점을 갖고 있었다. 그리고 사업 중 가장 우수한 평가를 받은 전남 함평의 나비축제의 성공비결은 행사에 참여한 관광객이 130만 명, 입장 수입료 93억 원으로 지역경제 활성화에 기여함은 물론 가치와 지역의 이미지를 제고시켰다는 평가를 받고 있다. 위에서 보듯이 지방자치단체가 발전하기 위해서는 지방자치단체장의 지도력과 사업의 참신한 아이디어가 요구된다.

그러나 한국지방행정연구원 고석훈 수석연구원은 지방의원 의정비 개선방안 연구에서 전국 246개 지방의회 중 200곳(81.3%)의 의원들이 적정의 의정비를 초과하여 의정비를 받고 있음은 의정비를 매년 큰 폭으로 상승시켜 인상의 결과로 보고 있었다. 분석결과 서울시 등 7개 특별·광역시의 기준 월정수당은 연 3,527만 원으로 산출되었으며, 의정활동비 연 1,800만 원을 합치면 5,327만 원으로 계산됐다. 광주시를 제외한 6개 의회가 기준치를 초과했다. 기초의회도 도·농 복합시는 52곳 중 88.4%인 46곳이 초과했으며, 86개 군 중 87.2%인 75곳이 기준치를 넘고 있었다(경향신문, 2008.7.30. 12면).

지방자치단체장이 갖추어야 할 자질을 설문조사를 바탕으로 하여 분석해 보면, ① 척박한 주변 환경을 뛰어넘는 아이디어와 창의성이 있어야 하며, ② 시민 눈높이에서의 역발상이 요구되고, ③ 오픈 마인드와 추진력이 필요하며, ④ 지역경제에 도움 되고 지자체의 이미지 개선에 좋은 사업을 발굴하여 추진할 수 있는 능력이 요구된다.

### 3) 환경보존과 지속가능한 개발

도시화·산업화에 따라 역기능으로 나타나고 있는 환경파괴현상은 지구를 온난화하고 온실가스를 다량 배출하여 환경보호는 인간이 살아가기 위한 필수요소임을 우리는 잘 알고 있다. 지역사회의 깨끗한 환경을 보전하기 위해서는 ① 환경적으로 건전한 물질순환을 촉진하는 체제를 구축하여 기술개발부터 환경을 고려하며, ② 자연과 인간의 조화로운 공존, ③ 사회 전 부분의 참여를 통한 부담의 공유, ④ 지구환경보전을 위한 국제협력을 촉진하여야 한다. 그러나 우리 인간의 편리한 생활과 환경을 위한 개발(development)은 현실적으로 개발해야 한다는 점에서 우리 인간에게 많은 고민과 균형을 요구하고 있다.

지속가능한 사회란 물리적·사회적 체제를 훼손하지 않고 유연하고 현명하게 개발하며, 차세대들이 필요를 충족할 만큼 능력을 훼손하지 않는 범위 내에서 현세대의 필요를 충족시키는 사회를 말한다. 즉, 개발은 하되 환경파괴를 최소화하거나, 안 할 수 있는 방법을 택하거나, 개발을 늦추는 정책과 제도의 실현이며, 그 구체적 방법은 다음과 같다. ① 주민의식개혁, ② 주변의 환경개선, ③ 지역의 사회·문화적 인프라 구축, ④ 지역사회의 특성화 및 주민의 소득증대, ⑤ 주민 공동체 형성, ⑥ 행정기관과 복지조직과 주민 간 네트워크 형성, ⑦ 주민의 경제·문화·사회적 모임인 조합, 협회 환경운동의 육성정책, ⑧ 보건·복지의 시설확충, ⑨ 평생교육 및 홍보확대 등이다.

지속가능한 개발을 위한 원칙은 미래에 대한 합의를 도출하여 자연환경, 자산목록을 만들어야 하며, 현재의 상태에 근본적 문제와 원인을 파악하고, 목표를 제시하여 그에 따르는 적절한 대안과 목표달성을 위한 행동 프로그램을 개발하여 중장기적 계획을 수립하여 시행함이 요구된다. 그리고 앞으로 과제는 중앙정부와 지방 간 긴밀한 유대를 통한 공동의 대응능력을 배양하여야 하며, 지방정부의 자체 수입증대를 위한 자원개발정책이 요구되고, 지방정부와 기업 간의 협력이 강화되어야 하며, 지속가능한 개발을 위한 규제정책의 역할이 수정되어야 한다.

### 4) 지식정보화 사회와 삶의 질 향상

현대는 지식정보화 사회라는 말은 성장과 복지 그리고 환경자원의 통합의 방법으로 30년 동안 우리나라 국가발전의 모형이기도 하다. 지식사회의 문제점을 알아보면 첫째, 모든 문제를 단기적이고 근시안적으로 보는 사례가 많다. 둘째, 결정을 내리는 주체나 조직들은 유리하나 전체는 불리한 결정을 내리는 예이다. 그 예는 집단이기주의와 제한된 공동체의식으로 나타난다. 셋째, 나무만 보고 숲을 못 보는 우를 범할 수 있다. 세계대전 때 일본의 군국주의와 독일의 나치는 세계통합에 역행한 좋은 예이다.

세계에서 선진국으로 진입하기 위한 전략을 21C위원회에서는 2020년에 세계 10위권이 목표이며, 남북통일의 2가지 방법은 흡수통일과 북한의 개혁을 통한 경제·정치의 통합으로 이루어질 수 있고, 정책은 ① 우수한 인적 자원 육성, ② 설비투자, ③ 주택·사회복지·환경투자 정책시행, ④ 국제사회의 교섭력 강화, ⑤ 정보화 사회의 소프트한 능력요청 등이다.

사회복지적 차원의 삶의 질 향상을 위하여 첫째, 경제적 향상으로 소득향상, 일자리 안정(실업율 저하), 분배균등(소득분배지수), 둘째, 환경의 질을 높이기 위해서는 수질(생화학적 산소요구량, 화학적 산소요구량)과 대기의 질(SO2) 향상, 쓰레기 처리, 자연의 휴식공간 확보, 셋째, 복지수준 향상을 위해서는 주택의 질과 보급률, 교통의 질, 공안상태, 의료수준(평균수명), 사회부조(사회보장비 비율)를 향상시켜야 한다.

인간이 성공하고 삶의 질을 향상하기 위해서는 자신을 인정하고 교만하지 않으며, 바른말을 받아들이고 자신이 한 일에 대하여 책임을 지는 자세와 문제해결에 통찰력이 요구된다. 아시아의 최대 부호 리카싱(청쿵그룹 회장)의 성공비결은 자부지수(항상 교만해지지 않도록 수치화해서 스스로에게 묻고 대답하는 항목) 강조이다.

자부지수란 평생에 걸쳐 나를 인도·지지해 주며, 감정, 본능을 초월하여 교만함에서 자연 스스로를 찾아가려는 마음가짐이다. 평가방법은 1문항당 25점으로 계산하여 100점 만점으로 한다. ① 내가 지나치게 교만하지 않은지, ② 내가 바른말을 받아들이지 않고 거절하는지, ③ 내 언행이 가져올 결과에 책임지길 원하는지, ④ 나에게 어떤 문제와 그 결과와 해결책을 보는 통찰력이 부족한 것은 아닌지 항상 자문하면서 수치화했다.

## 2. 조선시대와 현대사회의 지역복지정책

### 1) 조선왕조의 구빈정책[2)]

한반도의 고대사회에서 일어난 자연재해를 임송산(1985)이 정리하였는데, 총 횟수는 4,912회에 달했다. 시대별로 보면, 조선시대의 재해 수는 2,125회였으며, 기근이 419회,

2) 조선의 구빈정책은 박광준의 『조선왕조의 빈곤정책』(2019) 내용을 재편집하였음.

전염병 발생 329회, 수해 322회, 한발 78회, 메뚜기 피해(황해) 16회로 기록되었다. 중국에서 가장 오래된 유교경전인 『이아』에서는 곡물이 열매를 맺지 않는 것이 기라하고, 야채류가 익지 않는 것을 근이라고 하였다.

『경국대전』에서는 아사자와 전염병 사망자 수를 매월 말에 국왕에 보고하는 것이 지방관의 의무로 되어 있었다. 조선왕조가 역사적으로 처음 시행한 구빈제도는 드물고, 삼국시대와 고려시대로부터 전통적으로 시행되어 온 것이다. 삼국시대부터 국가의 빈곤정책의 동기는 덕치이며, 덕치란 백성을 고루 잘살게 하는 정치의 목적이고 덕이라고 생각하였다. 덕치의 구체적인 군주의 관점은 백성을 풍요롭게 살게 하는 방법, 기근이 들었을 때 백성을 구제하는 방법을 중국 고전들이 덕치라고 일컫고 있다. 특히, 곤궁하면서 의지할 곳 없는 대표적인 사궁(四窮)으로 환과고독(鰥寡孤獨; 60세 이상 홀아비, 50세 이상 과부, 16세 이하 고아, 60세 이상 자식이 없는 사람)의 사람들은 국가가 의료를 제공해야 한다고 하였다(박광준, 2019: 179~199).

조선왕조 구빈정책의 특징은 첫째, 국가가 직접적인 구민구제에 매우 적극적이었으며, 둘째 구빈사업은 국왕과 지방관에게 가장 높은 순위의 책무이었고, 셋째 시장의 역할을 배제한 채 오로지 국가가 주도하는 구빈시스템을 견지한 점이다. 빈곤구제는 지방관 책임이라는 대원칙은 조선 초기에 정해졌으며, 조선왕조가 표방한 덕치는 직접구제의 확대로 구체화되었고, 대규모의 의창이 시행되었다.

이각종(1921)은 조선왕조의 복지제도는 5가지로 구분하였다. 첫째, 비황(備荒)제도는 상평창, 의창, 환곡이 있으며, 둘째 구황(救荒)제도는 견면(蠲勉), 진대(賑貸), 진휼(賑恤), 시식(施食), 경적(輕糴) 및 방곡(防穀), 구황방(救荒方)이 있다. 셋째, 의료(医療)제도는 대비원(大悲院), 제생원(濟生院), 혜민서(惠民署)가 있으며, 넷째, 보양(保養)제도는 부양(扶養), 유양(留養), 수양(收養), 양로(養老)가 있고, 다섯째 인보(隣保)제도는 촌락의 상호부조이다[구자헌(1970), 문용식(2001), 하상락 편(1989), 최익한(1947), 조성란(2014), 조선왕조실록 사전을 참고하여 박광준(2019: 187~193)이 재구성함].

조선시대 복지제도를 구체적으로 알아보면 다음과 같다. 첫째, 비황제도는 흉년이나 기근에 대비한 예방적인 제도로 상평창, 의창 등 환곡의 운영이 있었다. 조선의 창제도 시작은 고구려의 진대법으로 봄에 종자와 곡물을 농민에게 대여하고, 가을 추수 후에 반환하는 제도이며, 『삼국사기』에 의하면, 고구려 고국천왕 16년(서기194년) 처음으로 시작되었다.

의창을 최초로 시행한 임금은 고려 성종 5년(986년)이었으며, 전신은 태조 때 시행한 흑창이었다. 국가재정을 맡은 호조는 곡물창고를 운영하고, 군자곡을 비축하여 비상시에 대비였으며, 큰 기근이 들면 군자곡으로 구휼을 행하였다. 창고의 곡물은 오래 보관하지 못하여 주기적으로 헌 곡식을 새 곡식으로 바꾸어 저장할 필요가 있기 때문에 백성들에게 곡식을 빌려 주고 상환 받는 제도를 운영했다. 그러나 흉년이 들면, 운영이 더욱 어려워져 농민들이 빌린 곡물을 갚지 못하기 때문에 곡물의 양이 줄게 되어 갈수록 곡물지출이 늘어났다. 줄어든 군자곡을 타결하기 위하여, 왕조가 빈곤구제를 목적으로 시행한 창제도가 의창이었다.

세종은 1423년 군자곡을 의창으로 이관하여 100만여 석을 마련하고, 이것을 원곡으로 의창을 시작하였다. 조선은 1800년까지 의창의 규모가 확대되었고, 조선의 대표적인 창제도였으며, 환곡 또는 환자라고 불렀다. 환곡은 대출된 곡물을 반환한다는 뜻이며, 조선 초기에 설치되어 1895년 말기까지 약 500년을 지속하였고, 환곡의 성격도 시대에 따라 달라졌다. 조선시대의 농민들 대부분이 환곡을 이용하였고, 현대의 복지정책으로는 사회보험과 공공부조의 성격을 띠고 있다(박광준, 2019: 179-199).

둘째, 구황제도는 빈곤이 발생했을 때, 조세부담을 경감시키는 제도인 재면은 전세감면제도의 대표적인 예이다. 진대는 고구려시대 제도로 흉작에 농민에게 곡물과 종자를 제공하고 풍작에 상환하는 제도이다. 진휼은 가장 오래된 제도로 삼국시대부터 전통적으로 시행하였으며, 빈민에게 식량, 소금, 의복을 제공하는 직접적인 구제책이다. 시식은 부랑민을 위하여 대로변과 사찰에 죽을 제공하는 제도이며, 경적 및 방곡은 곡물을 궁민에게 염가로 제공하여 곡물가격의 상승을 방지하는 제도였다. 구황방은 곡물 대용의 식재료를 조사하여 국민에게 알리는 제도로 식량이 부족할 때, 기민이 독초를 먹는 것을 방지하고 곡물을 절약하는 효과가 있었다.

셋째, 의료제도는 대비원(大悲院)을 설치하여 빈민의료에 대응하였으며, 제생원(濟生

院)에서는 의학서 편찬과 약물조사, 여의사 양성을 하였다. 혜민서(惠民署)에서는 일반서민 의료를 담당하였다. 월령의(月令醫)라는 하위직 의사로 하여금 수형자를 진료케 하였다. 그리고 의사의 진료의무는 병든 이가 의사의 진료를 요청하면, 즉시 치료하여야 하는데, 그렇지 않은 경우 그 죄를 묻게 되어 있다.

넷째, 보양(保養)제도는 부양(扶養)은 친족의 부양의무이며, 혈족은 10촌이고, 친족은 3촌까지의 배우자이다. 유양(留養)은 보호의무자가 없는 아동을 보호하는 제도이다.

다섯째, 인보(隣保)제도는 주민에 의한 상부상조를 말한다. 조선의 세조시대에 5가통제도는 5가구를 1개 통으로 하여 상부상조 하도록 하였다. 이이의 제안으로 실시한 향약(鄕約)은 1600년부터 시행하여 대표적인 인보사업이었다. 노동공동체 조직으로 두레제도가 특이하다(박광준, 2019: 185-191). 이렇게 많은 조선의 구빈을 위한 복지제도도 새로운 왕조가 출범하거나 혹은 개혁적인 성향의 국왕이 통치하던 시대에는 비교적 활발하였으나, 그 외 시기에는 부패와 동란, 당쟁 등 다양한 정치적·사회적 폐해를 가져와 오히려 지배층에게 악용되어 약자를 수탈하는 경우도 있었다.

조선왕조의 기본법인 『경국대전』은 빈곤구제의 책임이 지방관에 있음을 규정하였다. 지방관의 책임은 법적인 책임과 국왕의 교시에도 일관성 있게 나타나 있다. 이렇듯 구빈의 책임이 지방관과 국가에 있다는 사실은 한국사회정책사와 세계사회정책사의 기술에도 매우 중요한 문제이다. 한국의 조선시대의 법전인 『경국대전』이 빈곤의 국가 책임을 인정한 법전인 것을 감안하며, 영국의 엘리자베스 구빈법(Elizabethan Poor Law, 1601, 영국 구빈법)보다 한 세기 이상 앞서는 법률이기 때문에 『경국대전』은 조선왕조의 빈곤정책사와 세계 빈곤정책사 기술과 직접적으로 관련되어 있다. 16세기 말에서 1601년까지 걸쳐서 완성된 영국 구빈법은 수정을 거치면서 약 300년을 존속하였으며, 국가의 구민 책임이 세계 최초로 인정받은 이유는 빈곤이념의 확립과 구민방법의 구성이 선진성을 갖고 있기 때문이다(박광준, 2019: 477-484).

영국의 구빈법은 제도 실행에 필요조건을 갖추고 있으며, 법의 실효성을 확보했고, 노동정책과 치안유지정책을 포함하는 광의의 빈곤정책이었다. 이 법에서 빈민 속성의 3분류는 첫째, 노동력이 있음에도 노동하지 않는 빈민은 감옥에 수감하였다. 둘째, 노동능력이 없는 빈민들을 워크하우스(work house)라는 사회복지시설에 입소시켜 보호했다. 셋째, 빈곤아동에 대해서는 도제(apprentice)로서 일을 배우게 하여 장차 독립된 직업인으로 길을 열어 주었다. 국민이 국가의 구제를 요구할 권리인 생존권은 새로운 권리로서 바이마르헌법(1919) 이후에 세계적으로 확산된 이념이다. 구빈법이 빈곤구제의 국가책임을 명기한 뜻은 빈민에게 최소의 생존을 유지할 수 있도록 구제할 책임이 국가에 있다는 표명이기도 하다.

이각종(1921: 89)은 조건왕조 내내 대부분의 농민이 환곡제도를 이용했던 것이 가져온 경제사적 영향 3가지를 들었다. 첫째, 백성이 국가구제에 완전히 익숙하게 되어 게으르고 약하게 되었다. 둘째, 정부가 많은 농작물과 경작지를 소유하여 민간산업 발전을 방해했다. 셋째, 지방 관리의 횡포가 가능하도록 하고, 사적으로 이자를 붙이는 편법을 조장하여 오히려 백성을 착취하는 폐해를 가져 왔다. 또한 김재호(2001)는 환곡의 장기적 효과로서 기근구제에 국가에 대한 농민의 의존, 농민의 재생산에 대한 국가 개입이 자산소유자에 의한 지역수준의 구제활동을 제한하였으며, 지역 수준에서 기근구제제도의 발전유인을 약화시켰다는 2가지 점에서 이각종의 견해와 일치하고 있다(박광준, 2019: 500).

### 2) 현대 지역사회복지정책

광복 이후의 50년 복지제도를 사회복지서비스 중심으로 평가한 백종만(1996)은 ① 외원의존적 응급구호와 민간의존의 잔여적 복지시기(1960년대~1987년), ② 시장순응적 통합국가 복지와 민간 활용의 다원주의 복지시기(1987년 이후)로 구분하고 있다. 사회복지조직의 구조개혁은 자율성, 전문성, 통합성, 책임성의 원칙에 의하여 추진되어야 하며, 공공복지와 민간복지 조직의 역할이 구분되고, 민간조직의 역할이 분담되어야 하겠다.

최근 선진국에서는 중앙정부가 국민의 삶의 질을 보장하는 것이 이상적 국가 발전 방향으로 인식하였으나, 1989년 구소련이 무너지면서 서구 자본주의 국가도 시장과 시민사회 기능이 강화되어 우리나라에도 지방화, 지방자치시대를 맞이하였다.

### (1) 지역사회복지 실천원칙

지역사회복지 실천원칙 5가지는 첫째, 수요자와 협력적 관계 유지, 둘째, 지역사회 구성 중심의 목표 설정과 평가, 셋째, 사회문제의 구조적 요인을 반영한 개입전략, 넷째, 지역사회 수준에서 지속가능성 여부 확인이다(김동훈: 52-53).

### (2) 사회복지사업법

공공부조의 역사는 인접 동남아 국가들보다도 늦은 1988년에 국민연금제도를 전체적으로 실시하는 등 매우 늦어 아직도 국민연금의 혜택을 받는 수혜자가 적으며, 연금액도 매우 적게 수령하고 있는 것으로 나타났다. 그동안 발전과정은 1960년부터 1987년까지는 외원의 의존과 응급구호기간이며, 1987년 이후 현재까지는 시장순응적 국가복지와 민간 활용을 위한 다원주의 시기로 발전해 오던 중 1998년 IMF를 맞아 2003년 7월 30일 사회복지사업법 개정 법률이 공포되면서 지역사회복지의 환경은 크게 변하고 있으며, 법 개정의 특징은 ① 지역사회복지의 강화, ② 보건의료와 사회복지의 연계, ③ 사회복지법인의 공공성 강화, ④ 서비스 신청권의 도입, ⑤ 지방자치단체의 책임과 민관협력 강화 등이다. 2005년부터는 지역분권정책인 분권교부세 제도가 도입되어 국고보조금으로 추진되던 사업들이 분권교부세에 기초하여 지방지치단체의 일반재정에 의하여 추진된다.

사회복지사업법의 의의는 ① 사회복지의 기본사항을 규정하고, ② 인간다운 생활을 보장하며, ③ 전문성을 증대시키며, ④ 사업의 공정·투명·적정성을 중요시하며, ⑤ 복지체제를 구축하여 사회복지증진에 기여하기 위함이다. 사회복지증진의 책임은 ① 국가는 상담, 작업치료, 직업훈련, 주민의 욕구조사이며, ② 사회복지 종사자는 모든 사람에게 차별 없이 최대한 봉사하는 일이고, ③ 지방자치단체장은 복지시설의 설치와 제한을 불가해야 한다고 명시하고 있다. 법의 주요 내용은 생활보호법, 아동복리법, 윤락행위방지법에 의하여 보호사업, 복지사업, 선도사업, 복지시설의 운영을 목적으로 하는 사업으로 범위를 하고 있다.

사회복지법인 설립은 보건복지부 장관의 인가사항이며, 설치 및 운영은 국가나 지자체, 시도지사의 허가를 받은 사회복지법인 또는 보건복지부 장관이 허가를 받은 기타 법인이 할 수 있다. 여러 차례의 법 개정이 있었으며, 제5차 개정(2000. 1. 12)의 주요 내용은 복지의 날 제정, 화재보험 의무화, 국가와 지방자치단체의 예산범위 내에서 보조 가능 등이다.

제6차 개정(2003. 6. 30)의 주요 내용을 보면 ① 지역사회 중심의 사회복지사업을 효율적으로 추진하기 위한 기반조성, 사회복지서비스 제공의 구체화, 재가복지서비스 활성화 등 현행 제도의 개선과 보강이며, ② 시·군·구에 지역사회협의회를 설치하고 복지사업의 주요 사항과 복지계획을 심의하여야 하고, ③ 시·군·구청장과 시·도지사는 보건의료계획과 연계하여 지역사회복지계획을 수립하여 시행하도록 하며 장관과 시·도지사는 시행결과를 평가하여야 한다.

2012년 8월에 개정된 사회복지법인 설립신청은 (제8조) 대통령령 ②항 시장·군수·구청장은 설립 신청서를 받으면 자산 조사결과와 법인설립 필요성 검토 의견을 첨부하여 시·도지사에게 송부하여야 한다고 규정하고 있다. 사회복지사업법 시행규칙 제7조 법인설비 허가신청에 필요한 서류는 ① 설립취지서, ② 정관, ③ 재산출연증서, ④ 재산소유 증빙서류, ⑤ 재산평가조서, ⑥ 재산수익조서, ⑦ 임원취임승락서 및 이력서, ⑧ 기관이사추천서, ⑨ 임원 간 관계없는 각서, ⑩ 설립연도와 다음연도 사업계획서 및 예산서이다(2012. 8. 3 개정 문안).

### (3) 보건복지제도

2016년부터 보건복지제도가 달라지는 범위는 다양하며 그 내용은 다음과 같다.

① 국가 암검진주기 및 연령 조정(검진주기는 6개월, 연령은 자궁경부암 20세로 조정)

② 4대 중증질환 건강보험 적용 확대(암·희귀난치질환 관련 유전자검사 134항목 급여 확대)

③ 보건의료지원 신고일원화 시행(신고일원화 대상사업: 지자체사업으로 의료기관 휴·폐업, 약국 휴·폐업, 진단용 방사선 장치 신고, 특수의료장비 등록 및 양도 등)

④ 어린이 국가예방접종 지원 확대(BCG, B형간염, 디프테리아, 파상풍, 백일해, 폴리오, 홍역, 수두, 일본뇌염, b형 인플루엔자, A형간염, 자궁경부암 등)

⑤ 자활사업 참여자의 내일(my job) 갖기(본인 저축액에 정부배당금 추가 지원: 5/10만원)

⑥ 읍·면·동 통합사례관리 확대 시행(위기가구에 보건·복지·고용·주거 맞춤형 복지 통합적 연계－제공)

⑦ 전 국민 대상 노후준비 서비스 시행(1355신청, 노후재원관리, 노인건강유지, 여가정보 제공, 대인관계 갈등 해소, 국민연금공단 전국 107개소: 자기진단 → 노후설계 상담 → 추가서비스 제공 → 이용자형태변화 확인과 사후관리)이다.

### (4) 저출산·고령사회 기본계획

2022년부터는 영아수당 월 30만 원, 부부육아휴직 때 각각 월 최대 300만 원씩 3개월간 지급할 계획이다. 제4차 저출산·고령사회 기본계획의 주요 내용은 다음과 같다. ① 임신·출산진료비 100만 원, ② 출산초기육아비(바우처) 200만 원, ③ 육아수당 월 30만 원~50만 원(2025년), ④ 육아휴직 시 3개월간 월 300만 원, ⑤ 다자녀 가구 셋째 자녀부터 대학등록금 전액지원(중위소득 200% 이하)할 계획이다(동아일보, 2020.12.16.).

# 3. 한국 지역사회복지실천과 과제

## 1) 국내외 지역사회복지실천현황

지역사회복지실천의 성격은 지역주민과 사회조직원의 합의적 동의를 도출하여 이를 해결하고, 부정적 요소를 사전에 예방하며, 최선의 결과를 위하여 지역사회의 모든 자원과 좋은 방법으로 주민의 복리증진과 사회의 발전에 기여함이다.

Lindeman은 이상적 지역사회는 주민에게 9가지를 충족시켜야 한다고 말하고 있다. ① 정부는 효율적 매개체를 통하여 국민의 생명과 재산을 지키는 질서를 유지하여야 하며, ② 효율적 생산체계를 통하여 국민의 소득을 보장해 주어야 하고, ③ 공공의 보건기관을 통하여 국민의 보건위생과 육체적 안녕을 유지해 주며, ④ 여가시간을 건설적으로 활용하기 위하여 조직적이고 잘 마련된 놀이를 국민에게 보급하고, ⑤ 지역주민의 지지를 받을 수 있는 윤리적 기준과 도덕적 체계를 갖추며, ⑥ 공공기관을 통한 교육과 지식을 보급하고, ⑦ 자유로운 의사표현의 수단을 제공하며, ⑧ 민주적 형태의 주민의사를 각종 정책에 적극 반영하는 체제를 갖추고, ⑨ 신앙적 동기를 제공하여 삶의 질을 향상시켜 주어야 하겠다.

지역사회복지의 실천과정은 준비단계→계획단계→조직화 단계→문제해결단계→평가단계로 구분한다(최옥채, 2001). 지역사회복지의 실천내용은 목표, 과업, 전략, 전술, 기술, 자원, 특징으로 구분된다.

첫째, 목표설정과정은 준비단계에 지역사회의 이해와 개입여부를 결정하며, 계획단계에는 기관으로부터 개입을 인준 받고 주민의 구체적 이해를 구하고, 조직화 단계에는 주민대표 모임의 주도자를 세력화한다. 문제해결단계에는 주민대표모임과 활동을 유지하고, 평가단계에는 개입을 완료하여 주민대표 모임의 사후방향을 결정한다.

둘째, 과업결정은 준비단계에는 주요 인물을 만나서 지역사회의 중요한 내용과 현안의 범주를 정하고, 지역사회의 특성과 내용을 바탕으로 하는 지역사회 사회복지지도를 그린다. 계획단계에는 지역사회의 욕구와 문제를 규명하고 자원을 파악하여 동원하는 방법과 내용을 정한다. 욕구와 문제의 순위를 정하고, 조직화 단계에는 주민에게 상황을 알리고 관심을 유도하여 설득하고 주민대표모임을 조직하여 사회문제해결의 훈련을 시킨다. 문제해결단계는 주민 서로 간 친목을 도모하여 자원과 정보를 제공하고, 주민대표모임의 성원과 운영에 관심을 가지게 한다. 평가단계는 평가를 통하여 주민 상호 간 토의와 합의점을 찾게 한다.

셋째, 복지실천전략은 준비단계로 주요 인물과 좋은 관계를 만들며, 지역의 특성에 따라 지역사회의 범주를 정하고, 계획단계에는 주민욕구와 문제, 자원을 동시에 파악하여 주민과 좋은 관계를 유지한다. 조직화 단계에는 합당한 인물을 발굴하고, 문제해결단계에는 문제의 상황에 따라 접근하며, 주민대표자에게 역할을 강화시킨다.

넷째, 복지실천기술부분의 준비단계에는 인간관계와 지역사회지도를 그리고, 계획단계에는 면담과 조사의 틀을 만들고 활용방법을 모색한다. 조직화 단계에는 주민홍보와 주민의 조직화 활동이 이루어져야 하고, 문제해결단계에는 조직을 유지하고 집합행동화를 통하여 주민의 의견이 반영되도록 한 후 평가를 하여야 한다.

다섯째, 자원과 지역사회 특징부문의 준비단계에는 지역사회에 관심이 많은 사람을 중심으로 관계를 잘 유지하고, 사회복지사와 주민, 기관은 비공식적 관계를 맺는다. 계획단계에는 자원봉사자를 중심으로 주민과 기관의 공식적 관계와 개입에 주민의 수용을 검토한다. 조직화 단계에는 지역의 자원으로는 주요 인물과 관련 단체와 지역, 언론매체를 활용하며, 주민대표가 주도하는 행사를 수행하도록 한다.

1970년대 이후 대규모의 재개발사업을 위한 강제철거에 맞선 철거민의 자기 몫 찾기 운동으로부터 출발하여 1990년대 지역의 자조운동으로 실업극복운동으로 계승되었다. 실직가정 돕기 범국민운동본부[3]를 창설하여 10만 실직가정에게 쌀과 김치를 지원해 주었으며, 실직가정 돕기 범국민운동협의회에 참여한 시민운동단체들이 1999년 4월에 모여 민간사회 안전망 범국민협의회를 창단하였다.

1998년부터 2001년까지 3년간 지원한 가구는 약 62만 가구이며, 지원실적은 138억 5천만 원으로 나타났다. 실직가정에게 지원한 내용은 구호활동(쌀, 김치, 생필품 지원) 38.6%, 자원봉사활동(무료급식, 목욕봉사, 일일찻집) 30.1%, 공동체 형성(단합대회, 경로잔치) 21.6%, 후원금 모금활동과 집 지어 주기, 지역문제해결, 건물과 차량지원 등 간접지원 활동이 각각 3.5%로 나타났다(전해황, 2004: 83). 민간 사회안전망의 조직은 전국 3,508개, 읍·면·동 단위에 988개가 창립되어 28.2%의 비율을 나타내고 있으며, 연간 읍·면·동 민간 사회안전망 조직별 사업비는 300만 원 이하가 34.7%로 제일 높았고, 301만 원에서 600만 원까지가 27.2%, 601만 원에서 1,000만 원까지가 15.6%, 1,001만 원에서 1,500만 원까지가 6.1%, 1,501만 원에서 2,000만원까지가 3.9%, 2,001만 원 이상이 12.5%로 나타나 잘하는 읍·면·동은 그 사례를 널리 알려서 민간 차원의 사회안전망을 확보해 나가야 할 것이다.

3) 실직가정 돕기 범국민운동본부: 1998년 10월 23일 중앙 84개 시민사회단체와 지방 3,080조직이 참여하여 IMF때 10만 명의 실직가정을 돕기 위하여 결성되었음. 전국의 조직은 3개 시·도, 52개(20%) 시·군·구, 988개(28,2%) 읍·면·동, 52,854명으로 1개 조직의 회원 수는 약 51명으로 구성되었음. 소속별 구분은 새마을 조직 37.5%, 시민단체 19%, 직능단체 10.5%, 사회복지단체 1.8%, 정당인 1.2%로 나타났다.

그리고 한국의 비정부조직(NGO: Non Government Organization)은 1970년대는 시민의 정치의식이 성장하였고, 1980년대는 민주화운동 결과 시민의 법적 권리의식증대로 사회복지영역의 법률 제정과 개정이 많이 이루어졌다. 사회복지 관련 대표적 NGO 활동은 ① 국민기초생활보장법 제정을 위한 1998년 참여연대 공청회와 복지학자 200인 서명이며, ② 보건의료개혁을 위한 1998년 의사회와 약사회 관련 단체의 참여, ③ 의료보험 통합을 위한 1980년대 노동 및 농민단체의 가입, ④ 참여연대의 공익수송을 위한 1994년 국민연금 손실 손해배상 청구, 1996년 노령연금 지급대상자 선정 제외 처분 취소 청구소송 등이 있다(김훈, 2004: 136).

세계의 NGO 활동을 살펴봄으로써, 한국의 NGO 활동이 많은 단체가 빈민구제와 사고현장에서의 자원봉사활동과 많은 예산 투자 등을 하고 있으나 비판을 받고 있는 이유는 다음과 같다. 미국의 초당파적 싱크탱크인 '뉴 아메리카' 재단 연구원 Cohen의 "신 식민주의자(new Colonialists)"의 미국의 시사 격월간지 포린 폴리시 8월호 논문에서 국제구호기구와 자선단체·자선가들이 많은 선한 사업들을 벌이고 있지만, 국가재건의 핵심인 정부의 권위와 능력을 길러 주는 데 실패하고 있다고 분석하고 있다. 그의 논문에 따르면 2006년 OECD(경제협력개발기구) 후원금 3,250달러 중 3분의 2가 민간부문에서 나왔고, 활동영역도 보건·교육·경제 지원에서 군사훈련·정책자문에 이르기까지 규모와 예산이 커지는 중에 있으나 사업중복, 정실주의, 무책임 등이 지적되어 새로운 길을 모색하여야 한다. 예를 들면, 아프가니스탄은 보건·교육서비스의 80%를 국내·외 NGO들이 맡고 있으며, 수십억 달러의 구호품도 2/3가 민간계약자나 구호단체들이 직접 집행함으로써 아프가니스탄 Karzai 대통령은 공산주의 탈레반주의에 이어 비정부주의(NGOism)가 지배하고 있다고 비꼬기도 했다.

위에서 지적한 몇 가지의 사항을 보완하는 방법으로 지역사회개발의 방법과 특색있는 세계의 NGO활동은 다음과 같다.

① 방글라데시의 BRAC(1972)는 난민구제와 소액신용대출에서 출발하여 최근에는 아프리카와 아프가니스탄으로 활동을 확대하고 있으며, 직원 11만 명에 예산은 4억 8,000만 달러이다.

② 빌 & 멜린다 게이츠 재단(2000)은 보건·교육의 개선과 빈곤퇴치활동에 전념하면서 자산 370억 달러에 2007년 모금액은 20억 달러이며, 말라리아 등 질병연구에 지난 10년간 세계의 모든 정부의 예산보다 더 많은 자금을 지원하였고, 직원 수는 540명이다.

③ 월드비전(1950)은 미국의 페더럴웨이에 본부를 두고 식량구호·긴급지원·세계 식량지원 프로그램의 주 후원자이고, 기독교 자선단체로 미얀마 사이클·중국 대지진 때에도 많은 활동이 있었으며, 2007년 예산은 26억 달러이고 직원은 3만 1,000명이다.

④ 옥스팜 인터내셔널(1942)은 영국 옥스퍼드에 본부를 두고 100여 개국의 13개 주요 단체와 연합하여 세계의 유명인사들을 활용한 빈곤퇴치의 캠페인을 전개하고 있으며, 예산은 2006~2007년에 7억 400만 달러이고 현장직원만 6,200명이다.

⑤ 국경없는 의사회(1971)는 스위스 제네바에 본부를 두고 보건·재해지역 긴급구호 활동을 하는 의사들의 단체로 처음에는 프랑스 의사들이 시작하여, 현재는 다른 단체와 합동으로 정치의 불안·분쟁지역에서 과감하게 활동을 하고 있으며, 예산은 2006~2007년에 7억 7,000만 달러이고 직원 수는 2만 7,000명이 참여하고 있다 (조선일보, 2008.6.25. 19면).

위와 같은 국제적인 NGO활동에 많은 시사점을 참고로 하여, 한국에서의 좋은 방향에서 벤치마킹이 이루어지기를 희망한다.

## 2) 한국 지역사회복지실천의 과제

한국의 지역사회복지실천과제는 첫째, 지역사회의 각종 문제해결을 위한 지역사회의 변화, 둘째, 효율적 지역사회복지의 체제구축을 위한 제도의 개혁, 셋째, 지역사회의 사회복지 통합체제를 위한 전달체계 확립, 넷째, 지역주민공동체 형성과 복지의 브랜드화로 요약될 수 있다.

### (1) 지역사회의 각종 문제해결을 위한 지역사회의 변화

지역사회의 문제는 선진국형 지역사회문제유형과 후진국형 지역사회문제유형으로 구분할 수 있으며, 참가형 지역사회복지체제와 복지정보화를 통하여 다양하고 폭넓은 지역사회의 변화가 있어야 하겠다. 선진국형 사회문제는 사회구조·보건·위생·주거의 양극화 현상, 노동과 교육의 불안정, 사회보장과 복지의 한계점, 사회복지의 서비스 부족이며, 미래의 중점을 두고 추진하여야 할 분야는 개인의 여가와 레저, 스포츠를 통한 여가의 선용, 가정과 사회활동의 연계와 인보활동을 통한 자아만족, 평화와 안정을 위한 사회복지제도의 정착과 자원봉사활동의 활성화, 이웃과 함께 더불어 잘 사는 생활공동체 형성을 위한 시민교육과 어려운 이웃을 위한 인보사업 등이다. 후진국형 지역사회의 문제유형은 정치·경제·사회·문화의 낙후성, 소득수준의 후진성, 경제규모의 빈약성, 보건·의료·복지의 부족성, 주민 서로 간의 빈부격차에 따른 상대적 박탈감 등이다. 특히 지역이기주의의 예로 나타나고 있는 님비현상과 핌피현상은 우리가 극복해야 할 중요한 과제이다.

한국지역사회복지실천에 중점을 두고 추진하여야 할 사항은 인재육성을 통하여 국가의 발전을 위한 장·단기적 종합적인 경제개발계획의 수립과 시행이다. 다음은 통치권자의 국가발전에 대한 사명감·철학·이념의 확립으로 나라 발전에 사심을 배제한 철저한 기여도와 초창기의 나라발전을 위한 시범지역과 시범마을의 육성 및 행·재정적 지원, 국가발전에 사회지도층 인사의 참여유도를 위한 국가적·전략적 홍보매체 활용이다.

초창기 제1차 시범사업선정은 지역주민의 눈에 쉽게 볼 수 있는 환경미화사업과 마을안길 및 농로포장, 지붕개량사업을 선정하여 추진하여 주민들로 하여금 하면 된다는 자신감과 함께 하면 더욱 잘된다는 협동의 정신을 심어 주는 것은 매우 중요한 덕목이다. 행정기관에 지역사회의 발전을 위한 전문부서 설치와 전담공무원 배치를 위한 제도적 행정적 조치와 지원이 필요하며, 중앙 및 지방지치단체의 장은 수시로 지역사회발전을 위한 각종 사업진행의 어려움을 파악하여 적절한 지원과 행정조치가 필요하다.

지역사회문제해결의 과정은 사실을 수집하고, 여건과 현상을 분석하여, 문제를 바로 보고, 목적과 목표를 선정한 후에 계획을 수립하여 추진하고, 지역특성과 지역의 인재를 육성할 수 있는 분위기와 여건을 조성하여 기관장으로 하여금 진척정도를 항상 점검할 수 있는 제도적 장치를 마련하고, 평가를 받은 후에는 평가결과에 따라 훈·포상과 상벌을 동시에 실시하여 지역주민의 자연스러운 동참의 분위기를 유도한다.

### (2) 효율적 지역사회복지의 체제구축을 위한 제도의 개혁

효율적 지역사회복지의 체제를 구축하기 위해서는 사회복지협의회와 사회복지공동모금회, 사회복지사협의회의 기능과 체제가 변하여야 한다. 사회복지협의회의 제도개혁은 2003년 조직 이래 협의회의 기능은 관할지역의 사회복지에 관한 중요사항과 복지계획 심의와 건의와 복지욕구의 평가와 복지서비스 제공에 참여할 수 있으나 그러지 못하고 있으며, 지역사회복지계획의 수립에 협의회가 적극적 역할을 수행하기 위해서는 조정과 정책수립의 기능이 대폭 강화되어야 한다. 사회복지공동모금회의 기능은 민간자원의 동원을 통하여 사회복지에 기여하는데, 시민의 참여의식이 저조하여 그 실적이 미미한 것은 시민의 자율적 참여를 위한 공동모금활동이 요구되며, 사회복지사의 활동이 활성화되기 위해서는 사회복지사의 교육활동의 강화, 사회복지현장실습 인증제도 도입, 정보제공, 회원의 권익과 옹호활동 등 회원의 서비스 강화에 심혈을 기울여야 한다(오정수, 2006: 339).

효율적 지역사회복지를 추진하기 위해서는 지역사회복지의 공급서비스 방식을 보다 많은 주민이 혜택을 받고, 다양한 프로그램으로 질 높은 서비스가 이루어져야 하겠으며, 지역사회복지를 위한 체계적 교육훈련이 이루어져야 한다.

지역사회의 체계적 교육훈련의 방법은 ① 지역사회의 자연환경을 바탕으로 하는 교육계획과 방법이 이루어져야 하며, ② 지역의 지도자를 육성하여야 하고, ③ 지역사회활동가의 활동의 장을 넓혀야 하며, ④ 환경과 주민이 조화를 이루는 실천방법으로 전환이 요구된다. 지방자치단체의 적은 예산으로 많은 효과를 볼 수 있는 방법은 민간조직의 참여확대와 시민의 자율적 참여가 있을 때 가능하다고 생각된다.

지역사회복지사에게 현실에 맞는 보수체계를 정비하여 실천하여야 하며, 주민을 적극적이고 체계적으로 참여시키기 위한 제도로 복지시설운영 참여, 행정의 각종 위원회 참여, 재가복지서비스의 주민참여를 통하여 지역사회의 주민 모두가 사회복지에 참여하는 제도적 미비점을 보완해 나가야 한다. 특히 이러한 각종 정책이 통합되어 하나의 체계로 정립될 때, 큰 효과와 서비스의 질적 향상이 이루어질 수 있다. 그리고 재가복지센터의 정비와 노인과 장애인에 대한 주택보급과 환경정비사업도 함께 이루어져야 하고, 시설케어와 재가케어의 관계가 적절하게 구축되어야 하겠다.

### (3) 지역사회의 사회복지 통합체제를 위한 전달체계 확립

저출산, 고령화의 인구변화, 가족구조의 변화, 사회양극화 현상, 신 빈곤층 증대에 따른 복지수요의 증대와 적절한 대응을 위한 수요자 중심의 복지서비스를 제공할 수 있는 지역사회 중심의 복지전달체계의 필요성이 증대되고 있다(오정수, 2006: 335). 따라서 공공 사회복지 전달체계의 개선안으로 사회경제적 환경변화에 따라 복지수요와 정책이 지속적으로 확대되어, 사회복지 전달체계의 효율적 운영이 필요하며 또한 주민의 행정수요가 복지 이외 주민생활 편익제공을 위한 수요로 다원화되고 있다. 따라서 공공 사회복지 전달체계는 통합성·접근성·효율성의 가치를 중심으로 종합적 서비스 제공체계 구축이 필요하다(제천시, 2001: 338-351에서 재정리).

사회복지서비스를 신청하지 않아도 정부 및 지자체의 6,740개소에서 알아서 맞춤서비스를 2022년부터 차세대보장 시스템을 실시한다. 차세대시스템은 누구나 복지멤버십에 가입하도록 하여, 임신과 출산, 자녀의 입학, 실직에 따라 맞춤형 서비스를 제공한다.

효율성의 측면에서는 주민생활지원서비스 기획 및 민관협력체제 강화로 지원활동의 효율성을 증대시키고, 부서별 관련 정책의 조정강화로 서비스 중복을 감소시킬 수 있다. 사회복지협의체 개선은 사회복지 전달체계의 변화 흐름, 즉 정책변화에 대하여 지역적 특성을 고려하여 정책적 변화를 파악하여 지역복지정책에 반영하여야 한다.

사회복지 사각지대를 해소하고, 지역자원의 효율적 제공과 긴급한 보호욕구가 발생된 자에 대하여 즉시 서비스 제공자와 연결 또는 민－관, 민－민, 관－관 연계를 위한 시스템을 구축하여야 하겠다.

① 기반조성단계로 지역 내 보건·복지 통합 홈페이지 구축, 복지자원과 수요자 간의 단일화된 창구 구축, 보건·복지 및 각종 자원체계와의 연계 시스템 구축, 읍·면·동별 복지욕구에 대한 파악 및 제안을 위한 2~3명의 복지위원을 둔다. 홍보 및 적극적 활용을 통한 사이버네트워킹 실현, 시민 누구나 보건 및 복지서비스를 조회, 신청함은 물론, 결과를 확인할 수 있는 시스템 활용, 복지자원 및 대상자에 대한 한 번의 서비스 체계(one-stop service) 실행, 시스템을 지역복지협의체 소관의 업무로 단일화하여 통합성 및 지역복지를 실현한다. 읍·면·동별 복지위원의 역할 및 기능에 대한 교육 및 평가, 그리고 수당을 지급하도록 하여 복지정책의 수행 및 제공, 그리고 수요에 대한 실질적 기능을 담당할 수 있도록 하여야 하겠다.

② 안정화 단계는 복지서비스 제공자 및 수요자와 전달인력 간의 통합화를 통한 지역사회복지를 실현하며, 지역복지의 시범구역 및 지도자 유형(case management)을 구축하고, 복지위원회 활성화 및 지역복지협의체 내 자문위원회의 기능을 담당시켜야 하겠다.

### (4) 지역주민주체와 지역공동체 형성

인구의 고령화와 복지수요증가로 거동이 불편한 만성질환 노인, 장애인, 정신질환자 등 가정과 지역사회에서 생활하면서 다양한 복지서비스를 필요로 하는 인구가 증가하고 있다. 이러한 인구에 대한 포괄적이고 통합적인 서비스가 제공되기 위해서는 지역사회에 존재하는 각종 공공기관과 민간복지와 보건서비스가 협력과 조정을 통하여 연계되어야 한다. 이를 위해서는 지역사회복지 연계망구축을 위하여 공공기관, 자활후견기관, 고용안정센터, 사회복지관, 보건소, 사회복지시설 등 지역 내 서비스 기관을 포괄하는 연계시스템 구축이 요청되며, 서비스 수요자와 욕구를 포괄적으로 진단하여 통합적 서비스를 제공할 수 있는 서비스 모델 개발과 사례관리, 평가체제 등의 기술이 요청된다(오정수, 2006: 336).

주민을 중심으로 하는 지역사회발전을 위한 주민공동체 형성방안으로 주민공유의식 함양방법, 창조적 민주주의 실현을 위한 인보협동에 필요한 프로그램, 주민공동번영 프로그램이 있다. 지역사회 가꾸기 운동과 환경보전시민운동 프로그램은 주민공동체 조직 간 협력강화 방안과 지역주민 간 유대를 공고히 할 수 있는 방법 그리고 주민공동체에 다수 주민이 참여할 수 있는 방안을 강구하여야 하며 구체적 내용은 다음과 같다(전해황, 2004: 25-26에서 재정리).

첫째, 지역주민의 공유의식함양을 위한 방법으로 주민의 단합행사(24.3%), 이웃 간 정기모임(23%), 각종 봉사활동 참여(22.3%) 순으로 나타나 각종 행사와 정기모임, 그리고 봉사활동 참여로 주민의식을 높여 나가야 할 것이다.

둘째, 어려운 이웃돕기와 협동운동을 위하여, 주위의 어려운 이웃을 돕고(33.1%), 협동운동으로 복지시설의 정기적 활동참여(22.3%)와 소년소녀가정 돕기와 독거노인 돕기를 통하여 인보협동운동으로 지역주민공동체 형성을 위한 주위 여건을 형성해 나가야겠다.

셋째, 주민공동체 공동번영 프로그램으로 주민의 정보화 교육(41.2%)을 통한 소득증대 방안과 정보획득, 그리고 기술함양이 제일 높게 나타났고, 정보화 홈페이지 작성과 마을·개인 홈페이지 활용, 그리고 농산물 직판장 운영을 통하여 소득증대를 이룩하여야 하겠다.

넷째, 환경보전과 시민운동을 통한 지역공동체운동으로는 폐품수집과 쓰레기 분리수거 생활화 운동(29.1%), 각종 쓰레기 반으로 줄이기 운동(27.7%), 에너지 절약 습관화 운동(11.5%)을 시민운동단체와 범주민적 운동으로 전개하면 그 효과는 증대될 것이다.

다섯째, 주민공동체 조직 간 협력방안으로는 주민공동체 조직 간 목적과 문화를 상호 존중해 가면서 협력해야 한다고 가장 많이 응답하였으며(30.4%), 다음은 조직원 상호 간 단합행사(23.6%), 조직 대표 간 계획·수행·평가 공동참여(18.2%) 순으로 나타났다. 주민공동체 조직 강화를 위해서는, 조직 상호 간 목적과 취지를 존중해 주면서 단합행사와 계획·수행·평가의 공동참여가 있을 때, 조직 간 좋은 관계가 유지될 수 있을 것으로 분석되었다.

여섯째, 주민공동체운동 활성화 방안으로 지역주민에게 주민공동체운동의 필요성 홍보(27%) 전략이 제일 필요하였으며, 행정기관과 공동으로 추진(17.6%)이 다음으로 나타나 아직도 행정기관의 협조가 많이 요구되고 있었고, 정기적 주민의 단합행사(15.5%), 주민상호 간 애경사에 적극 참여하여(13.5%)로 이루어질 수 있는 좋은 방안이다.

특히 우리 조상들로부터 면면히 이어오고 있는 전통의 조직인 자생집단과 비자생집단, 지역사회조직을 잘 육성시켜야 하겠다. 첫째, 자생집단의 활성화는 계, 두레, 품앗이, 사랑방 모임, 향악, 향도 등이다. 둘째, 비자생집단은 농사개량클럽, 생활개선클럽, 4-H클럽, 영농회, 협동조합을 정책적으로 육성하여야 하겠다. 셋째, 지역사회조직으로는 새마을 금고, 새마을 문고, 종교기관, YMCA, 지역사회조직, 마을 개발위원회 등을 조직화하여 활성화하여야 하겠다.

지역사회조직가의 역할은 지역사회문제를 평생교육자적 차원에서 해결하는 교육자적자세가 요구되며, 주민의 구체적 활동을 촉진하여 동기를 유발하여 주민에게 성취감을 느끼게 하여야 한다. 지역사회의 지도자는 스스로 솔선수범을 보여 주민의 참여를 촉진시키며, 장기적 지역사회의 발전을 위한 포석으로 인내심과 미래를 예견하여 방향을 정확하게 설정해 주어야 하겠다.

### (5) 선진사례인 스웨덴의 지역사회복지 정책의 벤치마킹

스웨덴 지역사회복지의 특징은 ① 보편적 복지제도, ② 협력적 노사관계, ③ 성장주의적 지역경제정책이다. 스웨덴 복지정책은 전 국민에게 전 생애에 걸쳐 다양하고 촘촘하게 실제적으로 개입하고 있어, 장래 우리나라에서 지역사회복지정책을 추진할 때, 스웨덴을 롤모델로 삼아야 하는 이유이다.

스웨덴 지역사회복지의 성공요인으로는 1932년 사민당 집권이 후 다른 정당과 협의정치 실현, 실용주의 노선과 우수한 정책개발능력 배양, 노조와의 긴밀한 협력관계 형성이었다. 스웨덴 대사관의 지역사회복지의 성공요인 보고서(2006)에 따르면, ① 미래지향적인 복지이념 개발, ② 갈등해소와 지역사회 합의도출, ③ 협의정치와 단계적 복지제도 확충이다.

한국 사회에서도 신정부에서는 세계적으로 성공한 스웨덴 복지모델에 대한 사회적 논의가 활발해지면서, 한국사회의 적용방법을 적용할 것을 논의하고 있다. 현재 한국사회의 한계인 중앙집권적 경제성장 모델, 대기업 중심의 수출전략, 저성장과 고용시장의 불안, 소득의 양극화 현상, 급격한 저출산과 초고령사회, 노후빈곤 등 한국이 직면한 문제는 많다. 이러한 한계를 잘 극복하기 위하여 선진사례인 스웨덴 복지모델을 한국의 지역사회복지정책에 적용하는 방법을 제시해 보면 다음과 같다.

첫째, 한국의 풍부한 지역사회 복지재정을 위하여, 높은 조세(스웨덴 경우: 소득의 약 50% 이상)를 부담시켜 튼튼한 한국의 지역사회 복지재정을 확보하여야 한다.

둘째, 한국에서 복지의 보편적 논의가 잘 이루어지지 않는 이유로 지적되고 있는 만연한 탈세, 무분별한 세금낭비와 세금의 방만한 운용에서 과감하게 탈피해야 한다. 한국이 보편적 복지사회로 가기 위해서는 조세정의가 필요조건이다.

셋째, 한국도 이제는 생산적 복지정책의 제3의 길인 근로연계복지 정책을 달성하기 위한 근로조건복지에 주안점을 두고 추진하여야 한다. 즉, 참여복지를 통하여 생산적 복지의 취약점을 보완해야 한다. 참여복지의 정책 방향은 삶의 질 향상, 보편주의적 복지실현, 복지제도의 내실화, 전 국민 대다수가 참여할 수 있는 구체적 방법의 제시이다.

1. **현대사회 지역사회의 특징** ① 지구촌이 하나 되는 세계화 현상, ② 지역의 지방자치와 지역의 분권화 현상, ③ 생태적 입장과 환경을 보존하면서 지속가능한 발전전략, ④ 지식·정보사회에 적절한 네트워크 형성을 통한 복지사회의 구현, ⑤ 생활공동체 붕괴, ⑥ 구성원 상호작용과 정서적 연대감 상실, ⑦ 주택은 단순한 베드타운(Bed town)으로 변신, ⑧ 세방화(glocalization) 현상에 따라 새로운 지역사회건설의 필요성 대두.

2. **농경시대 지역사회의 특징** ① 밀접한 관계유지, ② 의식주 모든 문제해결을 지역사회 해결, ③ 정신적 규범 유지·통용(가치, 윤리, 도덕), ④ 사회경제적 공동체를 유지.

3. **지속가능한 개발을 위한 원칙** ① 미래에 대한 합의를 도출하여 자연환경, 자산목록의 제작, ② 현재의 상태에 근본적 문제와 원인파악, ③ 목표를 제시하여 그에 따르는 적절한 대안제시, ④ 목표달성을 위한 행동프로그램을 개발하여 중장기적 계획수립 및 시행.

4. **지역사회 환경보전의 방법** ① 환경적으로 건전한 물질순환을 촉진하는 체제를 구축하여 기술개발부터 환경고려, ② 자연과 인간의 조화로운 공존, ③ 사회 전 부분의 참여를 통한 부담의 공유, ④ 지구환경보전을 위한 국제협력을 촉진.

5. **지속가능한 개발의 구체적 방법** ① 주민의식 개혁, ② 주변의 환경개선, ③ 지역의 사회·문화적 인프라 구축, ④ 지역사회의 특성화 및 주민의 소득증대, ⑤ 주민공동체 형성, ⑥ 행정기관과 복지조직과 주민 간 네트워크 형성, ⑦ 주민의 경제·문화·사회적 모임인 조합, 협회 환경운동의 육성정책, ⑧ 보건·복지의 시설 확충, ⑨ 평생교육 및 홍보 확대.

6. **삶의 질 향상방법** ① 경제적 향상으로 소득향상, 일자리 안정(실업률 저하), 분배균등(소득분배지수), ② 환경의 질을 높이기 위해서는 수질(생화학적 산소요구량, 화학적 산소요구량)과 대기의 질($SO_2$) 향상, 쓰레기 처리, ③ 자연의 휴식공간 확보, ④ 복지수준 향상을 위해서 주택의 질과 보급률, 교통의 질, 공안상태, 의료수준(평균 수명), 사회부조(사회보장비 비율)의 향상.

7. **전통사회의 사회복지제도** ① 고조선시대는 홍익인간의 사상인 온 백성을 이롭게 한다는 인본주의적 사고, ② 복지의 대상은 온 백성, ③ 복지의 근간이 되는 사회제도는 8조금법, ④ 민간복지 형태는 상부상조의 형태.

8. **UN의 지속가능발전목표** ① 빈고, ② 기아종식, ③ 건강 및 웰빙, ④ 교육보장, ⑤ 성평등, ⑥ 지속가능한 경제성장, ⑦ 국가 내·국가 간 불평등 완화, ⑧ 기후변화 대처, ⑨ 생태계 보호 등 17개 항이다.

## 요점정리

9. **사회복지증진의 책임** ① 국가는 상담, 작업치료, 직업훈련, 주민의 욕구조사, ② 사회복지종사자는 모든 사람에게 차별 없이 최대한 봉사하는 일, ③ 지방자치단체장은 복지시설의 설치와 제한 불가.

10. **사회복지 관련 대표적 NGO활동** ① 국민기초생활보장법 제정을 위한 1998년 참여연대 공청회와 복지학자 200인 서명, ② 보건의료개혁을 위한 1998년 의사회와 약사회 관련 단체의 참여, ③ 의료보험 통합을 위한 1980년대 노동 및 농민단체의 가입, ④ 참여연대의 공익수송을 위한 1994년 국민연금 손실 손해배상 청구, 1996년 노령연금 지급대상자 선정제외 처분 취소 청구소송.

11. **한국의 지역사회복지실천과제** ① 지역사회의 각종 문제해결을 위한 지역사회의 변화, ② 효율적 지역사회복지의 체제구축을 위한 제도의 개혁, ③ 지역사회의 사회복지 통합체제를 위한 전달체계 확립, ④ 지역주민주체와 주민공동체 형성, ⑤ 지역복지연구활동은 실천활동지향적으로 변화.

12. **공공 사회복지 전달체계 개선** ① 사회경제적 환경변화에 따라 복지수요와 정책의 지속적 확대, ② 사회복지 전달체계의 효율적 운영, ③ 주민생활 편익제공을 위한 수요의 다원화, ④ 공공복지전달체계는 통합성·접근성·효율성을 중심으로 종합적 서비스 제공체계 구축.

13. **주민공동체 형성방안** ① 주민공유의식 함양을 위한 인보협동에 필요한 프로그램의 연구개발, ② 주민공동번영 프로그램, ③ 지역사회 가꾸기 운동, ④ 환경보전시민운동 프로그램, ⑤ 주민공동체 조직 간 협력강화 방안, ⑥ 지역주민 간 서로 유대강화, ⑦ 주민공동체에 다수주민이 참여할 수 있는 방안.

14. **지역사회조직가의 역할** ① 지역사회문제를 평생교육자적 차원에서 해결하는 교육자적 자세, ② 주민의 활동을 촉진하여 동기유발로 주민에게 성취감 부여, ③ 솔선수범을 보여 주민의 참여를 촉진, ④ 장기적 지역사회의 발전을 위한 포석으로 인내심과 미래를 예견하여 방향설정.

15. **지역사회복지실천의 추세** ① 실천목표는 조직적 접근에 목표설정, ② 전문적·개별적 서비스의 필요성과 관심증대, ③ 복지의 책임이 중앙정부와 지방정부가 공동책임, ④ 정보화를 기반으로 하는 가상공동체 관심의 증대, ⑤ 지역주민의 자발적 참여 강조, ⑥ 4년 단위로 시·군·구별 사회복지계획수립 의무화, ⑦ 보건과 복지의 통합서비스 제공.

16. **세계화의 특징** ① 국가기능의 감소와 지방기능의 강화, ② 자발적 민간부문의 참여강조, ③ 나라간·계층간 불평등 확대현상, ④ 경쟁적 시장의 회복, ⑤ 국제무역과 자본시장의 개방.

# 사회복지관

21세기 들어서 세계화, 지방화, 정보화 등의 세계적 추세는 사회 모든 분야에서 여러 가지 변화를 촉진시키고 있다. 사회복지분야 역시 예외가 아니며, 사회복지조직의 실천목표, 방향, 활동 등에 있어서도 큰 변화를 나타내고 있다. 특히 지방화와 정보화로 인하여 지자체와 지역주민, 지역사회단체 등 지역사회가 사회복지서비스의 생산과 공급에 있어서 실질적 주체 역할을 하고 있다. 이 과정에서 우리나라 사회복지관은 민간 사회복지 전달체계의 핵심조직으로 성장하였다. 사회복지관은 지역사회를 기반으로 하여, 주민이 당면하고 있는 사회문제를 해결하고, 복지욕구를 충족함으로써 지역사회의 복지수준을 향상시키는 것을 목적으로 한다. 또한 사회복지관은 국가 또는 지자체의 복지기능의 일정 부분을 위임받아 대행하는 역할을 동시에 수행하고 있다. 국가와 지자체는 이러한 사회복지관에 대하여 재정지원과 함께 행정적 지도감독을 실시하고 있다. 이 장에서는 사회복지관의 기본개념과 발달과정, 그리고 그 역할과 기능을 살펴보고, 외국 사회복지관 운영사례를 탐색하여 우리나라 사회복지관이 당면하고 있는 다양한 문제와 개선방안 등에 관하여 모색하고자 한다.

# 1. 사회복지관의 기본개념

## 1) 사회복지관의 정의

사회복지관은 '지역사회복지관'(community welfare center), '사회관'(community center), '인보관'(neighborhood center, social settlement) 등 다양한 개념으로 혼용되고 있다. 이러한 사회복지관은 산업화와 도시화에 따른 도시지역의 각종 사회적 욕구와 문제를 해결하기 위하여 나타난 기관으로서, 광범위한 목적을 갖고 설립·운용되고 있어 그 기능, 목표, 역할은 그 기관이 존재하는 지역의 성격과 문제에 따라 독특하고 다양하게 나타나기 때문에 일률적으로 그 성격을 규정하는 것은 용이하지 않다(감정기·백종만·김찬우, 2007).

보건복지부가 매년 발행하고 있는 사회복지관 운영관련 업무처리 안내(2020, 보건복지부)에서는 "사회복지관이란 지역사회를 기반으로 일정한 시설과 전문 인력을 갖추고 지역주민의 참여와 협력을 통하여 지역사회복지문제를 예방하고 해결하기 위하여 종합적인 복지서비스를 제공하는 시설"이라고 규정하고 있다. 이와 같이 여러 학자들의 주장과 논거를 종합하여 보면, 사회복지관은 지역사회의 충족되지 않은 욕구와 문제를 발견해서 주민에게 필요한 서비스를 제공하는 가장 대표적인 직접서비스 전달기관으로서, 지역주민의 사회적 욕구와 문제에 개입하여 일상생활과 경험을 유지하며 지역사회복지를 실현하는 기관이라고 할 수 있다.

## 2) 사회복지관의 목표

사회복지관 운영관련 업무처리 안내(2020, 보건복지부)에서는 "사회복지관은 사회복지서비스 욕구를 갖고 있는 모든 지역주민을 대상으로 보호서비스, 자립능력배양을 위한 교육훈련 등 그들이 필요로 하는 복지서비스를 제공하고, 가족기능 강화 및 주민상호간 연대감 조성을 통한 각종 지역사회 문제를 예방·처리하는 종합적인 복지서비스 전달기구로서 지역사회주민의 복지증진을 위한 중심적 역할을 수행하여야 한다"고 사회복지관의 목표를 규정하고 있다. 즉, 사회복지관은 전통적 의미의 사회복지의 범위를 초월하여 지역주민의 다양한 욕구에 부응하고 나아가 지역사회의 문제를 해결함으로써 지역사회 전체의 복리증진을 목표로 하고 있다. 환언하면, 사회복지관은 지역주민과 지역사회의 사회적 욕구와 사회적 문제 등을 해결하고, 지역사회와 지역주민의 복지를 향상시키는 것이 궁극적인 목표라고 볼 수 있다.

### 3) 사회복지관의 설치근거(법적 근거)

#### (1) 사회복지사업법 제34조(사회복지시설의 설치)

① 국가나 지방자치단체는 사회복지시설(이하 "시설"이라 한다)을 설치·운영할 수 있다.

② 국가 또는 지방자치단체 외의 자가 시설을 설치·운영하려는 경우에는 보건복지부령으로 정하는 바에 따라 시장·군수·구청장에게 신고하여야 한다.

#### (2) 사회복지사업법 제34조의5(사회복지관의 설치 등)

① 제34조 제1항과 제2항에 따른 시설 중 사회복지관은 지역사회의 특성과 지역주민의 복지욕구를 고려하여 서비스 제공 등 지역복지증진을 위한 사업을 실시할 수 있다.

② 사회복지관은 모든 지역주민을 대상으로 사회복지서비스를 실시하되, 다음 각 호의 지역주민에게 우선 제공하여야 한다.

1. 「국민기초생활 보장법」에 따른 수급자 및 차상위계층
2. 장애인, 노인, 한부모가족 및 다문화가족
3. 직업 및 취업 알선이 필요한 사람
4. 보호와 교육이 필요한 유아·아동 및 청소년
5. 그 밖에 사회복지관의 사회복지서비스를 우선 제공할 필요가 있다고 인정되는 사람

③ 그 밖에 사회복지관의 설치·운영·사업 등에 필요한 사항은 보건복지부령으로 정한다.

### (3) 사회복지사업법 시행규칙 제23조(사회복지관의 설치기준)

① 사회복지관에는 강당 또는 회의실과 방음설비를 갖춘 상담실을 갖추어야 하며, 제23조의2제1항(사회복지관에는 사무분야와 별표3에 따른 사업분야별로 이를 수행할 수 있는 직원을 각각 두거나 겸직할 수 있도록 하되, 직원의 수는 사회복지관의 규모 및 수행하는 사업을 고려하여 정하여야 한다)에 따른 업무수행에 필요한 공간을 확보하여야 한다.

## 4) 사회복지관의 발전과정

우리나라 사회복지관의 역사는 대체적으로 사회복지관 사업이 처음 소개된 시점부터 1945년 광복 직전까지의 태동기, 그 이후부터 1970년대 말까지를 형성기, 1980년대부터 1990년대 중반까지를 확대기, 1990년대 중반 이후부터 현재까지를 정체성의 재모색기 등으로 구분하고 있다(황성철·강혜규, 1994).

〈표 7-1〉 우리나라 사회복지관의 연혁

| 연도 | 주요 내용 |
|---|---|
| 1906 | 원산 인보관운동에서 사회복지관사업 태동 |
| 1921 | 서울에 최초로 태화여자관 설립 |
| 1926 | 원산에 보혜여자관 설립 |
| 1930 | 서울에 인보관 설치 |
| 1975 | 국제사회복지관연합회 회원국 가입 |
| 1976 | 한국사회복지관연합회 설립(22개 사회복지관) |
| 1983 | 사회복지사업법 개정으로 사회복지관 운영 국고보조 |
| 1988 | 사회복지관 운영·국고보조사업지침 수립 |
| 1989 | 주택건설촉진법 등에 의해 저소득층 영구임대아파트 건립 시 일정규모의 사회복지관 건립을 의무화 |
| 1989 | 사회복지법인 한국사회복지관협회 설립 |
| 2001 | 전국 350개소 사회복지관 설치 및 운영 |
| 2004 | 사회복지사업법 시행규칙 사회복지관의 설치기준 신설<br>※ 사회복지관 설치운영규정 폐지 |

| 연도 | 주요 내용 |
|---|---|
| 2011 | 전국 433개소 사회복지관 설치 및 운영 |
| 2012 | 사회복지사업법 개정(2012. 8. 5. 시행) ※ 사회복지관의 설치 등 규정 신설 |
| 2013 | 전국 439개소 사회복지관 설치 및 운영 |
| 2014 | 전국 442개소 사회복지관 설치 및 운영 |
| 2015 | 전국 447개소 사회복지관 설치 및 운영 |
| 2016 | 전국 460개소 사회복지관 설치 및 운영 |
| 2017 | 전국 464개소 사회복지관 설치 및 운영 |
| 2018 | 전국 465개소 사회복지관 설치 및 운영 |
| 2019 | 전국 467개소 사회복지관 설치 및 운영 |
| 2020 | 전국 475개소 사회복지관 설치 및 운영 |

### (1) 태동기(1906~1944년)

사회복지관 사업이 국내에 처음 도입된 것은 외국 선교단체로서 미국 감리교 여 선교사인 Knowles가 1906년 원산에 '반열방(班列房)'이라는 인보관을 설립하면서부터이다. 감리교 선교부는 이를 계기로 1921년 서울에 현재의 '태화기독교사회관'의 전신인 '태화여자관'을 설립하였으며 1922년 개성에 '고려여자관', 1926년 원산에 '보혜여자관' 등을 설립하여 여성을 위한 야학 운영과 영어·재봉·요리 등을 가르쳤다. 이러한 초기의 사회복지관은 '여자관'이라 칭하여 여성을 위한 계몽사업을 중점적으로 진행하였는데, 이는 당시 여성이 상대적으로 사회적으로 열등한 위치에 있었기 때문에 여성의 사회적 지위를 향상시키는 데 역점을 두었던 것이다.

한편 1930년대 일제강점기에서도 조선총독부는 서울의 종로, 왕십리, 마포, 영등포 등지에 인보관을 설치하였으며, 생활지도·구호사업 및 직업훈련 등을 실시하였는데 이때의 각 사업은 지역주민의 복지증진 이외에 사회질서를 통제하거나 유지하기 위한 수단으로도 활용되었다. 이 인보관은 1945년 광복 이후 미군정에 의해 폐쇄되었다. 이 시기에 나타난 사회복지관 사업의 특징을 요약하면(남경현, 1978) 첫째, 여성의 지위향상과 빈곤문제해결을 주요 설립목적으로 하고 있으며, 둘째 사회복지관의 설립과 운용이 대부분 외국의 종교단체에 의한 민간주도로 이루어진 것 등을 들 수 있다.

### (2) 형성기(1945~1983년)

광복 직후 미군정시대를 거쳐 1948년 독립정부를 수립하였으나 1950년 한국전쟁으로 전쟁고아, 전쟁미망인, 부랑인, 월남피난민 등 심각한 사회문제가 발생하면서 당시 사회복지사업은 긴급구호와 수용시설에 의한 보호사업이 주종을 이루었다. 이때 주목할 만한 사실은 대학 부설 사회복지관의 출현으로 1956년 이화여대가 '이화사회복지관'을 설립하여 대학 최초로 인보관 활동을 시작한 것이다. 이후 1971년 성심여자대학이 '성심사회복지관', 1975년 중앙대학교가 봉천동에 사회복지관을 각각 설립하고 활동하였다. 대학부설 사회복지관은 사회사업의 실습, 연구, 주민봉사 등의 목적을 갖고 있어서 일반 복지관과는 다소 차별화된 기능을 수행하였다.

한편 이 시기에는 개인 및 민간단체에 의해 사회복지관 설립이 이루어졌는데, 1956년 최명환 목사가 개인으로 서울 아현동 빈민지역에 '아현인보관'을 설립하였다. 캐나다 유니태리안 한국봉사회는 1962년 '목포사회복지관'을 설립하였으며, 이후 인천(1965), 이천(1967), 마포(1968), 영등포(1975) 등에 사회복지관을 개관하였다. 1977년 캐나다 유니태리안 한국봉사회 사업이 종료되면서 이 복지관은 폐쇄되었고, 1979년 '남부(영등포)복지관', '중앙사회복지관' 등을 설립·운영하였다. 이 외에도 '선명회'에서는 1974년 성남시에 '성남사회복지관'을 설립하였으며, '대한기독교개혁선교회'에서는 서울 사당동에 '사당복지관', 1975년 기독교아동복지관(C.C.F)에 속한 강릉, 대전, 광주, 봉천, 서울 성동, 진주, 청주, 춘천 등 8개의 가정복지부가 그 명칭을 사회복지관으로 바꾸어 운영되었다. '기독교아동복리회'에서는 1986년 한국어린이재단으로 개칭하고 독자적 운영을 위해 종래의 사회복지관을 통합·조정하였다.

이 형성기에 나타난 특징(남경현, 1978)은, 첫째 대학이 직접 사회복지관의 운영주체로 출현했다는 점과 사회복지관의 설립주체가 다양화되었다는 것이며, 둘째 1970년대 대다수의 외원기관이 철수함으로써 사회복지관은 재정부문에서 심각한 어려움을 겪게 되어 정부가 보조금을 지원하는 등 정부지원이 부분적으로 이루어지면서 사회복지관 사업의 기본틀을 형성한 것이 그 주요 내용이라고 할 수 있다.

### (3) 확대기(1983~1990년 중반)

1983년 사회복지사업법이 개정되면서 사회복지관이 '종합사회복지관 가형, 나형, 다형' 등으로 구분되었고, 정부로부터 공식적 지원을 받게 되었다. 이러한 과정과 1980년대 민주화 운동 이후 국내 사회복지관은 급격한 변화와 증가추세가 이어졌다.

이 시기의 특징을 살펴보면 첫째, 종합사회복지관 가형, 종합사회복지관 나형, 사회복지관(다형) 등으로 사회복지관 구분이 이루어졌으며, 둘째, 공식적으로 국가의 지원을 받게 되었으며, 셋째, 심각한 주택문제해결을 위해 국민주택 200만 호 건설계획을 추진하면서 저소득층 주민을 위한 영구임대주택 건립 시 영구임대주택단지 내에 사회복지관 설립을 제도화하였으며, 넷째, 재벌기업과 민간단체에 의한 사회복지관 건립과 지원이 활성화되기 시작하였으며, 장비구입과 사업비 등도 재벌기업들이 지원하게 되었다. 다섯째, 사회복지관 운영과 설립 시 국고보조사업지침이 마련되면서 국가지원금 산출방식이 법제화되었다. 이러한 과정을 통하여 우리나라 사회복지관은 질적, 양적으로 성장을 거듭하였으며, 1995년 지방화 시대를 맞이하여 지역사회복지를 위한 사회복지관 역할의 중요성이 부각되었다. 이후 전국 사회복지관 수는 급격히 증가(1984 : 24개소→1995 : 297개소)하였으며, 사회복지관의 전문화와 체계화가 본격적으로 시작되는 시발점이 되었다.

### (4) 정체성의 재모색기(1990년대 중반~현재)

사회복지관이 양적으로 팽창되면서 사업평가가 본격화되고 평가에 따른 정부지원이 차등화되면서 사회복지관 사업에 전문성을 더욱 강조하게 되었다. 특히 1998년 복지시설에 대한 평가를 의무화하는 사회복지사업법이 제정되면서 사회복지분야에 평가와 차등지원에 대한 법적 근거가 마련되었다. 사회복지관의 사업을 평가하는 측면은 사회복지관의 사회적 책임성과 전문성을 추구하는 면에서 필요하지만, 정부보조금이 복지관 운영경비의 40% 정도를 지원하는 현실에서 차등지원에 대한 기준으로 활용한다는 점에 일부 비판이 제기되기도 하였다.

한편 이때부터 사회복지관과 관련된 문제점들이 일부 제기되기 시작하였는데, 그

문제점들을 살펴보면 다음과 같다. 첫째, 사회복지관의 양적 성장에도 불구하고 적절한 서비스를 제공하고 있는지에 대한 실증적 검토가 부족하다는 점이다. 둘째, 사회복지관이 지역특성에 따른 주민욕구에 민감한 프로그램 운영보다는 천편일률적 운영상태를 나타내면서 독립성과 자율성을 확보하지 못하였다. 셋째, 사회복지관이 저소득층 주민을 대상으로 서비스를 제공하기보다는 기능교실을 중심으로 하는 수익사업에 치중하고 있다. 넷째, 종합사회복지관에 대한 정부보조금 지급방식이 단순 규모(즉 가, 나, 다형의 구분)에 따른 차등지원방식이어서 효과성과 책임성을 증진하기 위한 유인효과를 기대하기 어렵다는 점 등이 집중적으로 제기되었다.

### 5) 사회복지관의 현황

우리나라 사회복지관은 복지관 건물규모에 따라 종합복지관 '가형(2,000㎡ 이상)', 종합복지관 '나형(1,000~2,000㎡ 미만)', 사회복지관 '다형(1,000㎡ 미만)' 등 세 가지 유형으로 분류하고 있다. 한국사회복지관협회(http://kaswc.or.kr) 자료에 의하면, 다음과 같다.

〈표 7-2〉 **규모별 사회복지관 현황(2020. 12 기준)**

| 구분 | 기준 | 개소수 |
|---|---|---|
| 가형 | 건평 2,000㎡ 이상 | 224 |
| 나형 | 건평 1,000㎡~2,000㎡ 미만 | 202 |
| 다형 | 건평 1,000㎡ 미만 | 49 |
| 총계 | | 475 |

지역별 사회복지관 현황을 살펴보면, 2020년 기준 현재 전국에 475개소가 설치되어 운영되고 있으며, 지역별로는 서울 98개소, 경기 85개소, 인천 20개소 등 수도권 지역에 집중되어 있으며, 부산 53개소, 대구 27개소, 광주 20개소, 대전 21개소, 울산 8개소 등 도시지역에 집중 운영되고 있는 것으로 나타났다(표 7-3).

〈표 7-3〉 시·도별 사회복지관 운영현황(2020. 12 기준)

| 시도 | 계 | 일반지역 | 임대지역 | 시도 | 계 | 일반지역 | 임대지역 |
|---|---|---|---|---|---|---|---|
| 서울 | 98 | 67 | 31 | 충북 | 13 | 8 | 5 |
| 부산 | 53 | 35 | 18 | 충남·세종 | 23 | 17 | 6 |
| 대구 | 27 | 14 | 13 | 전북 | 17 | 8 | 9 |
| 인천 | 20 | 14 | 6 | 전남 | 15 | 9 | 6 |
| 광주 | 20 | 8 | 12 | 경북 | 15 | 4 | 11 |
| 대전 | 21 | 13 | 8 | 경남 | 30 | 24 | 6 |
| 울산 | 8 | 6 | 2 | 제주 | 10 | 8 | 2 |
| 경기 | 85 | 57 | 28 | | | | |
| 강원 | 19 | 14 | 5 | 총계 | 475 | 305 | 169 |

출처 : 한국사회복지관협회(http://kaswc.or.kr)

한편 운영주체별로 사회복지관을 구분하면 사회복지법인(334개소), 재단법인(55개소), 사단법인(25개소), 학교법인(20개소), 지방자치단체 직영(28개소), 시설관리공단(5개소), 의료법인(1개소) 등 다양한 운영주체에 의하여 운영되고 있는 것으로 나타났다(〈표 7-4〉 참조).

〈표 7-4〉 운영주체별 사회복지관 현황(2020. 12 기준)

| 구분 | 사회복지법인 | 재단법인 | 사단법인 | 학교법인 | 지방자치단체직영 | 시설관리공단 | 의료법인 | 협동조합 | 소계 |
|---|---|---|---|---|---|---|---|---|---|
| 개소수 | 334 | 55 | 25 | 20 | 28 | 5 | 1 | 7 | 475 |

보건복지부는 "시·도지사 및 시장·군수·구청장이 사회복지관을 설치할 경우, 저소득층 밀집지역에 우선 설치하되, 사회복지관이 일부 지역에 편중되지 않도록 한다."는 운영규정을 정해 사회복지관 설치의 우선순위를 정하고 있다. 또한 사회복지관을 설치할 때, 첫째, 지역실정에 부합되는 종합서비스 기능을 제공하기 위한 강당, 회의실, 자원봉사자실, 방음설비를 갖춘 상담실 등의 서비스 공간을 마련하여야 하며, 둘째, 장애인, 임산부 및 노약자의 이용에 지장이 없도록 출입문, 계단, 화장실 등에 편의시설을 설치하여야 하고, 셋째, 건축물의 시공에 있어서 에너지 효율성을 고려하되, 화재예방시설 등 시설물의 관리 및 안전점검 등에 필요한 설비를 갖추도록 하며, 넷째, 그 밖의 지역특성 및 주민의 욕구에 알맞은 설비를 갖추어야 한다는 규정 등을 두어

일반 건축물과는 다른 공간 확보와 기능을 강조하고 있다. 사회복지관 설립현황은 1989년 39개소, 1990년 58개소, 1999년 324개소 등으로 90년대 급격히 증가하였으며, 2000년대 이후에도 꾸준히 증가하는 경향을 나타내고 있다(표 7-5).

〈표 7-5〉 **연도별 사회복지관 운영현황(2020. 12 기준)**

| 연도 | 1989 | 1995 | 1999 | 2002 | 2004 | 2006 | 2008 |
|---|---|---|---|---|---|---|---|
| 계 | 39 | 261 | 324 | 356 | 383 | 397 | 410 |
| 연도 | 2010 | 2012 | 2014 | 2016 | 2018 | 2019 | 2020 |
| 계 | 420 | 437 | 442 | 460 | 465 | 467 | 475 |

출처 : 한국사회복지관협회(http://kaswc.or.kr) 사회복지관현황 재구성

## 2. 사회복지관의 운영원칙과 주요 사업내용

### 1) 사회복지관 운영의 기본원칙

사회복지관이 추진하는 사회복지사업은 인도주의와 서비스를 필요로 하는 자의 존엄성 유지를 전제로 하고 있다. 매년 보건복지부는 「사회복지관 운영관련 업무처리안내」 등을 통하여 사회복지사업법 시행규칙에서 규정한 사회복지관의 설치 운영기준에 관한 사항을 안내하고 있으며, 복지관 운영의 기본원칙을 안내하고 있다. 이 원칙에는 지역성, 책임성, 전문성, 자율성, 통합성, 자원활용, 중립성, 투명성 원칙 등이 있다(보건복지부, 2020).

#### (1) 지역성의 원칙

사회복지관은 지역사회의 특성과 지역주민의 문제나 욕구를 신속 정확하게 파악하여 사업계획수립 시 반영하여 다양한 지역사회의 문제를 해결하고 이와 관련한 서비스를 제공하여야 하며, 지역주민의 적극적 참여를 유도하여 주민의 능동적 역할과 책임의식을 조장하여야 한다.

### (2) 전문성의 원칙

사회복지관은 다양한 지역사회문제에 대처하기 위해 일반적 프로그램과 특정한 문제를 해결할 수 있는 전문적 프로그램이 병행될 수 있도록 지식과 기술을 보유한 전문인력이 사업을 수행하도록 하여야 하며, 이들 인력에 대한 지속적 재교육 등을 통해 전문성을 증진토록 하여야 한다.

### (3) 책임성의 원칙

사회복지관은 서비스 이용자의 욕구를 충족하고 지역사회문제를 해결함에 있어서 효과성을 극대화하기 위하여 최선의 노력을 기울여야 한다.

### (4) 자율성의 원칙

사회복지관은 다양한 복지서비스를 효율적으로 제공하기 위하여 사회복지관의 능력과 전문성이 최대한 발휘될 수 있도록 자율적으로 운영하여야 한다.

### (5) 통합성의 원칙

사회복지관은 사업수행에 있어 지역 내 공공 및 민간복지기관 간에 연계성과 통합성을 강화시켜 지역사회복지체계가 효율적이고 효과적으로 운영되도록 하여야 한다.

### (6) 자원활용의 원칙

사회복지관은 주민욕구의 다양성에 따라 다양한 기능인력과 재원을 필요로 하므로 지역사회 내의 복지자원을 최대한 동원·활용하여야 한다.

### (7) 중립성의 원칙

사회복지관은 정치활동, 영리활동, 특정 종교활동 등에 이용되지 않게 중립성이 유지되어야 한다.

#### (8) 투명성의 원칙

사회복지관은 자원을 효율적으로 이용하고 운영과정의 투명성을 유지하여야 한다.

### 2) 사회복지관의 주요 사업

사회복지관은 기본 운영원칙에 따라 사회복지에 관한 종합적 서비스를 제공해야 할 뿐만 아니라 지역사회문제의 해결 및 지역사회 조직기능을 수행해야 한다. 전자는 직접적 서비스를 의미하며, 후자는 간접적 서비스를 의미한다. 사회복지관은 지역사회의 특성과 지역주민의 복지욕구에 대한 조사결과를 바탕으로 사업을 자율적으로 결정할 수 있으며 〈표 7-6〉에 제시된 바와 같이 3대 기능별 단위사업 가운데 해당 사회복지관의 실정에 적합한 프로그램을 선정하여 수행하고 있다.

#### (1) 사회복지관 사업의 주요 대상

사회복지관 사업은 저소득 취약계층과 지역주민에 대한 실질적 사회복지서비스가 이루어질 수 있도록 각 사업을 유기적으로 연계하여 실시하여야 하며, 사회복지관 사업의 대상은 사회복지서비스 욕구를 가지고 있는 모든 지역주민으로 한다. 다만 다음 각 호의 주민을 우선적 사업대상으로 하여야 한다.

① 국민기초생활보장수급자 및 차상위계층
② 장애인, 노인, 한부모가족 및 다문화가족
③ 직업 및 취업알선이 필요한 사람
④ 보호와 교육이 필요한 유아·아동 및 청소년
⑤ 그 밖에 사회복지관의 사회복지서비스를 우선 제공할 필요가 있다고 인정되는 사람

#### (2) 사회복지관의 주요 사업내용

사회복지관은 지역사회의 특성과 지역주민의 복지욕구에 대한 조사결과를 바탕으로 사업내용을 자율적으로 결정하되, 각 분야별 사업 중에서 해당 사회복지관의 실정

에 적합한 프로그램을 선정하여 수행하고 있다. 그동안 사회복지관은 '가족복지사업, 지역사회보호사업, 지역사회조직사업, 교육 및 문화사업, 자활사업' 등 5대사업 중심으로 다양한 프로그램과 서비스를 진행하였다. 그러나 2012년 사회복지사업법 개정(2013 시행)을 계기로 '사례관리기능, 서비스제공기능, 지역조직화 기능' 등 3대 기능사업 중심으로 지역실정에 적합한 서비스와 프로그램을 제공하고 있다. 사회복지관의 역할과 기능은 모든 사회복지관들이 천편일률적 사업을 시행하는 것이 아니라 사회복지관의 위치, 지역적 특성, 대상별 특성, 복지관의 규모, 담당인력 등에 의거하여 각 사회복지관이 전문성, 효율성, 책임성을 최대한 살릴 수 있는 능력의 범위 내에서 사업을 선택적으로 시행하도록 되어 있다. 사회복지사업법 시행규칙 별표 3(사회복지관의 사업)에 나타난 사회복지관 주요 사업을 살펴보면 다음과 같다(〈표 7-6〉 참고).

**〈표 7-6〉 사회복지관의 주요 사업(사회복지사업법 시행규칙 별표 3)**

<table>
<tr><th>기능</th><th>사업분야</th><th>사업 및 내용</th></tr>
<tr><td rowspan="3">사례 관리 기능</td><td>사례발굴</td><td>보호가 필요한 대상자 및 위기 개입대상자 발굴, 개입계획 수립</td></tr>
<tr><td>사례개입</td><td>위기 개입대상자의 문제·욕구에 대한 맞춤형 서비스 제공 및 사례개입</td></tr>
<tr><td>서비스 연계</td><td>사례개입에 필요한 지역 내 민간 및 공공의 가용자원과 서비스에 대한 정보 제공 및 연계, 의뢰</td></tr>
<tr><td rowspan="4">서비스 제공 기능</td><td>가족기능 강화</td><td>가족관계증진사업<br>가족기능보완사업<br>가정문제해결·치료사업<br>부양가족지원사업<br>다문화가정, 북한이탈주민 등 지역 내 이용자 특성을 반영한 사업</td></tr>
<tr><td>지역사회 보호</td><td>급식서비스<br>보건의료서비스<br>경제적 지원<br>일상생활 지원<br>정서서비스<br>일시보호서비스<br>재가복지봉사서비스</td></tr>
<tr><td>교육문화</td><td>아동·청소년 사회교육<br>성인기능교실<br>노인 여가·문화<br>문화복지사업</td></tr>
<tr><td>자활지원 등 기타</td><td>직업기능훈련<br>취업알선<br>직업능력개발<br>그 밖의 특화사업</td></tr>
</table>

| 기능 | 사업분야 | 사업 및 내용 |
|---|---|---|
| 지역<br>조직화<br>기능 | 복지<br>네트워크<br>구축 | 지역사회연계사업<br>지역욕구조사<br>실습지도 |
| | 주민<br>조직화 | 주민복지증진사업<br>주민조직화 사업<br>주민교육사업 |
| | 자원 개발<br>및 관리 | 자원봉사자 개발 · 관리사업<br>후원자 개발 · 관리사업 |

출처 : 보건복지부, 사회복지사업법 시행규칙 제23조의2제3항 재구성

(가) 사례관리기능

사례관리는 복합적이고 장기적이며 다양한 욕구를 가지고 있는 클라이언트를 대상으로 하여 개별적인 상황에 따른 원조계획을 세워 클라이언트 자신의 자원뿐만 아니라 가족, 친구, 이웃 등의 비공식적인 자원, 그리고 각종 수당과 급여와 같은 공적인 프로그램과 서비스 등을 연계하여 클라이언트의 복지추구와 기능 강화, 서비스의 효과성 증진을 도모하는 서비스체계를 의미한다. 사회복지관은 지역사회복지서비스의 한계점을 극복하고 통합적 효과적인 복지서비스 전달체계를 구축하고 지역사회 내 민·관을 아우르는 서비스 네트워크 구축 및 다양한 지역주민의 복지욕구를 연결시켜 맞춤형 서비스를 제공해야 한다.

① 사례 발굴: 지역 내 보호가 필요한 대상자 및 위기개입 대상자를 발굴하여 개입계획을 수립하는 사업

② 사례개입: 지역 내 보호가 필요한 대상자 및 위기개입 대상자의 문제와 욕구에 대한 맞춤형 서비스가 제공될 수 있도록 사례개입을 하는 사업

③ 서비스 연계: 사례개입에 필요한 지역 내 민간 및 공공의 가용자원과 서비스에 대한 정보 제공 및 연계나 의뢰하는 사업

(나) 서비스 제공기능

클라이언트에게 직접적이고 전문적인 서비스를 제공하는 기능을 의미한다.

① 가족기능강화사업

- 가족관계 증진사업: 가족원 간의 의사소통을 원활히 하고 각자의 역할을 수행함으로써 이상적인 가족관계를 유지함과 동시에 가족의 능력을 개발·강화하는 사업(교육 및 훈련 프로그램, 상담 및 검사 등)
- 가족기능 보완사업: 사회구조 변화로 부족한 가족기능, 특히 부모의 역할을 보완하기 위하여 주로 아동·청소년을 대상으로 실시되는 사업(아동·청소년 대상 방과 후 보호 및 보육·교육, 진로탐색 및 지도, 사회성 향상 집단프로그램, 학교사회사업 등)
- 가정문제 해결·치료사업: 문제가 발생한 가족에 대한 진단·치료·사회복귀 지원사업(신체 및 정신장애인 교육·특수치료·사회적응 프로그램, 청소년 및 위기가정, 폭력·학대가정 개입 등)
- 부양가족 지원사업: 보호대상 가족을 돌보는 가족원의 부양부담을 줄여주고 관련 정보를 공유하는 등 부양가족 대상 지원사업(치매노인 및 장애인, 만성질환자 등 부양가족 지원 등)
- 다문화가정, 북한이탈주민 등 지역 내 이용자 특성을 반영한 사업

② 지역사회보호사업

- 급식서비스: 지역사회에 거주하는 요보호 노인이나 결식아동 등을 위한 식사제공 서비스(식사 및 밑반찬 배달, 경로식당 등 급식 운영)
- 보건의료서비스: 노인, 장애인, 저소득층 등 재가복지사업대상자들을 위한 보건·의료관련 서비스(의료, 간병, 각종 치료, 보건교육, 방문간호, 영양 서비스 등)
- 경제적 지원: 경제적으로 어려운 지역사회 주민들을 대상으로 생활에 필요한 현금 및 물품 등을 지원하는 사업(현금 및 후원품 지원 등)
- 일상생활 지원: 독립적인 생활능력이 떨어지는 요보호 대상자들이 시설이 아닌 지역사회에 거주하기 위해서 필요한 기초적인 일상생활 지원서비스(가사서비스, 목욕 및 이·미용, 심부름, 차량지원, 주거환경 개선 등)
- 정서서비스: 지역사회에 거주하는 독거노인이나 소년소녀가장 등 부양가족이

없는 요보호 대상자들을 위한 비물질적인 지원 서비스(정서지원 및 멘토링 등)

- 일시보호 서비스: 독립적인 생활이 불가능한 노인이나 장애인 또는 일시적인 보호가 필요한 실직자·노숙자 등을 위한 보호서비스(주·단기보호, 쉼터, 공동생활가정 등)
- 재가복지봉사서비스: 가정에서 보호를 요하는 장애인, 노인, 소년·소녀가정, 한부모가족 등 가족기능이 취약한 저소득 소외계층과 국가유공자, 지역사회 내에서 재가복지봉사서비스를 원하는 사람에게 다양한 서비스 제공(가사, 간병, 정서, 결연, 의료, 자립지원, 주민교육서비스 등)

③ 교육문화사업

- 아동·청소년 사회교육: 주거환경이 열악하여 가정에서 학습하기 곤란하거나 경제적 이유 등으로 학원 등 다른 기관의 활용이 어려운 아동·청소년에게 필요한 경우 학습 내용 등에 대하여 지도하거나 각종 기능 교육(학습지도 및 예·체능 등 각종 기능교육 등)
- 성인기능교실: 기능습득을 목적으로 하는 성인사회교육사업(자격취득 교육 및 기능교육, 교양강좌 등)
- 노인 여가·문화: 노인을 대상으로 제공되는 각종 사회교육 및 취미교실운영사업(노인 건강운동교실, 여가 프로그램, 교육교양 프로그램, 경로당 지원사업 등)
- 문화복지사업: 일반주민을 위한 여가·오락프로그램, 문화 소외집단을 위한 문화프로그램, 그 밖에 각종 지역문화행사사업(일반주민 여가 프로그램, 소외집단 대상 프로그램: 문화체험, 캠프 등, 주민문화행사 등)

④ 자활지원 등 기타 사업

- 직업기능훈련: 저소득층의 자립능력배양과 가계소득에 기여할 수 있는 기능훈련을 실시하여 창업 또는 취업을 지원하는 사업(이·미용, 조리, 컴퓨터 등 기능훈련, 창업 교실, 서비스교육 등)
- 취업알선: 직업훈련 이수자 기타 취업희망자들을 대상으로 취업에 관한 정보제공 및 알선사업(가사도우미, 간병인, 사무원, 일용직 등 알선, 취업·부업 안내센터 및 창업

정보센터 운영)

- 직업능력개발: 근로의욕 및 동기가 낮은 주민의 취업욕구 증대와 재취업을 위한 심리·사회적인 지원프로그램 실시사업(근로의욕 고취 프로그램, 재활프로그램 등)
- 그 밖의 특화사업: 지역사회 욕구에 근거하여 특성화, 차별화된 특화사업 개발, 운영

(다) 지역조직화 기능

① 복지네트워크 구축: 지역 내 복지기관·시설들과 네트워크를 구축함으로써 복지서비스 공급의 효율성을 제고하고, 사회복지관이 지역복지의 중심으로서의 역할을 강화하는 사업

- 지역사회연계사업: 지역 내 유관기관 연계사업, 지역복지협의회 활동
- 지역욕구조사
- 실습지도: 사회복지전공 대학(원)생 실습지도

② 주민조직화: 주민이 지역사회 문제에 스스로 참여하고 공동체 의식을 갖도록 주민조직의 육성을 지원하고, 이러한 주민협력강화에 필요한 주민의식을 높이기 위한 교육을 실시하는 사업

- 주민복지증진사업: 지역행사, 주민편의시설 제공 등 시설개방, 복지정보 제공
- 주민조직화 사업: 주민조직 운영, 지역사회운동을 통한 지역문제 해결
- 주민교육: 주민지도자 교육, 사회복지교육

③ 자원개발 및 관리: 지역주민의 다양한 욕구 충족 및 문제해결을 위해 필요한 인력, 재원 등을 발굴하여 연계 및 지원하는 사업

- 자원봉사자 개발 및 관리
- 후원자 개발 및 관리

# 3. 외국의 사회복지관 운영사례[1]

원래 사회복지관은 대학생의 현실참여활동에서 비롯되었다. 19C 말엽 영국의 인도주의적 인보운동(settlement movement)과 함께 옥스퍼드 및 케임브리지 대학생들은 빈민의 도덕적 감화와 교육을 목적으로 빈민지역에서 함께 생활하며 활동하였다. 당시 헌신적으로 활약하다 29세의 젊은 나이에 숨진 Toynbee를 기념하기 위해 Barnett 목사가 빈민지역인 화이트채플(Whitechapel)에 설립한 '토인비 홀'이 최초의 지역사회복지관이다(1884년). 미국의 경우는 토인비 홀의 영향을 받아 1889년 Addams가 주도적 노력을 하였으며, 서부지역에 '헐 하우스'가 설립된 것이 미국 최초의 사회복지관이며, 주된 활동은 대도시에 이주해 온 이민자의 사회적응을 돕는 서비스였다.

## 1) 영국의 사회복지관

### (1) 사회복지관의 발전과정 및 의의

사회복지관의 기원은 영국의 인보관운동(1880년)에서 찾고 있다. 영국의 인보관운동은 산업화 시대에 인간의 존엄성 추구와 정신적 가치의 보전을 위한 광범위한 노력 중의 하나로서, 첫째, 문화의 이익으로부터 소외된 노동자의 빈곤과 절망을 이해하며, 둘째, 부자와 빈민, 대학인과 노동자 사이의 연결을 조장하고, 셋째, 두 집단이 서로를 배울 수 있도록 돕는 데 관심을 둔 사회개혁운동이었다.

이 운동을 처음 주도했던 Denison은 런던 빈민구제협회의 자원봉사로 참여하던 중 "교육혜택을 받지 못하는 사람들에게 단순히 의연금을 배분하는 것은 의미 없는 일이다."라는 신념을 갖게 되면서 유복한 개인생활을 버리고 런던 동부의 빈민지역 스텝니(Stepney)로 이사하였고, 이 빈민지역에서 주민과 함께 생활하면서 성경, 역사, 경제 등을 가르치는 교육활동을 시작하였다.

1) 강철희·정무성(2006) ; 남경현(1978) ; 최일섭·류진석(1998) ; 최항순(2007) ; 이영철(2006) ; 한국사회복지사협회(www.welfare. net) ; 서울사회복지사협회(www.sasw.or.kr) ; 서울시복지관협회(www.saswc.or.kr) 외.

그의 신념은 옥스퍼드대학에서 신학을 전공하고 런던 동부의 빈민지역 화이트채플 교구의 목사로 재직한 Barnett에 의해 더욱 확산되었다. 그는 당시 이 지역 8천여 명의 주민이 실업상태에 있으며 질병과 과밀하고 불결한 생활환경의 문제가 있음을 발견하고, 이와 같은 문제를 옥스퍼드, 케임브리지 대학생들과 논의하였다. 그리고 대학생들을 이 빈민지역에 초청하여 주민과 함께 생활하면서 혜택을 받지 못하는 빈민의 생활을 조사하고 그들의 교육을 도우며 개인적 원조활동을 제공하였다.

Barnett 목사가 초청한 Toynbee는 이와 같은 인보관운동에 헌신적으로 참여하다가 29세에 결핵으로 사망하는데, 당시 함께 참여했던 동료들이 그를 기념하여 1884년에 화이트채플 지역에 인보관을 설립하고 토인비 홀(Toynbee Hall)이라 부르게 되었다. 이것이 세계 최초의 인보관으로서, 빈민을 위한 교육과 문화의 개발, 빈민의 조건들과 사회개혁의 당면 욕구에 관한 정보제공, 사회문제, 보건문제, 사회입법에 관한 대중계몽운동 등에 그 목적을 두고서 활발한 인보사업과 사회개혁운동을 전개하였다.

영국 사회복지관은 지역사회를 중심으로 주간보호서비스를 제공하는 서비스의 전달주체로서 그 형태는 세틀먼트(settlement) 외에 주간보호센터(day center), 가족복지관(family center) 등이 있다. 세틀먼트는 다기능의 복합적 서비스를 다양한 대상인구에게 제공하며 주로 민간 비영리기관의 형태를 띠고 있으며, 주간보호센터는 비가정 또는 비시설의 장에서 지역사회보호서비스를 제공하는 대인서비스 기관이다. 주간보호센터는 노인이나 신체, 정신장애인 등 인구대상별로 나누어져 있으며, 공공기관인 사회서비스국 산하의 부설기관 또는 민간 비영리기관에 의하여 운영된다. 그리고 가족복지관은 주로 학령 전 요보호아동과 가족을 대상으로 서비스를 제공하며, 공공기관인 사회서비스국 산하의 부설기관 또는 민간 비영리기관에 의하여 운영된다.

### (2) 사회복지관의 기능과 역할

#### ① 세틀먼트

- 도시지역의 빈곤과 차별의 극복
- 지역주민으로 하여금 그들의 삶에 영향을 미치는 결정에 통제력을 행사하게 하는

활동

- 새로운 욕구의 충족과 기존욕구의 충족방법의 개선
- 고용, 행정구조, 지역사회 프로젝트, 일반적 자원의 제공에 있어서 편견의 해소
- 사회정의의 증진을 통하여 인종과 성차별을 극복하는 투쟁
- 타 기관과의 협력 및 지역, 국가, 지구적 차원에서 활동의 중요성 증진

#### ② 주간보호센터

주간보호센터는 다양한 요보호대상인구가 지역사회 내에서 생활하면서 필요한 서비스를 지역사회 내의 일정한 장을 근거로 하여 제공하는 기관이다. 따라서 사회성 향상, 치료와 재활을 통하여 지역사회와의 통합된 생활을 가능하게 한다.

#### ③ 가족복지관

Holman(1988)의 분류에 의하면 다음의 세 가지 형태가 있다. 첫째, 클라이언트 중심의 센터로서, 의뢰되어 오거나 직접 방문하는 클라이언트를 위하여 사회사업서비스 및 아동보호서비스를 제공하는 센터이다. 둘째, 근린센터 형태이다. 이것은 사회적 욕구가 높은 지역에 위치하여 서비스 사용자의 참여를 격려하는 여러 가지 활동을 제공한다. 셋째, 지역사회개발의 형태로서 서비스의 직접적 제공보다는 지역사회 집단에 대한 간접적 지원을 행한다. Calman(1992)은 여기에 서비스센터를 추가하고 있는데, 서비스센터는 데이케어, 카운슬링, 보건교육 등의 서비스를 직접 제공하는 것이다.

### (3) 서비스 대상과 내용

#### ① 서비스 대상

세틀먼트의 서비스 대상은 대도시지역의 빈곤계층이며, 인구대상별로는 아동, 노인, 장애인 등 다양한 계층을 포괄한다. 주간보호서비스센터의 서비스 대상은 아동, 노인, 정신장애인, 신체장애인 등 인구대상과 문제유형별로 구분되어 있다.

② 서비스 내용

세틀먼트형 사회복지관의 서비스 프로그램은 아동, 노인 등을 위한 주간보호서비스, 지역주민을 위한 법률적 조언과 원조, 직업훈련 및 고용서비스, 성인교육과 지역사회교육, 빈곤주민을 위한 난방 및 에너지 문제 조언, 학령아동을 위한 방과 후 프로그램, 청소년 프로그램, 재정원조, 부채상담 등이 있다. 한편 주간보호서비스센터의 서비스 내용은 〈표 7-7〉과 같다.

**〈표 7-7〉 영국 주간보호서비스센터의 주요 서비스**

| 구분 | 주요 서비스 내용 |
|---|---|
| 노인주간보호서비스센터 | 사회성 활동, 집단활동, 레크리에이션, 외부기관이나 장소로의 외출 등 |
| 정신장애인<br>주간보호서비스센터 | 작업 프로그램, 문자 등 교육, 운동, 언어치료, 목욕, 식사 등 일반적 간호서비스 |
| 신체장애인<br>주간보호서비스센터 | 물리치료, 작업활동, 미술공작활동 |
| 정신질환자<br>주간보호서비스센터 | 사회성 활동 프로그램, 물리치료, 교육 프로그램, 치료집단 |

#### (4) 재정현황

세틀먼트 형태의 사회복지관은 정부보조금, 민간기부금, 건물임대수입 등 자체 수익 사업금, 자선 숍 등에 의한 수입 등으로 구성된다. 토인비 홀과 같은 세틀먼트의 경우는 60~70%에 달하고 있다. 지방정부 운영의 주간보호센터나 가족복지관은 전액 공공재정으로 운영된다. 비영리민간기관이 운영하는 주간보호센터나 가족복지관은 공공재정의 지원금과 민간기부금, 자체수익사업금 등으로 운영되며, 그 구성형태는 기관에 따라 상당한 차이가 있다.

### 2) 미국의 사회복지관

#### (1) 사회복지관의 의미와 개념

미국 사회복지관은 Settlement House, Neighborhood Center, Community Center 등으

로 혼용하고 있다. 19세기 말과 20세기 초반까지 거의 모든 사회복지관은 Settlement House였다. 그러나 1930년대 이후부터 Settlement는 Neighborhood Center로 변모하여 1950년대 이후에는 거의 대부분이 Neighborhood Center로 변하였다. Settlement House의 직원들은 복지관에 거주하여 지역주민과 생활을 하는 반면에 Neighborhood Center의 직원들은 전문직 사회사업가로서 지역사회 밖에서 출퇴근을 하면서 복지관 업무를 하고 있다. Community Center는 1960년대 이후 빈곤과의 전쟁이라는 이름하에 전개된 사회복지시책의 일환으로 연방정부의 예산지원으로 설립된 사회복지관이며 Settlement House 설립정신을 그대로 이어받았고, Neighborhood Center와는 차이가 있다(Hillman, 1998).

Neighborhood Center는 대부분 저소득 빈곤계층 밀집지역에 위치하고 있으나 Community Center는 일반주택지에 또는 학생들의 공동기숙시설에도 설치되어 있다. 그리고 전자는 휴일을 제외하고 거의 매일 지역주민에게 개방되고 저녁 늦은 시간까지 프로그램이 운영되고 많은 정규, 비정규 직원들이 다양한 프로그램을 제공하고 주로 민간자원을 재원으로 삼고 있다. 그러나 후자는 일주일에 며칠 정도 문을 열고 이용시간도 한정되어 개방되는 경우가 많으며 소수의 직원들이 특정한 프로그램만 운영하고 운영자금은 정부나 학교 등 공공기관의 예산에 크게 의존하고 있다.

그러나 사실상 오늘날에는 Community Center도 전통적 사회복지관과 같은 형태의 것으로 간주되고 있으며 따라서 미국의 대표적인 사회복지관은 Settlement House와 Neighborhood Center이지만 오늘날에는 Community Center도 사회복지관의 범주에 포함된다.

### (2) 사회복지관의 기능 및 운영실태

사회복지관은 전통적으로 다양한 기능과 역할을 수행해 왔다. 그러나 사회복지관운동의 근본적 목표는 직접적 서비스 제공과 사회문제의 해결 및 사회개혁을 실현시키는 것이었다. 따라서 사회복지관의 본질적 기능은 크게 두 가지로 요약될 수 있다. 하나는 종합적 복지서비스를 직접적으로 제공하는 기능이며 다른 하나는 지역사회의 문제해결과 지역사회조직화 기능이다. 오늘날 미국의 사회복지기관은 전반적으로 후자의 기능이 크게 퇴색되었고 전자의 기능이 훨씬 강조되는 경향을 보이고 있다. 그러나 여전히 미국의 사회복지관은 지역사회의 빈곤 또는 소외계층을 대변하여 세입자 연맹을 결성하거나 청소년문제해결을 위한 공동 프로그램에 참여하는 등의 지역사회조직화 운동을 전개하고 있다.

미국의 사회복지관 운영은 천차만별이다. 그러나 공통적 특성을 발견한다면 그것은 사회복지관이 인간의 출생과 사망에 이르기까지 각기 다른 서비스 대상에 대해서 종합적 서비스를 제공하고 있다는 점이다. 그러나 사회복지관이 종합적 서비스를 제공하고 있다고 하지만 현실적으로는 외부로부터 재정지원을 받을 수 있는 연령층을 대상으로 하는 프로그램에 치중하고 있는 실정이다. 전형적 사회복지관의 활동상황을 시간대별로 서술하면 다음과 같다.

사회복지관은 아침 일찍 어린이집을 열어 아이들을 보호하는 것부터 시작한다. 오전에는 학업을 중단한 여성의 학습교실을 운영하며 복지관에서 무료로 제공되는 급식을 준비한다. 점심시간에는 지역의 재가노인과 장애인에게 식사를 제공하기 위해서 가정방문을 하여 집안청소까지 해 주고 돌아온다. 오후 방과 후 시간에는 아동이 복지관에 모여 농구, 수영, 탁구 등의 과외활동을 하며 학습교실에서 보충수업을 하기도 한다. 어린이집의 아동은 오후 늦게 돌아가며 지역사회조직가는 지역발전을 위해 지역의 집단대표들과 접촉한다. 저녁에는 이사회와 보이스카우트 또는 걸스카우트 모임이 있고 때로는 단주집단모임이 열리기도 한다.

### (3) 서비스 및 프로그램 현황

#### ① 가정복지 프로그램

사회복지관은 지역사회 내 빈곤계층 가정의 삶의 조건을 향상시킴으로써 건실한 가족생활을 영위하도록 노력한 전통을 보유하고 있다. 따라서 사회복지관은 오늘날에도 빈곤가정과 문제가정에 대한 각종 프로그램을 실시하고 있다. 특히 최근에는 도시빈민지역에 만연하는 모자가정에 대한 프로그램 및 서비스에 중점을 두고 있는 상황이다.

② 아동복지 프로그램

사회복지관은 초창기부터 도심의 빈민지역 맞벌이부부를 위한 보육 프로그램을 수행해 왔다. 따라서 오늘날에도 사회복지관은 전형적으로 보육사업을 실시하는 기관이 많다. 그 밖에 아동능력개발 프로그램 운영, 아동보호서비스 제공, 보건 및 의료서비스를 제공하는 기관들이 있다.

③ 청소년복지 프로그램

초창기부터 지역사회의 비행청소년을 대상으로 한 서비스를 강조하여 오늘날에도 이는 핵심적 프로그램의 한 영역으로 간주되고 있다. 청소년을 대상으로 하는 서비스에는 비행예방 프로그램과 비행청소년을 대상으로 하는 프로그램이 있다. 복지관에서는 청소년이 그들의 애로사항을 해결하도록 도와주어 그들과 상호 호혜적 관계를 유지하려고 노력한다. 특히 미국에서는 청소년문제가 성문제와 관련되어 10대 미혼모 문제와 미성년 가정의 문제가 심각하다. 따라서 이들에 대한 성교육 프로그램과 부모역할훈련 프로그램은 매우 중요한 의미를 지닌다.

④ 노인복지 및 지역주민 프로그램

복지관은 전형적으로 저소득 재가노인을 대상으로 한 이동급식 프로그램과 중식제공 프로그램을 수행하고 있다. 그 밖에 사회복지관은 지역사회노인을 대상으로 한 노인정에서의 각종 레크리에이션 프로그램과 병약하고 치매증세를 보이는 노인을 위한 노인주간보호서비스와 상담, 일일여행, 건강 및 보건서비스 등을 제공하고 있다.

⑤ 사회복지관의 집단 프로그램

사회사업실천방법론에서 개별사회사업발전의 기원을 자선조직협회에 둔다면 집단사회사업은 사회복지관활동에서 연원한다. 오늘날 미국의 사회복지관 프로그램 가운데 집단사회사업의 활동은 여전히 큰 비중을 차지하고 있다. 많은 복지관에서 방과 후

아동지도 집단 프로그램, 청소년 상담 및 문제해결 프로그램, 약물남용치료집단 프로그램, 노인주간보호와 보육 또는 집단 프로그램 등을 운영하고 있다.

#### (4) 재정현황

초기의 사회복지관은 설립자의 개인재산이나 지역유지의 후원으로 운영되어 왔다. 그 후 제1차 세계대전 이후로 설립된 지역공동모금회의 지원이 이루어졌고 1930년대 이후에는 연방정부의 각종 복지정책의 시행으로 정부에 의한 보조금 수입이 중요한 재원이 되었다. 이러한 재원의 구조적 변화가 사회복지관의 성격을 직접적 서비스 전달기관으로 변모시켰다고 볼 수 있다. 사회복지관이 정부나 공공기관 그리고 미국공동모금연맹으로부터 지원을 받을 때에는 프로그램의 수행에 따른 계약의 형식으로 이루어진다. 그러므로 재정적 수입원천을 갖고 있는 사회복지관은 정부나 지원기관에 대하여 제각기 다른 재정보고서를 제출해야 한다. 따라서 미국의 사회복지관의 연간 예산규모는 천차만별일 수밖에 없다.

### 3) 일본의 사회복지관

#### (1) 사회복지관의 개념[2)]

일본 역시 영국의 토인비 홀과 미국의 헐 하우스 운동의 영향을 받아 1891년부터 미국인 선교사에 의해 인보관사업이 도입되었으며 진료소, 초등학교, 봉제학교 등이 개설되었다. 일본 최초의 인보관은 사회주의자였던 가타야마 신이 영국 토인비 홀에 체재하며 배운 인보관사업을 통해 귀국해서 설립한 킹스레이[3)] 홀(Kingsley Hall)이다. 일본 인보관운동은 1921년 오사카(大阪)시민관(1926년 북시민관 개칭) 설립을 계기로 많은 공립 인보관과 대학인보관 등이 설립되면서 발달하기 시작하였다. 이때부터 인보관사업은

2) 성규탁 외(1997) ; 한국사회복지관협회(1999) ; 한국사회복지관협회(1997).

3) Kingsley는 영국의 종교가이며 문학자로서 가타야마 신에게 많은 영향을 준 기독교 사회주의의 대표 인물로서 이의 이름으로 인보관을 설립하였음.

교육적 성격을 띠었으며, 특히 노동자 교육을 통하여 대학생과 노동자와의 교류의 장이 성립했다고 할 수 있다.

1930년대 일본 자본주의의 위기, 중일전쟁 등에 따라 인보관 운동도 왜곡되어 국가시책 실현의 수단이 되기도 하였다. 1958년 사회복지사업법 제2종 사업 가운데 인보관 운동이 사회복지사업으로서 인정되기는 하였으나 인보시설의 고유사업이 공적 비용으로 충당되어야 한다는 법적 근거가 없어 재정난을 겪게 되었다. 일본은 인보관(settlement)의 역어(譯語)로 대학시민사업, 세민동화사업 등으로 혼용하였으나 그 본질을 표현하기가 어려워 1900년대 초반까지 'Settlement' 원어를 사용하였다. 이후 일본 사회복지사업법에는 인보관이라 규정하였으나, 지금까지도 '인보관, 생활관, 후생관, 우애관, 선린관, 시민관' 등 다양한 명칭을 사용하고 있다.

### (2) 사회복지관(세틀먼트)의 기능 및 운영실태

설립 초기의 인보사업은 정신교화적 계몽운동 성향이 강하였으나 제1차 세계대전 이후 세틀먼트의 본격적 발전기에는 공립 내지 반관반민의 형태가 커다란 비중을 차지하게 되었다. 민간의 경우도 하사품, 내무성 지원비, 지방자치단체의 지원금 등으로 인하여 순수한 민간성을 발휘할 수 없는 경우가 많았으나 당시 공적 제도가 부재한 가운데 심각한 빈곤문제에만 대응하는 것에 그쳐 경제보호, 의료보호, 보육, 수산사업 등 단순한 사업을 주로 하였다. 중일전쟁 이후의 탄압에 의하여 대학 세틀먼트의 활동이 중지, 폐쇄, 해산으로 연결되자 민간 세틀먼트운동도 본래의 기능을 중지, 축소하게 되어 활동기반을 상실하게 되었으나 공립 인보관은 전시적 주민교화사업과 군인유가족의 원조, 수산사업 등의 활동을 활발하게 전개하였다.

전쟁 후 민주주의의 기반과 활동의 자유를 얻었지만 전쟁 전부터 이어진 특징과 활동주체로서의 경험미숙이 영향을 미쳤다. 행정적 측면에서는 공민관과 일부 모순되었고, 사회복지적 면에서는 사회복지사업법의 범위에서 소외되어 개개의 사업에 관한 위탁조치만이 이루어졌다. 한편 민간 세틀먼트 관계자들은 전쟁 중의 경험을 반성하거나 세틀먼트 본래의 목적을 유지하려는 생각을 가지고 있었고, 민간적 · 자주적 관점에서 법제화에 대한 우려와 비판을 하는 경우도 있었다. 이와 같이 일본의 세틀먼트는 고도경제성장기 이후, 그 역사적 역할이 축소되면서 보다 전문적인 지역사회복지서비스나 지역주민 상호간의 복지활동, 당사자운동, 주민운동 등으로의 질적 발전을 이루게 되었다.

최근의 일본 사회복지관은 우리나라 사회복지관 성격과 기능이 매우 유사하다. 사회복지관은 지역사회에 존재하면서 주로 낮 시간에 이용하는 기관으로서 다양한 형태의 활동을 전개하고 있다. 사회복지관은 지역사회조직화와 지역사회복지활동을 하고 있으나 1949년 사회교육법이 제정되기 전까지는 사회교육활동을 주로 전개하였으며, 이 법의 제정 이후로는 그 기능이 축소, 소멸되었다. 또 고령화 사회에 접어들면서 주민조직화 활동보다는 사회복지서비스 전달기관의 기능만을 수행하고 있는 변화양상을 보인다.

일본의 사회복지관은 형태에 따라 공립공영, 공립민영, 민립민영의 형태로 다양하다. 우리나라 사회복지관은 민간 사회복지기관으로 존립하는 것이 일반적이나 일본에서는 공립공영, 공립민영의 형태가 많다. 일본의 복지관 조직은 민영기관에서는 이사회가 의사결정기관으로 구성되어 있으나 공영의 경우에는 상부조직의 직접 통제를 받는다. 사회복지관의 인력은 상근직원, 파트타임직원, 자원봉사자로 구성되어 있다. 최근 들어서는 자원봉사자의 전문성, 계속성, 책임성에 관한 문제 때문에 단순한 일에만 이들이 참여하고 상근직원, 파트타임직원 등이 그 외의 모든 업무를 수행하고 있는데 인건비 상승으로 인해 파트타임직원을 많이 두는 추세이다.

### (3) 서비스 대상과 내용[4)]

일본 사회복지관의 서비스 대상은 사회복지관의 규모와 이에 따른 사업에 따라 각기 다르다. 지역사회복지시대의 사회복지관은 일반적으로 사회복지서비스 제공기관으로 존재하므로 각 복지관은 사업능력에 따라 서비스 제공영역이 분담되고 있다. 서비스의 주요 내용은 상담사업, 급식서비스, 방과 후 아동사업, 보육사업, 신체장애인케

4) 김기태 외(2008).

어사업, 지역장애인 활동사업, 재택개호지원사업, 지역노인케어사업, 자원봉사사업, 정보제공사업 등 다양하다. 물론 지역의 특성과 기관의 능력, 주변 복지자원의 분포 등에 따라 사업과 내용이 정해지며, 주요 사업들은 정부와의 단위계약에 의해 이루어지는 것이 많다.

일본 지역복지시설협의회는 지역복지센터, 인보관 등 지역복지시설의 진전을 도모하는 것과 더불어 세계의 사회복지증진에 기여하는 것을 목적으로 1971년 7월에 설립되었다. 회칙에는 이를 위한 사업으로서 ① 지역복지센터, 인보관 등 지역복지시설의 진전을 꾀하는 활동, ② 연구회, 강연회 등의 개최, ③ 기관지, 기타 간행물의 발행, ④ 지역복지에 관한 조사, 연구, ⑤ 국내·외 여러 단체와의 연락 및 협력에 관한 활동, ⑥ 기타 필요하다고 인정되는 사업을 한다고 규정되어 있다(오오하시켄사쿠, 2005).

사회복지관이 사회교육 프로그램을 시행하는 것에 있어서 우리나라와 일본과의 차이는, 우리는 사회통합을 위해 이를 활용하는 것이라기보다 사회복지관의 재정적인 면 때문에 부득이 하고 있다는 인상이 강하다는 사실이다. 따라서 천편일률적 사회복지관이 아니라 대도시형이냐, 소도시형이냐, 농촌형이냐, 그리고 도시라도 일반도시주택환경지역이냐, 슬럼지역이냐, 임대아파트지역환경이냐에 따라 그 성격과 활동이 규정되고 있다.

### (4) 재정현황

일본의 사회복지관은 운영형태에 따라 상이한 재정구조를 보인다. 일본 각 인보관의 재정은 그 형태에 따라 다르나 일반적으로 보조금, 기부금, 조치비, 잡수익금 등으로 구성되어 있다. 정부지원에는 일정한 기준이 없으며 프로그램 위탁이나 민간 사회복지시설 육성사업 보조금 등으로 지원을 받고 있는 실정이다. 민영의 경우, 공공과 민간재정으로 운영되고 있고 공영의 경우 공공재정으로 운영되고 있는데, 민간재정이 차지하는 비율은 그렇게 많지 않으며 대부분이 공공재정으로 운영되고 있다. 우리나라와 같이 공공재정의 지원이 일률적으로 정해져 있지 않고 사업별로 지원되기 때문에 법으로 정해져 있는 사업만을 할 수밖에 없는 한계를 안고 있다.

〈표 7-8〉 **각 나라의 지역사회복지관 비교**

| 구분 | 미국 | 영국 | 일본 | 한국 |
|---|---|---|---|---|
| 개념 및 성격 | • settlement<br>• neighborhood center<br>• community center | • 세틀먼트<br>• 주간보호센터<br>• 가족복지관 | • 인보관<br>• 세틀먼트<br>• 커뮤니티센터 | • 종합사회복지관(가형, 나형, 사회복지관형)<br>• 단종사회복지관 |
| 발전 과정 | • 1913년 - 32개주 413개 사회복지관 설치·운영<br>• 1920년 - 사회사업전문화에 부응 못 함<br>• 1930~1940년 - 빈곤대책, 정부중심으로 전개<br>• 1960년 - 사회통제기관으로 간주, 기반약화<br>• 1970~1980년 - 복지예산감축, 민간기관 재정 어려움<br>• 1980년 후반 - 가족자원센터발전 | • 1884년 - 최초의 인보관 토인비 홀 설립<br>• 1974년 - BASSAC사회행동센터협회 | • 초창기 - 1934년 제1선린관 설립<br>• 보급기 - 13번째 선린관 설립. 1938년 국민건강보험법 의료보호법, 후생연금 보험법 제정, 수산사업, 보육사업 활발<br>• 제도화기 - 수산소 모습 감춤. 보육소 인가받음. 1952년 선린관이 사회복지법인허가<br>• 사업축소기 - 보육사업 확충, 다른 사업 노력 없음<br>• 지역사회복지시설로의 전개기 - 1980년 후반 지역에 기초한 사업전개, 지역데이 서비스사업 | • 1920년 - 미국선교부에 의해 최초로 설립<br>• 1970년 - 종교재단이나 의원단체의 자원에 의해 운영<br>• 1980년 - 정부가 적극 개입 |
| 조직 | • 비영리 민간법인 - 대규모 법인 또는 지역단위의 한 개의 복지관 | • 민간비영리기관 - 세틀먼트와 사회행동센터<br>• 공공기관, 민간비영리, 영리기관 - 주간보호센터, 가족복지관 | • 공립공영<br>• 공립민영<br>• 민립민영 | • 지방자치단체에서 운영<br>• 민간법인 |
| 인력 | • 전문사회사업가<br>• 준전문가<br>• 자원봉사자 | • 상근직원<br>• 파트타임직원<br>• 자원봉사자 | • 상근직원<br>• 파트타임직원<br>• 자원봉사자 | • 상근직원<br>• 파트타임직원<br>• 자원봉사자 |
| 재정 | • 정부, 공공기관, 미국공동모금연맹으로부터 지원<br>• 프로그램의 수행에 따른 계약형식 | • 민간기관 - 공공 + 민간재정<br>• 공공기관 - 공공 재정 | • 민영기관 - 공공 + 민간재정<br>• 공영기관 - 공공재정 | • 정부보조금(국고 20%, 지방비 60%) +자부담 |

## 4. 한국 사회복지관의 문제점과 발전방향

최근 사회복지서비스가 확대되면서 기존 복지관 이외의 다양한 민·관 복지공급자들이 등장하고 있다. 특히 노인장기요양보험, 바우처 등으로 인하여 경쟁적으로 민간복지공급기관들이 참여하고 있으며, 심지어는 지방자치단체를 비롯한 공공기관들도 직접 서비스를 제공하는 경우도 늘어나고 있다. 90년대 이후 사회복지관은 대표적 민간사회복지기관으로서 중추적인 복지전달체계 역할을 담당하였다. 그러나 급격한 복지환경변화에 부응하기 위해서는 그동안 전통적으로 규정되어 왔던 지위와 역할에서 벗어나 근본적 변화가 요구되고 있다. 이와 같은 시대적 흐름을 배경으로 사회복지관의 기능과 역할을 재정립하려는 연구와 모색도 다양하게 진행되고 있으며, 사회복지관과 지방자치단체가 추구해야 할 방향을 살펴보면 다음과 같다.[5)]

### (1) 사회복지관 적정인력 기준 마련 및 배치

사회복지관을 민간에게 위탁하여 운영하는 것의 본질적 목적은 민간의 전문성으로 인한 서비스의 전문성 제고에 있다. 경기도 63개 사회복지관을 대상으로 한 조사결과, 사회복지관 평균 인력은 17명, 정규직은 80.1%, 지역별 인력은 28명에서 13명인 것으로 나타났다. 전형적인 대인서비스에 해당하는 사회복지서비스의 품질과 이용자 만족도를 증진시키기 위해서는 무엇보다도 전문성을 갖춘 적정 규모의 인력을 확보하는 것이다. 더욱이 복지환경 변화에 따른 복지수요는 급증하고 있고, 민관협력 요구가 높아지고 현 시점에서 적정한 인력과 재원에 대한 추가 투입 없이는 복지사각지대 발굴이나 사례관리, 후원금 관리 등 그 어떤 것도 가능하지 않은 모순에 직면해 있다.

### (2) 사회복지관 정부보조금 감소 변화에 대한 대응 필요

사회복지관 정부보조금은 지역별로 상당한 차이가 있는 것으로 나타났다. 각 지자

5) 유정원 외 공저(2015) 경기도 종합사회복지관 현황 및 역할 재정립 기초연구(경기복지재단)

체별 사회복지관의 인력규모나 역량에 따라 차이가 있겠지만 대체적으로 지자체를 비롯한 정부의 보조금 비율이 60%에 달하고 있는 것으로 조사되고 있다. 또한 2011년부터 복지관 보조금이 증가하다가 2014년부터 점진적으로 감소하고 있는 것으로 나타났다. 따라서 사회복지관에 대한 정부보조금이 감소하는 변화에 대하여 각 사회복지관은 대응 및 준비가 필요하다. 사회복지관 사업수행에 대한 전문적이고 객관적인 평가를 통해 보조금 지급의 근거를 마련하여 정부보조금 지원에 대한 타당성을 확보해야 할 필요가 있다. 한편, 사회복지관의 모금 및 후원사업을 강화하여 정부보조금에 대한 의존도를 점진적으로 줄여나가야 할 필요도 있다.

### (3) 민·관 협력 파트너십 구축

2013년부터 국내 사회복지관은 '가족복지사업, 지역사회보호사업, 지역사회조직사업, 교육 및 문화사업, 자활사업' 등 5대 사업 중심에서 '사례관리기능, 서비스제공기능, 지역조직화 기능' 등 3대 기능사업 중심으로 변경되었다. 이와 관련하여 복지대상자 발굴, 서비스 연계, 사례관리 등 새로운 업무가 추가되었고, 복지코디네이터, 방문간호사 등을 배치하여 개인별 욕구에 맞는 복지서비스 상담을 강화하고, 보건소, 고용센터 정신건강증진센터 등 공공기관 및 복지관 등 민간기관과 네트워크를 구축하고 민간자원을 발굴하고 연계를 강화하는 사업 등이 포함되고 있다. 이러한 사회복지서비스의 공적 전달체계 강화에 대하여 사회복지관은 사업수행을 함에 있어서 공공기관 간의 파트너십을 구축하여 협력관계를 활발히 해야 할 것이다. 한편 민관관계는 협력관계이면서도 경쟁관계이기도 하다. 따라서 사회복지관은 전략적 협력관계를 구축하여 3대 기능사업 중심으로 중추적인 역할을 수행할 수 있어야 한다.

### (4) 사례관리 사업의 전문성 강화

사회복지관 주요사업이 사례관리기능 등 3대 기능사업 중심으로 변화하면서 사회복지관의 주요사업 중 하나가 사례관리이며, 이에 대한 수요와 사회적 인식이 크게 변화하고 있다. 2014년 경기도의 '희망복지지원단' 공공사례관리사업과 같이 일부 지방자치단체에서는 취약계층에 대하여 직접적인 사례관리사업을 진행하고 있는바, 사회복지관은 사례관리가 고유한 영역이 아님을 인식해야 할 것이다. 특히, 공공사례관리의 도입은 사회복지관의 사례관리사업 전문성 여부에 관한 심각한 도전으로도 인식되고 있다. 따라서 사회복지관은 사례관리기능을 강화할 수 있는 방안을 적극 모색할 필요가 있다.

### (5) 지역주민 주도 사회복지관 강화

사회복지관은 지역주민을 위한 시설임에도 불구하고 의사결정과정에서 지역주민의 참여를 활성화시키려는 노력이 부족하다. 또한 주민자치센터가 행정복지센터로 변신하여 운영되고 있는 시점에서 사업의 중복방지 및 효율성 제고를 위하여 지역 내 유관기관·단체뿐만 아니라 사회복지관 상호 간 연계체계 구축 및 정보공유가 충분히 이루어져야 함에도 실질적으로는 잘 이행되지 않고 있다. 연계와 협조 및 조정체계의 미흡은 곧 경쟁과 중복 낭비를 초래하는 것이며 나아가 지역단위의 복지계획이 근본적으로 적절하게 수립되지 못하고 있다는 것이다. 아울러 지역사회의 자원봉사자 등 인적자원을 확보하기 위해서는 정보화가 기본적으로 이뤄져야 하는데, 여전히 일부 사회복지관에서는 DB를 비롯한 정보화가 활성화되지 않고 있는 실정이다. 사회복지관은 지역사회 변화의 촉진자로 수행해야 한다. 이를 위해 지역주민과 관계형성을 맺고, 지역주민이 주도적으로 지역공동체를 변화시키는 역할을 하도록 해야 한다. 따라서 지역주민이 주도하는 사회복지관으로 변화하도록 노력해야 할 것이다.

### (6) 전문화된 프로그램 및 서비스 제공자 역할 강화

사회복지관의 '사례관리기능, 서비스 제공기능, 지역조직화기능' 등 3대 기능 중 가장 많은 이용인원이 있는 영역은 서비스 제공기능으로 나타났다. 따라서 사회복지관은 전문화된 프로그램 및 서비스를 제공하는 역할을 해야 하며, 항상 '사전조사, 기획, 실행, 평가, 환류' 등 PDCA체계 안에서 지속적인 프로그램 및 서비스 향상이 이루어져야 할 것이다. 따라서 사회복지관은 단순한 행정업무 담당자가 아닌 전문적인 서비스를 제공할 수 있는 전문사회복지사로 성숙해야 할 것이며, 지역주민의 욕구를 반영한 전문적인 프로그램을 개발, 실행, 평가하는 역할을 담당해야 할 것이다.

사회복지관은 지난 2013년부터 5대 사업 중심에서 3대 기능 중심으로 새롭게 변화하고 있으며 이와 관련한 새로운 프로그램과 서비스 개발 및 제공 등 새로운 전문성이 발휘되어야 할 시점이다. 또한 앞서 논의한 바와 같이, 공공기관에서도 사례관리 등 직접적인 복지서비스를 경쟁적으로 제공하고 있는 상황에서 사회복지관은 본연의 성격과 정체성을 확보하는 노력이 시급히 필요한 시점이라고 볼 수 있다.

한편 〈표 7-4〉에 나타난 바와 같이, 현재 사회복지관은 소유권이 지자체에 있는 공공사회복지관과 사회복지법인 등 민간이 소유권을 가진 민간사회복지관 등 운영주체가 다원화되어 있다. 그럼에도 불구하고, 정부는 매년 「사회복지관 운영관련 업무처리 안내」 등을 통하여 사회복지관의 운영방향과 사업방향의 기준점을 제시하고 있다. 아울러 이를 바탕으로 3년에 한 번씩 이 범주 내에서 복지관 운영과 사업이 범주 내에서 진행되고 있는지를 평가하고 있다. 사회복지관은 지역주민을 위한 그리고 지역주민의 참여에 의한 사회복지서비스를 전달하는 중추적인 복지 공급자이다. 지역사회에 기반을 두고 지역사회의 사회적 욕구와 사회적 문제를 해결하는 데 중요한 역할을 담당하고 있는 사회복지기관이다. 각각의 지방자치단체와 사회복지관이 협력하고 경쟁하고 수용할 수 있는 사업방향과 지침 등을 사회복지관 스스로 만들어서 새로운 복지환경 변화와 복지수요에 능동적으로 대응할 수 있는 사회복지관으로 성장해야 할 것이다.

## 요점정리

1. **사회복지관의 정의** 사회복지관은 지역사회 내에서 일정한 시설과 전문인력을 갖추고 지역사회의 인적·물적 자원을 동원하여 지역사회복지를 중심으로 종합적 사회복지사업을 수행하는 사회복지시설.

2. **지역사회복지관의 역할** ① 지역사회문제 파악의 역할, ② 서비스센터의 역할, ③ 지역주민 중 특정한 욕구와 문제를 가진 대상체계를 위해 중개자, 대변자의 역할 수행, ④ 사회적으로 바람직한 목적을 위해 교육, 선전, 설득, 압력 등의 조직적 노력을 통해서 변화를 일으키는 사회행동센터로서의 역할, ⑤ 지역주민을 위한 사회교육센터로서의 역할, ⑥ 지역사회복지관의 집회실, 결혼식장, 체육시설 등의 시설을 공동이용하는 센터의 역할, ⑦ 사회경제적으로 취약하고 소외된 저소득층의 장애인, 노인, 주부 등을 위한 취업훈련, 취업알선, 취업지도 등 직업안정센터로서의 역할, ⑧ 인적(자원봉사자 등)·물적 자원을 조직화하여 그것을 필요로 하는 지역주민에게 분배하고 연결시켜 줄 수 있는 자원동원의 역할 수행.

3. **지역사회복지기관의 기능** ① 지역사회를 근거로 하는 복지기관, ② 지역주민의 욕구 및 문제를 파악하여 이에 필요한 서비스를 제공하는 직접서비스기관, ③ 사회복지사와 같은 전문인력의 확보를 통해 지역주민의 복지증진을 위한 전문적 서비스 프로그램을 실시하는 복지기관, ④ 제도나 형식을 떠나 지역주민과 인간적 측면에서 개별적 접촉을 유지하고 발전, ⑤ 이주민을 포함한 지역주민의 근린의식을 함양시키고 민주적 시민의식을 고취, ⑥ 새로운 지식과 기술을 응용하고 실험, ⑦ 직접적 혹은 간접적 문화활동 촉진, ⑧ 도시계획과 관련하여 지역사회개발사업을 기획·실천.

4. **지역사회복지관의 운영원칙** ① 지역성의 원칙, ② 전문성의 원칙, ③ 책임성의 원칙, ④ 자율성의 원칙, ⑤ 통합성의 원칙, ⑥ 자원활용의 원칙, ⑦ 중립성의 원칙, ⑧ 투명성의 원칙.

5. **지역사회복지관 재정구성** ① 정부보조금 : 중앙정부나 지방정부로부터 지원받는 기관운영비, 사업비, 시설장비비 등, ② 법인보조금 : 조직 자체의 자산 확보를 위한 부분, ③ 후원금 : 개인이나 단체 등이 기관에 직접 자원을 제공하는 부분, ④ 수익금 : 기관이 서비스의 생산과 판매를 통해 확보하는 부분.

6. **지역사회복지관 사업내용** ① 사례관리기능(사례발굴, 사례개입, 서비스 연계), ② 서비스 제공기능(가족기능강화, 지역사회보호, 교육문화, 자활지원 등 기타), ③ 지역조직화 기능(복지네트워크 구축, 주민조직화, 자원개발 및 관리)

7. **지역사회복지관의 문제점과 개선방향** ① 사회복지관 적정인력 기준 마련 및 배치, ② 사회복지관 정부보조금 감소변화에 대한 대응 필요, ③ 민관 협력 파트너십 구축, ④ 사례관리사업의 전문성 강화, ⑤ 지역주민 주도 사회복지관 강화, ⑥ 전문화된 프로그램 및 서비스 제공자 역할 강화

# 재가복지서비스

## 1. 재가복지서비스의 개념

지역사회보호(community care)에 바탕을 두고 있는 재가복지서비스는 재가보호(home care)에 의한 지역사회복지를 증진시키는 데 목적을 두고 있다. 서구의 경우 1970년대에 탈시설화, 정상화 이념의 확산과 함께 시설보호(institutional care)의 반대개념으로 지역사회보호운동이 각광을 받음으로써 노인과 장애인에 대한 보호의 인식전환이 있었다. 재가복지서비스는 시설복지서비스와는 상대적 개념으로 가족이나 지역주민, 전문적 서비스 인력에 의해 재가 혹은 지역사회 중심의 서비스를 전개하는 것이다(고수현, 2007: 201-202).

우리나라의 경우 1980년대 초부터 노인복지분야에서 노인결연사업과 상담사업이 추진되었고, 1980년대 중반부터 노인에 대한 시설보호 중심에서 가정에 있는 노인에 대한 보호와 지원으로 전환할 필요성을 인식하였다. 1987년에 한국노인복지회 및 은천노인복지회에서 가정봉사원 파견사업을 시범 실시하여 재가복지서비스가 시작되었으며, 장애인복지분야의 지역사회 중심 재활사업(CBR: community based rehabilitation)을 통해 확산되었다.

1992년 '제7차 경제사회발전 5개년 계획'에서 사회복지서비스 분야의 기본방향을 시설보호에서 재가보호서비스의 확충, 선별적 서비스 중심에서 보편적 서비스의 제공, 사후치료적 서비스에서 사전예방적 서비스의 강화 등으로 설정하였다(이영철, 2007: 219). 1992년부터 재가복지봉사센터가 전국에 설치·운영되면서 재가복지사업이 본격적으로 강조되었으며, 1993년 사회복지사업법 개정에 따라 재가복지사업이 사회복지사업의 한 영역으로 규정되었다. 1997년에 재개정된 노인복지법의 가정봉사원 파견사업, 주간보호사업, 단기보호사업이 재가노인복지사업에 해당한다.

재가복지사업을 강조하게 된 사회적 배경으로는 다음과 같은 요인을 들 수 있다.

첫째, 전통적 지역사회의 변질에 따라서 지역주민의 상호부조적 복지기능이 희박해졌으며, 사회복지서비스가 필요한 요보호자들을 생활의 장으로부터 격리시켜 보호하는 데 그치지 않고 예방, 재활, 사회통합에 목적을 둔 서비스가 필요하게 되었다. 사회의 보통사람들과 같은 보편적 생활이 가능하도록 하는 정상화(normalization)의 이념에 입각한 사회복지서비스의 조직화가 요구된다는 사회복지의 변화경향을 반영한 것이다.

둘째, 인구의 급속한 고령화에 따라 보호를 요하는 노인층이 증대하여 기존의 시설복지만으로는 양적으로 대응할 수 없게 되었으며, 사회적 보호대상의 확대와 보호 메커니즘의 다양성이 요구되었다. 기존의 시설보호로는 현재의 사회인구학적 변화에 탄력적으로 적응할 수 없을 뿐 아니라 보호를 필요로 하는 사람들을 포괄할 수 없기 때문이다. 즉 고도경제성장에 따른 급격한 산업화, 도시화, 핵가족화에 수반하는 가족의 기능 및 구조의 변화와 여성의 사회활동 증가로 가족구성원 내에서 도움이 필요한 노인, 장애인, 아동 등의 보호를 담당하는 것이 어려워졌다.

셋째, 국민의 복지욕구가 다양화되고 복잡화되어 인적 서비스로 대응해야 할 비화폐적 욕구가 증대함으로써 경제적 급여뿐만 아니라 각종 다양한 욕구충족의 방법이 요구되고 있다. 클라이언트를 소극적 대상자로부터 복지서비스를 주체적으로 선택하여 이용하는 생활주체, 권리주체로서 파악해야 한다는 적극적 의미를 부여하게 됨으로써 재가복지서비스가 등장하는 계기가 되었다.

재가복지의 발달배경은 국가와 사회에 따라 각기 다른 형태로 나타나 있으나 대부분 시설보호로부터 탈피하려는 의도가 강하게 나타나고 있는 것이 사실이다. 영국과 일본은 시설보호의 폐단을 줄이고, 보다 나은 서비스 향상을 도모하고자 하는 의도가 강했으나 우리나라는 시설서비스의 대체수단으로 재가복지를 실시하는 경향을 띠고 있다. 그러나 양자 모두 시설서비스가 주는 한계성을 인식하고 시설서비스에서 나타나는 시설병(hospitalism)으로 인한 문제점 해결과 탈시설화, 정상화(normalization)와 사회통합의 이념을 염두에 두고 있다. 그리고 수용시설의 개방화, 사회화, 중간시설화, 일시보호시설화, 소규모화 등을 제기하며 아울러 재가복지를 주창하게 된 것이다(류상열, 2008: 373-374).

## 2. 재가복지사업의 발전과정

정부의 재가복지사업은 1987년 가정봉사원 파견사업을 지원하면서 시작되었다. 재가복지사업의 발전과정을 ① 서비스 필요성 인식기(1980년대 초~1986년), ② 서비스의 실험적 시행기(1987~1991년), ③ 서비스 제도화 및 확대기(1992년 이후~)의 3단계로 구분하고 있다(최성재, 2000: 85-91; 이영철, 2007: 224-225).

### 1) 서비스 필요성 인식기(1980년대 초~1986년)

1970년대를 전후하여 노인문제가 저소득계층에서뿐만 아니라 모든 노인계층에게 공통적으로 심각한 사회현상으로 나타나게 됨으로써 사회문제로 대두되기에 이르렀다. 그 후 1981년 세계에서 세 번째로 노인복지법이 제정되었는데 이 법규정에서 노인복지서비스는 저소득층과 시설보호 중심의 서비스였고, 재가노인에 대한 서비스는 전혀 없었다(이영철, 2007: 224). 한편 노인의 단독세대가 증가하고 저소득노인으로서 거택보호를 받고 있는 노인에 대한 특별한 사회적 보호와 건강보호의 필요성을 인식하게 되었다(주경식, 1984).

1980년 중반 이후 재가노인복지의 구체적 프로그램으로서 가정봉사원 파견제도가 논의되어 일본에서 가정봉사원 파견사업으로 사용하고 있는 홈헬퍼(home helper)를 그대로 사용하게 되었다(김정자 외, 1986). 한국여성개발원의 조사연구에서 가정봉사원 파견제도의 필요성과 실시의 가능성을 요청하기에 이르렀다. 다른 한편 1986년 한국노인복지회가 영국의 노인복지기관인 Help Age International과 접촉하여 1987년부터 실험적으로 실시하려는 계획을 세우고 재정지원을 보건복지부에 요청, 이의 필요성을 이해하고 더욱 확실히 인식하기에 이르렀다(이영철, 2007: 224-225).

### 2) 서비스의 실험적 시행기(1987~1991년)

한국노인복지회가 1987년부터 자원봉사자를 모집하여 가정봉사원 파견사업을 실행하기에 이르렀고, 정부에서는 1989년부터 은천노인상담소에 파견사업을 지원하기에 이르렀다. 이때부터 서울시는 두 곳(남부, 북부노인종합복지관)에 파견사업을 시작하였다(이영철, 2007: 225). 1989년 노인복지법이 개정되고 1991년까지 재가노인복지사업으로 노인주간보호서비스와 단기보호서비스를 정부에서 지원토록 요청하였다. 또한 이 시기는 지역사회복지관이 급속하게 증설되어 100여 개가 넘게 되고, 한국사회복지협의회의 시·도 지부가 정부의 지원을 받아 지역복지봉사센터가 설치되어 재가복지사업이 더욱 활성화되는 계기가 되었다.

### 3) 서비스의 제도화 및 확대기(1992년 이후~)

정부가 재가복지사업의 중요성을 인식하여 이 사업에 획기적 전환을 가져오기에 이르렀다. 1992년 전국사회복지관 105개에 재가복지봉사센터를 신설하고 8개의 노인복지관, 16개의 장애인복지관에도 시행하여 전국에 129개를 설립하였다. 1992년 이후 시기에는 1993년 사회복지사업법 개정으로 '재가복지사업'이 사회복지사업의 한 종류로 규정되었고, '재가노인복지'는 제도화되기 시작했으며, 재가노인복지사업의 프로그램도 3종류로 확대되었다(이영철, 2007: 225).

민간복지서비스 전달체계 개선계획의 일환으로 2010. 1. 1.부터 종합사회복지관 부설 재가복지봉사센터가 종합사회복지관의 재가복지봉사서비스로 흡수·통합되었으며, 재가복지봉사서비스는 사회복지관의 3대 기능별 사업 중에서 서비스 제공기능의 지역사회보호분야 단위사업으로 이루어지고 있다.

## 3. 재가복지서비스의 구성

재가복지서비스의 구성내용을 살펴보면 전문적 보호서비스, 가사원조서비스, 예방적 복지서비스, 복지증진서비스 등이 있다(신섭중 외 역, 1995: 529-530; 고수현, 2007: 203-204).

### 1) 전문적 보호서비스

가족구성원의 원조로서는 대처할 수 없는 욕구에 대한 전문적 보호서비스로서 일정 수준 이상의 의료, 간호, 재활, 상담 등(방문의료, 방문간호, 방문상담 등)이 필요한 각종 서비스를 말한다.

### 2) 가사원조서비스

식사, 배변, 목욕, 이동 등의 일상적 일에 대한 원조서비스를 말한다. 가정봉사원(home helper) 등 제도상의 복지종사자에 의한 것 이외에 복지시설의 기능을 활용하는 것이다.

### 3) 예방적 복지서비스

요보호대상이 되지 않도록 사전에 예방활동을 하는 것으로 요보호대상 및 일반주민도 서비스의 대상이 된다. 예방적 서비스는 건강교육, 조기검진 등의 보건활동이나 식생활 및 주거생활의 개선과 장애인의 발생을 예방하는 활동을 포함한다.

### 4) 복지증진서비스

노인의 질병, 장애가 있는 당사자의 조직화 등의 분야에서 전문가의 지도에 의하여 행해지는 다양한 형태의 복지증진을 목적으로 하는 서비스를 말하며, 요보호대상자 및 일반주민이 서비스의 대상자가 된다.

## 4. 재가복지의 3대 핵심사업

1993년 개정된 노인복지법에 의하면 재가노인을 위한 3대 핵심서비스를 주간보호사업, 단기보호사업, 가정봉사원 파견사업 등으로 설정하고 있다. 여기에서는 재가복지의 3대 핵심사업을 중심으로 살펴보고자 한다.

### 1) 주간보호사업

가정의 노인, 장애인 등의 서비스 대상자를 주간보호시설(day care center, day service center)로 장소를 옮겨서 낮 시간 동안 보호하고 각종 서비스를 제공하는 사업이다. 즉, 가정에서 통원을 중심으로 서비스를 제공받을 수 있는 서비스로서, 주간보호서비스를 이용하는 노인의 교통서비스, 생활지도 및 일상생활 동작훈련 등 심신의 기능회복을 위한 서비스, 급식 및 목욕서비스, 취미, 오락 운동 등 여가생활서비스, 노인가족을 위한 교육 및 상담서비스 등이 그 예이다. 보호기간은 하루 낮 동안 보호를 원칙으로 하나 이용노인과 보호가정의 상황에 따라 신축성 있게 운영한다.

### 2) 단기보호사업

부득이한 사유로 인해 일시적으로 보호가 필요한 심신이 허약한 노인과 장애노인을 시설에 단기간 입소시켜 보호하고 필요한 각종 서비스를 제공하는 사업이다. 집 안에서 보호를 받고 있는 장애노인을 단기간 수용보호하는 프로그램으로서, 제공되는 서비스 내용으로는 안정과 휴양의 장소 제공, 보호감독의 서비스, 장애에 따른 사회적 고립 예방, 각종 문제의 상담서비스, 가벼운 질병이나 장애에 대한 의료재활서비스 등을 들 수 있다. 보호기간은 1개월에 15일 이하로 이용할 수 있다.

### 3) 가정봉사원 파견사업

가정봉사원 파견사업이란 정신적·신체적 이유로 혼자서 일상생활을 하기가 곤란한 노인을 위해 일정한 교육을 받은 가정봉사원(home helper)을 파견하여 식사, 목욕, 병원 안내 등 각종 생활편의를 위한 서비스를 제공하는 프로그램을 말한다. 일상생활에서 필요한 가사, 보건, 의료, 사회적 서비스를 제공하여 가족부양기능을 강화하는 사업으로 재가복지서비스의 대부분을 차지한다.

가정봉사원은 급여 유무에 따라 유급과 무급으로 구분되며 급여유무에 따라 근무형태와 서비스 대상이 달라진다. 국가, 지방자치단체, 사회복지법인, 비영리법인이 운영주체가 된다.

## 5. 재가복지의 문제점과 개선방안

재가복지의 문제점과 그 개선방안을 제시하면 다음과 같다(김종일, 2007: 265-267; 김기태 외, 2008: 248-250).

### 1) 서비스의 전문성 문제

현재의 재가복지봉사서비스는 기본적으로 자원봉사자를 동원하여 서비스를 제공하고 있기 때문에 서비스의 질과 전문성에 많은 문제를 드러내고 있다. 정부는 재가복지봉사서비스의 질을 높이기 위한 대책을 시급히 마련해야 할 것으로 본다.

그 대책방안을 제시하면 다음과 같다. 우선 사회복지사의 증원배치가 이루어져야 한다. 둘째, 유급봉사자를 확보하여 서비스의 지속성을 꾀하여야 한다. 셋째, 사회복지사와 유급봉사자 그리고 자원봉사자 간의 역할분담을 철저히 하여 업무의 혼선을 빚는 일이 없도록 유의할 필요가 있다.

### 2) 서비스 대상자의 선정문제

현행 재가복지봉사서비스의 대상자 선정은 저소득계층에 초점을 두고 있는데, 이것은 재가복지서비스의 보편화라는 시대적 흐름과 맞지 않는 기준이다. 저소득층이라고 모두 서비스를 필요로 하는 것도 아니고, 중산층 중에서도 서비스를 받아야 할 사람이 얼마든지 있다. 이런 점을 고려해서 소득을 기준으로 하는 현재의 서비스 대상자 선정 방식 대신에 정부 주도의 욕구조사에 바탕을 둔 대상자 선정방식으로 바뀌어야 한다. 다시 말해서 소득의 유무와 상관없이 욕구 중심으로 대상자를 선정해야 한다는 것이다. 이를 위해 유료 서비스 제도의 확대를 적극적으로 검토할 필요가 있다.

### 3) 자원봉사자 교육과 관리

재가복지서비스는 자원봉사자에 대한 의존도가 높기 때문에 양질의 안정적 자원봉사자의 공급이 필수적이다. 단순히 자원봉사자의 수를 늘리는 것만이 능사가 아니다. 이들을 체계적으로 교육하고 관리하여 책임감 있고 수준 높은 서비스 제공의 주체로 삼아야 한다.

### 4) 정부지원

무엇보다도 사회복지서비스에 대한 정부의 접근시각이 달라져야 한다. 정부는 재가복지서비스를 공공부조수급자에 대한 보충적 서비스 정도로 간주하는 인식부터 바꾸어야 한다. 현재의 형식적 재가복지서비스를 질 좋은 서비스로 바꾸기 위해서는 정부의 재정지원을 크게 늘리고 인력의 증강배치에도 관심을 기울여야 할 것으로 본다.

## 요점정리

1. **재가복지사업을 강조하게 된 사회적 배경** ① 지역주민의 상호 부조적 복지기능의 약화, 정상화(normalization)의 이념에 입각한 사회복지서비스의 조직화 요구, ② 급속한 고령화에 따른 보호를 요하는 노인층의 증대, ③ 가족기능 및 구조의 변화와 여성의 사회활동 증가, ④ 인적 서비스로 대응해야 할 비화폐적 욕구의 증대, ⑤ 시설병(hospitalism)으로 인한 문제점 해결과 탈시설화 등.

2. **재가복지서비스의 구성** ① 전문적 보호서비스, ② 가사원조서비스, ③ 예방적 복지서비스, ④ 복지증진서비스.

3. **재가복지서비스의 3대 핵심사업** ① 주간보호(day care or day service)사업, ② 단기보호(short stay service)사업, ③ 가정봉사원(home helper) 파견사업.

4. **재가복지봉사서비스의 대상자** ① 국민기초생활보장수급권자, ② 기타 저소득층 가정으로서 재가복지서비스가 필요하다고 인정되는 자(무의탁 국가유공자 및 유족 등), ③ 미신고시설 수용자(장애인, 여성, 아동, 노인 등), ④ 재가복지서비스를 필요로 하는 지역주민.

5. **재가복지봉사서비스 제공의 기본원칙** ① 적극성의 원칙, ② 능률성의 원칙, ③ 연계성의 원칙, ④ 자립성의 원칙.

6. **재가복지서비스의 문제점** ① 서비스의 전문성, ② 서비스 대상자의 선정문제, ③ 자원봉사자에 대한 교육과 관리, ④ 정부의 지원.

# 지역사회보장협의체

2003년 「사회복지사업법」을 개정하면서 지역사회복지협의체를 시·군·구별로 구성·운영하였으나, 2015년 「사회보장급여의 이용·제공 및 수급권자 발굴에 관한 법률」(이하 '사회보장급여법')을 제정 시행하면서 각 지방자치단체별로 지역사회보장협의체로 변경하여 운영하고 있다. 지역사회보장협의체는 지역사회를 단위로 사회복지 관련 공공과 민간의 주체, 그리고 학계전문가, 주민대표 등이 참여하여 지역의 사회보장을 증진하고, 사회보장과 관련된 서비스를 제공하는 관계 기관·법인·단체·시설과 연계·협력을 강화하기 위하여 전국의 시·군·구별로 구성하여 운영하고 있다.

## 1. 지역사회보장협의체의 개요

### 1) 지역사회보장협의체 추진배경 및 필요성

#### ① 지방분권과 사회복지전달체계의 근원적 변화

1995년 본격적인 지방자치가 도입되고 2005년 지방분권 강화 차원에서 국고보조금방식으로 운영되던 사회복지 관련 사업 중 일부 국고보조사업을 지방으로 이양하고, 2014년까지 분권교부세를 통하여 재정 지원하는 등 우리나라의 사회복지전달체계는 최근 근원적인 변화를 도모하였다. 90년대 말까지 지방자치단체는 과거 중앙정부의 기획을 단순하게 집행하던 차원이었으나, 21세기 들어서는 지역사회 중심의 사회복지 계획수립·운영과 이에 필요한 지역 내 네트워크 구축과 자원 발굴 및 연계기능 등이 중요한 과제로 부각되었다. 이러한 시대적 환경변화를 반영하여 2003년 사회복지사업법 개정 시 지역사회복지협의체 설치 운영과 함께 지역사회복지계획 수립을 동시에 의무화하면서 지역사회복지 활성화의 틀을 마련하였다. 그런데 2012년 사회보장기본법을 개정하면서 기존 사회복지서비스 외에 보건의료, 교육, 고용, 주거 등 다양한 복지서비스를 포괄하는 사회서비스 개념을 도입하였고, 국민의 보편적·생애주기적인 특성에 맞게 소득과 사회서비스를 함께 보장하는 맞춤형 사회보장제도의 운영을 지향하였다. 또한, 사회보장기본법의 기본이념인 맞춤형 복지를 실현하기에는 기존의 사회복지사업법이 사회복지사업 중심의 서비스 이용 절차와 운영에 한정되어 있어 중앙행정기관과 지방자치단체의 유기적인 연계를 통한 지역단위 사회보장을 제대로 이루어내지 못한다는 한계에 직면하게 되었다.

이에 중앙행정기관과 지방자치단체 간 유기적인 연계로 지역 단위의 종합적 사회보장계획 수립 및 지원체계를 정립하고 국민 중심의 맞춤형 복지전달체계 개편의 일환으로 국민의 복지체감도를 향상시키고, 민관협력 활성화의 중요성을 부각하고, 일부 한계점을 극복하기 위하여 2015년 「사회보장급여법」을 제정하였다. 이러한 법률에 근거하여 중앙부처와 유기적 연계를 통한 지역단위의 종합적 사회보장, 지역 간 사회보장의 균형발전을 위한 지원체계가 정비되면서 지역사회복지협의체에서 지역사회보장협의체로의 변화의 전기가 마련되었으며, 구체적인 지역사회보장협의체의 기능 확대 및 활성화 계기가 마련된 것이다(보건복지부, 2015).

#### ② 지역사회복지 환경의 특성을 반영한 연계 및 조직화 필요성

그동안 지역사회 차원의 사회보장서비스 제공 인프라(infrastructure)는 민간영역 중심으로 발달하였다. 그러나 최근 효과적인 지역사회보장체계 구축과 복지전달의 효과성과 효율성 증진 등을 위해서는 공공과 민간 영역의 협력적 파트너십(partnership)의 중요성을 인식하게 되었다. 사회보장영역의 공급주체인 국가, 시장, 비영리민간, 비공식부문은 각자의 장점을 보유함과 동시에 한계를 가지고 있는바, 이를 보완하고 개선하는 차원에서 민관협력의 중요성을 인식하게 되면서 지역사회보장협의체의 필요성이 대두된 것이다. 공공과 민간은 제각기 다른 운영방식과 조직체계 하에서 운영되고 있어 조직체계를 물리적으로 통합하는 것은 어려움이 있으므로 개별 사회보장급여(서비스) 제공기관의 자율성과 탄력성을 보장하면서 지역사회 단위의 통합적 사회보장급여(서비스)를 제공할 수 있는 방안이 필요하게 되었으며 이 과정에서 지역사회보장협의체가 등장하게 된 것이다.

③ 지역사회 공동체기능 회복과 사회적 자본 증대의 절실성

지역공동체란 지역문제를 지역주민 스스로 해결해 가면서 주민 간 신뢰와 협동심 배양, 건전한 지역 풍토 조성, 주민의 자긍심 고취, 지역의 자생력 촉진 등을 통하여 선순환의 발전이 계속되는 생활 공동체를 의미한다. 이때에 지역공동체 회복을 통한 복지문제 해결은 지역사회에서 발굴한 복지자원을 활용하여 복지문제를 현장에서 신속하게 해결함으로써 복지행정의 효율성과 주민만족도의 효과성을 동시에 제고할 수 있는 방법이다. 이와 같이 지방자치가 발전하고 지역공동체 의식이 강화되면서 지역사회보장협의체가 도입된 것이라고 볼 수 있다. 지역의제 발굴부터 자원의 배분에 이르기까지 지역사회 주민이 주도적으로 참여하고 지역사회 복지자원의 총량을 극대화하여 수요자에게 최대한 제공할 수 있는 효과적인 방안모색과정에서 지역사회보장협의체가 등장하게 된 것이다.

### 2) 지역사회보장협의체의 목적

보건복지부(2015)에 의하면, 지역사회보장협의체의 구체적 목적은 다음과 같다.

첫째, 지역사회 내 복지문제를 해결하기 위한 민주적 의사소통 구조 확립을 위해 구

성하였다. 즉, 지역사회보장계획 수립·집행·평가 등 지역사회보장 증진을 위한 과정에 민간의 참여·협력기반을 마련함으로써 국민 중심의 맞춤형 복지서비스 제공에 기여하고자 구성하였으며, 특히, 수급권자에게 필요한 급여(서비스)를 제공하는 기관의 대표 또는 실무자들의 복지문제 해결 의지가 지역사회에서 활발하게 논의될 수 있는 상향식 의사소통 구조의 확립을 위해 구성한 것이다.

둘째, 수요자 중심의 통합적 사회보장급여 제공 기반을 마련하기 위해 구성하였다. 종전의 보건의료와 사회복지 위주의 서비스 제공에서 벗어나 고용·주거·교육·문화·환경 관련 서비스 제공자 간 연계망(network)을 구성하여 수요자의 다양하고 복합적 욕구에 대응한 서비스를 Any-stop, One-Stop으로 제공하고자 구성한 것이다. 즉, 지역 내 서비스 제공 관련 기관·법인·시설·단체 간 연계·협력 강화를 통하여 지역사회보장협의체가 시·군·구의 희망복지지원단 또는 읍·면·동 주민센터의 통합사례관리를 효율적으로 지원함을 목적으로 하고 있다

셋째, 지역사회 내 복지자원 발굴 및 서비스 제공기관 간 연계·협력으로 지역복지자원의 효율적 활용체계를 조성하기 위해 구성하였다. 지역사회의 다양하고 잠재적 복지자원을 발굴·확충하고, 서비스 제공기관 간 연계·협력을 통해 지역사회 복지자원 및 수급권자에 대한 정보 등을 공유함으로써 자원 제공의 중복과 누락을 방지하고자 한 것이다.

### 3) 지역사회보장협의체 구성·운영의 법적 근거

지역사회보장협의체는 「사회보장급여법」 제41조(지역사회보장협의체)에 의거하여 구성하고 있다.

> 제41조(지역사회보장협의체) ① 시장·군수·구청장은 지역의 사회보장을 증진하고, 사회보장과 관련된 서비스를 제공하는 관계 기관·법인·단체·시설과 연계·협력을 강화하기 위하여 해당 시·군·구에 지역사회보장협의체를 둔다.

② 지역사회보장협의체는 다음 각 호의 업무를 심의·자문한다.
  1. 시·군·구의 지역사회보장계획 수립·시행 및 평가에 관한 사항
  2. 시·군·구의 지역사회보장조사 및 지역사회보장지표에 관한 사항
  3. 시·군·구의 사회보장급여 제공에 관한 사항
  4. 시·군·구의 사회보장 추진에 관한 사항
  5. 읍·면·동 단위 지역사회보장협의체의 구성 및 운영에 관한 사항
  6. 그 밖에 위원장이 필요하다고 인정하는 사항
③ 지역사회보장협의체의 위원은 다음 각 호의 사람 중 시장·군수·구청장이 임명 또는 위촉한다. 다만, 제40조제4항에 해당되는 사람은 위원이 될 수 없다.
  1. 사회보장에 관한 학식과 경험이 풍부한 사람
  2. 지역의 사회보장 활동을 수행하거나 서비스를 제공하는 기관·법인·단체·시설의 대표자
  3. 「비영리민간단체지원법」 제2조의 비영리민간단체에서 추천한 사람
  4. 제7항에 따른 읍·면·동 단위 지역사회보장협의체의 위원장
  5. 사회보장에 관한 업무를 담당하는 공무원
④ 지역사회보장협의체의 업무를 효율적으로 수행하기 위하여 지역사회보장협의체에 실무협의체를 둔다.
⑤ 보장기관의 장은 지역사회보장협의체의 효율적 운영을 위하여 필요한 인력 및 운영비 등 재정을 지원할 수 있다.
⑥ 제1항부터 제5항까지에 규정된 사항 외에 지역사회보장협의체 및 실무협의체의 조직·운영에 필요한 사항은 보건복지부령으로 정하는 바에 따라 해당 시·군·구의 조례(「제주특별자치도 설치 및 국제자유도시 조성을 위한 특별법」 제10조 제2항에 따른 행정시의 경우에는 특별자치도의 조례를 말한다. 이하 같다)로 정한다.
⑦ 특별자치시장 및 시장·군수·구청장은 읍·면·동 단위로 읍·면·동의 사회보장 관련 업무의 원활한 수행을 위하여 해당 읍·면·동에 읍·면·동 단위 지역사회보장협의체를 둔다.
⑧ 제7항에 따른 읍·면·동 단위 지역사회보장협의체의 조직·운영에 필요한 사항은 보건복지부령으로 정하는 바에 따라 해당 특별자치시 및 시·군·구의 조례로 정한다.

### 4) 지역사회복지협의체와 지역사회보장협의체의 비교

2015년 사회보장급여법의 제정·시행으로 지역사회복지협의체가 지역사회보장협의체로 변경되고 그 구성과 운영방식 그리고 일부 기능과 주요 사업이 변화되었다. 변화된 주요 내용을 살펴보면 다음과 같다(보건복지부, 2015).

〈표 9-1〉 지역사회복지협의체와 지역사회보장협의체의 비교

| 구분 | 지역사회복지협의체 (2003~2015. 6.30) | 지역사회보장협의체 (2015. 7부터 시행) |
|---|---|---|
| 법적 근거 | 사회복지사업법 제7조의2 | 사회보장급여의 이용·제공 및 수급권자 발굴에 관한 법률 제41조 |

| 구분 | 지역사회복지협의체<br>(2003~2015. 6.30) | 지역사회보장협의체<br>(2015. 7부터 시행) |
|---|---|---|
| 범주 | 보건의료 및 사회복지서비스 중심 | 보건의료 및 사회복지뿐만 아니라 고용·주거·교육·문화·환경 등 영역 확대 |
| 연계<br>체계 | (시·도) 사회복지위원회<br>(시·군·구) 지역사회복지협의체<br>(읍·면·동) 복지위원 | (시·도) 사회보장위원회<br>(시·군·구) 지역사회보장협의체<br>(읍·면·동) 읍·면·동 단위 지역사회보장협의체, 복지위원 |
| 협의체<br>구성 | 10명 이상 30명 이하 위원으로 구성<br>보건의료 또는 사회복지전문가, 서비스 제공기관 대표, 공익단체 추천자 등으로 구성 | 위원 수 확대(10명 이상 40명 이하)<br>사회보장분야 전문가, 사회보장 서비스 제공기관 등의 대표자, 비영리민간단체 추천자 등으로 구성 |
| 협의체<br>운영 | 협의체 업무의 효율적 수행을 위하여 실무협의체 구성·운영 | 실무협의체 구성 및 운영<br>보장기관의 인력 및 운영비 등 재정 지원 |
| 협의체<br>기능 | 관할 지역의 사회복지사업에 관한 중요사항과 지역사회복지계획 심의 또는 건의<br>사회복지 및 보건의료서비스 연계 협력 강화 | <심의·자문/연계·협력기능><br>심의·자문사항<br>지역사회보장계획의 수립·시행·평가<br>- 지역사회보장조사 및 지역사회보장지표<br>- 시·군·구 사회보장급여 제공<br>- 시·군·구 사회보장 추진<br>- 읍·면·동 단위 지역사회보장협의체 구성·운영 등 |
| 경과<br>조치 | | 2015.7.1.부터 지역사회복지협의체는 지역사회보장협의체로 간주 |

출처: 보건복지부(2015), 2015 지역사회보장협의체 운영안내 자료 재구성.

## 2. 지역사회보장협의체 구성·운영의 주요 원칙과 주요 기능

### 1) 지역사회보장협의체 구성·운영의 주요 원칙

① 지역성: 지역주민 생활권역을 배경으로 조직·운영되는 지역사회보장협의체는 지역주민의 복지욕구, 복지자원 총량 등을 고려하여 현장밀착형 서비스 제공체계를 마련하고, 일반적으로 모든 지역서 수행하는 보편적인 업무와 함께, 해당 지역의 특성·복지환경·문화 등을 반영한 지역 핵심사업과 고유사업도 병행 추진

해야 한다.

② 참여성: 네트워크 조직을 표방하는 지역사회보장협의체는 법적 제도나 규제에 앞서 복지문제 해결을 위한 지역주민의 자발성이 일차적 동력이며, 이에 지역사회보장협의체의 원활한 기능 수행을 위해서는 공공과 민간의 적극적이고 자발적인 참여가 선행되어야 한다. 특히, 지역사회 내 다양한 분야의 대표성을 가진 사회보장과 관련된 서비스를 제공하는 관계 기관·법인·단체·시설 등의 참여가 전제되어야 할 것이다.

③ 협력성: 지역사회보장협의체는 네트워크형 조직구조를 통해 당면한 지역사회 복지문제 등의 현안을 해결하는 민관협력기구이다. 따라서 지역사회보장계획의 수립·집행·평가를 위한 협의적 의사결정, 상생적 조직관계, 지역사회 공동체, 사회적 자본 등을 주요 개념으로 두고, 네트워크를 바탕으로 민주적이고 합리적인 방법으로 운영해야 한다.

④ 통합성: 지역사회 내 복지자원 발굴 및 유기적인 연계와 협력을 통하여 수요자의 다양하고 복잡한 욕구에 부응하는 서비스를 통합적으로 제공해야 한다.

⑤ 연대성: 자체적으로 해결이 곤란한 복지문제는 지역주민 간 연대를 형성하거나 인근 지역과 연계·협력을 통하여 복지자원을 공유함으로써 해결해야 한다.

⑥ 예방성: 지역사회보장협의체는 지역주민의 복합적인 복지문제나 복지욕구를 욕구조사 등을 통하여 조기에 발견하여, 예방할 수 있도록 노력해야 한다.

## 2) 지역사회보장협의체의 주요 기능

보건복지부(2015) 자료에 의하면, 지역사회보장협의체의 비전은 「사회보장 대상자 발굴·연계를 통한 사각지대 해소 및 지역사회보장 증진」으로 나타나고 있다. 또한 이를 달성하기 위한 구체적인 목표로는 첫째, 지역사회보장 증진을 위한 공공·민간 거버넌스체계 구축, 둘째 지역주민의 사회보장 욕구에 대응한 맞춤형 통합서비스 제공, 셋째 지역사회 내 자원 발굴·연계 강화 및 지역주민 참여 활성화로 지역사회문제 해결 등을 설정하고 있으며, 이를 실현하기 위한 주요 기능은 다음 [그림 9-1]과 같다.

① 협치(governance) 기능: 지역사회보장계획의 수립·이행·평가 등 지역사회보장의 주요 사항에 대하여 민간과 공공이 협의하여 심의하고 자문하는 기능

② 연계(network) 기능: 사회보장과 관련된 서비스를 제공하는 관계 기관·법인·단체·시설과 연계·협력하는 기능

③ 통합서비스 지원 기능: 협의체 내 각 분과 간 통합 및 조정 역할을 수행하고 지역주민의 욕구를 반영한 통합적 서비스 제공체계 지원 기능

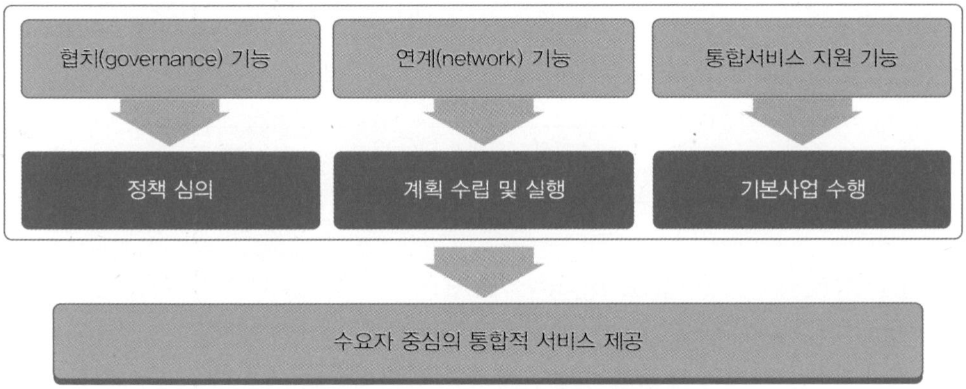


[그림 9-1] 지역사회보장협의체의 주요 기능

## 3. 지역사회보장협의체의 구성과 주요 역할

지역사회보장협의체는 지역사회복지협의체와 유사하게 대표협의체, 실무분과, 실무협의체 등으로 구성되며, 각 읍·면·동별 단위협의체 등을 구성하여 운영할 수 있다([그림 9-2] 참조).

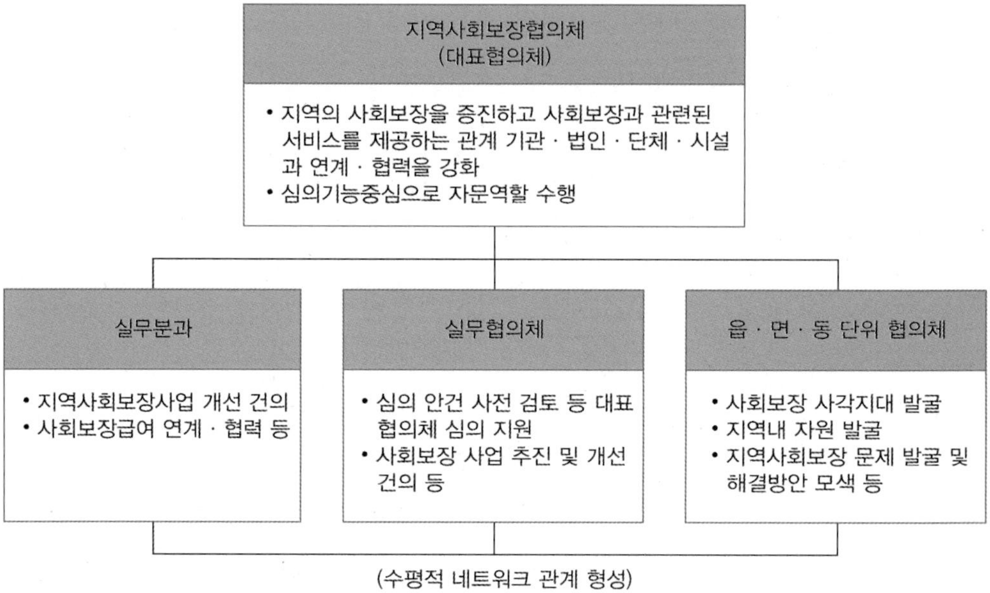


[그림 9-2] **지역사회보장협의체 구성**

### 1) 대표협의체 구성·운영 및 주요 역할

지역사회보장협의체의 대표협의체는 지역의 사회보장을 증진하고 사회보장과 관련된 서비스를 제공하는 관계 기관·법인·단체·시설과 연계·협력을 강화하기 위함을 목적으로 하고 있다. 대표협의체 위원구성주체는 공공부문과 민간부문 그리고 이용자 등으로 구성되며, 구성 과정에서 대표성과 포괄성 그리고 민주성 등의 원칙이 강조되고 있다. 대표성이란 해당 시·군·구 지역사회의 사회보장 이해관계자를 대표할 수 있도록 위원 구성을 해야 한다는 것이며, 포괄성이란 해당 시·군·구 지역사회보장분야 및 관련 분야의 구성 주체를 최대한 포함할 수 있도록 위원을 구성해야 한다는 것이다. 민주성이란 민주적인 절차와 방법에 따라 임명 또는 위촉해야 함을 의미한다.

대표협의체 위원은 통상적으로 지역사회의 사회보장 관련 공공부문 대표·민간부문 대표·이용자 대표 등 세 영역별 주체들과 실무협의체 위원장 등으로 구성한다. 위원의 수는 위원장 포함하여 10인 이상 40인 이내로 구성한다. 공공부문 대표위원은 해당

시·군·구 자치단체장이 지정하는 사회보장 관련 분야(사회복지 담당국장, 보건소장 등) 공공기관 대표들로 구성한다. 민간부문 대표위원은 사회보장과 관련된 서비스를 제공하는 민간의 법인·단체·시설의 직능별 대표성을 가진 단체, 실무협의체에서 추천한 자 등을 해당 지자체의 장이 위촉한다. 이용자 대표위원은 사회보장에 관한 학식과 경험이 풍부한 사람, 비영리 민간단체에서 추천한 사람 등으로 구성하며, 이용자를 대표하는 대표협의체 위원은 공모 등을 통해 지자체의 장이 위촉한다.

대표협의체의 주요 기능은 주로 심의기능과 자문역할을 담당하는 것으로서, 그 영역은 ① 시·군·구의 지역사회보장조사 및 지역사회보장지표에 관한 사항, ② 시·군·구의 사회보장급여 제공에 관한 사항, ③ 시·군·구의 사회보장 추진에 관한 사항, ④ 읍·면·동 단위 지역사회보장협의체의 구성 및 운영에 관한 사항, ⑤ 그 밖에 위원장이 필요하다고 인정하는 사항 등이 해당한다. 한편, 대표협의체는 대표협의체의 심의안건에 대한 효율적인 심의·자문기능을 수행(개별 법령에 따라 사회보장사업별 심의를 위하여 시·군·구에 두는 위원회 심의기능 대신 수행)하기 위하여 전문위원회를 구성하여 운영할 수 있다(사회보장급여법 시행규칙 제5조).

### 2) 실무분과 구성·운영 및 주요 역할

실무분과는 지역의 사회보장 관련 기관·법인·단체·시설 간 연계·협력 및 실무협의체의 운영 활성화를 위해 지역 여건에 따라 탄력적으로 분과위원회를 구성하고 운영할 수 있도록 규정하고 있다. 실무분과의 구성은 지역사회보장협의체 활성화의 원동력이 되는 기초를 제공하는 것으로서 구성형태는 지역 특성 및 여건 등에 따라 대상별, 지역별, 기능별 등 다양한 형태로 구성이 가능하며, 실무분과 위원의 수는 지역사정에 따라 협의체 내 논의를 거쳐서 유동적으로 운영할 수 있도록 규정하고 있다.

실무분과의 공공부문 위원은 사회복지 및 보건, 고용, 주거, 문화 등 사회보장 관련 분야의 업무를 담당하는 실무담당 공무원이 참여하며, 소속 기관의 인사발령에 따라 업무를 수행할 때부터 관련 분야 실무분과 위원 역할을 수행하도록 규정하고 있다. 민간부문위원은 보건의료 관련 기관, 사회보장분야의 이용시설 및 생활시설의 실무자 또는 전문가 등 사회보장사업을 수행하는 기관 단체 중에서 지역주민의 사회보장 욕구를 대변하는 서비스 공급자로 구성하고, 일선에서 복지대상자에게 직접 서비스를 제공하는 실무자가 직접 참여 구성하도록 권장하고 있다. 고용, 교육, 주거, 문화관광, 체육, 경제 등 사회보장 관련 기관의 실무자 및 전문가 등도 실무분과에 참여할 수 있도록 허용하고 있다. 한편, 실무분과에서는 주로 ① 사회보장 분야별/대상자별 사례회의, ② 서비스 제공 및 연계, ③ 서비스 제공을 위하여 필요한 사항 등을 주로 논의하는 역할을 담당하고 있다.

### 3) 실무협의체 구성·운영 및 주요 역할

지역사회보장협의체의 업무를 효율적으로 수행하기 위하여 협의체에 실무협의체를 구성하여 운영할 수 있도록 규정하고 있다. 실무협의체를 구성하는 과정에서 포괄성과 전문성 원칙을 강조하고 있다. 이때 포괄성이란 실무협의체 위원은 해당 시·군·구의 지역사회보장 구성 주체들을 모두 포함할 수 있도록 구성해야 한다는 것이며, 전문성은 실무협의체 위원은 해당 시·군·구의 지역사회보장과 관련된 분야에 종사하고 있는 전문가들로 구성해야 한다는 것을 강조하고 있다.

실무협의체의 주요 역할은 ① 공동사업개발 및 건의, ② 지역사회서비스 제공 및 연계협력에 관한 협의, ③ 대표협의체 심의(안건) 사전 검토, ④ 실무분과 간 역할 조정 및 협력 도모, ⑤ 그 밖에 위원장이 필요하다고 인정하는 사항 등에 관하여 주로 논의하는 역할을 담당한다.

**〈표 9-2〉 시·군·구 지역사회보장협의체의 주요 기능 비교**

| 구분 | 주요 기능 |
| --- | --- |
| 대표협의체 | • (목적) 지역의 사회보장을 증진하고 사회보장과 관련된 서비스를 제공하는 관계 기관·법인·단체·시설과 연계·협력을 강화<br>• 다음 각 호의 업무에 대한 심의·자문역할 수행<br>- 시·군·구의 지역사회보장계획 수립·시행 및 평가에 관한 사항<br>- 시·군·구의 지역사회보장조사 및 지역사회보장지표에 관한 사항 |

| 구분 | 주요 기능 |
|---|---|
| | - 시·군·구의 사회보장급여 제공에 관한 사항<br>- 시·군·구의 사회보장 추진에 관한 사항<br>- 읍·면·동 단위 지역사회보장협의체의 구성 및 운영에 관한 사항<br>- 그 밖에 위원장이 필요하다고 인정하는 사항<br>• (전문위원회 운영) 대표협의체의 심의안건에 대한 효율적인 심의/자문기능 수행(개별 법령에 따라 사회보장사업별 심의를 위하여 시·군·구에 두는 위원회 심의기능 대신 수행) |
| 실무협의체 | • (목적) 협의체 업무를 효율적으로 수행하기 위하여 실무협의체 설치<br>• 다음 각 호의 업무에 대한 논의<br>- 공동사업개발 및 건의<br>- 지역사회서비스 제공 및 연계 협력에 관한 협의<br>- 대표협의체 심의(건의)안건 사전 검토<br>- 실무분과 간 역할조정 및 협력도모<br>- 그 밖에 위원장이 필요하다고 인정하는 사항 |
| 실무분과 | • (목적) 지역의 사회보장 관련 기관·법인·단체·시설 간 연계와 협력 강화<br>• 다음 각 호의 업무에 대한 논의<br>- 사회보장 분야별/대상자별 사례회의<br>- 서비스 제공 및 연계<br>- 서비스 제공을 위하여 필요한 사항 |
| 읍·면·동 지역사회 보장협의체 | • 다음 각 호의 업무에 대한 논의<br>- 관할지역 내 사회보장대상자 및 자원 발굴<br>- 사회보장대상자에 대한 서비스 연계·지원<br>- 지역사회보호체계 구축·운영<br>- 지역 내 복지문제 해결을 위한 자체 특화사업 수행 등 |

출처: 보건복지부(2015), 2015 지역사회보장협의체 운영안내.

### 4) 읍·면·동 지역사회보장협의체 구성·운영 및 주요 역할

정부는 2014년부터 복지사각지대 해소와 민관협력을 바탕으로 한 상시지원체계를 구축·운영하기 위하여 읍·면·동 단위 민관협의체 및 복지통장제(이장제) 등 관련 시범사업을 추진하고 있다. 읍·면·동 지역사회보장협의체란 읍·면·동 단위에 활성화된 주민네트워크 조직을 구축하여 복지사각지대를 해소하고 복지수요자와 자원을 발굴하고, 상시지원연계를 구축하여 다양한 지역사회복지문제 해결은 물론 지역사회 특화사업 등을 적극 추진하기 위한 구성체를 의미한다. 읍·면·동 단위의 지역사회보장협의체는 지방자치단체별로 지역환경에 맞추어서 자율적·탄력적으로 운영하도록 규정하고 있다.

읍·면·동 단위의 지역사회보장협의체의 목적은 ① 복지사각지대 해소를 위한 읍·면·동 단위 취약계층 발굴망 구축, ② 지역사회 내 복지자원 발굴 및 자원 간 연계협력으로 지역사회 복지자원의 효율적 활용체계 구축, ③ 취약가구 동향 파악 및 모니터링 지원, ④ 지역사회 내 복지문제 해결을 위한 민주적 의사소통 구조 확립 및 지역복지증진 과정에 주민참여 기반 마련 등으로 하고 있다.

〈표 9-3〉 **시·군·구 지역사회보장협의체와 읍·면·동 지역사회보장협의체 비교**

| 구분 | 시·군·구 지역사회보장협의체 | 읍·면·동 지역사회보장협의체 |
|---|---|---|
| 구성 방법 | 시·군·구청장 위촉 | 읍·면·동장 추천, 시·군·구청장 위촉 |
| 규모 | 10명 이상 40명 이하 | 10명 이상 |
| 위원 자격 | 사회보장에 관한 학식과 경험이 풍부한 자<br>지역사회보장 기관·법인·단체·시설의 대표자<br>비영리 민간단체에서 추천한 사람<br>복지위원의 대표자<br>사회보장에 관한 업무 담당공무원 | 읍·면·동장<br>지역의 사회보장기관·법인·단체·시설 또는 공익단체의 실무자<br>사회보장 업무 담당 공무원<br>비영리 단체에서 추천한 자<br>복지위원<br>통·이장, 주민자치위원, 자원봉사단체 구성원<br>그 밖에 사회보장증진에 열의가 있는 자 |
| 주요 기능 | 지역사회보장계획 수립·시행 및 평가에 관한 사항<br>지역사회보장조사 및 지역사회보장지표에 관한 사항<br>사회보장급여 제공에 관한 사항<br>사회보장 추진에 관한 사항<br>읍·면·동 단위 지역사회보장협의체의 구성 및 운영에 관한 사항<br>그 밖에 위원장이 필요하다고 인정하는 사항 | 관할 지역 내의 사회보장 대상자 발굴<br>사회보장 자원발굴 및 연계<br>지역사회보호체계 구축·운영<br>지역 내 복지문제 해결을 위한 자체 특화사업 수행<br>그 밖에 관할 지역주민의 사회보장 증진을 위하여 필요한 사항 |

출처: 보건복지부(2015), 2015 지역사회보장협의체 운영안내.

읍·면·동 단위의 지역사회보장협의체 구성방법은 읍·면·동장이 추천하고, 시·군·구청장이 위촉하게 되어 있으며, 읍·면·동장을 비롯하여 지역의 사회보장기관·법인·단체·시설 또는 공익단체의 실무자, 사회보장 업무 담당 공무원, 비영리 단체에서 추천한 자, 복지위원, 통·이장, 주민자치위원, 자원봉사단체 구성원, 그 밖에 사회보장 증진에 열의가 있는 자 등이 참여하도록 권장하고 있으며 10명 이상으로 구성하도록 권장하고 있다.

읍·면·동 단위의 지역사회보장협의체의 주요 기능은 ① 관할 지역 내의 사회보장 대상자 발굴, ② 사회보장 자원발굴 및 연계, ③ 지역사회보호체계 구축·운영, ④ 지역 내 복지문제 해결을 위한 자체 특화사업 수행, ⑤ 그 밖에 관할 지역주민의 사회보장 증진을 위하여 필요한 사항 등을 논의하는 것으로 볼 수 있다. 한편 시·군·구 지역사회보장협의체의 대표협의체(실무협의체, 실무분과 포함)와 읍·면·동 단위 지역사회보장협의체의 관계는 수직적 관계가 아니라 수평적 관계가 형성되어야 바람직한 관계일 것이다.

## 요점정리

1. **지역사회보장협의체** 2015년 사회보장급여의 이용·제공 및 수급권자 발굴에 관한 법률 제정으로 중앙정부와 지방자치단체의 유기적 연계를 통하여 지역단위의 종합적 사회보장, 지역 간 사회보장의 균형발전을 위한 지원체계를 구축하고 지역사회의 사회보장을 증진하고 사회보장과 관련된 서비스를 제공하는 관계 기관·법인·단체·시설과 연계·협력을 강화하기 위해 설치된 민관협력기구

2. **지역사회보장협의체의 비전과 목표** ① 비전 : 사회보장 대상자 발굴·연계를 통한 사각지대 해소 및 지역사회보장 증진, ② 목표 : ㉠ 지역사회보장 증진을 위한 공공·민간 거버넌스체계 구축, ㉡ 지역주민의 사회보장 욕구에 대응한 맞춤형 통합서비스 제공, ㉢ 지역사회내 자원발굴·연계 강화 및 지역주민 참여 활성화로 지역사회문제 해결

3. **지역사회보장협의체의 주요 기능** ① 지역사회보장계획의 수립·이행·평가 등 지역사회보장의 주요사항에 대하여 민간과 공공이 협의하여 심의하고 자문하는 협치(governance) 기능, ② 사회보장과 관련된 서비스를 제공하는 관계 기관·법인·단체·시설과 연계·협력하는 연계(network) 기능, ③ 협의체 내 각 분과간 통합 및 조정 역할을 수행하고 지역주민의 욕구를 반영한 통합적 서비스 제공체계 지원과 통합서비스 제공을 위한 기존의 보건복지 뿐만 아니라 고용·주거·교육·문화·환경 등 다양한 영역과 연계하여 효과적인 서비스를 제공하는 통합서비스 지원 기능

4. **지역사회보장협의체의 구성·운영원칙** ① 지역성, ② 참여성, ③ 협력성, ④ 통합성, ⑤ 연대성, ⑥ 예방성

5. **지역사회보장협의체 구성** 대표협의체, 실무협의체, 실무분과, 읍·면·동 지역사회보장협의체

6. **대표협의체 주요기능** 주로 심의기능과 자문역할 담당, ① 시·군·구의 지역사회보장조사 및 지역사회보장지표에 관한 사항, ② 시·군·구의 사회보장급여 제공에 관한 사항, ③ 시·군·구의 사회보장 추진에 관한 사항, ④ 읍·면·동 단위 지역사회보장협의체의 구성 및 운영에 관한 사항, ⑤ 그 밖에 위원장이 필요하다고 인정하는 사항

7. **실무협의체 주요기능** ① 공동사업개발 및 건의, ② 지역사회서비스 제공 및 연계협력에 관한 협의, ③ 대표협의체 심의(안건) 사전 검토, ④ 실무분과 간 역할 조정 및 협력 도모, ⑤ 그 밖에 위원장이 필요하다고 인정하는 사항

8. **실무분과 주요 기능** ① 사회보장 분야별/대상자별 사례회의, ② 서비스 제공 및 연계, ③ 서비스 제공을 위하여 필요한 사항 논의

9. **읍·면·동 단위의 지역사회보장협의체 주요 기능** ① 관할 지역 내의 사회보장 대상자 발굴, ② 사회보장 자원발굴 및 연계, ③ 지역사회보호체계 구축·운영, ④ 지역 내 복지문제 해결을 위한 자체 특화사업 수행, ⑤ 그 밖에 관할 지역주민의 사회보장 증진을 위하여 필요한 사항 등을 논의

# 사회복지공동모금회

"모두를 위한 한 번의 기부(one gift for all)" 원칙을 지향하면서 모금 및 배분의 효율성과 효과성을 추구하는 공동모금제도는 현재 미국, 일본, 영국, 홍콩, 대만 싱가포르 등 세계 40여 개국에서 운용되고 있는 대표적 복지지원체계이다. 우리나라에서도 1997년 사회복지공동모금회법이 제정되면서 1998년 16개 지방공동모금회(독립적 사회복지법인)와 중앙공동모금회가 설립된 이후 빠르게 성장하고 있다. 이 장에서는 공동모금의 특성과 원칙, 우리나라와 선진외국의 공동모금제도 등을 살펴보고 향후 공동모금회의 발전방안을 살펴보고자 한다.

## 1. 공동모금회의 의의와 이념 및 특성

### 1) 공동모금회의 목적 및 필요성

#### (1) 공동모금제도의 목적 및 필요성

우리나라는 1997년 제정된 사회복지공동모금회법 제1조(목적)에서 "이 법은 사회복지공동모금회의 공동모금을 통하여 국민이 사회복지를 이해하고 참여하도록 함과 아울러 국민의 자발적인 성금으로 조성된 재원을 효율적이고 공정하게 관리·운용함으로써 사회복지 증진에 이바지함을 목적으로 한다"고 공동모금제도의 목적을 규정하고 있다. 이와 같이 사회복지공동모금은 사회복지사업의 지원에 필요한 재원을 국민의 성금 등 자율적으로 마련하고, 이를 아동·청소년, 장애인, 여성·다문화, 지역사회, 해외 등 민간복지사업에 지원함을 목적으로 하고 있다. 우리나라의 경우 1988년 11월 사랑의 열매를 상징으로 설립된 사회복지공동모금회를 중심으로 전국 또는 지역사회를 단위로 기부금품을 모집하여 공동모금된 재원을 효율적이고 공정하게 관리·운용하고 있으며, 지역사회의 사회복지 증진에 기여함을 그 궁극적인 목적으로 삼고 있다. 이러한 공동모금회의 목적을 세분화하면, 첫째 지역사회주민 자원봉사활동의 활성화, 둘째 공동모금은 개별모금의 서비스가 상호 중복·누락되는 것을 보완해 지역사회 자원배분의 합리성 제고, 셋째 창조적이고 수준 높은 사회복지 프로그램의 개발 등으로 사회복지기관의 자율성에 밑거름이 되고자 사회복지기관들을 대신하여 모금하고, 적절히 모금액을 배분하는 역할을 수행하고 있다(세계의 공동모금회, 2005).

한편 공동모금의 필요성은, 첫째 무분별한 자선사업의 난립을 막고 지역주민이 신뢰할 수 있는 민간모금단체를 등장시키는 데 있으며, 둘째 지역주민들의 자원봉사정신을 함양시키는 데 있으며, 셋째 사회사업의 과학화에 기여할 수 있으며, 넷째 공동모금의 사회복지에 대한 민간의 참여와 역할을 활성화하고 확대함으로써 국민의 삶의 질을 향상시키는 데 국민 스스로 크게 기여할 수 있는 방편이 될 수 있으며, 다섯째 사회복지서비스의 책임성과 서비스 수준을 향상시킬 수 있으며, 마지막으로 사회복지사업에 대한 일반국민의 인식을 개선할 수 있을 것이다(세계의 공동모금회, 2005).

### (2) 공동모금제도의 유래

공동모금제도의 기원은 1873년 영국의 리버풀 시에서 지역의 유력인사들이 기부금 모집의 중복과 강제적 권유를 피하기 위하여 스스로 기부금을 적립하여 자선단체를 구성하게 된 것에서 시작되었다. 그러나 본격적인 지역공동모금이 시작된 것은 1887년 미국의 덴버 시이고, 특히 19세기 후반 영국과 미국을 중심으로 전개되었던 자선조직협회(Charity Organization Society)운동이 직접적 계기가 되었다는 것이 일반적 견해이다(장진웅, 2008).

이후 공동모금제도를 크게 발전시킨 나라는 미국인데, 19세기 후반 미국은 급속한 산업화와 도시화로 빈곤 등의 사회문제가 등장하자 민간 사회복지기관도 늘어났으며 이로 인해 민간 사회복지기관들이 상호 경쟁적으로 보다 더 많은 액수의 모금을 자선가로부터 얻어내려고 경쟁하였다. 이러한 상황이 발생하자 민간 사회복지기관들에 기부를 하는 자선가들은 좀 더 효율적인 모금과 배분에 관심을 가지게 되었다. 그래서 복지기관들이 모여서 공동으로 모금을 한다든지, 복지기관 연합단체에서 모금을 하는 사례가 발생하였는데, 1913년 클리블랜드 상공회의소에서 기부자, 모금활동자, 그리고 기금을 배분받는 기관의 자원봉사자로 구성된 자선박애연맹(Cleveland Federation for Charity and Philanthropy)을 구성하고 모금캠페인을 전개한 것이 오늘날과 같은 공동모금의 본격적 시작이라고 할 수 있다(http://www.chest.or.kr).

이와 같이, 공동모금제도는 미국에서 '모두를 위한 한 번의 기부(one gift for all)'의 원리 그리고 '지역사회 문제에 대한 합리적이고 효율적인 배분'의 원리에 입각하여 지역사회의 복지 향상을 보다 효율적이고 효과적으로 수행하기 위한 목적에서 도입이 되었다. 특히, 사회의 다양한 사회문제 해결을 위해 노력하고 있는 수많은 자선 조직들이 각각 산발적으로 모금활동에 나서게 되면 나타날 수 있는 문제들, 예를 들면 한정된 기부 출처에 대한 중복적 요구에 따른 기부자 피로감(donor fatigue) 증대, 모금을 위한 경쟁에 따른 비효율성, 자선조직에 대한 투명성 및 신뢰성 문제 극복 등을 모색하면서 지역사회의 변화를 보다 실용적으로 이뤄보고자 하는 의도에서 도입된 것으로 볼 수 있다.

## 2) 사회복지공동모금의 이념과 특성

### (1) 공동모금제도의 이념

공동모금의 이념은 지역의 사회적 제반 문제를 지역주민 스스로의 힘으로 이룩하고

자 하는 공동체의식과 민간의식, 그리고 사회연대의식의 발로라고 할 수 있다. 또한 공동모금은 시민과 사회복지기관의 협동적 조직이라 할 수 있으며, 민간조직을 통한, 민간인의 자원봉사활동에 의한 민간운동이라 할 수 있다. 최근 우리 사회가 요구하는 시민사회의 개념은 바로 이러한 민간성과 연대성, 그리고 공동체의식 등이 공존하는 사회를 의미하며, 이것은 지역주민의 자발적 참여를 전제로 하는 공동모금의 이념과 일치한다고 볼 수 있다. 궁극적으로 공동모금의 기본적 이념은 민주주의이고, 공동모금활동과정에서는 이타주의와 인도주의, 그리고 사회적 연대, 평등, 사회적 정의 등의 이념이 함축되어 나타나고 있다(최일섭·류진석, 1999).

첫째, 민주주의 이념이다. 공동모금활동은 민주시민으로서 권리와 의무를 수행하게 하는 사회적 기능을 통해서 지역사회와 지역복지에 적극적으로 참여하게 하는 통로를 제공하고 있다.

둘째, 이타주의이다. 이타주의란 상호 부조와 달리 일정한 보상을 기대하지 않고 다른 사람을 도와야 한다는 이념이다. 이러한 이타주의는 자선활동과 박애활동 등을 통해서 다양한 사회적 문제들을 해결하는 데 결정적 기여를 하고 있다.

셋째, 인도주의이다. 인도주의란 모든 인간은 인간이라는 점에서 동등한 자격을 갖추고 있다는 생각에서 인류의 공존을 꾀하고 복지를 실현시키려는 박애적 사상이다. 인도주의 이념은 민간사회복지 부문의 재원을 확보하고자 하는 공동모금의 기본이념이라고 할 수 있다.

넷째, 사회적 연대감이다. 사회적 연대란 빈곤이나 사회적 위험에 공동으로 대처하는 사회적 협력행위로서, 발전적 사회는 공공복리를 증진하기 위해서 자유로운, 공평한 그리고 정의로운 생활 및 노동조건들을 확립하고 사회경제적 취약계층과 빈곤층의 생존권을 보장하기 위한 사회적 연대행위(social solidarity)로 이해할 수 있다. 사회적 연대감은 공동모금활동의 발생을 가능하게 하는 이념이며, 활동의 원동력이 되는 이념이라고 할 수 있다.

다섯째, 평등이다. 평등이란 권리, 의무, 자격 등에서 차별이 없는 상태를 말한다. 즉, 평등이란 빈부의 격차나 사회적·경제적 지위의 높고 낮음에 상관없이 모든 인간이 충분하고 만족스러운 삶을 영위할 수 있는 권리를 똑같이 지니고 있다는 것을 의미한다. 공동모금을 통하여 모금된 재원은 배분계획과 절차에 의하여 지역주민의 다양한 복지서비스의 기회를 제공하게 함으로써 평등을 달성하는 데 기여할 수 있는 것이다.

여섯째, 사회정의이다. 사회정의란 일반인의 통념으로 판단한 올바른 사회적 윤리, 법 앞에서의 평등이나 정당한 보수 따위와 같이 모든 개인이 한결같이 인간다운 생활을 누릴 수 있는 최소한의 조건을 보장하는 것을 기본으로 하고 있다. 공동모금은 사회정의를 실천하기 위한 수단, 즉 일종의 자원재배분구조라고 할 수 있으며 평등과 같이 공동모금이 추구하는 대표적 이념이라고 할 수 있다.

### (2) 공동모금제도의 특성

사회복지공동모금활동은 민간부문이 주도하고 자원봉사자가 중심이 되는 전국의 지역사회를 바탕으로 하는 민주적 모금활동이자 민간운동이다. 따라서 공동모금활동은 순수 민간 사회복지운동이며, 상부상조의 전통에 바탕을 둔 전 국민의 참여를 이끌어 내는 지역사회 중심의 복지운동으로서 순수 민간조직, 모금을 위한 전국적 공동캠페인 전개, 주민의 복지욕구에 따른 합리적 배분방식 등의 특징을 가지고 있으며, 다음과 같은 기본특성을 가진다(류기형, 1991).

첫째, 봉사활동으로서의 민간운동이다. 민간복지조직들의 노력만으로는 재정구조의 취약성으로 어려움이 있다. 사회구성원인 주민의 상부상조 정신을 바탕으로 자유로운 입장에서 기부하는 기부금을 민간복지부문 위해 활용하고, 민간활동으로서의 특색을 발휘할 수 있는 공동모금제도를 활용하는 것이다. 공동모금운동은 사회연대, 상부상조의 정신을 바탕으로 지역주민의 자주적 봉사활동으로서 전개되므로 중요한 민간복지활동이라 할 수 있다.

둘째, 공동모금은 지역사회를 중심기반으로 한다. 민간복지부문이 중추적 역할을 담당하기 위해서는 사회 전체의 의사와 노력의 수반이라는 전제가 우선적으로 필요하다. 지역사회를 단위로 지역주민에 의해 설립된 지역공동모금회는 거주자 = 기부자와 그 지역사회에 있는 수혜자 = 민간복지조직의 협력에 의하여 지역사회의 복지증진을 궁극적 목표로 하고 있다.

셋째, 효율성과 일원화이다. 각 지역에서 각각의 시설이나 단체들이 각각 개별적으로 기부금을 모집하게 되면 여러 낭비와 어려움에 직면하게 된다. 이에 기부자의 선의를 가장 효율적으로 활용하기 위해서는 모금을 일원화하여 지역사회를 대표하는 공동모금회가 기부자를 대신하여 면밀한 조사와 적정한 평가를 통해 배분함으로써 효율성을 제고시킬 수 있을 것이다. 기부금의 모집, 관리, 배분을 일원화하는 것은 기부금 모집에 대한 노력, 시간, 경비를 절약할 수 있고, 통합적 조정을 도모할 수 있기 때문에 효율성도 제고할 수 있다.

넷째, 공표이다. 공동모금회는 갹출한 기부금의 관리, 배분을 기부자의 신탁에 의해서 실행하는 것이기 때문에 모든 면에서 명확하게 해야 한다. 즉, 공동모금회는 모금 실시에 앞서 각 회원시설 및 단체들로부터 신청된 필요액을 심사하여 배분계획을 세우고 모금목표액을 결정한다. 이 내용을 공표함으로써 기부자인 지역주민에게 필요한 금액에 관한 이해를 구함과 동시에 모금결과에 대해서도 공표하고 기부금의 배분이 종료된 후에도 그 결과를 새로이 공표한다.

다섯째, 전국적 협조를 도모해야 한다. 공동모금제도는 지역성을 특성으로 하고 있지만 전국적으로 일제히 전개하는 것이 바람직하다. 왜냐하면 각 지역공동모금회는 전국적 협조관계를 유지하면서 같은 기간 동안 전국적으로 일제히 공동모금운동을 전개하고 여론에 강력하게 호소하여 국민 한 사람 한 사람이 이 운동을 이해하고 이 운동에 참가하도록 호소하여야 하기 때문이다. 지역의 자주적 활동이 상호 협조하여 전국적 협력운동이 전개될 때 사회연대정신의 고양이라는 또 하나의 사명을 이룩할 수 있다.

### (3) 공동모금의 사회적 기능과 필요성

공동모금의 사회적 기능은 합리적 기부금 모집을 통한 사회복지기금의 조성과 주민의 자원봉사를 통한 국민의식 고양, 사회복지에 관한 이해의 보급과 여론형성 등을 들 수 있다. 또한 궁극적으로는 지역주민이 민주사회 시민으로서의 권리와 책무를 수행하는 장으로서의 기능을 한다고 볼 수도 있다(최일섭·류진석, 1999).

첫째, 합리적 기부금 모집을 통한 사회복지자금 조성의 기능이다. 현실적으로 민간 복지 부문이 재정적 문제로 인하여 자율성을 가지고 양질의 서비스를 제공하지 못하고 있는 실정에서 공동모금은 지역주민의 적극적 참여를 통해 재원을 확보할 수 있다.

둘째, 국민의 상부상조정신 고양이다. 공동모금의 바탕이 되는 것은 상부상조정신이며, 공동모금은 홍보활동을 통해 이타주의, 인도주의, 사회적 연대 등의 이념을 나타내고 있다. 이타주의는 다른 사람을 도와야 한다는 신념 혹은 이념으로서 보상에 대한 기대 없이 다른 사람을 돕는 행위로서 이러한 이타주의가 사회적으로 확산될 때 일반적으로 인도주의로 지칭될 수 있다.

셋째, 사회복지에 관한 이해의 보급과 여론형성 기능이다. 공동모금회는 모든 것을 공표함으로써 사회복지에 관한 이해를 보급하고 여론을 형성할 수 있다. 공동모금활동에 의해 모금된 기금은 배분계획에 따라 배분되어 지역주민을 위한 여러 가지 서비스 및 기회를 제공함으로써 사회적 평등화를 실현할 수 있다.

넷째, 민주시민으로서의 권리와 책무수행의 기능이다. 공동모금운동은 사회복지에 참여하려는 자원봉사자의 조직적 활동에 의해 추진되고 자원봉사는 모금활동의 성공적 열쇠이다. 민주사회가 아니면 자발적 봉사활동의 자유가 모든 사람에게 주어지지 않는다는 점을 고려할 때 자원봉사활동은 타인을 위한 자기희생이 아니라 민주시민으로서 누리는 도덕적 권리의 행사라고 할 수 있다.

이러한 다양한 기능을 수행하는 공동모금은 궁극적으로 사회복지사업 기타 사회복지활동의 지원에 필요한 재원을 조성하기 위하여 기부금품을 모집하는 것으로서 지역주민의 자립적이고 적극적인 참여를 통해 상부상조정신과 시민참여정신을 고양하고, 조직적이고 체계적인 모금활동을 통해 모금의 효율성을 확보하며, 객관적이고 투명한 배분을 통해 지역사회 내 문제를 주민 스스로 해결하는 데 기여할 수 있다. 따라서 공동모금은 사회복지사업에 대한 부족한 재원을 확보할 수 있을 뿐만 아니라, 사회복지활동 활성화를 비롯하여 급속한 산업화 및 도시화 사회에서 결여되기 쉬운 이웃사랑과 상부상조 정신을 이어주며 국민에게 사회복지에 대한 올바른 이해를 도모하고 이웃사랑에 대한 많은 관심을 유도할 수 있다.

## 2. 공동모금의 조직구조와 모금·배분방식 및 주요 업무

### 1) 공동모금의 조직구조

공동모금회는 각 국가별로 사회적 여건과 문화에 따라 상이한 조직형태를 구성하고 있다. 공동모금회의 조직구조 유형은 자체 구조 측면, 대정부관계 측면, 그리고 사회복지협의회와의 관계 측면 등으로 구분하고 있다(사회복지공동모금회 편, 2005).

#### (1) 자체 구조 측면

공동모금회의 전국조직 유무를 기준으로 한 유형과 내부구조에 따른 유형으로 구분하는 것을 의미하며, 전국조직이 있는 경우는 연맹형과 중앙집권형으로 구분한다.

① 연맹형

지역공동모금회의 자율성을 최대한 보장하고 전국연맹이 지역공동모금회의 상호연락, 업무조절, 그리고 전국적 차원에서 필요한 프로그램을 제공하는 기능을 하는 유형이다. 연맹형은 지역공동모금회가 지역사회 중심으로 운영되어야 한다는 특성을 살리면서 전국적 공동보조를 취해 공동모금 캠페인에 유리한 분위기를 조성하는 장점이 있다. 그러나 지나치게 지역사회를 강조하면 지역 '에고이즘'에 빠질 가능성이 있기 때문에, 이 과정에서 전국연맹의 역할이 요구되고 있다. 현재 미국, 일본, 호주, 캐나다, 영국, 필리핀, 남아프리카, 요르단 등이 이러한 조직구조를 지니고 있다.

② 중앙집권형

전통적 조직구조로서 위계구조에 입각하여 모든 것을 중앙에서 통괄·운영하는 체제로서 지역공동모금회는 중앙공동모금회의 지침에 따라 일체의 활동을 전개하는 유형이다. 각 지역공동모금회의 전국적 협조 및 효율성과 일원화 특성을 가장 잘 살릴 수 있는 장점이 있으나, 지나치게 전국 일원화와 효율성을 강조하게 됨으로써 지역의 특성을 살리기가 힘들고 기부자의 입장에서는 기부의 결과를 직접 느낄 수 있는 기회가 적기 때문에 참여도가 낮아질 가능성이 있는 단점을 안고 있다. 공동모금활동의 초창기에 빠른 시일 내에 강력한 추진이 필요한 국가에서 흔히 볼 수 있는 형태로서 현재 홍콩, 벨기에, 태국 등이 이 유형을 유지하고 있다.

한편 전국조직이 없는 경우, 즉 단지 일부 도시지역에만 공동모금회가 조직되어 공동모금활동이 이루어지고 있는 경우이다. 이렇게 전국적으로 일제히 실시되지 못한 채 일부 지역에서만 국한되어 실시하는 경우에는 지역적 경험을 바탕으로 전국적 확산을 도모하는 것이 바람직한 방법 중의 하나일 것이다. 또한 내부 자체 구조에 따른 유형은 유급직원조직과 자원봉사조직을 통합 조직화하는 것을 바탕으로 총회, 이사회, 집행위원회 등의 위치와 유무에 따라 구분할 수 있는데 총회 또는 지역주민의 대표자회의 밑에 이사회가 있는 형, 이사회가 있고 집행위원회 또는 평의회가 있는 형, 이사회와 각 위원회 또는 부서를 임원들로 연결하는 형, 이사회 밑에 바로 각 위원회 또는 부서가 있는 형 등으로 구분할 수 있다.

**〈표 10-1〉 전국조직의 유무 및 전국조직 유형에 따른 국가별 분류**

| 전국조직 유형 | 전국조직이 있는 국가 | | 일부 지역에만 조직이 있는 국가 |
|---|---|---|---|
| | 연맹형 | 중앙집권형 | |
| 국가명 | 미국, 일본, 호주, 캐나다, 필리핀, 남아프리카, 영국, 요르단 | 홍콩, 싱가포르, 벨기에, 자메이카, 태국, 푸에르토리코 | 뉴질랜드, 인도, 베네수엘라, 버진군도 |

출처 : 한국사회복지사협회 편(2005), 세계의 공동모금회.

### (2) 대정부관계 측면

현실적으로 각 국가의 모든 기관은 해당 국가의 법령 또는 지방, 주 및 연방법 등에 의하여 일정하게 규제되고 법의 범위 내에서 활동을 해야만 한다. 사회복지기관은 물론 공동모금기관 역시 예외는 아니다. 이때 법령의 승인·허가 등 통제의 정도를 기준으로 하여 자율형과 정부주도형으로 구분하고 있다.

#### ① 자율형

정해진 법률 내에서는 모든 활동에 국가의 통제를 배제할 수 있어 최대한의 자율성이 확보되는 체제를 의미한다. 국가의 적극적 후원과 지지를 받을 수 없기 때문에 대규모적 프로그램의 실시가 어렵고, 국가의 정책에 의해 부정적 영향을 받을 가능성이 높은 단점을 지니고 있다. 현재 미국, 오스트레일리아, 벨기에, 캐나다, 영국, 홍콩, 인도, 싱가포르 등이 이에 해당된다. 우리나라의 경우는 민간 주도의 자율형으로 규정되어 있다.

② 정부주도형

국가의 적극적 후원 및 지지를 통해 광범위하고 대규모적인 프로그램을 실시함으로써 보다 효과적이고 능률적인 결과를 가져올 수 있는 장점을 지니고 있다. 그러나 정부의 지나친 간섭과 통제로 활동이 위축될 수 있으며 주민의 자발적이고 적극적인 참여를 저해할 가능성이 높다는 단점이 있다. 현재 일본, 자메이카, 필리핀, 푸에르토리코, 대만 등이 이 유형을 유지하고 있다.

〈표 10-2〉 정부와 공동모금회의 관계 유형

| 구분 | 자율형 | 정부주도형 |
|---|---|---|
| 정부의 기능 | • 공동모금회 설립 및 등록에 관한 관련법 제정<br>• 기부금에 대한 세제상의 혜택 | • 재정적 지원, 세제상 혜택<br>• 모금활동의 승인 및 허가<br>• 모금회 운영 감독 |
| 공동모금회 기능 | • 모금, 운영, 배분 | • 공공복지의 보완적 기능 |
| 장점 | • 최대한의 자율성 확보 | • 능률적 효과 기대 |
| 단점 | • 광범위하고 대규모적인 프로그램 지원 불가 | • 민간활동의 위축<br>• 주민의 자발적 참여 저하 |
| 채택국가 | • 미국, 한국, 호주, 싱가포르, 영국, 캐나다, 인도, 벨기에 | • 일본, 대만, 필리핀, 자메이카 |

출처 : 한국사회복지사협회 편(2005), 세계의 공동모금회.

### (3) 사회복지협의회와의 관계측면

사회복지협의회와 공동모금회는 지역사회복지의 증진을 위해 존재하는 조직으로 때로는 협력하고 때로는 경쟁하면서 밀접한 관계를 유지해 왔다. 그러나 이 조직 역시

나라에 따라 다양한 관계유형을 보이는데, 밀접한 관계의 정도에 따라 사회복지협의회 주도형, 상호 협조형, 공동모금회 주도형 등으로 구분하고 있다.

사회복지협의회 주도형은 공동모금회가 별도로 존재하지 않거나 일부 지역에서만 활동하고 있는 경우로서 사회복지협의회가 지역사회복지의 총괄 조직으로 활발한 역할을 수행하면서 모금과 배분과정에서 사업의 효과성을 높일 수 있는 유형이다. 별도의 공동모금 조직이 있는 경우에 비하여 모금능력은 떨어지는 것이 일반적 추세이다.

상호 협조형은 두 조직이 각기 소정의 고유한 업무에 전념하면서 밀접한 상호 협력을 유지하는 형태로 각자의 특성을 살리면서 서로 협조하여 시너지 효과를 거둘 수 있으나, 안정적 관계를 지속적으로 유지하기 위해서는 상호 신뢰와 존중이 선행되어야 한다.

한편 공동모금회 주도형은 사회복지협의회와는 관계 없이 공동모금회 자체적으로 필요한 모든 활동을 수행하는 경우로서 사회복지협의회가 하는 기능을 수행할 수 있는 전문인력을 갖추어야 하며, 내부 조직의 분화도 이루어 내야 한다. 공동모금회 주도형은 자체 조직으로 모든 활동을 수행하기 때문에 일관성과 효율성을 높일 수 있으나, 조직과 인력이 비대해지고 비용이 많이 들어간다.

## 2) 공동모금제의 모금방법

### (1) 공동모금제의 모금방식

일반적으로 모금원을 기준으로 개별형, 기업형, 단체형, 특별사업형 등으로 구분하고 있다(김종일, 2004).

#### ① 개별형

개별형은 개인을 대상으로 모금을 하는 것으로서 개인이나 가정의 헌금을 통해 모금하는 형태를 의미한다. 이 방법은 모든 주민들로 하여금 사회복지사업에 관심을 갖고 참여를 높일 수 있다는 장점이 있지만, 많은 금액을 단기간에 모금하는 것이 어렵고, 일일이 방문해야 한다는 데서 많은 인력과 시간이 필요하다는 단점을 갖고 있다. 일본과 필리핀이 주로 이 방식을 활용하고 있다.

② 기업형

기업형은 회사, 공장 및 사업체 등과 그 근로자를 대상으로 모금하는 형태로서 적은 노력과 시간을 통해 일시에 많은 금액을 모금할 수 있으며, 특히 급료 공제와 같은 근로자를 대상으로 하는 경우는 아주 간편하고 꾸준하게 모금을 할 수 있는 장점이 있다. 반면에 근로자나 기업체에 강제적 모금을 하게 할 수 있고 대상이 재력이 있는 기업이다 보니 주민의 참여가 저조하게 될 수 있는 단점이 있다. 미국을 비롯하여 오스트레일리아, 영국, 캐나다, 홍콩, 벨기에, 싱가포르, 대만 등에서 활용되고 있다.

③ 단체형

재단, 협회 등의 단체가 그 대상이 되는 경우로서 기업형과 같이 재력 있는 재단이나 협회로부터 보조금을 받음으로써 손쉽게 많은 액수를 모금할 수 있지만, 많은 주민을 참여시킬 수 없는 단점을 지니고 있다. 개별형과 기업중심형보다 대상이 한정되어 있고 자주 사용하는 방법은 아니다.

④ 특별사업형

특별한 프로그램이나 사업, 즉 백만인 걷기대회, 카니발, 오페라, 발레, 자선 골프대회, 카드 발매 등 다양한 사업을 중심으로 모금하는 방법을 의미한다. 기부자에게 흥미, 오락성, 반대적 급부 등을 제공한다는 점에서 호응도가 높고, 또 여론의 형성과 분위기 조성 등 최대의 홍보효과를 가져올 수 있다는 장점이 있다. 그러나 모금의 안정성을 확보하기 힘들고, 사치성과 낭비성에 대한 비판을 면하기 어렵고, 주민의 관심을 유도하기 위한 프로그램의 개발이 어렵다는 단점이 있다. 홍콩, 인도, 요르단, 필리핀 등이 활용하고 있다.

### (2) 세부적 모금방법

공동모금회는 연중모금을 할 수 있도록 되어 있는 단체로서 민간 주도로 이양된 이후 지금까지의 모금과정에서 가장 효과적인 시기와 방법은 연말연시를 이용하여 실시해 오는 이웃돕기 모금기간 동안에 집중모금을 하는 것이다. 모금은 크게 연말연시 집중모금과 연중모금 등으로 구분하고 있다. 현재 각 국가에서 운용되고 있는 구체적 모금방법을 소개하면 다음과 같다(사회복지공동모금회 편, 2005).

① 연말연시 캠페인 모금

'희망 2007 이웃사랑캠페인' 등과 같이 12월 1일부터 다음해 1월 31일까지 2개월간 전국적으로 캠페인을 전개한 것으로서 텔레비전, 라디오방송, 신문 등이 적극적으로 협조하여 모금행사를 홍보하고 기탁금도 직접 접수하여 공동모금회에 전달하는 방법이다. 이 기간에는 개별 모금기관들이 독자적 모금행사를 지양하고 공동모금회와 연합모금을 전개하는 것이 바람직하다.

② 월급자동공제모금

공동모금은 연중모금할 수 있기 때문에 매월 또는 지정한 기간 중에 기업 종업원들의 급여 가운데 일정액을 이웃돕기 성금으로 기부하는 방법으로 많은 직장에서 월급의 일정 비율을 일률적으로 공제하여 참여하도록 하는 것이다. 현재도 많은 직장에서 연말에 월급의 일정 비율(%)을 일률적으로 이웃돕기 성금으로 공제하고 있다.

③ 직장중심모금

기업, 공장, 단체 등의 조직체 내에서 모금 캠페인을 벌이는 방법으로 구성원이 모금 자원봉사자가 되어 자체적으로 모금행사를 기획하고 금품을 거두어 공동모금회에 전달하는 방법이다. 이를 위해서는 기관이나 단체의 장은 일터를 중심으로 모금을 허용하거나 모금활동이 활성화될 수 있도록 분위기를 조성해 주어야 한다. 또한 모금 자원봉사자는 구성원이 자발적으로 모금에 참여할 수 있도록 각종 프로그램을 개발 운영하는 지도력을 발휘해야 한다.

④ 이벤트/캠페인 모금

대중에게 인기가 많은 프로야구나 축구, 농구 등의 스포츠 경기를 통하여 입장료의 일부 또는 선수들의 홈런과 승패에 따라 모금운동을 전개하는 방법으로 지속적 이벤트 행사를 통해 모금을 전개하면 모금과 홍보의 이중효과를 얻을 수 있을 것이다.

⑤ 가두모금

유명연예인과 사회 저명인사를 초대하여 모금활동을 벌이는 것으로 사람들이 많이 다니는 백화점이나 공공기관, 대형건물, 거리 앞에서 모금 자원봉사자를 통하여 모금활동을 전개한다.

### 3) 공동모금회의 배분방식

공동모금회의 다양한 기능 중 배분은 모금액을 얼마나 효율적으로 사용하느냐를 결정하는 것으로서 공동모금회가 성취하고자 하는 목표와 가치를 실현할 수 있는 가장 중요한 기능이라고 할 수 있다. 일반적으로 지역공동모금회가 모금한 재원으로는 지역사회의 광범위한 복지욕구를 충족시키기에는 턱없이 부족하기 때문에 일정한 기준을 설정해서 이 기준에 따라 배분사업을 진행하며, 이를 어떻게 효과적으로 배분할 것이냐 하는 것이 매우 힘든 문제이다.[1] 모금한 재원을 배분하는 일반적 방법에는 기관배분형, 프로그램 배분형, 혼합형 등이 있다(이영철 2004 ; 김종일, 2004).

#### (1) 기관배분형

기관배분형은 사회복지시설이나 기관을 대상으로 모금액을 배분하는 방법이다. 이 방식은 전국적으로 공동모금활동이 전개되는 경우 각 지역별 시설 또는 기관의 분포가 달라 지역별 불균형을 초래할 가능성이 있지만, 취약한 계층에 대해 우선적으로 지속적 배분이 이루어진다는 점에서는 기본적 방법이라고 할 수 있다.

#### (2) 프로그램 배분형

프로그램 배분형은 특정한 문제를 해결하기 위해서 배분하거나 또는 이를 위한 구

1) 공동모금회의 배분사업은 제일 핵심사업이기 때문에 배분원칙으로는 ① 포괄성의 원칙, ② 공정성의 원칙, ③ 투명성의 원칙, ④ 평가의 원칙 등에 의해서 진행되고 있다.

체적 프로그램 수행을 위해서 배분하는 방식을 의미한다. 이 방식은 특정한 문제해결이나 프로그램을 대상으로 배분하기 때문에 새로운 문제에 대해 즉각적으로, 그리고 용이하게 대처할 수 있다는 장점이 있으나, 항상 어려움에 처해 있는 사람들이나 새로운 이슈가 아닌 문제에 대해서는 간과하거나 소홀하기 쉬운 단점을 내재하고 있다.

### (3) 지역배분형

지역배분형은 지역을 단위로 배분하는 형으로서 지역별로 특수한 문제를 해결하고 지역복지를 증진시키기 위한 것이다. 이 방식은 공동모금활동의 지역사회 중심이라는 특성과 관련하여 지역사회복지 증진을 가져오고 또한 지역 간 균형을 도모할 수 있다는 장점이 있다. 즉, 지역마다 문제의 종류나 정도가 다르기 때문에 지역의 특성에 맞게 모금액을 배분하여 사용할 수 있도록 하는 것은 큰 장점이라고 할 수 있다. 그러나 지역만을 강조하다 보면 전국적 차원의 대규모 문제에 대해서는 대처할 수 없는 우려와 문제점을 안고 있다.

〈표 10-3〉 **배분유형별 분류**

| 배분유형 | | 국가명 |
|---|---|---|
| 기관배분형 | | 오스트레일리아, 벨기에, 인도, 푸에르토리코 |
| 프로그램 배분형 | | 자메이카, 필리핀, 대만 |
| 혼합형 | 기관배분 우선 | 캐나다, 요르단, 뉴질랜드, 태국, 베네수엘라, 남아프리카 |
| | 프로그램 우선 | 홍콩, 싱가포르, 미국 |
| 지역배분형 | | 일본 |

현재 우리나라의 경우는 기관배분형과 프로그램 배분형의 혼합형을 통해 배분하고 있는 실정이다. 사회복지공동모금회 중앙에서는 궁극적으로 프로그램을 대상으로 하는 배분방식이지만, 지역단위로 배분하고 있기 때문에 지역배분형도 함께 활용하고 있다.

### 4) 공동모금회의 주요 업무

우리나라 사회복지공동모금회의 미션(mission)은 "나눔으로 하나되는 행복한 대한민국" 그리고 비전(vision)은 "빈곤, 질병, 소외가 없는 사회를 만드는 최고의 모금기관"으로 하고 있다. 이러한 미션과 비전을 실천하기 위해 모금기능을 의미하는 '사랑모으기' 사업과 배분실행사업을 의미하는 '사랑나누기'사업으로 구분하고 있다. 한편, 사회복지공동금회 정관 제4조(사업)에는 ① 사회복지공동모금사업, ② 공동모금재원의 배분 및 평가, ③ 공동모금재원의 운용 및 관리, ④ 사회복지공동모금에 관한 조사·연구·홍보 및 교육훈련, ⑤ 사회복지공동모금회지회의 운영, ⑥ 사회복지공동모금에 관한 국제교류 및 협력증진사업, ⑦ 다른 기부금품모집자와의 협력사업, ⑧ 기타 모금회의 목적달성에 필요한 사업 등을 운영할 수 있다고 규정하고 있다. 이와 같은 사업을 세분화하면 다음과 같이 구분할 수 있다.[2)]

첫째, 연구조사분야이다. 즉, 사회복지사업과 배분욕구분석평가, 기부자의 의식조사와 모금 프로그램 개발, 배분의 효율성 제고, 홍보·광고에 관한 기획 및 연구 등이다.

둘째, 홍보·출판분야로서 홍보광고물 제작 및 배포, 모금에 필요한 물품 제작, 언론기관과 연락·협조업무이다.

셋째, 모금분야이다. 시기별·수혜대상자별로 특성에 맞는 모금을 실시하는 것으로 가정의 달에 소년소녀가정 돕기, 무의탁노인 등을 위한 모금활동, 장애인의 날에 장애인 돕기, 그리고 추석 및 연말연시에 불우이웃돕기 및 계절별 모금활동 등이다. 아울러 모금방법으로는 모금방송(KBS 등), 모금광고(신문, 잡지 등), 가두모금, 기관모금, 우편모금, 상품판매모금 그리고 각종 이벤트·캠페인 행사 등이다. 또한 기부대상자 관리 및 기부자 사후관리로서 기부안내, 기부금의 사용내용 및 감사의 편지 보내기 등이다. 모금활동으로는 자원봉사자 모집, 지원봉사자 교육, 자원봉사자의 조직화 및 모금활동지원 그리고 자원봉사자 사후관리 등을 들 수 있다.

넷째, 배분분야이다. 배분기준(배분대상, 제외대상, 지원기준, 방법 등)의 설정과 배분요구

2) 사회복지공동모금회 홈페이지(http://www.chest.go.kr)에 나와 있는 주요 업무를 대상으로 재구성.

심사(사업의 필요성, 효과, 방법, 사업자 등), 배분 및 배분결과 공고, 배분된 재원의 사후관리로서 사업결과 분석, 배분의 취소와 반환 등이다.

다섯째, 회계관리분야이다. 사업계획 수립(승인 및 허가사항 처리), 재원관리 및 회계에 관한 사항, 자금의 출납, 조직 및 인력관리로서 분과실행위원회 및 이사회 운영에 관한 사항, 문서관리, 예산, 서무에 관한 사항 등을 들 수 있다.

## 3. 한국 사회복지공동모금제도

### 1) 공동모금회 설립 및 발전과정

우리나라에서는 1948년 정부수립 이후 제정된 「기부금품모집규제법」(1951)에 따라 사회복지재정을 위한 모금행위가 규제의 대상이 되었다. 1970년 「사회복지사업법」이 제정됨에 따라 1971년 사회복지법인 '한국사회복지공동모금회'가 처음 설립되면서 민간부문의 주도하에 공동모금활동이 시작되었으나, 당시 열악한 경제적 여건과 국민적 경제수준과 의식구조가 성숙되지 못하였고 각종 공동모금활동의 난립으로 모금활동에 대한 공신력이 없었으며 언론기관들의 협조나 공동모금에 대한 전문가 부족 및 사업진행을 위한 준비 부족 등으로 실패하였다(김범수, 2007).

1980년 「사회복지기금법」이 제정되면서 매년 연말에 불우이웃돕기를 위한 범국민적 운동을 정부 주도하에 각 언론기관들이 중심이 되어 모금활동을 전개하였으나 모금된 성금의 일부를 정부가 국가예산을 투입해야 할 공공부조에 사용하거나 당초 의도한 대로 사용하지 않으면서 심각한 사회적 물의가 나타나게 되었다.

1994년 이웃돕기성금에 대한 감사원 감사사건이 발생하면서 결국 1997년 「사회복지공동모금법」이 새롭게 제정되었다. 이에 따라 정부 주도하에 모금하고 관리하던 이웃돕기 성금을 민간단체가 직접 모금·관리할 수 있도록 제도적 장치가 마련되었으며, 이웃돕기운동의 자율성을 보장하고 민간의 사회복지 참여를 활성화시킬 수 있는 계기가 마련되었다. 1998년 동법에 근거하여 중앙에 전국공동모금회를 설립하고 16개 시·도에 지역공동모금회를 구성하여 이웃돕기성금을 직접 모금·배분하고 관리하기 시작하였다. 그러나 여러 시행착오를 겪으면서 결국 1년 만에 1999년 「사회복지공동모금회법」으로 개정되어 1개의 전국 공동모금회와 16개 시·도지회로 전환되었으며 현재의 공동모금제도로 발전하게 되었다.

1999년부터 전국적으로 모금사업을 시작한 이후 IMF, 장기적 경기침체, 실업, 고유가 등 경제적으로 어려운 여건 속에서도 모금액수는 지속적으로 증가하고 있는 추세이다. 1999년 연말연시 불우이웃돕기 모금운동을 처음 시작한 결과 170억 원을 모금하였으며, 2002년 1,017억 원, 2005년 2,147억 원을 모금하면서 설립 7년 만에 연간 2,000억 원대의 모금을 달성하게 되었다. 이후 2015년 5,227억 원, 2017년 5,996억 원, 2018년 5,965억 원, 2019년 6,541억 원 등으로 지속적인 성장을 나타내고 있고 국내 사회복지 지원체계에서도 중추적인 조직으로 자리를 잡고 있는 실정이다(사회복지공동모금회 경영공시 모금실적 자료).

현재 사회복지공동모금회는 '사랑의 열매'를 캠페인의 상징으로 사용하면서 모금활동을 진행하고 있다. 이 사랑의 열매는 1970년 초 수재의연금과 불우이웃돕기 성금을 모금할 때 보건복지부 산하 이웃돕기추진운동본부에서 사랑의 열매를 '상징'으로 사용한 것이 그 시발점인 것으로 전해지고 있다. 현재 우리나라 야산에 자생하고 있는 산열매를 형상화한 것으로서 2003년 2월 산림청에서 '백당나무'를 이 달의 나무로 선정하면서 사랑의 열매와 닮은 점을 언급하여 국민적 관심을 유도하였다. 세 개의 빨간 열매는 각각 나, 가족, 이웃을 뜻하고 열매의 빨간색은 사랑의 마음을 상징하며 그 열매를 하나로 묶은 것은 더불어 사는 사회를 이루자는 것을 의미하고 있다.

## 2) 공동모금회 조직구조

현재 우리나라 공동모금회 조직체계는 중앙모금회와 광역자치단체(시·도) 모금회(지회)로 구성되어 있다. 중앙모금회의 임원은 회장과 이사, 감사로 구성되며 그 밖의 업무를 총괄하는 사무총장과 분과 실행위원회를 두고 있다. 17개 시·도 지회에는 지회장을 두고 중앙모금회에 준하는 조직을 갖추고 있다. 현행 공동모금 조직체계는 철저한 중앙집권적 형태를 보이며 이사회를 비롯한 각 위원회의 인적 구성과 선출방식이 너무 제한적이어서 공동모금회가 일부 소수 인사에 의해 좌우될 소지가 있다.

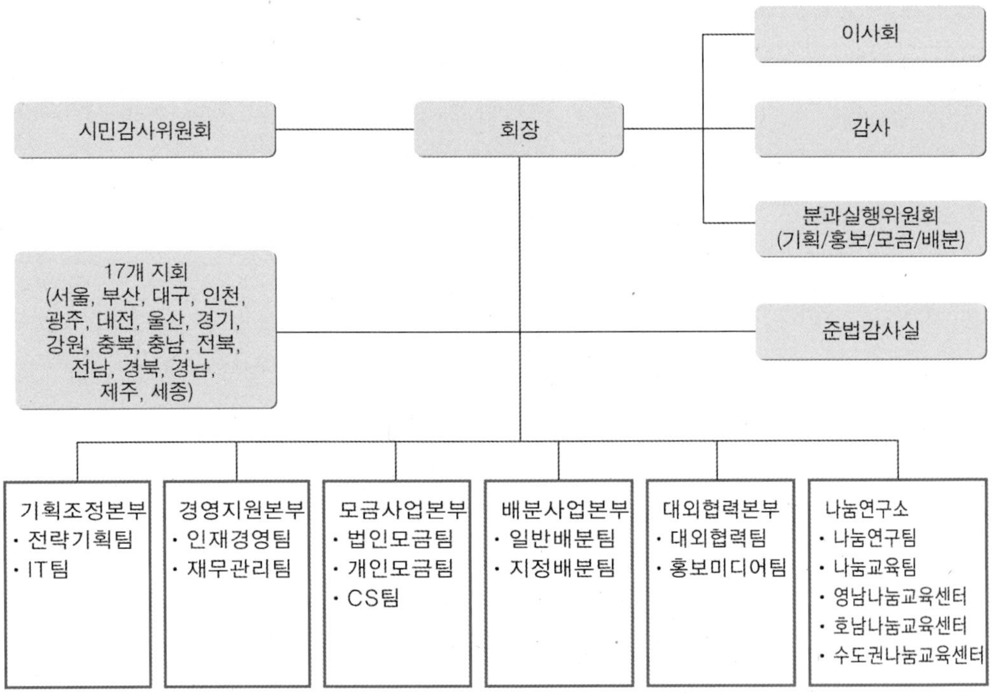


[그림 10-1] 우리나라 사회복지공동모금회 조직도

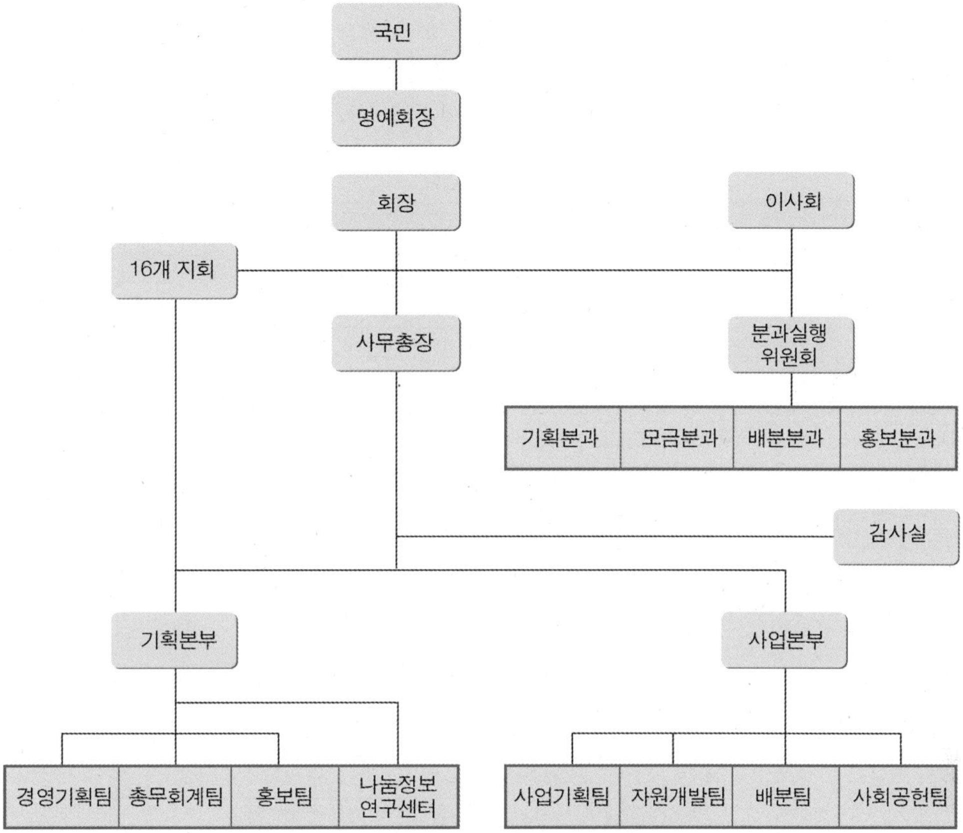


**[그림 10-2] 사회복지공동모금회 조직체계**

## 3) 모금활동

우리나라 공동모금회의 모금활동은 크게 연말연시 집중모금과 연중모금 등으로 구분하는데 집중모금은 연말연시(12. 1.~1. 31)를 기하여 모금회 역량을 총동원하여 벌이는 모금활동을 의미한다. 2019년 모금총액은 6,540억 원으로서 2018년 5,965억 원 대비 약 9.6% 증가한 것으로 나타났다. 중앙회 모금액은 2,478억 원 그리고 전국 광역 및 특별자치단체별로 설치되어 있는 17개 지회 모금액은 4,062억 원 규모이다(표 10-4). 한편 2019년 기부자 유형별 기부액 비중을 보면, 법인모금액이 4,474억 원(68.4%), 개인모금액이 2,067억 원(31.6%) 등으로 나타나고 있다. 현금 4,835억 원(73.9%), 현물 1,706억 원(26.1%) 등으로 나타나고 있다(사회복지공동모금회, 2019).

**〈표 10-4〉 연도별 중앙회 및 지회별 모금액** (단위: 억원)

| 구분 | 2000 | 2003 | 2006 | 2009 | 2012 | 2014 | 2015 | 2016 | 2017 | 2018 | 2019 |
|---|---|---|---|---|---|---|---|---|---|---|---|
| 전국계 | 509.6 | 1,382.5 | 2,177.5 | 3,318.6 | 4,159.3 | 5,833.3 | 5,227.7 | 5,742.0 | 5,996.0 | 5,965 | 6,540 |
| 특별성금 | | | | (295) | (33) | (1118) | | | | | |
| 중앙 | 285.5 | 702.8 | 1,131.9 | 1,584.2 | 2,055.5 | 3,048.9 | 2,159.1 | 2,196.0 | 2,321 | 2,313 | 2,478 |
| 서울 | 23.6 | 176.4 | 248.5 | 396 | 526 | 650.4 | 753.9 | 816.2 | 851 | 864 | 868 |
| 부산 | 23.2 | 52.8 | 64.7 | 100.2 | 123 | 182.7 | 179.8 | 206.2 | 203 | 191 | 215 |
| 대구 | 11.6 | 24.5 | 41.9 | 64.2 | 93.6 | 138.3 | 129.9 | 159.1 | 164 | 157 | 218 |
| 인천 | 6.9 | 24.6 | 72 | 119.7 | 92.3 | 147.1 | 126.8 | 160.7 | 188 | 161 | 183 |
| 광주 | 9.3 | 19.1 | 23 | 34.7 | 57.7 | 62.3 | 85.4 | 95.4 | 103 | 89 | 113 |
| 대전 | 8.6 | 20.6 | 43.2 | 60.7 | 72.1 | 92 | 92.5 | 106.3 | 113 | 107 | 125 |
| 울산 | 4.9 | 14.4 | 36 | 66.7 | 77.1 | 96.9 | 104.9 | 206.6 | 137 | 130 | 119 |
| 경기 | 26.4 | 67 | 134.2 | 284.9 | 292.1 | 427.5 | 500.7 | 557.1 | 583 | 589 | 635 |
| 강원 | 22.3 | 20.9 | 33.4 | 60.4 | 87.7 | 101.4 | 128.0 | 154.7 | 148 | 160 | 253 |
| 충북 | 14 | 33.3 | 43.8 | 53.3 | 73.8 | 88.9 | 108.1 | 104.7 | 131 | 133 | 145 |
| 충남 | 14.2 | 53.6 | 73.8 | 103.9 | 133 | 174.7 | 192.0 | 219.6 | 244 | 239 | 294 |
| 전북 | 8.4 | 29.9 | 4. | 70.8 | 86.4 | 95.1 | 105.4 | 124.4 | 137 | 153 | 171 |
| 전남 | 15.9 | 46.3 | 57.4 | 62.7 | 94.5 | 132.4 | 130.4 | 152.0 | 152 | 156 | 156 |
| 경북 | 18.9 | 61.8 | 86.4 | 154.4 | 141.2 | 164.8 | 180.0 | 196.7 | 244 | 225 | 241 |
| 경남 | 11.8 | 25.7 | 28.4 | 71.3 | 104.2 | 146.4 | 154.3 | 179.7 | 160 | 176 | 189 |
| 제주 | 4.1 | 8.8 | 18.9 | 30.5 | 49.1 | 67.6 | 76.9 | 81.0 | 93 | 95 | 99 |
| 세종 | - | - | - | - | - | 12.8 | 19.6 | 25.6 | 25 | 27 | 29 |

출처: 사회복지공동모금회 2019 연간보고서(사회복지공동모금회 홈페이지 자료 참고)

한편, 모금방식과 실태를 살펴보면 다음과 같다.

① 나눔의 날

매달 12일은 하나(1)를 나누어 도움받는 사람(1)도 행복하고 도움을 준 사람(1)도 행복한 사회를 만들자는 의미를 담고 나눔의 날로 정하여 모금활동을 하고 있다.

② 개인나눔

정기·일시나눔이나 착한 가게, 아주 특별한 기부, 개인소득공제와 같은 프로그램을 통하여 개인이나 중소자영업 종사자를 대상으로 모금활동을 할 수 있도록 하고 있다.

③ 기업나눔

기업이 사회성금을 낼 수 있는 방법을 제시해 주며 기업이 사회에 공헌을 함으로써 기업의 브랜드 가치를 높여 준다.

④ 나눔행사

이웃사랑캠페인, 사랑의 열매 음악회, 유공자 포상식과 같은 행사를 주체하여 모금활동을 하고 있다. 유공자 포상식은 이웃을 위해 도움을 준 사람을 시상하여 이러한 모금활동을 통한 보람을 느끼게 하고 있다.

⑤ 방송나눔

KBS의 사랑의 리퀘스트, 사랑의 가족, 스타골든벨과 MBC 희망채널, 더불어 좋은 세상 등의 방송 프로그램을 통한 모금활동을 하고 있다.

⑥ 사이버나눔

카드회사의 보너스 포인트 기부 등을 통한 기부금 적립을 하고 있다.

### 4) 배 분

#### (1) 배분방법 및 사업의 종류

공동모금회의 배분은 모금액을 얼마나 효과적으로 사용하느냐를 결정하는 것으로서 공동모금회가 추구하는 목표와 가치를 실현할 수 있는 가장 중요한 기능이다. 통상적으로 지역공동모금회가 모금한 재원으로는 지역사회의 광범위한 복지욕구를 충족시키기에는 부족하기 때문에 일정한 기준을 설정해서 이 기준에 따라 배분사업을 진행한다. 모금한 재원을 배분하는 방법에는 일반적으로 기관배분형, 프로그램 배분형, 혼합형 등이 있다. 현재 우리나라 공동모금회에서는 기관배분형과 프로그램 배분형의 혼합형을 통해 배분하고 있지만, 중앙공동모금회에서는 프로그램 배분형을 기준으로 지역단위로 배분하고 있어 지역배분형도 병행하여 운용하고 있다.

현재 우리나라 공동모금회에서는 신청사업, 기획사업, 긴급지원사업, 지정기탁사업 등 4개의 배분사업으로 구분하여 지원하고 있다. 신청사업은 사회복지시설·기관이나 단체 또는 사회복지사업을 수행하는 개인 등이 정부로부터 지원받지 못하는 프로그램 등을 실시하고자 할 때 공동모금회에 신청할 수 있으며, 기획사업은 지역사회의 복지 욕구를 파악하여 매년 주제를 선정하여 지원하는 프로그램으로서 기타 불특정 다수의 저소득 소외계층에게 지원된다. 긴급지원사업은 수해로 인한 이재민 발생 등과 같은 우리 주변에서 재해로 인하여 갑자기 발생하는 어려움을 지원하는 사업이며, 지정기탁사업은 기부자가 대상자를 선정하여 기탁하는 것으로서 기부자의 의사에 따라 해당 대상자에게 성금을 전달하고 그 결과를 기부자에게 보고하는 것으로서 종결하는 사업을 의미한다. 한편 중앙공동모금회의 정관상에 나타난 모금액의 배분원칙과 방법 및 사업의 종류를 보면 다음과 같다.

第26条(배분원칙) ① 모금회는 배분을 통하여 지역사회복지증진과 사회복지서비스의 활성화를 기하여야 한다.〈개정 2008.6.9〉

② 배분은 사회복지사업 및 사회복지활동 사회복지 프로그램을 행하는 자를 넓게 포괄하여야 한다.

③ 배분은 지역·단체·대상자 및 프로그램별로 복지수요가 공정하게 충족되도록 하여야 한다.〈개정 2008. 6.9〉

④ 배분은 과정과 결과가 투명하여야 한다.〈개정 2008.6.9〉

⑤ 배분은 평가를 바탕으로 하여 효과적이고 효율적으로 실시되어야 한다.〈개정 2008.6.9.〉

第27条(배분방법) ① 배분은 지회를 통하여 한다.〈개정 2008.6.9〉

② 제1항에도 불구하고 전국규모의 사회복지사업·긴급지원사업·시범사업·국제보건의료지원사업 등 지회를 통하여 배분하기 곤란한 사업은 중앙회가 직접 배분한다.〈개정 2008.6.9〉

제27조의 2(배분사업의 종류) ① 배분사업은 신청사업·지정기탁사업·기획사업·긴급지원사업으로 구분한다.〈개정 2008.6.9〉
② 모금회는 제1항의 사업 외에도 효과적인 배분 및 제28조에 따른 평가를 위하여 필요한 경우 이사회의 의결을 거쳐 별도의 사업을 실시할 수 있다.〈개정 2008.6.9〉
③ 법 제2조 제2호에서 "기타 사회복지활동"이란 다양한 사회복지욕구에 부응하는 국내외의 각종 사회복지 사업 및 활동을 말한다.〈개정 2008.6.9〉

출처 : 사회복지공동모금회 홈페이지(http://www.chest.go.kr).

### (2) 배분현황

2019년 기준 연도별 사업별 지원액을 살펴보면, 지정기탁사업 그리고 물품사업과 기획사업 순으로 많이 지원되는 것으로 나타났다. 2019년 기준 총지원금액은 5,958억 원이며, 지정기탁사업 46.7%(2,783억 원), 물품사업 29.1%(1,731억 원), 기획사업 19.8%(1,178억 원) 정도를 각각 지원하고 있는 것으로 나타났다(〈표 10-5〉 참조).

〈표 10-5〉 **연도별 사업별 지원액** (단위: 백만원)

| 구분 | 2000 | 2003 | 2006 | 2009 | 2013 | 2015 | 2016 | 2017 | 2018 | 2019 |
|---|---|---|---|---|---|---|---|---|---|---|
| 지정기탁 | 14,841 | 63,384 | 59,906 | 117,133 | 185,218 | 276,442 | 226,472 | 232,013 | 525,890 | 278,325 |
| 신청사업 | 10,737 | 10,042 | 10,402 | 9,444 | 9,073 | 8,833 | 9,835 | 9,926 | 9,683 | 9,641 |
| 기획사업 | 6,055 | 36,744 | 62,806 | 95,756 | 86,962 | 162,889 | 144,963 | 132,538 | 123,257 | 117,838 |
| 긴급지원 | 3,809 | 9,013 | 18,158 | 20,939 | 18,513 | 20,290 | 20,178 | 18,503 | 18,090 | 16,872 |
| 기금사업 | - | - | 44 | 89 | - | - | - | - | - | - |
| 물품사업 | - | - | 32,407 | 46,776 | 93,707 | 135,314 | 143,803 | 162,301 | 167,463 | 173,161 |

출처: 사회복지공동모금회 2019 지속가능보고서(사회복지공동모금회 홈페이지)
* 2005년 이전에는 기금사업, 물품사업 등이 기획사업, 지정기탁사업에 포함되어 지원되었으며, 2006년부터 2011년까지 별도항목으로 분류하였음
* 2005년부터 기획사업을 테마기획사업과 제안기획사업으로 분류하였고, 2012년부터는 재통합함

한편, 지원대상별 지원액을 살펴보면, 지역사회복지안전망분야에 가장 많이 지원되고 있으며 그 다음으로는 아동청소년분야 그리고 위기가정분야, 노인분야도 순으로 지원금액이 많은 것으로 나타났다. 2019년 기준 지원금액과 비중을 살펴보면, 지역사

회복지안전망분야 26.1%(1,553억 원), 아동청소년분야 18.3%(1,091억 원), 저소득긴급지원분야 21.1%(1,254억 원), 노인분야 13.0%(775억 원) 등으로 저소득긴급지원 사업에 대한 지원 비중이 큰 폭으로 확대된 것으로 나타났다(〈표 10-6〉 참조). 한편 빈곤부문 4,331억 원(72.7%), 소외계층부문 1,046억 원(17.5%), 질병부문 580억 원(9.8%) 등을 지원한 것으로 나타나고 있다(사회복지공동모금회, 2019).

**〈표 10-6〉 연도별 지원대상별 지원액** (단위: 백만 원)

| 구분 | 2000 | 2003 | 2006 | 2009 | 2013 | 2015 | 2016 | 2017 | 2018 | 2019 |
|---|---|---|---|---|---|---|---|---|---|---|
| 아동 · 청소년 | 7,805 | 21,236 | 29,526 | 61,224 | 95,104 | 113,207 | 124,321 | 124,312 | 116,035 | 109,173 |
| 장애인 | 5,390 | 14,189 | 22,274 | 25,240 | 42,661 | 71,321 | 68,301 | 66,768 | 64,130 | 69,362 |
| 노인 | | 14,721 | 24,299 | 33,067 | 52,522 | 67,801 | 88,787 | 74,949 | 70,708 | 77,548 |
| 여성/다문화 | 3,619 | 2,566 | 7,761 | 10,409 | 28,317 | 34,725 | 44,067 | 39,565 | 35,948 | 40,696 |
| 지역사회 복지안전망 | 1,387 | 66,471 | 82,376 | 132,819 | 155,654 | 234,792 | 171,018 | 140,856 | 442,721 | 155,339 |
| 저소득 긴급지원 | - | - | - | - | - | 54,148 | 24,342 | 88,422 | 94,657 | 125,382 |
| 해외 · 북한/ 기타 | | | 17,487 | 27,378 | 192,14 | 27,774 | 24,415 | 20,409 | 20,184 | 18,338 |

출처: 사회복지공동모금회 2019 지속가능보고서(사회복지공동모금회 홈페이지)
* 2006년부터 '지역사회' 및 '기타' 항목을 '지역사회와 해외지원 및 기타' 항목으로 분류함

## 4. 외국의 공동모금제도

'모두를 위한 한 번의 모금'을 기치로 모금 및 배분의 효율성을 추구하는 공동모금은 미국, 일본 등에서 시작되어 현재 전 세계 40여 개국에서 시행되고 있는 가장 과학적인 나눔 네트워크로 민간 사회복지부문의 발전에 큰 영향을 미쳐 왔다. 각 나라의 공동모금제도는 그 나라 사회와 문화적 여건에 따라 발달과 운영방식을 달리하지만, 이들의 공통된 특징은 공동캠페인을 통해 여러 지역에 산재해 있는 민간 사회복지조직을 위해 기부금품을 모집하고 배분하는 민간조직이라는 것이다. 외국의 공동모금조직

들의 경험을 참고하기 위해 세계 주요국의 공동모금조직의 활동을 조직과 모금 및 배분활동을 중심으로 살펴보고자 한다(강철희, 1999; 방성수, 2001; 사회복지공동모금회, 2003; 김범수, 2007).

## 1) 미국의 공동모금제도 - United Way of America

유럽의 복지국가들에 비해 상대적으로 국가의 개입 정도가 낮은 미국의 United Way는 활발하게 전개되고 있는 민간의 대표적인 모금기구이다. 연간 모금액수가 38억 달러에 이르고 지역조직만 해도 1,900여 개가 넘으며 재정지원을 받는 사회복지기관 및 단체의 수는 45,000개소를 넘어선다(Brilliant, 1990; 방성수, 2001 재인용). United Way는 미국 민간 사회복지서비스의 효시라고 할 수 있는 자선조직협회(Charity Organization Society)의 전통을 계승하고 있으며, 전국 각지에 산재해 있는 민간 사회복지기관의 요구에 의해 기존의 활동들이 체계적으로 조직화된 기구로서, 미국의 대표적 민간 사회복지서비스 지원체계로 이해되고 있다. 미국 전역의 지역별 공동모금회의 모금과 배분활동은 지역과 모금회의 특성에 따라 이뤄지고 있기 때문에 전국적으로 단일한 모금 및 배분전략이나 지침은 존재하지 않는다.

### (1) 조 직

미국 United Way의 지역조직은 사회복지에 있어서 상대적으로 민간부문의 역할이 강조되고 있는 미국의 역사적 경험으로부터 시작된 자발적 모금조직이다. 전국에 1,900여 개의 지역모금조직이 있으며, 이 조직들은 지역의 크기에 따라 구분되어 관리된다. 각 지역의 모금회는 이사회, 사무국, 특별위원회, 그리고 모금, 기획, 배분 및 홍보를 담당하는 부서로 구성된다.

United Way는 중앙조직(United Way of America)과 지역조직(Local United Way)으로 구성된다. 미국의 공동모금조직은 역사적으로 설립 초기부터 지역을 기반으로 하는 개별적 모금조직들로 구성되어 있었는데, 이후 조직 상호 간의 연락과 업무조정, 그리고 전국적 차원의 모금활동 실시 등의 필요성으로 인하여 나중에 중앙조직이 형성되었다. 따라서 전국적으로 지역에 존재하는 모금조직은 중앙조직에 대하여 상대적으로 독립성과 자율성이 보장되며, 지역단위의 조직이 행정구역단위와 일치하지 않는 것도 이 때문이라고 할 수 있다. 즉, 중앙조직은 지방조직 간의 연계와 전국적 정책수립의 필요, 그리고 정보제공 및 교육·훈련의 필요성에 따른 지방조직들의 연맹(federation)으로서의 성격을 갖는다고 할 수 있다.

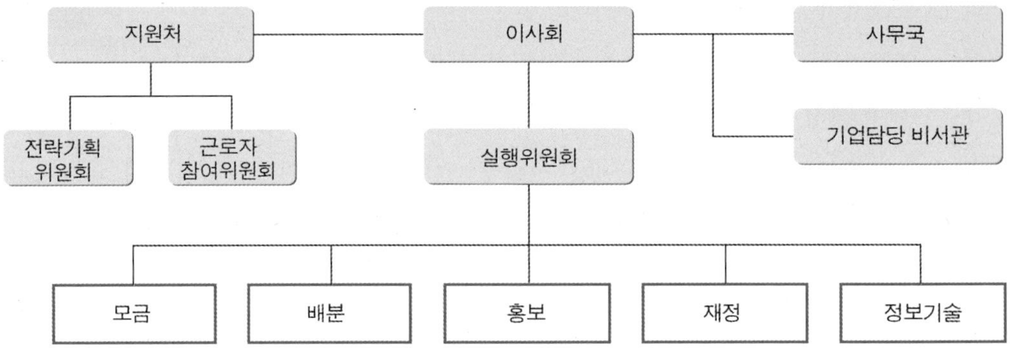


[그림 10-3] 미국 United Way 지역모금조직의 구조

중앙조직은 기본적으로 각 지역조직의 활동을 지원하는 기능을 수행하고 있으며, 전국적 차원에서 모금환경을 분석하고 모금전략을 연구하며, 이를 지역조직으로 전파하여 효과적 모금활동을 수행할 수 있도록 돕는 역할을 하고 있다. 또한 기금배분에 관한 원칙과 정책을 수립하고, 효과적 배분방안에 대한 연구를 실시하여 지역조직의 실무자들을 교육하는 일을 수행한다. 중앙조직의 중요한 또 다른 기능은 사회문제에 대한 실태를 전국적으로 조사하고, 이러한 문제들에 대응하는 효과적 프로그램들을 개발하여 지역조직들이 이러한 문제들에 대해 효과적으로 대응할 수 있도록 한다. 따라서 지역조직들은 중앙조직에 대해 모금액의 일정비율(5% 내외)을 납부하여 중앙조직의 운영을 지원하고 있다. 중앙조직은 별도의 모금캠페인을 실시하지는 않지만 지정기부금을 받고 있으며, 따라서 지역조직의 회비와 지정기부금을 통해 운영된다.

### (2) 모 금

#### ① 기업과 근로자들 중심의 모금활동

United Way의 모금은 주로 직장인들과 소규모 사업장의 기부를 통해 이루어지고 있으며, 이를 통한 모금이 전체 모금액의 약 50%에 달한다. 또한 기업을 단위로 하는 모금방법은 기업체의 규모, 사업지역, 업종 등을 기준으로 하여 체계적으로 관리되고 있으며, 이를 통한 모금은 전체 모금액의 22% 정도를 차지하고 있다.

#### ② 미국풋볼리그와의 파트너십

United Way의 파트너십을 활용한 모금의 대표격은 미국풋볼리그(NFL : National Football League)와의 계약에 의한 모금활동이다. NFL과의 파트너십은 매우 간단한 아이디어로부터 시작된다. NFL과의 파트너십은 1973년에 시작되었으며, 풋볼경기당 60초 동안의 무료홍보방송시간을 제공하는 것으로 시작되었다. 미국의 풋볼시청자의 수는 연간 1억 1천3백만 명 정도로 추산되는데, 이러한 방법을 통한 모금효과는 연간 6천5백만 달러 정도가 되는 것으로 판단된다. 그리고 NFL과의 파트너십을 형성한 이후, 이 방법을 통해 모금된 금액이 총 10억 달러가 넘는 것으로 United Way는 추산하고 있다.

#### ③ 미국집배원협회와의 파트너십

United Way와 집배원협회(NALC : National Association of Letter Carriers)와의 파트너십은 1991년 미국 체신부와 AFL-CIO의 협조를 얻어 시작된 실험적 음식물 나누기(Food Drive) 캠페인으로부터 시작되었다. 이 캠페인에는 NALC의 전국 1,500개의 지회가 참가하고 있으며, 매년 5월 둘째 토요일에 전국에서 활동하고 있는 집배원들이 상하지 않는(non-perishable) 음식물을 기부받아 푸드뱅크나 쉼터 등에 전달하는 행사를 실시하고 있다. 사업 시작 초기인 1993년에는 220개 지회가 약 6,000톤의 음식물을 전달하였으며, 1999년에는 약 30,000톤의 음식물을 전달하였다. United Way는 이 사업과 관련하여 NACL로 하여금 효과적 사업수행을 할 수 있도록 마케팅 기술을 전수하고 있으며, 적극적으로 홍보하고 증진시키기 위하여 대중매체를 연결하는 역할을 하고 있다.

④ 항공사의 마일리지 프로그램과의 연계 – Sky Wish

불치병을 앓는 환자들을 위한 치료기금 마련을 위해 United Way와 Delta 항공사가 함께 실시하는 모금활동이다. Delta 항공을 이용하는 승객들이 적립하고 있는 마일리지 점수를 기부함으로써 이들이 치료를 위해 미국 내의 다른 도시를 비행기로 이동할 수 있는 비용을 지원한다. 환자 1인당 25,000마일이 필요하며, 보호자가 동행하는 경우에는 50,000마일의 기부를 필요로 한다. 항공기 이용 승객은 5,000마일 이상을 기부할 수 있으며, 기부 마일리지 점수 5마일당 1마일을 다시 점수로 환원해 주고 있다.

⑤ 토크빌협회

토크빌협회(Alexis de Tocqueville Society)는 미국 내에서 성공한 개인들로 이루어진 기부집단으로 United Way의 주선에 의해 1986년 20명의 회원을 시작으로 설립된 기부단체이다. 1831년 프랑스의 귀족 알렉시스 토크빌이 그의 저서 『미국의 민주주의(Democracy in America)』에서 미국의 자원봉사 정신을 칭송한 것을 기념하여 그의 이름을 단체의 명칭으로 정하였다. 이 단체의 회원은 매년 10,000달러 이상을 United Way에 기부한다. 설립 당시 회원 수는 20명으로, 기부금 총액이 약 2,000만 달러이었는데, 1998년 현재 이 단체의 회원은 전국에 13,500명이며, 기부금 총액은 3억 2천만 달러를 넘어섰다. 단체의 회원은 기부금액의 규모에 따라 10,000달러부터 1,000,000달러 이상에 이르기까지 9개의 등급으로 구분하여 관리된다.

### (3) 배 분

United Way의 기금배분은 "모금의도에 적합한 지역사회의 욕구에 우선순위를 두며, 서비스의 영향(impact)을 가시적으로 측정(demonstrable and measurable)함으로써 평가하고, 공정한 절차에 의해 기금을 할당하며, 기관 간의 협동을 지지하고 촉진하며, 가능한 모든 방법을 동원하여 기관을 지원한다."는 원칙에 입각해 있다(United Way, Chattanooga, Tennessee). 기관유형별로 기금배분 액수의 분포를 보면, 가족복지기관이 2억 3천1백만 달러로 가장 많고, 다음으로는 지역개발기관(157백만 달러), 탁아기관(86백만 달러), 아동

복지기관 등의 순이었다.

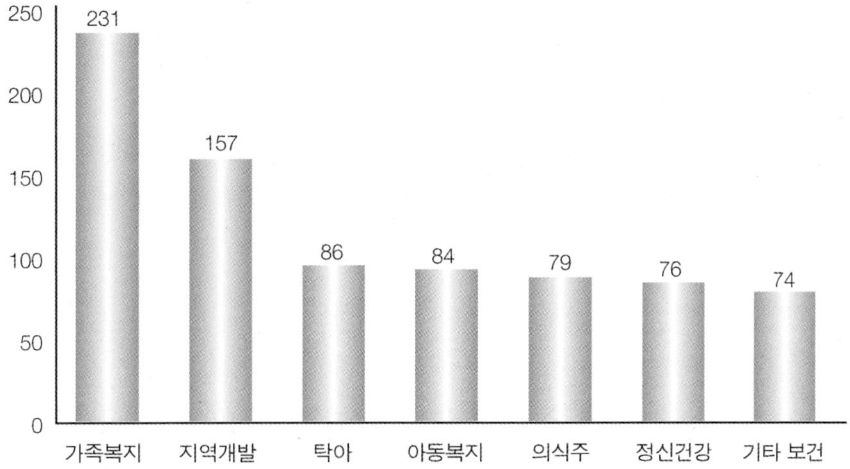


**[그림 10-4] 기금배분의 기관별 현황(단위 : 백만 달러, 1995년 기준)**

## 2) 일본의 사회복지공동모금회(빨간 깃털 공동모금)

일본의 공동모금회는 민간부문의 자발적 모금활동으로부터 기인했다는 점에서는 United Way와 유사한 점이 있으나, 설립 초기부터 국가의 적극적 개입을 통해 조직화되었다는 점에서 근본적 차이가 있다. 일본은 이미 1951년에 사회복지사업법에 공동모금활동과 관련된 규제조항이 삽입되었으며, 이 법에 따라 모금활동 및 배분원칙이 엄격하게 적용된다. 일본 공동모금회의 특징 중 하나는 사회복지사협회와 긴밀한 협조관계를 유지하고 있다는 점인데 이는 일본의 사회복지사협회가 명실상부한 전국조직으로 결성되어 있고 따라서 지역주민을 상대로 모금을 하기 위해서는 사회복지사협회의 행정적 협조가 필수적이기 때문이다. 실제로 모금활동에 있어서 사회복지협의회에 소속되어 있는 자원봉사자들의 역할이 절대적이라고 할 수 있다(김성이 외, 2000; 共同募金會, 2000; 방성수, 2001 재인용).

### (1) 조 직

일본의 공동모금회는 중앙공동모금조직이 먼저 설립된 이후 지역공동모금회가 행정구역에 따라 47개의 도·도·부·현 공동모금회와 시·정·촌까지 약 3,300여 개의 지회 및 지부로 조직화된 중앙집중적 조직체계를 갖추고 있다. 일본의 공동모금회는 사회복지사업법에 의한 독립적 조직으로서 각 지역공동모금회는 사회복지법인이다. 따라서 중앙공동모금회는 47개의 도·도·부·현 공동모금회의 활동을 조정하고 전국적 모금사업을 기획, 홍보하는 역할을 수행하며 직접적 모금사업을 실시하지는 않고 있다. 또한 중앙정부와의 연계, 공동모금에 대한 조사연구사업, 그리고 모금에 참여하는 자원봉사자들을 교육하고 훈련하는 업무를 담당하고 있다.

일본의 공동모금회의 조직구조상 모금과 배분활동은 지역공동모금회의 차원에서 수행되기 때문에 실질적 집행구조는 지역모금회를 통해 알 수 있다. 지역공동모금회는 회장, 부회장, 이사회 및 자문위원회, 사무국으로 구성되어 있으며, 도·도·부·현 공동모금회의 경우 각 지회의 대표자, 각계각층을 대표하는 인사들로 평의원회가 구성되어 모금회의 활동에 관한 중요 사항을 의결할 수 있는 기능을 수행하고 있다. 또한 자문위원회는 모금, 조직, 배분, 홍보 등 4개의 분과위원회로 나뉘어 각각의 업무를 수행하고, 결정사항을 이사회에 부의함으로써 정책에 반영한다.

일본의 공동모금회는 조직결성 초기부터 사회복지협의회와 밀접한 관계를 유지하고 있으며, 이는 사회복지사업법에 "모금을 하기 위해서는 도·도·부·현 사회복지협의회의 의견을 듣고 목표액, 수혜자의 범위 및 배분방법을 정하도록" 규정되어 있기도 하다. 또한 기금배분에 있어서 지역배분을 통해 사회복지협의회에 전달하는데, 연간 총배분금액의 60% 정도는 사회복지협의회로 배분되는 것으로 알려져 있다.

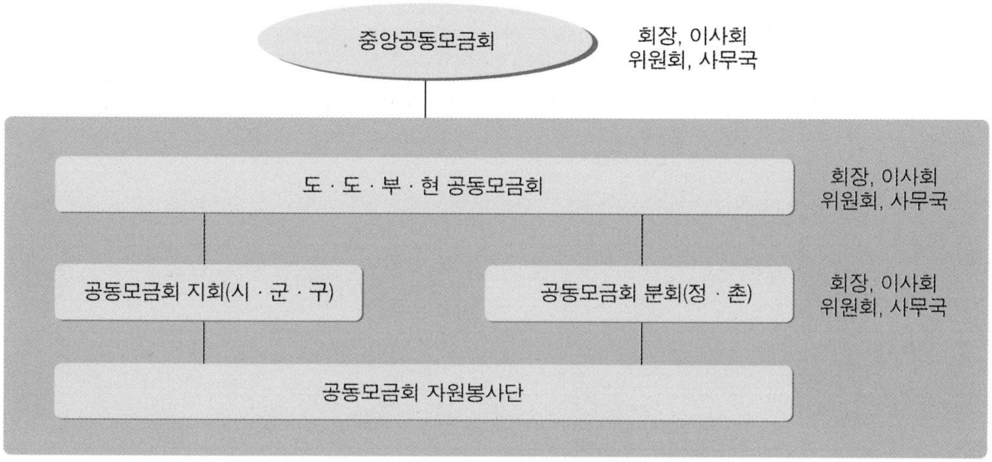


**[그림 10-5] 일본의 공동모금회 조직**

### (2) 모 금

일본의 공동모금회는 「공동모금운동요강」에 따라 자원봉사자의 조직활동에 의해 호별모금(戶別募金), 가두모금, 법인모금(기업모금), 직장모금(職域募金, 직장인모금), 학교모금, 흥행모금(행사모금), 연말 이웃돕기모금 등의 방법으로 후생성의 고시에 의해 정해진 기간 동안(10월 1일~12월 31일) 모금을 실시한다. 대부분의 모금액이 집중모금기간 중에 조성된다는 점에서 전반적으로 미국의 United Way와는 다른 모금방식을 택하고 있음을 알 수 있다.

일본공동모금회의 모금활동에 있어서 두드러지는 특징은 호별모금에 의한 모금액수가 전체 모금액에서 차지하는 비중이 절대적이라는 점이다. 자원봉사자들이 직접 가정방문을 하여 기부금을 접수하는 이 방식을 통하여 가장 많은 금액이 모금되고 있다. 이는 일본의 공동모금회가 비교적 오랜 역사를 갖고 있고, 사회복지협의회의 협조를 얻어 자원봉사조직을 활용하기 때문인 것으로 분석된다.

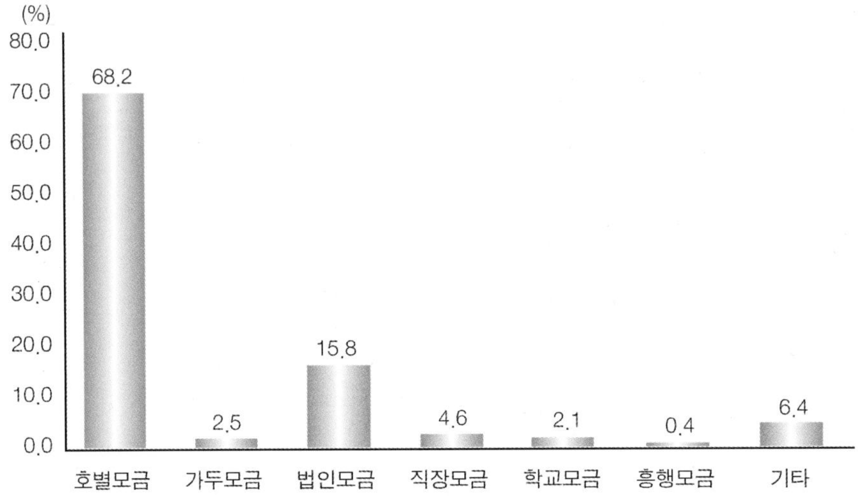


**[그림 10-6] 모금방식별 모금액 비중(1999년 기준)**

① 호별모금

모금자원봉사자들이 직접 가정을 방문하여 기부금을 접수한다. 전체 모금액의 70% 정도가 이 방법에 의해서 조성되며, 이러한 모금활동에 참여하는 자원봉사자는 지역 주민, 지역민생위원회원, 사회복지협의회의 자원봉사자, 보이·걸스카우트 단원, 학생 등으로 전국적으로 200만 명 정도가 활동하고 있다. 호별모금은 형식적으로는 자발성을 보장하고 있으나 내용 면에 있어서는 호별로 할당된 기부금을 정액모금하는 방식을 택하고 있다.

② 가두모금

모금 캠페인으로서는 일본에서 가장 잘 알려져 있는 방법이다. 주로 역이나 상점 앞에서 모금을 하며 이러한 활동을 통해 공동모금회의 활동을 홍보하는 효과를 얻고 있다. 그러나 모금액수는 전체 모금총액의 2.5% 정도로 그다지 많지 않다.

③ 법인모금

자원봉사자들이 기업을 직접 방문하거나 우편물 등을 통해 기부를 요청하기도 한다. 기업에 따라서 직장인이 조성한 기부금과 같은 금액의 기부금을 매칭하는 경우도 있다.

④ 직장모금

직장의 사무실에 기부함을 설치하거나 자원봉사자의 방문을 통하여 기부금을 접수한다. 직장모금활성화를 위해 공동모금회 배지나 빨간 깃털이 인쇄되어 있는 공중전화카드를 선물로 증정하기도 한다.

⑤ 학교모금

유치원에서 고등학교에 이르기까지 학생들을 대상으로 하는 모금방법이다. 모금액수는 그리 많지 않지만(2.1% 정도) 학생들에게 공동모금회의 존재를 홍보하고, 기부문화를 조성하는 데 기여하는 역할도 한다.

⑥ 흥행모금(이벤트 모금)

특별한 행사를 유치하거나 실시함으로써 참가자들로부터 기부금을 접수하는 방법이다. 여기에는 자선 운동경기나 지역축제, 오락행사 등이 포함된다.

⑦ 기업과의 파트너십

1990년대에 들어서 일본의 기업들이 창설한 '1% 클럽' 등의 활동을 통해 기업의 사회복지활동이 활성화되고 있다. 연간 일본기업들이 사회공헌활동에 기부하는 금액은 약 6,000억 엔(한화 약 6조 6천억 원 정도)으로 추산되는데, 이 중 0.5%가량(30억 엔)이 400여 개의 기업을 통해 공동모금회로 들어오고 있다. 이와 아울러 약 500여 개의 기업으로부터 연간 약 140억 엔(한화 약 1,600억 원)의 지정기부를 받고 있다.

### (3) 배분활동

일본 공동모금회는 1년을 사업단위로 하여 모금액을 지역사회 사회복지기관에 배분하는 기능을 수행한다. 일본 공동모금회의 배분기능은 사회복지사업법에 규정되어 있는 배분대상의 범위 내에서 수행되며(제71조, 공동모금은 그 구역 내에서 사회복지사업 또는 갱생긴급보호법에 의한 갱생보호사업을 경영하는 자의 과반수에 그 기부금을 배분하지 않으면 안 된다. 제78조, 공동모금은 사회복지를 목적으로 하는 사업을 경영하는 자 이외의 자에게 배분해서는 안

된다), 모금활동을 수행할 당시 도·도·부·현의 사회복지협의회의 의견을 들어 배분대상에 대한 협의의 결과를 반영하여야만 한다. 일본의 공동모금회는 기본적으로 지회와 분회 중심으로 모금과 배분활동을 수행하기 때문에 각 지회의 배분계획을 고려하여 기금을 배분한다.

일본 공동모금회의 배분활동은 모금활동과 직접적으로 연계되는데, 이는 지원대상기관의 신청을 받아 모금목표액을 결정하고 이를 후생성에 보고함으로써 사업연도의 모금목표액이 확정되기 때문이다. 배분의 종류는 시설배분, 지역배분, 단체배분 및 특별배분으로 구분되는데 점차 시설배분에서 지역 중심의 배분으로 변화하는 추세를 보이고 있다. 이는 일본의 사회복지서비스가 점차 시설 중심의 서비스로부터 재가복지서비스로 변화하고 있는 것을 반영하는 것이기도 하다. 한편 지역배분은 해당 지역의 사회복지협의회를 통해 배분된다.

① 시설배분

시설배분의 대상은 각종 사회복지시설이며, 기본적으로 운영비의 일부를 지원한다. 또한 미인가시설에 대해서도 필요한 경우 조사를 통해 실태를 파악한 후 배분대상에 포함시킨다.

② 지역배분

지역배분은 시·정·촌 사회복지협의회를 대상으로 배분하는데, 일반적으로 시설 중심의 사회복지서비스로부터 재가복지서비스로의 변화추세에 따라 배분금액이 증가하고 있다. 실제로 지역배분금액은 연간 총배분금액의 70% 이상을 차지하고 있다.

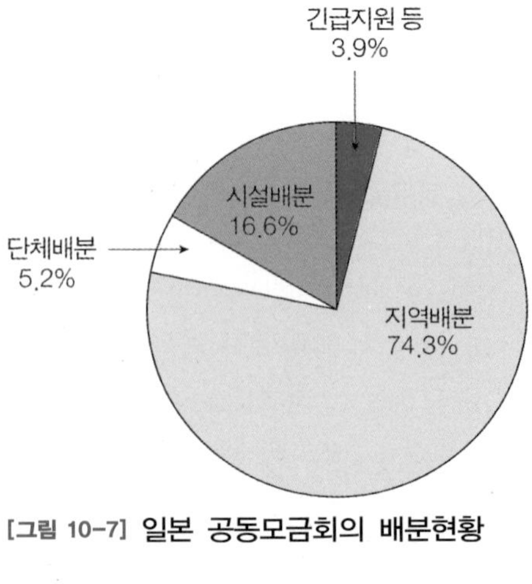

**[그림 10-7] 일본 공동모금회의 배분현황**

③ 단체배분

사회복지 관련 협회나 단체를 지원하는 것

이다. 중앙공동모금회의 배분원칙에 의하면 단체배분의 대상은 도·도·부·현 사회복지협의회의 회원이어야 하며 법인격으로서의 성격을 갖춘 단체여야 하고, 사회복지를 목적으로 하는 사업을 실시하고 있어야 한다.

④ 특별배분

특별배분은 공동모금회가 특정한 주제를 정해 부정기적으로 실시하는 배분활동으로 특정한 사회복지 프로그램의 효과를 높이기 위해 실시하는 사업이다.

## 5. 한국 공동모금제도의 발전방안

지금까지 공동모금제의 선도적 역할을 하는 미국과 일본의 공동모금제를 비교해 보면서 우리나라 공동모금회가 어떻게 발전되어 가야 할 것인지를 유추하여 볼 수 있다. 즉 한국의 사회복지현실과 모금실태, 국민의 의식, 지역적 상황에 기초를 둔 공동모금회의 운영은 공동모금의 성패를 결정짓는 중요한 요소이다. 따라서 미국과 일본의 공동모금운동의 특성을 우리나라 공동모금회에 어떻게 적용시키는 것이 바람직할 것인가에 대해 다음 몇 가지 측면에서 논의해 보고자 한다.

첫째, 조직구조는 우리나라 특성상 일반시민, 전문가, 정부라는 삼중적 구조의 요소를 가미하는 것이 바람직할 것이다. 그 이유는 중앙집권제의 체제에 익숙해 온 우리나라에서 정부나 지방자치단체의 협조 없이 순수 민간활동으로는 공동모금의 전개가 다소 어려울 것으로 보이기 때문이다. 그러나 일반시민과 전문가의 활동이 주체가 되어야 한다는 데는 이의가 없을 것이다.

둘째, 정부의 역할은 공동모금회가 자율성을 확대할 수 있는 범위 내에서, 공동모금활동을 활성화하는 데 도움을 제공하는 수준에서 그 관계가 이루어져야 할 것이다.

셋째, 사회복지협의회와의 관계는 여러 가지 측면에서 고려해 볼 수 있다. 그 이유는 사회복지협의회가 현재 공동모금의 기능을 어느 정도 수행하여 왔다고 볼 수 있고,

사회복지에 뜻있는 전문가나 시민과의 지속적 연대 및 지역복지인의 사회복지협의회에 대한 신뢰도 등을 종합하여 볼 때 공동모금회의 운영에 어떤 형태로든지 관여하는 것이 바람직할 것이다.

넷째, 공동모금회 중앙회와의 관계는 일본 및 미국의 형태를 병용하는 것이 바람직할 것이다. 즉 공동모금회 중앙회는 모금에 참여하지 않고 지역 간의 조정과 모금에 대한 전략분석 및 기획 등을 중심 역할로 하고 모금활동 전반에 대해서는 각 지역공동모금회에 맡기는 것이 바람직하다고 할 수 있겠다.

다섯째, 모금방법 및 기술에 있어 일본의 호별모금이나 미국의 기업모금 등과는 달리, 우리나라는 공동모금 초기에 호별모금보다는 기업이나 단체를 중심으로 모금활동을 하는 것이 국민의 인식이나 모금의 효과성을 고려해 볼 때 타당할 것이다. 그러나 기존의 언론기탁 중심으로 이루어지는 모금활동을 고려하여 앞으로 효과적 모금방법 및 기술을 개발하는 것이 중요할 것이다.

마지막으로, 배분방법에 있어서는 공동모금의 조직구조나 정부와의 관계, 사회복지협의회와의 관계가 어떻게 정립되어 가느냐에 따라 다소간의 차이가 있겠지만 일반적으로 사회복지협의회와의 관계를 중심으로 놓고 볼 때 프로그램 중심형의 모금배분방식을 채택하는 것이 사회복지기관이나 단체의 성격이나 모금의 투명성, 그리고 모금의 근본적 취지를 고려해 볼 때 바람직하다.

한국 사회복지공동모금회는 창립된 지 20여 년 만에 괄목할 만한 성장을 거듭했다. 1998년 불우이웃돕기 성금을 모금하면서 170억 원에 불과하던 모금액수가 2006년 2,177억 원, 2009년 3,318억 원, 2016년 5,996억 원, 2018년 5,965억 원, 2019년 6,540억 원 등으로 급격한 외형성장을 거듭하였다. 그러나 모금과 배분규모의 성장만으로 공동모금회의 성공여부를 판단하는 것에는 한계가 있다. 물론 모금액이 증가하고 그로 인하여 수혜 받는 개인과 복지시설·기관들의 수가 증가하는 것은 분명 긍정적 성과라고 할 수 있으나, 단순한 양적 성장만으로 공동모금회의 정당성이 반드시 확보되는 것은 아니라고 볼 수 있다.

최근 들어서 사회의 제반 분야에서 공공부문의 역할이 명백한 한계를 나타내는 부문들이 있으며, 민간의 자발적 참여를 통해 해결해야 할 사회문제들이 더 많은 것이 주지의 사실이다. 때문에 사회복지분야에서도 '사회자본'이나 '거버넌스' 이론이 이미 많은 학자들에 의해 논의되고 그 실증효과를 검증하고 있는 실정이다.

사회복지분야에서도 다양한 민간 비영리조직들이 활발한 활동을 하고 있으나, 이러한 기관들을 조정하고 협력을 통해 지역사회문제를 해결해 나가는 중추적 기획기구적 역할을 담당하는 조직은 없는 것이 우리의 복지 현실이다. 공동모금회는 민간영역의 중추기구로서 그 대안으로 간주될 수 있음에도 불구하고 현실적으로 그러한 역할을 담당하지 못하고 있다. 이러한 기대와 과정 속에서 공동모금제도가 굳건히 뿌리를 내리는 것은 우리나라 사회복지의 발전을 위해 더없이 중요한 일이다. 지금까지의 다양한 문제제기와 논의를 바탕으로 공동모금회의 발전적 방향을 제시하면 다음과 같다(김영종, 2007).

첫째, 모금액에 대한 양적 성장보다는 기부문화를 창달하는 데 기여해야 한다. 현행 사회복지공동모금법에 의해 설치된 모금회 조직의 기본적 목적(mission)은 기부문화의 창달에 있다. 그런데 그것에 대한 성과지표를 마치 모금회 자체의 모금액수로 대체하는 것 같은 실정이다. 목적의 달성은 모금과 배분에 주력하기보다는 사회 전체의 기부가 활성화되도록 사회분위기를 조성하는 역할을 공동모금회가 수행하도록 하자는 것이다. 이러한 미션을 달성하기 위해서는 현재와 같은 모금과 배분 위주의 조직구성 자체가 변화해야 하며, 기부문화의 탐구와 확산에 주력할 수 있는 조직개편이 요구되는 실정이다.

둘째, 공동모금회 조직의 관료제적 조직화를 경계해야 한다. 조직 규모의 비대화를 방지해야 하고, 공공부문과의 지나친 관계성에 신중해야 한다. 무엇보다도 모금과 배분의 구조에서 중앙회를 중심으로 하는 거대 관료제화를 탈피해야 하며, 공동모금회 과업수행의 효율성을 담보하기 위해서는 어떤 형태이든 조직화의 경향을 피할 수는 없다고 하더라도 지나친 관료제화 경향은 반드시 방지되어야 한다.

셋째, 지역사회를 바탕으로 하는 지역공동모금회 중심조직으로 편성되어야 한다. 공동모금회가 거대 관료제의 함정에서 벗어나고, 효율적 모금과 배분을 수행하기 위해서는 지역적 분산조직체계를 지향하는 것이 바람직하다. 공동모금회가 지금까지 이룩해 놓은 좋은 이미지를 프랜차이즈 형태로 공유할 수 있는 지역모금회 조직들을 강력하게 육성해야 한다. 현재에도 광역·특별자치단체별 17개 지회로 구성되어 있지만, 중앙회의 사업을 대행하는 것만도 무리한 형편에 놓여 있다. 지역 중심의 참여와 자발성을 유도해서 지역사회의 기부문화를 창달하려면, 지역공동모금조직이 강화되어야 함은 주지의 사실이다. 중앙회는 단지 이들 조직의 활동을 간접적으로 지원하는 형태가 되는 것이 바람직하다.

1. **공동모금의 목표와 의미** ① 자발적 기부문화 정착을 위한 삶의 질 향상과 지역사회변화 추구, ② 공동모금은 민간복지 발전에 필요한 재원을 자율적으로 마련하고 이를 복지사업에 배분하는 민간복지운동, ③ 사회복지에 있어서 민간부문의 자원을 동원하는 핵심적 전략.

2. **공동모금이 필요한 이유** ① 무분별한 자선사업의 난립을 막고 지역주민이 신뢰할 수 있는 민간모금단체를 조직할 수 있음, ② 지역주민의 참여기회를 제공함으로써 자원봉사정신을 함양시킬 수 있음, ③ 사회복지서비스 프로그램의 전문성 제고에 기여할 수 있음, ④ 단순히 사회복지에 필요한 재원을 마련하기 위하여 국가가 담당하지 못하거나, 담당하기를 꺼리는 분야를 지원하는 것만이 아니라 민간 차원에서 자율성과 효율성을 담보하면서 공익사업을 독자적으로 기획하고 수행할 수 있도록 함.

3. **공동모금의 특성** ① 봉사활동으로서 민간운동의 특성을 갖고 있음, ② 지역사회를 중심기반으로 함, ③ 효율성을 높이고 일원화시킬 수 있음, ④ 공표, ⑤ 전국적 협조를 도모할 수 있음.

4. **공동모금의 사회적 기능** ① 합리적 기부금 모금을 통한 사회복지자금의 조성, ② 국민의 상부상조 정신의 고양, ③ 사회복지에 관한 이해의 보급과 여론 형성, ④ 민주시민으로서의 권리와 책무수행.

5. **공동모금의 장점** ① 공동모금은 개별모금에 비해 효율적 모금과 합리적이고 형평성 있는 배분이 가능, ② 사회복지사업에 많은 사람이 참여, ③ 사회복지기관의 경비 절약, ④ 기부자에게 지속적 관심을 갖게 함, ⑤ 기부자에게 지역사회에 대한 책임감을 갖게 하고, 기부자에게 기부금이 유효하게 사용된다는 확신을 줄 수 있음, ⑥ 적절한 예산과 결산은 사회복지사업계획의 효율성을 제고, ⑦ 광범위한 교육적 홍보활동은 사회복지에 대한 지식과 관심을 널리 보급, ⑧ 합동의 계획과 활동·조정·기준의 개선, 지역사회복지계획의 건전한 발전을 실제적으로 장려.

6. **공동모금의 단점** ① 금전에만 관심을 기울여 사회복지 정신과 동기를 상실하기 쉬움, ② 가입기관의 계획, 정책 및 운영이 독선적이 되고 간섭의 가능성이 있음, ③ 기부자를 적대시하지 못하므로 사회복지 현상유지를 위한 기능을 하게 되어 사회행동을 못하게 함.

7. **공동모금회 조직구조** (1) 자체 구조적 측면 : ① 연맹형, ② 중앙집중형, (2) 대정부 관계 측면 : ① 자율형, ② 정부주도형, (3) 사회복지협의회와의 관계 측면 : ① 협의회형, ② 공존형, ③ 독립형.

8. **공동모금의 모금방법** (1) 모금원 : ① 개별형, ② 기업중심형, ③ 단체형, ④ 특별사업형, (2) 모금기간 : ① 집중모금형, ② 연중모금형

9. **공동모금 배분방법** ① 기관배분형, ② 문제 및 프로그램형, ③ 지역배분형

10. **우리나라 사회복지공동모금회 배분사업의 종류** ① 신청사업, ② 제안기획사업 : 전국사업, 지역사업, ③ 테마기획사업 : 전략사업, 보호육성사업, 기초복지사업, ④ 긴급지원사업, ⑤ 지정기탁사업.

# 자원봉사센터

자원봉사활동은 언제 어디서나 이루어지고 있는 보편적인 현상이다. 일반적으로 국가나 시장에서 이루어지기보다는 시민사회에서 이루어지는 자발적 활동이 자원봉사활동이다. 노인, 장애인, 노숙인 등의 소외층을 위한 휴먼케어활동, 여성, 외국인 노동자, 북한이탈주민 등 사회적 약자를 위한 권익옹호활동, 나아가 환경보전, 소비자 권익, 문화와 예술 봉사활동, 정부와 기업의 횡포를 감시하고 견제하는 정책활동, 지구촌 난민구호와 국제협력 등 다양한 자원봉사활동은 자발적 시민의 참여로 국가와 시장으로부터 자율적 시민사회를 건설하는 활동으로 거듭 발전하고 있다. 이 장에서는 자원봉사의 기본적 개념과 국내외 지원봉사센터의 역할 및 운영체계를 살펴보고, 우리나라 자원봉사센터의 발전방안에 관하여 살펴보고자 한다.

# 1. 자원봉사의 기본개념

## 1) 자원봉사의 개념 및 필요성

자원봉사의 개념은 국가에 따라, 사회에 따라, 학자에 따라 그리고 활동영역에 따라 매우 다양하게 정의되고 있다. 자원봉사를 가장 간결하게 정의하면, 다른 사람을 위해 자신의 시간을 보상 없이 내주는 일체의 행위라고 할 수 있다. 이를 어원적으로 살펴보면, 자원봉사(自願奉仕)란 자원(自願)과 봉사(奉仕)의 합성어로서 '자기 스스로 원해서(자원), 국가나 사회 또는 타인을 위하여 자신을 돌보지 아니하고 힘을 바쳐 애쓰는 일(봉사)'이란 의미로 정의할 수 있다. 한편 사회사업사전에서는 자원봉사자란 "개인, 집단, 지역사회에서 발생하는 여러 가지 사회문제를 통제하며 개선하는 일에 종사하고 있고 공사의 조직에 대하여 가치 있는 일에 보수 없이 자발적으로 참여하는 개인"이라고 정의하고 있으며, 자원봉사활동이란 "사회 안에서 발생하는 제반 문제의 예방과 해결에 자신의 시간과 재능을 경제적 보상을 바라지 않고 자발적으로 제공하는 것"이라고 정의하고 있다.

자원봉사를 뜻하는 'volunteering'은 자발적 의지(will)와 욕망(desire)을 나타내는 라틴어 'voluntas'에서 유래했으며, 자원봉사자를 뜻하는 영어 'volunteer'는 헬라어로 '이웃 사랑을 위해 신으로부터 부름을 받은 사람'을 의미한다. 자원봉사활동을 의미하는 'voluntatism'은 역시 'voluntas'에서 유래했는데, 우리나라에서는 '자원봉사, 자원활동, 자원복지활동' 등 다양한 용어로 사용하고 있으며 가장 보편적으로 사용하는 용어는 자원봉사이다. 이러한 논의를 종합해 보면, 자원봉사는 사회 또는 공공의 이익을 위해 자유의지로 자발적으로 활동하는 사람들이 자율적으로 펼치는 시민사회활동이라고 할 수 있다.

한편 자원봉사에 대한 개념 정의는 시대와 사회·문화적 배경에 따라 매우 다양하게 정의되고 있는데 이를 살펴보면 다음과 같다(고승희·김성운, 2007). 조휘일(2002)은 "특정한 요구의 인식하에 사회적 책임감의 태도를 가지고 금전적 이득에 대한 관심 없이 또한 기본적 의무감으로부터 벗어나서 행동할 것을 자발적으로 선택해서 이뤄지는 활동"이라고 정의하고 있다. 김영호(2003)는 "도움이 필요한 사람에 대해 아무런 대가 없이 직접적 서비스를 제공하는 활동"이라고 정의하고 있다. 한국자원봉사단체협의회(1997)에서는 자원봉사란 "한 개인이 가지고 있는 직접적 자원이나 능력을 활용하여 자발적으로 사회와 공동체, 환경 혹은 타인을 위하여 반대급부를 요구하지 않으면서 계획적 지속적으로 수행하는 활동으로 체계적 노력을 통해 문제를 개선하고 변화시키는 것"이라고 정의하고 있다. 한국사회복지사협회(1987)에서는 자원봉사란 "사회문제의 예방 및 해결 또는 국가의 공익사업을 수행하고 있는 공사의 공식조직에 자발적으로 참여하여 영리적 보상을 받지 않고서도 인간존중의 정신과 민주주의 원칙에 입각하여 낯선 타인들을 상대로 필요한 서비스를 제공함으로써 사회의 공동선을 고양시키고 동시에 이타심의 구현을 통해 자기실현을 성취하고자 하는 활동"이라고 정의하고 있다.

미국의 Ellis와 Noyes는 미국 자원봉사의 역사를 연구하면서 다양하게 논의되고 있는 자원봉사 개념을 명확히 하기 위해 자원봉사활동의 개념을 구성하는 주요 요소를 4가지로 설명하고 있다(Ellis & Noyes, 1990). 첫째, 자발적 선택(choose)으로 자유의지를 강조한다. 둘째, 사회적 책임(social responsibility)이다. 셋째, 무급성(without monetary profit)으로 개인적으로 경제적 이익을 추구하지 않는다. 넷째, 기본적 의무를 초월하는 것(beyond basic obligations)이다. 이때 기본적 의무란 사람이 자신의 가족을 돌보는 것, 투표하거나 자신의 직업생활을 하는 것과 같은 시민으로서의 책임을 포함하는 것으로 자원봉사활동은 이런 의무의 차원을 넘어 인간의 욕구이며 자연스런 행위임을 의미한다.

미국의 사회사업백과사전에서는 "자원봉사란 욕구가 인식되었을 때 어떤 구체적 이득을 생각하지 않고 사회적 책임이라는 태도로 행동을 선택하는 것이며, 이것은 자선이나 대가를 기대하거나 의무적으로 행하는 것을 초월하는 의미"라고 정의하고 있다. 영국정부의 자원봉사국(Volunteering Unit 1995)은 자원봉사의 공식적 정의를 "사회, 공동체, 환경 그리고 자신의 친인척 이외의 개인들을 위한 시간과 에너지의 실천이며, 자유롭게 선택에 의해 재정적 이득에 관계없이 이뤄진다"라고 소개하는데 이는 '자발성과 무보수성, 공익성, 이타성'을 기본정신으로 중시한 것으로 볼 수 있다.

또한 UN 자원봉사조직인 UNV(1999)는 "개인들이 자신들의 이웃과 사회의 안녕을 위해 기여하는 비영리, 무보수, 비상근활동"으로 정의하고 있으며, 1990년 채택된 '세계자원봉사자선언'에서는 자원봉사란, 첫째, 개인이 자발적으로 결정하고 선택하는 것, 둘째, 적극적으로 시민의 권리를 행사하고 지역사회와 관계를 맺는 것, 셋째, 인간이 갖고 있는 잠재력이나 삶의 질, 인간 상호간의 연대감을 드높이는 것, 넷째, 조직적 형태를 지니면서 개인 또는 집단으로 하는 행동, 다섯째, 현재 직면하고 있는 커다란 도전, 즉 더욱 선하고 평화로운 세계의 창조를 위한 응답, 여섯째, 경제생활의 활성화에 공헌하고 직업이나 새로운 전문가를 창출하는 것 등으로 정의하고 있다.

한편 우리나라 「자원봉사활동기본법」 제3조(용어의 정의)에서는 자원봉사와 관련한 각 개념을 다음과 같이 정의하고 있다. ① '자원봉사활동'이란 개인 또는 단체가 지역사회·국가 및 인류사회를 위하여 대가 없이 자발적으로 시간과 노력을 제공하는 행위를 말한다. ② '자원봉사자'란 자원봉사활동을 행하는 사람을 말한다. ③ '자원봉사단체'란 자원봉사활동을 주된 사업으로 행하거나 이를 지원하기 위하여 설립된 비영리법인 또는 단체를 말한다. ④ '자원봉사센터'란 자원봉사활동의 개발·장려·연계·협력 등의 사업을 수행하기 위하여 법령과 조례 등에 따라 설치된 기관·법인·단체 등을 말한다.

### 2) 자원봉사활동의 특성

자원봉사활동이 가지는 특성은 사람에 따라 여러 가지로 다르게 분류되거나 나타날 수 있는데, 이는 곧 자신의 경험이나 상식과 개인적 통찰력에 의해 기초하여 이루어지기 때문이다. 이와 관련된 여러 논의를 종합하여 자원봉사활동의 특성을 나열하면 다음과 같다(남기철, 2007).

첫째, 자원봉사활동은 각 개인이 사회적으로 자신의 존재를 자각하고 타인을 위해 또는 타인과 함께 봉사활동을 경험함으로써 인격적 성장을 가져옴과 동시에 자신의 잠재능력을 발휘하는 자아실현성의 특징을 가지고 있다.

둘째, 자원봉사활동은 자발성과 자주성이라는 특징을 가지고 있다. 자발성이나 자주성이란 자원봉사가 자신의 의사로 활동을 하는 것이지 권력이나 외부세력 등 타인에 의해 강제로 활동하는 것이 아니라는 것이다. 따라서 자원봉사활동은 개인의 자유의지에 따라 자발적으로 이루어지는 활동이어야 하며, 이웃이라는 연대감 속에서 자발적으로 도움을 주고받아야 한다.

셋째, 자원봉사활동은 돈이나 대가를 목적으로 삼지 않고 순수한 의미에서의 봉사활동이라는 무보수의 특징을 지닌다. 즉 직업으로서가 아니라 비영리적 행위로서 금전적 보수를 기대하지 않고 행하는 활동을 의미한다.

넷째, 자원봉사활동은 타인의 생명을 존중하며 이웃과 더불어 사는 가치관에 바탕을 두는 이타성을 전제로 하고 있다.

다섯째, 자원봉사활동은 사회에 영향을 주고 있어 사회적 책임을 다하는 사회성을 특징으로 한다. 사회성이란 각 개인이 집단의 다른 구성원들과 공통성을 가졌다고 의식하고 집단에 소속감을 느낄 때 발생한다. 그러므로 자원봉사활동을 통해 자기발전과 성숙의 기반이 되는 사회성을 강화할 수 있다.

여섯째, 공동체성을 특징으로 하고 있다. 자원봉사활동은 공동체의식을 높일 뿐만 아니라 그러한 생활을 실현하는 장이다. 공동체성은 사회에 대한 소속감, 주인의식, 적극적 참여 없이는 불가능하기 때문에 자원봉사활동은 이러한 특징을 기초로 하고 있다.

일곱째, 복지성이다. 즉 자발성에 바탕을 둔 행위가 자신만의 이익이 아니고 지역사회의 구성원이나 욕구를 지닌 사람들의 복지향상과 관련된 자발적 활동으로서 복지성을 특징으로 한다. 이는 곧 자원봉사활동이 자신의 영리나 어느 특정 종교의 포교를 목적으로, 혹은 특정 집단의 이익이나 특권을 지지하는 목적하에 수행되어서는 안 된다는 것을 의미한다.

여덟째, 자원봉사활동은 개척성과 지속성을 갖는다. 자원봉사활동에서는 모두가 공동체 건설에 헌신한다는 개척적 사명의식이 동반되며 이러한 자원봉사활동은 우연한 일회성 활동이 아니라 계획적 일정기간 동안의 지속적 프로그램을 가지고 있어야 하며 활동 자체가 임의로 단절되거나 왜곡되어서는 안 된다.

### 3) 자원봉사활동의 동기와 필요성

사람들은 왜 자원봉사에 참여하는가 등의 자원봉사활동의 동기는 매우 다양한데 그 동기를 다음의 몇 가지로 구분해 볼 수 있다(주성수, 2007). 이러한 다양한 동기에 대해 Clary 등(1996)은 가치동기가 가장 강한 일반적 동기이며 다음으로는 이해, 안정, 경력 등의 동기가 중요한 것으로 나타나지만, 사교와 방어 동기는 비교적 약한 동기라고 설명한다.

〈표 11-1〉 자원봉사활동의 다양한 동기들

| 가치 | 인도주의적 또는 이타주의 가치를 표현하기 위해 봉사활동을 한다. |
|---|---|
| 이해 | 세상에 대한 지식을 확대하고 기술을 습득하기 위해 봉사활동을 한다. |
| 안정 | 심리적 안정과 자긍심을 높이기 위해 봉사활동을 한다. |
| 경력 | 경력에 도움이 되는 경험을 쌓기 위해 봉사활동을 한다. |
| 사교 | 다른 사람들과 집단적 사교활동을 하기 위해 봉사활동을 한다. |
| 방어적 | 내부 심리적 죄책감이나 갈등해소를 위한 방어적 수단으로 봉사활동을 한다. |

한편 자원봉사가 필요한 이유는 역사와 전통뿐만 아니라 복잡한 현실에서 제기되는 다양한 문제의 해결과정에서 찾을 수 있다. 역사적으로 볼 때 자원봉사는 사회변화 내지는 사회개발을 추진하는 데 중심적 역할을 해 왔으며, 최근 들어서는 공공부문이 한계를 나타내는 분야에서도 그 대안으로서 민간부문의 자원봉사가 그 대안적 역할을 충분히 이행하는 경우도 빈번하게 발생하고 있다. 정부의 힘과 능력만으로는 해결할 수 없는 심각한 문제들이 증가하고 있는 현실에서 사회가 시민 스스로 해야 할 일을 하도록 하는 자원봉사를 요청하고 있다. 이렇듯 정부의 한계성 노출과 함께 지방자치의 정착 그리고 시민운동의 활성화와 주민참여의 증가 등으로 자원봉사활동의 필요성은 다양하게 제기되고 있다.

특히 수많은 사회문제를 해결하기 위해서는 자원봉사가 절대적으로 필요하다. 현실사회는 환경오염, 교통체증, 빈곤과 소외, 범죄문제, 인권침해, 이기주의, 사치와 과소비 문제 등 수많은 사회적 문제와 갈등을 겪고 있다. 과거에는 정부가 주도적 노력을 통해서 일부 해결할 수 있었으나 현실은 정부의 의지와 힘만으로는 해결할 수 없는 문제들을 너무나 많이 드러나고 있다. 시민사회단체의 다양한 활동뿐만 아니라 시민의 자원봉사활동이 이어지지 않으면 더욱 해결하기 어려운 고질적 문제로 고착될 가능성이 높다.

아울러 복지사회를 실현하기 위해서는 국가를 포함한 전체 사회의 책임이 요구된다. 복지사회는 정부나 지방정부 혹은 몇 개의 사회단체 또는 소수 엘리트의 노력만으로 이루어지는 것이 아니며, 시민 다수가 참여하고 협동하는 힘에 의해 더욱 가능성이 높아진다. 따라서 복지사회를 구현하기 위해서는 자원봉사가 절실히 필요하다. 뿐만 아니라 자원봉사활동은 각 개인으로 하여금 사회적으로 필요한 존재라는 것을 경험하게 함으로써 정신적 질병이나 일탈행위를 예방하고, 개인적 만족감과 통합감을 느끼게 하며 고립감에서 벗어나게 한다. 뿐만 아니라 자원봉사활동은 사회적 상황에 대한 생생한 지식과 정보 및 규범을 배울 기회를 제공하며, 사회계층 간의 간격을 좁혀 준다.

## 2. 자원봉사센터의 역할 및 운영체계

### 1) 우리나라 자원봉사의 역사 및 현황

우리나라 자원봉사의 역사는 미국이나 영국에 비하여 상대적으로 짧은 발전과정을 가지고 있다. 물론 고대 농경중심사회에서는 농촌부락단위로 관혼상제나 부락민들끼리 상부상조하는 형태의 두레, 품앗이, 계, 향약 등의 전통이 있었지만, 이러한 전통은 자원봉사 정신에 근거한 것이라기보다는 서로 품을 팔아 상호부조하는 경제적 보상의 측면을 지니고 있다는 점에서 진정한 의미의 자원봉사라고 볼 수 없다. 현대적 개념의 자원봉사가 도입되기 시작한 것은 1903년 YMCA 창립을 계기로 비롯되었으며, 당시 기독교 사상과 민주주의 사상이 유입되면서 교회 및 관련 단체의 자선적 박애적 활동을 중심으로 초보적 형태의 자원봉사활동이 시작되었다.

한국전쟁이 끝나면서 종교인이나 학생 등의 선의에 의한 특별한 활동으로 전개되던 자원봉사는 1960년대 들어서 적십자운동을 주축으로 조직화·활성화되기 시작하였다. 1970년대 들어서 대학생의 농촌계몽운동, 관변단체의 새마을운동 등으로 사회봉사활동의 영역이 점차 확대되었으나 지속적이고 민주적인 자원봉사활동으로서는 한계가 있었다. 1980년대 들어서 아시안 게임과 올림픽 등 국가적 행사에 자발적이고 거국적인 자원봉사활동이 이루어지고, 경제수준 향상과 국민의식 증대 등으로 현대적 자원봉사의 새로운 전환점이 마련되었다. 당시 사회 전반으로 확산된 민주화 운동, 사회행동, 시민사회운동 등은 지역주민의 자발적 참여기회를 확대시켰으며, 궁극적으로 자원봉사에 대한 국민적 관심과 활성화를 촉진시켰다. 1991년 한국자원봉사연합회가 창립되어 전문적 민간단체가 출현하기 시작하였으며 1992년 보건복지부는 한국사회복지관협회에 사회복지관 부설 재가봉사센터의 관리업무를 위탁하면서 사회복지분야에 많은 자원봉사의 활동이 이어지게 되었다.

1994년 중앙일보의 전국자원봉사 대축제와 중·고등학교에서의 사회봉사 도입과 대학 및 기업에서의 변화는 시민단체의 참여와 자원봉사단체와 자원봉사센터의 변화를 초래하여 우리 사회에서의 자원봉사활동은 큰 변화와 발전을 맞게 되었다. 1995년 교육개혁조치에 따른 중·고등학교 학생들의 학생봉사활동, 1996년의 한국대학사회봉사협의회 발족 등은 교육계와 자원봉사활동의 관심과 확대를 나타내는 계기가 되었다. 이후 지원봉사활동에 대한 국민적 관심은 매우 고양되어 민간과 공공부문의 자원봉사 관련 조직과 기관이 수없이 많이 나타났으나, 이러한 외형성장만큼 체계적으로 정비관리되지 못하고 있는 것이 우리의 자원봉사 현실이다. 2005년 자원봉사활동기본법, 2006년에는 동 시행령이 제정되면서 자원봉사활동진흥에 대한 독립적 법안과 제도적 장치도 마련되었다.

『2019 VMS 사회복지자원봉사 통계연보』에 나타난 자원봉사자 등록현황을 보면, 2019년 말 기준 8,543천여 명이 자원봉사자로 등록하여 활동하고 있는 것으로 나타났으며, 전국 13,590개 사회복지자원봉사관리센터에서 24,479명의 사회복지 자원봉사인증관리요원이 봉사활동을 지원하고 있는 것으로 나타났다. 21세기 들어서 자원봉사활동 등록자 수가 급격히 증가하고 있으나, 선진 외국과 비교하면 여전히 전체 국민 중

자원봉사활동에 참여하는 비중은 상대적으로 낮은 것으로 나타나고 있다(한국자원봉사센터협회, http://www.kavc.or.kr; 행정안전부, 2008).

## 2) 자원봉사센터의 역할 및 운영체계

### (1) 자원봉사센터의 의의와 성격

정부는 1990년대 들어서 급속히 증가하고 있는 자원봉사자를 체계적으로 유치하고 자원봉사활동의 활성화를 위해서 행정자치부, 보건복지부, 문화관광부, 여성특별위원회, 법무부 등의 5개 부처 산하에 직영 혹은 민간위탁 형태의 자원봉사센터를 설치하였다. 최근까지는 보건복지부가 자원봉사업무의 주무부처의 역할을 해 왔으나, 자원봉사활동영역이 확대되고 자원봉사활동기본법(2005)이 제정되고, 이에 따라 각 지방자치단체별로 자원봉사센터가 설치되면서 현재는 행정자치부가 주무부처 역할을 담당하고 있다. 행정자치부는 자원봉사활동을 체계적으로 육성하고 활성화시키기 위하여 자원봉사활동기본법(2005)을 제정한 이후 자원봉사활동기본법 시행령(대통령령 제19318호, 2006. 2. 제정)과 자원봉사센터 설치에 관한 규정(훈령 제173호)을 제정하였으며, 이를 바탕으로 전국 광역자치단체와 기초자치단체에 1개소씩 총 245개의 자원봉사센터를 설립하여 운영하고 있다.

「자원봉사활동기본법」 제3조에서는 "자원봉사센터란 자원봉사활동의 개발·장려·연계·협력 등의 사업을 수행하기 위하여 법령과 조례 등에 의하여 설치된 기관·법인·단체 등을 말한다."고 정의하고 있다. 이 의미는 자원봉사센터가 어떠한 역할과 기능을 하는 곳인가의 관점에서 본 기능론적 정의이다. 이러한 기능론적 관점에서 볼 때, 자원봉사센터란 지역사회의 자원봉사를 활성화하는 중심기관으로서 지역사회문제해결을 위해 다양한 자원봉사자의 참여를 촉진하며, 자원봉사자를 필요로 하는 기관과 단체의 자원봉사자 수급관리를 지원하고, 지역사회자원의 조정, 연계 및 자원봉사의 가치를 증진시키는 것을 목적으로 한다고 볼 수 있다. 따라서 자원봉사센터의 핵심기능은 자원봉사의 매개, 연계, 네트워크 구성이라고 할 수 있다(정진경, 2007).

### (2) 자원봉사센터의 기능

앞서 언급한 바와 같이, 자치단체별로 설치된 자원봉사센터는 자원봉사자와 그 수요처를 연결시켜 주는 구심적 역할과 연계, 네트워크 기능을 주요 기능으로 하고 있다. 즉, 지역사회문제의 해결 및 지역에서 필요로 하는 욕구에 대한 시민참여와 지도력이 결집되는 센터로서 자원봉사자의 유치와 연계기능 외에 지역사회 발전기획과 프로그램 개발, 상담과 교육 및 훈련, 자원봉사자에 대한 인정 및 장려활동, 자원봉사자에 대한 자료와 정보제공의 기능, 정보교환의 장 등 자원봉사센터는 다양한 기능을 수행하고 있다.

현재 각 자치단체에 설치되어 있는 각종 자원봉사센터들은 각 부처의 목적에 맞게 설립되어 운영되고 있다. 정부부처에 따라 서로 다른 성격의 설립형태를 보여주고 있고, 정부지원의 근거법도 다르며 센터의 기능에서도 서로 다른 양상을 나타내고 있다. 행정안전부가 설립하고 주도적으로 운용하고 있는 자원봉사센터의 기능에 대하여 살펴보면 다음과 같다(표갑수, 2003).

첫째, 유치와 연계의 기능이다. 자원봉사활동을 희망하는 사람과 자원봉사자를 필요로 하는 지역사회나 기관 또는 개인을 체계적으로 유치·관리하여 적절하게 연계하는 기능을 의미한다.

둘째, 지역사회문제의 발굴 기능이다. 지역사회 내의 심각한 사회문제 또는 현안 문제들을 대상으로 프로그램을 개발하여 지역사회의 발전을 체계적으로 수행한다. 센터는 시민참여를 이끌어 내고 협력과 파트너십을 형성하도록 하는 주체로서 사전행동을 하는 선도자이며, 전국 센터의 프로그램 개발에 참여하고 개발된 프로그램 실천의 주체가 된다.

셋째, 컨설팅과 교육훈련기능이다. 센터는 컨설팅, 교육과 훈련, 기술지원이 지역사회 내의 모든 민간단체 및 공익기관 등에 제공 가능하게 하여 그들로 하여금 자원봉사 프로그램이 창의적이고 효율적인 프로그램이 되도록 한다. 또한 자원봉사들이 자유롭게 이용할 수 있는 시설과 기구자료 및 자원봉사자실도 확보하여 제공해 주어야 한다.

넷째, 인정과 보상기능을 한다. 자원봉사에 대한 지속성을 담보하여 자원봉사가 일회성으로 끝나는 것이 아니고 수요처에게 지속적으로 도움을 줄 수 있도록 하기 위하여 자원봉사자를 유인하는 사회심리적 보상 프로그램을 제공하는 기능을 의미한다.

다섯째, 자료 및 정보제공의 기능을 한다. 교류협력체계 구축 운영으로 지역 내 자원봉사 수요처에 대한 정보는 물론 지역 내 자원봉사 관련 각 센터의 조직화를 통한 유기적 정보자료의 공유 및 상호 교류 활성화 협력체계를 구축·운영하는 기능을 의미한다.

### 3) 우리나라 자원봉사센터 및 자원봉사활동현황

행정자치부는 급증하는 자원봉사활동의 체계적 운용과 활성화를 위하여 '자원봉사센터 활성화 지침'을 마련하여 민·관 협력의 바탕 위에서 국민의 자원봉사활동 개발·장려·연계·협력 등의 사업을 진행하고 지역사회문제해결 등을 위한 자원봉사 프로그램 개발을 통해 국민의 협동적 참여능력을 높이기 위해 각 지방자치단체별 자원봉사센터의 건립을 제도적으로 추진하였다. 그 결과 2019년 말 현재 전국 광역시·도 및 시·군·구에 1개소씩 전국 245개가 설치운영되고 있다.

#### (1) 자원봉사센터 운영현황

행정자치부(2016. 7)가 발표한 "2016년 자원봉사센터 현황(통계편)"에 의하면, 지방자치단체가 운영하는 자원봉사센터는 1996년부터 설치되기 시작하여 2019년 말 현재 전국 245개소가 설치되어 각 지역별 자원봉사활동의 중심역할을 담당하고 있는 것으로 나타났다.

한편 〈표 11-2〉의 자원봉사센터의 운영형태를 보면, 245개 센터 중 자치단체가 직접 운영하는 센터가 122개(49.8%), 비영리법인에 위탁하여 운영하는 센터가 40개(16.3%), 별도 법인을 설립하여 운영하는 센터가 83개(38.8%)로 센터 운영의 민영화율은 55.1%에 해당하는 것으로 나타나고 있다.

〈표 11-2〉 연도별 자원봉사센터 운영현황[1] 및 자원봉사등록인원[2]

| | 운영형태 | | | | 상근인력 | | | 자원봉사 등록인원 |
|---|---|---|---|---|---|---|---|---|
| | 계 | 직영 | 위탁 | 법인 | 계 | 공무원 | 민간인 | |
| 2005 | 250 | 146 | 95 | 9 | 768 | 311 | 557 | 2,083,704 |
| 2010 | 246 | 151 | 68 | 27 | 1,291 | 171 | 1,120 | 6,315,032 |
| 2012 | 246 | 143 | 55 | 48 | 1,351 | 129 | 1,222 | 8,216,176 |
| 2014 | 245 | 134 | 55 | 56 | 1,400 | 129 | 780 | 10,295,143 |
| 2016 | 245 | 132 | 50 | 63 | 1,451 | 135 | 1,316 | 11,024,321 |
| 2017 | 245 | 129 | 48 | 68 | 1,565 | 136 | 1,401 | 12,016,428 |
| 2018 | 245 | 127 | 45 | 73 | 1,570 | 154 | 1,416 | 12,831,501 |
| 2019 | 245 | 122 | 40 | 83 | 1,653 | 147 | 1,506 | 13,794,152 |

1) 2005~2010 행정자치통계연보 재구성, 2012~2019 행정안전통계연보 재구성(행정자치부)
2) 자원봉사등록인원 : 조회연도까지 자원봉사자로 등록된 인원수를 의미함. 「1365 자원봉사포털(1365.go.kr) 통계표」 재구성.

### (2) 우리나라 자원봉사자 등록현황 및 활동 실태

VMS사회복지자원봉사통계연보(vms.or.kr, 2019)에 의하면, 우리나라에 등록된 자원봉사자는 8,542,983명이며, 주민등록인구 기준 자원봉사등록률은 16.5%인 것으로 나타났다(표 11－3). 자원봉사활동률(활동봉사자/등록봉사자)은 14.7%로 전년 15.6% 대비 소폭 감소하였으나, 연인원은 소폭 증가(1.5%)한 것으로 나타나 1인당 봉사활동 참여 횟수 등은 증가한 것으로 나타났다.

〈표 11-3〉 자원봉사자 현황 및 자원봉사활동률

| 구분 | 주민등록인구 (명) | 등록자원봉사자 (명) (A) | 등록률 (%) | 활동자원봉사자 (명) (B) | 활동률 (%) (B/A) |
|---|---|---|---|---|---|
| 2014 | 51,327,916 | 6,500,801 | 12.7% | 1,780,798 | 27.4% |
| 2015 | 51,529,338 | 6,979,584 | 13.5% | 1,501,604 | 21.5% |
| 2016 | 51,696,216 | 7,381,923 | 14.3% | 1,401,996 | 19.0% |
| 2017 | 51,778,544 | 7,941,067 | 15.3% | 1,353,475 | 17.0% |
| 2018 | 51,826,059 | 8,168,638 | 15.8% | 1,272,588 | 15.6% |
| 2019 | 51,849,861 | 8,542,983 | 16.5% | 1,256,421 | 14.7% |

출처: 2019 VMS사회복지자원봉사통계연보(vms.or.kr) 재구성.

사회복지 영역별 자원봉사활동현황을 살펴보면, 총 7,320천여 건 중에서 시설봉사가 5,514천여 건(75.3%)으로 주로 사회복지시설에서 봉사활동이 진행된 것으로 나타났으며, 재가봉사(7.6%), 지역사회봉사(7.3%) 등으로 봉사활동이 진행된 것으로 나타났다(표 11-4).

**〈표 11-4〉 영역별 자원봉사활동현황** (단위: 횟수)

| | 총계 | 시설봉사 | 재가봉사 | 전문봉사 | 지역사회 | 기타 |
|---|---|---|---|---|---|---|
| 2014 | 8,323,270 | 6,365,118 | 987,492 | 399,783 | 527,596 | 343,281 |
| 2015 | 7,735,613 | 5,937,840 | 633,137 | 348,451 | 480,680 | 335,505 |
| 2016 | 8,115,560 | 6,179,298 | 638,490 | 382,302 | 527,919 | 387,551 |
| 2017 | 7,931,177 | 6,002,266 | 617,905 | 411,144 | 535,682 | 364,180 |
| 2018 | 7,338,924 | 5,511,981 | 585,508 | 387,429 | 508,321 | 345,685 |
| 2019 | 7,320,045 | 5,514,862 | 553,171 | 372,102 | 531,468 | 348,442 |

출처: 2019 VMS사회복지자원봉사통계연보(vms.or.kr) 재구성.

한편, 자원봉사자 1인당 연간 평균봉사시간은 20.9시간으로 나타났으며, 보건의료시설(27.1시간), 복지관(23.1시간), 노인시설(22.1시간) 등은 평균시간을 상회하는 현상이 나타나고 있는 것을 알 수 있다(표 11-5).

**〈표 11-5〉 자원봉사자 1인당 연간평균봉사시간 및 영역별 평균봉사시간** (단위 : 시간)

| | 평균 | 사회복지시설 | | | | | | | | 보건의료 | 기타 |
|---|---|---|---|---|---|---|---|---|---|---|---|
| | | 아동시설 | 노인시설 | 장애인시설 | 여성복지시설 | 정신요양시설 | 노숙인복지시설 | 복지관 | 법인/단체 | | |
| 2014 | 22.4 | 20.3 | 23.0 | 19.3 | 23.8 | 17.9 | 17.7 | 24.6 | 23.2 | 30.0 | 19.7 |
| 2015 | 21.1 | 21.1 | 20.2 | 18.8 | 22.6 | 17.9 | 17.9 | 23.7 | 23.9 | 24.5 | 22.2 |
| 2016 | 20.9 | 19.4 | 21.3 | 19.0 | 21.3 | 18.1 | 18.1 | 23.2 | 22.9 | 26.4 | 20.5 |
| 2017 | 21.0 | 19.0 | 21.7 | 19.4 | 20.0 | 19.1 | 19.1 | 23.3 | 22.0 | 26.3 | 19.1 |
| 2018 | 20.9 | 18.6 | 21.6 | 19.3 | 21.5 | 18.3 | 18.3 | 23.2 | 21.1 | 26.6 | 19.0 |
| 2019 | 20.9 | 18.3 | 22.1 | 19.4 | 20.2 | 18.3 | 18.3 | 23.1 | 20.6 | 27.1 | 18.7 |

출처: 2019 VMS사회복지자원봉사통계연보(vms.or.kr) 재구성.

연간 매월 1회 이상 정례적으로 자원봉사활동을 하는 봉사활동자는 총 29,409명으로 조사되었으며, 전년(28,002명) 기준 소폭 증가한 것으로 나타났다. 노인시설과 복지관 그리고 장애인시설과 보건의료시설 등에서 정례적인 자원봉사활동이 많이 이뤄지고 있는 것으로 나타나고 있다(표 11－6).

〈표 11-6〉 연간 매월 1회 이상 봉사활동자 현황(시설별) (단위 : 명)

| | 총계 | 사회복지시설 | | | | | | | | 보건의료 | 기타 |
|---|---|---|---|---|---|---|---|---|---|---|---|
| | | 아동시설 | 노인시설 | 장애인시설 | 여성복지시설 | 정신요양시설 | 노숙인복지시설 | 복지관 | 법인/단체 | | |
| 2016 | 29,472 | 1,746 | 8,555 | 4,209 | 202 | 210 | 302 | 5,883 | 2,525 | 4,325 | 1,515 |
| 2017 | 29,436 | 1,602 | 8,961 | 4,286 | 148 | 198 | 277 | 5,965 | 2,386 | 4,118 | 1,495 |
| 2018 | 28,002 | 1,553 | 8,349 | 3,973 | 169 | 178 | 209 | 5,921 | 2,297 | 3,933 | 1,360 |
| 2019 | 29,409 | 1,461 | 9,089 | 4,114 | 164 | 214 | 220 | 6,194 | 2,448 | 4,092 | 1,413 |

### 4) 자원봉사인증관리제도(VMS: Volunteer Management system)

사회복지자원봉사실적 인증관리사업(VMS)이란 자원봉사자의 봉사활동 내용과 실적 등을 공정하게 관리하기 위하여 이를 관리하는 전산시스템(volunteer management system)을 의미하며, 이를 포함하여 자원봉사육성과 지원사업을 총괄하여 VMS사업이라고 한다. 즉, 사회복지자원봉사 인증관리사업(VMS)은 자원봉사자의 활동실적을 정확하고 체계적으로 누적 관리하고, 나아가 봉사실적에 대한 인정과 보상기반을 마련하기 위한 제도라고 할 수 있다. VMS사업은 자원봉사실적의 체계적인 인증관리를 바탕으로 신뢰성 구축과 사회복지자원봉사 관련 단체 상호간 협력체계를 구축하고 나아가 사회복지자원봉사의 체계적·조직적 관리를 통한 활성화 기반조성 등을 궁극적인 목적으로 하고 있다(보건복지부, 2020).

사회복지자원봉사실적 인증관리제도는 사회복지사업법 제9조(사회복지자원봉사활동의 지원과 육성), 자원봉사활동기본법 제4조(국가와 지방자치단체의 책무) 및 제7조(자원봉사활동의 범위)를 근거로 사회복자자원봉사자관리규정(2001. 11 보건복지부 승인)이 개정 · 시행되면서 본격적으로 추진되기 시작하였다, 사회복지자원봉사관리규정 제2조(용어의 정의)에서 '사회복지자원봉사실적 인증관리'는 사회복지자원봉사관리센터가 자원봉사자의 봉사활동 내용과 실적 등의 정보를 공정하게 관리하는 것을 말하며 이를 관리하는 서비스를 VMS(Volunteer Management System, vms.or.kr)라고 규정하고 있다. '사회복지자원봉사관리센터'는 제반 규정에 의거하여 관리센터로 지정신청을 받은 기관에서 자원봉사자의 모집·배치 및 제1호의 업무를 수행하는 기관 그리고 '사회복지자원봉사 인증관리요원'은 규정에 따라 인증요원으로 위촉한 자로서, 관리센터에 소속되어 자원봉사자의 모집·배치 및 제반 업무를 수행하는 자 등으로 각각 규정하고 있다. 2020년 기준 전국 558,086명이 관리센터에 등록하여 자원봉사활동에 참여하고 있으며, 14,084개소의 인증관리센터에서 28,555명의 인증관리요원이 활동하고 있다(VMS vms.or.kr).

제2조(용어의 정의) 이 규정에서 사용하는 용어의 정의는 다음과 같다.

1. '사회복지자원봉사실적 인증관리'(이하'인증관리'라 한다)라 함은, 제2호의 관리센터가 제4호 자원봉사자의 봉사활동 내용과 실적 등의 정보를 공정하게 관리하는 것을 말하며 이를 관리하는 서비스를 VMS(Volunteer Management System, vms.or.kr)라 한다.
2. '사회복지자원봉사관리센터'(이하 '관리센터'라 한다)라 함은, 제5조 제1항 내지 제3항 또는 6조에 따라 지정되어 자원봉사자의 모집·배치 및 제1호의 업무를 수행하는 기관을 말한다.
3. '사회복지자원봉사 인증관리요원'(이하 '인증요원'이라 한다)이라 함은, 제5조 제1항 내지 제3항의 관리본부가 제7조의 규정에 따라 인증요원으로 위촉한 자로서, 제2호의 관리센터에 소속되어 자원봉사자의 모집·배치 및 제1호의 업무를 수행하는 자를 말한다.
4. '사회복지자원봉사자'(이하 '자원봉사자'라 한다)라 함은, 제1호의 관리센터에 자원봉사자로 등록하여 자원봉사활동에 참여하는 자를 말한다.
5. '자원봉사자 카드'라 함은, 자원봉사자의 개인정보 및 자원봉사활동 내용과 실적 등의 정보를 등록관리하기 위하여 제4호의 자원봉사자에게 발급하는 카드를 말한다.
6. '지역사회봉사단'이라 함은 지역사회 소외계층 등을 위하여 전문봉사활동에 참여하는 전문봉사단을 말한다.

한편, 1365자원봉사포털(www.1365.go.kr)은 행정안전부에서 전국 시·군·구 행정조직을 토대로 운영하는 자원봉사관리 시스템으로서 전국의 자원봉사 정보를 한곳에 모아 다양한 자원봉사 검색, 신청, 신청확인까지 한 번에 해결할 수 있는 통합포털사이트이다. 개별적으로 이루어지던 전국의 자원봉사정보를 한 곳으로 모아 정보검색은 물론 자원봉사신청부터 실적 확인까지 원스톱으로 제공하여 자원봉사 신청을 보다 쉽고 편리하게 제공하는 곳으로서 아동청소년은 물론 청년·장년·노년 등 자원봉사를 원하는 국민이면 누구나 자유롭게 이용할 수 있다. 1365자원봉사포털에서는 전국 모든 시·군·구 자원봉사자료는 물론 유관기관의 자원봉사 자료를 모아 놓음으로써 전국 각 시·도와 시·군·구, 유관부처의 자원봉사 자료를 클릭 한 번으로 검색할 수 있다. 전국의 자원봉사를 지역 분야별로 정리하여 자원봉사 희망자가 자신의 조건에 맞는 맞춤형 자원봉사를 선택할 수 있도록 하였다. 특히 1365자원봉사포털은 자원봉사 실적관리에서 확인서 발급까지 한 번에 해결할 수 있도록 구축하여 자원봉사 정보, 실적관리, 확인서 발급서비스 등을 제공하며, 개인 정보보호와 문서 위조방지를 위한 시스템 적용으로 자원봉사자의 정보를 보호하고 있는 자원봉사 통합포털사이트 기능을 하고 있다(www.1365.go.kr).

## 3. 외국의 자원봉사활동

영국, 미국, 일본 등 주요 국가들도 다양한 사회문제를 해결해 나가는 과정에서 자원봉사활동을 계획적으로 잘 조직하고 육성하여 왔음은 주지의 사실이다. 자원봉사활동에서 가장 중요한 특성 중의 하나는 자발성인데, 선진국에서는 국민의 자발적 참여율이 상대적으로 높게 나타나고 있다. 이렇게 선진국 국민의 자원봉사 참여율이 높게 나타나는 것은 지역사회문제해결에 자원봉사활동을 권유하는 사회적 분위기가 형성되었기 때문이다. 이러한 사회적 분위기는 선진국으로 발전하는 과정에서 사회적 비용을 줄이기 위한 정부의 정책과 민간의 참여가 상호 조화를 이룬 것이라고 할 수 있다. 즉, 국민을 향한 자원봉사의 사회제도적 권유와 인센티브가 함께 조화되면서 다양하게 펼쳐진 것이라고 할 수 있다.

## 1) 미국의 자원봉사활동[1)]

### (1) 자원봉사 발전과정

미국은 전 세계에서 자원봉사활동이 사회 전체에 일반화되어 있는 유일한 국가라고 할 정도로 자원봉사활동이 활발히 진행되고 있다. 미국의 자원봉사활동은 영국에서 새로운 나라를 찾아 미국으로 정착한 이민자들이 생존을 위해 상부상조하지 않을 수 없었던 시대적 상황과 종교적 열망에서부터 비롯되었다. 그 후 영국의 COS와 인보관 운동이 미국에 알려지면서 20세기 초까지는 인보관운동이 여성과 아동, 노동자의 조건을 개선시키려는 노력을 하면서 활발한 활동을 하였고, 전국 기관과 연맹을 맺는 지역기관, 예를 들면 보이스카우트, 걸스카우트, Boys Clubs 등이 출현했다.

제1차 세계대전 동안에는 YWCA, 미국적십자사(American Red Cross) 등의 국가 및 국제봉사기관들의 활동이 활발했다. 1920년대 말 대공황 이전까지 대부분의 사회복지서비스는 주정부 수준에서 행해졌으나 대공황기를 계기로 연방정부로 전환되었고 이에 연방정부의 물질적 구호활동이 증가되었다. 종전까지 구호활동 중심의 활동을 해 왔던 민간단체들이 개별서비스로 전환하게 되면서 자원봉사활동의 필요성이 더욱 부각되었다. 이에 전국자원봉사자회의 등 자원봉사자들의 조직이 형성되고 제2차 세계대전 중에는 시민방위청(Office of Civilian Defense)이 조직되어 약 1,100만 명의 자원봉사자가 탁아소, 레크리에이션, 보건위생, 모금, 사회조사 등 일반복지를 위해 활동하였다. 1941년에는 미국연방정부 민간방위국(Office of Civil Defense)에 통합되어 전국에 4,300여 개 민간방위 자원봉사 사무소를 중심으로 자원봉사자의 활동이 활발히 전개되었다.

또한 이전까지 개별화된 자원봉사활동은 1943년 초 사회사업분야 자원봉사자위원회(The National Committe on Volunteers in Social Work)라는 하나의 조직으로 연합되면서 자원봉사자를 조정하는 조직과 자원봉사활동에 대한 기준을 설정할 필요가 있다는 인식을 갖게 되었으며 그 후 사회복지협의회나 공동모금과 협력하여 지원을 받으며 자원봉사활동을 전개해 왔다.

---

1) 김범수, 2007; 김동배, 2002; Anheire, & Seibel 저, 노연희 옮김, 2002; 전보경, 2007.

연방정부가 자원봉사활동을 적극적으로 육성하기 시작한 것은 1960년대 이후 케네디 대통령의 평화봉사단을 필두로 하여 새로운 대통령이 선출될 때마다 자원봉사활동의 육성에 관심을 보였는데 자원봉사사업에 대한 미국정부의 지원은 정권의 정치적 배경과는 관계없이 일관되게 계속되고 있다.

특히 1980년대 동안 일반국민의 막대한 복지욕구에 의해 축소된 재정능력에 직면하여 많은 정부기관들은 서비스 전달을 위한 대안적 방법들을 모색하지 않을 수 없게 되었는데 자원봉사활동도 이러한 접근방식 중의 하나였다. '신연방주의'의 강조와 더불어 레이건 대통령이 민간부문의 주도권을 강조함으로써 공공기관에의 시민참여는 공·사 간의 협력이라는 새로운 국면을 보여주었다. 이러한 결과로 공공서비스 전달에 있어서 자원봉사자들의 참여에 대해 정부는 많은 관심을 갖기 시작하였다. 이후 민간기관들은 정부의 지원을 받아 공공서비스 분야에 많은 부분을 담당하게 되면서 대규모의 활동체계로 성장했다.

### (2) 자원봉사조직

#### ① 촛불재단

미국은 1990년대만 해도 국가 및 지역사회봉사법(National and Community Service Act of 1990)을 제정하여 국민의 자원봉사를 국가의 중요 정책으로 다루었다. 학생에 대한 봉사학습(service learning) 프로그램·청소년 봉사단·전국적 규모의 유급봉사모델이 개발되어 이 법에 의해 시행되었다. 민간 자원봉사단체로 1990년에 설립된 촛불재단(POLF: Points of Light Foundation)은 '보다 많은 사람들의 사회문제해결을 위해 자발적으로 지역사회 봉사에 참여시키는 것'에 목적을 두고 정부와 민간의 재정적 지원을 받아 다음과 같은 사업을 수행하고 있다. 자원봉사에 대한 공공의 인식 증대를 위한 각종 캠페인과 행사를 수행하는 일, 500개 이상의 자원봉사센터와 협력하고 지원하여 자원봉사센터들이 지역사회의 문제해결에 지도력을 발휘할 수 있도록 돕는 일, 기업과 정부에 속한 피고용자의 지역사회봉사 노력을 장려하고 필요한 훈련 및 기술지원과 정보를 제공하는 일, 그리고 자원봉사자를 활용하는 비영리단체 및 정부기관과 협력하는 일 등이 있다. 촛불재단의 회장은 대통령이 직접 임명하고 국회에서 독립적 예산편성을 받는 정부출연기관으로 창립된 후, 미국 전역의 자원봉사센터연합체인 자원봉사(volunteer)와 통합을 하여 민간 차원의 전국적 기구로 성장하였다.

② 국가 및 지역사회 봉사지원법

국가 및 지역사회 봉사지원법(National and Community Service Trust Act of 1993)은 대통령 직속기관으로 국가봉사단을 설립하기 위해 제정된 법이다. 국가봉사단은 1992년 당시 클린턴 대통령 후보가 선거 캠페인으로 공약했다가 당선 직후 만든 것인데 기존의 연방정부 지원하에 있던 봉사조직을 통합하였다. 대통령 직속기관이므로 100% 정부지원으로 이루어지고 있으나, 민간지원도 받고 있다. 국가봉사단의 목적은 미국인이 국가를 위해 지역사회의 봉사에 참여하도록 하여 미국의 교육 및 공공안전과 인간적·환경적 욕구를 해결하고자 하는 데 있다. 사회문제해결에 대한 시민의 책임을 공유하고, 사람 간의 유대를 강화시키며, 반대급부의 하나로 서비스에 참여하여 헌신하는 젊은이에게 교육적 기회를 제공한다는 것이다.

③ 미국봉사단 및 평화봉사단

케네디 대통령은 1961년 세계를 향한 봉사와 희생이라는 메시지를 발표하면서 후진국의 경제개발을 도와주고 국제평화에 공헌하기 위하여 '뉴 프론티어'정책의 일환으로 국제적 봉사단체로 평화봉사단을 창설하였다. 또한 개발도상국가에 평화봉사단을 파견하여 문맹퇴치운동과 빈곤퇴치 그리고 청소년 활동 등의 사업을 수행하면서 민간차원에서 외교활동을 담당하였다. 이 조직에는 청소년에게 국가와 지역사회를 위해 봉사할 수 있는 기회를 제공하는 것을 목적을 초·중·고등학생을 위한 방과 후 프로그램과 학비 지원을 받을 수 있는 대학생 봉사 프로그램이 있다.

④ 전국노인봉사단

전국노인봉사단(National Senior Corps)은 대표적 노인자원봉사조직의 하나로, 국가가 당면한 긴급한 문제해결에 47만 명 이상의 노인의 기술과 재능 및 경험을 활용하는 단체이다. 노인은 1,223개의 지역 프로그램에 참여하고 있으며, 60세 이상인 자로 1주일에 20시간 이상 봉사하는 위탁조부모 프로그램(Foster Grandparents Program)과 60세 이상인 자의 노인동반 프로그램(Senior Companion Program), 그리고 43만 명에 달하는 55세 이상인 자로 구성된 은퇴자 및 노인 자원봉사자 프로그램(RSVP: Retired and Senior Volunteer Program) 등이 있다.

⑤ 기업자원봉사의 활성화

미국에서는 기업부문에서의 새로운 사회공헌 노력이 두드러지게 성장하였다. 특히 최근에는 기업들의 임원감축(down-sizing) 추세가 일어나면서 기업의 전략과 연결된 자선사업이 기업의 경쟁우위를 확보하는 데 매우 중요한 역할을 한다. 기업의 자원봉사는 기업과 지역사회 간에 보다 나은 관계를 형성하고 향상된 기업이미지를 제고하는 면에서 기업에 막대한 이득을 가져다줄 뿐만 아니라, 주민을 위한 새로운 자원으로 지역사회문제에 도움을 제공한다는 면에서 사회구성원의 보편적 인식과 공감을 획득하였다.

⑥ 국가봉사단

부시 행정부는 9·11테러 사태 직후에 전면적으로 확대 개편된 국가봉사단(USA Freedom Corps)에 거의 모든 국가자원봉사조직들을 통합하였다. 당초 클린턴 행정부의 국가봉사단(CNS: Corporations for National Service)은 연방정부조직으로 단장은 대통령이 임명하며 각 주를 대표하는 주위원회의 대표는 주지사가 임명하는 조직을 구성하였다. 중앙의 국가봉사단 조직으로서 중앙집권적 조직을 갖추면서 전국 50개 주의 자치적 지역사회 프로그램 개발 및 지원을 장려하는 지방분권형이 혼합된 형태의 자원봉사조직을 설립한 것이다. 그런데 2002년 조지 부시 대통령은 9·11테러사태에 대한 대응으로 자국의 안전을 도모하기 위하여 모든 미국인이 2년간 또는 4,000시간 국가를 위해 봉사할 것을 선언하며, 국가봉사단을 확대하였다. 여기에는 기존의 국가봉사단(CNS)과 평화봉사단(Peace Corps)이 포함되었으며 나아가 시민봉사단(Citizen Corps)을 창설해서 대규모 국가봉사단 조직을 구축하였다.

## 2) 영국의 자원봉사활동[2)]

### (1) 자원봉사 발전과정

영국은 산업혁명 이후 대량 빈곤층의 출현과 빈부의 격차가 심화되면서 빈곤문제를 비롯한 다양한 사회문제를 해결하기 위하여 교구를 중심으로 다양한 자선활동이 전개되었다. 1870년대 들어서 이러한 봉사활동의 조직화와 효율적 운영을 위해 자선조직협회와 인보관운동이 전개되었는데 이것이 근대적 의미의 자원봉사활동이다.

오늘날 영국의 사회복지제도와 사회적 자산은 자원봉사의 공로가 크게 작용했다. 우애조합은 사회보험을 창안하였고, 자선조직협회(COS), 인보관운동은 사회복지의 과업이 성취되는 데 많은 노력을 하였다. 제2차 세계대전 후 사회보험 및 정부의 사업과 모든 민간의 사회사업활동에 있어서 자원봉사의 경험을 존중하면서 그 속에서 국가가 져야 할 책임의 범위를 설정하고 복지국가를 구상하게 만든 것이다. 자원봉사활동은 사회발전의 원동력이 되었을 뿐만 아니라 그 유산을 계승함으로써 복지국가의 구상이 정착된 것이다. 오늘날 영국의 자원봉사활동은 그 사회환경의 변화에 의해 과거에 자원봉사활동의 초점이었던 빈민문제해결로부터 새로운 목적을 가진 조직이 만들어졌고 기존의 조직도 그 역할을 시대에 맞게 바꾸어 가고 있다.

1990년대 블레어 집권 이후, 노동당 정부는 청년실업자의 지역사회봉사를 유도하기 위해 미국식의 시민자원봉사단을 적극 추진하였으며, 1997년에는 청년층을 중심으로 한 밀레니엄 봉사단(Millennium Volunteers)을 창설, 21세기 국가발전전략에 활용하고 있다. 영국에서는 지역단위로 무수한 민간자원봉사센터들이 정부의 재정지원을 받으며 활동하고 있다. 현재 영국에는 자원봉사활동에 16세 이상 전 인구 중 48%가 참여하고 있다. 자원봉사조직이 20세기에 와서도 계속 증가하였고 역할도 확대되고 있는 것이다.

2) 고승희·김성운(2007); 김범수(2007); 최일섭·이현주(2007); 주성수(2005); 남기철(2007); 이성록(2005).

### (2) 자원봉사조직

#### ① 자원봉사 행정기관

영국의 자원봉사활동은 단순히 사회운동의 차원을 넘어 중요 기간산업과 같이 확고한 위치를 차지한다. 1995년 3월에 영국의 메이저 총리는 국회연설에서 부처별로 자원봉사자들을 의무적으로 활용하는 방안을 연구하도록 지시했는데, 박물관 안내와 장애인 및 환자 간호 등 과거에 공무원 또는 정부 고용인들이 담당했던 업무들을 자원봉사자에게 맡긴다는 것이다. 정부기관으로는 내무부에 자원봉사과(voluntary services unit)가 설치되어 있으며 정부 차원의 자원봉사 업무를 담당하는 이 부서는 관련 전문가들로 구성되어 자원봉사활동을 발전시키기 위한 각종 정책수립 및 이에 필요한 예산을 배분하는 일을 맡고 있다.

#### ② 영국자원봉사센터

영국자원봉사센터(Volunteer Center UR)는 영국의 대표적 자원봉사단체로 정부로부터 재정지원을 80% 받고 있으며, 전국에 250개의 산하단체가 있다. 1973년에 설립된 후 자원봉사가 영국인의 삶의 한 중요한 측면이며 강력하고 지속적인 변화의 힘임을 널리 인식시키고 있다. 영국 내의 자원봉사활동을 전국적 차원에서 지원해 주고 있으며, 대정부 로비활동, 학술연구, 활동개발, 전문서적 발간, 자조집단 육성, 홍보간행물 발간으로 서비스 통합의 기능을 수행하고 있다.

#### ③ 찰스 황태자 기업지도자포럼

영국 기업들의 사회봉사는 찰스 황태자의 지도력에 힘입어 영국 내에서뿐만 아니라 전 세계적으로 활발하게 진행되고 있다. 찰스 황태자는 지구환경과 삶의 질을 유지하기 위한 방안으로 기업의 지역사회 참여를 촉진하고 훌륭한 기업가 정신을 진작시키기 위해 1990년에 미국의 찰스톤(Charleston)에서 '찰스 황태자 기업지도자 포럼(Prince of Wales Business Leaders Forum)'을 창설하였다. 이 포럼에는 미국의 코카콜라, 3M, 독일의 BMW, 영국의 석유회사 등을 포함하여 세계적으로 약 330개의 그룹이 참여하고 있고,

연간 수입은 1,800만 파운드에 이른다. 포럼은 국제적 네트워크를 가지고 중앙유럽, 아시아, 아프리카, 중동, 라틴아메리카 등에서 지역사회를 돕는 활동을 벌여 왔으며 5년간 5,000개가 넘는 각 기업들이 개발의 파트너로서 지역사회에 참여하고 지역사회를 돕는 프로그램을 지원해 왔다.

#### ④ 전국자원봉사단체협의회

전국자원봉사단체협의회(National Council for Voluntary Organization)는 대부분 자조단체인 400개 이상의 봉사기관들이 가입해 왔다. 이 단체는 1986년 자선모금의 부정에 대한 예방 대안의 하나로 허위자선과 부정직한 모금행위자에 대처할 수 있도록 자선위원회(charity commission)에 보다 많은 권한을 부여할 것을 권고하는 보고서를 낸 바 있다. 1990년에는 『효과성과 민간부문(effectiveness and voluntary sector)』을 출간하였고, 민간 단체활동의 효과성을 증진시키는 데 필요한 여러 다른 유인책을 검토하였다.

## 3) 일본의 자원봉사활동

### (1) 자원봉사 변천과정[3)]

일본의 자원봉사활동은 1890년경에 도입되었으나 활성화되기는 전후 복구사업과 더불어 혼란한 사회를 바로잡고자 자발적 지역활동이 일어난 1940년대이다. 1949년 태풍의 피해로 동경대학을 중심으로 인보사업운동이 전개되기도 했다. 1960년대는 자원봉사활동이 급속히 확장되었다. 사회복지협의회가 선의은행(Good Will Bank)을 설치하고 이곳에서 돈, 물자, 또는 재능을 기부받고 그러한 자원들을 필요로 하는 기관이나 개인에게 배정하는 일을 하여 자원봉사활동을 촉진시키는 데 기여한 때도 이 시기였다.

1968년 전국선의은행 연락협의회가 발족되면서 자원봉사활동에 대한 일대 전환기를 맞게 되었다. 그것은 이제까지 사회발전은 정부가 주도해야 하며 시민의 책임이 아니라는 사고를 벗어나 지역사회의 향상을 위해서는 자신들이 제공할 수 있는 것은 제

3) 양창삼(1995).

공해야 한다는 지역사회에 대한 관심에로의 전환이다.

전국사회복지협의회는 자원봉사활동의 올바른 육성에 도움이 되고자 자원봉사연구위원회를 발족시키기도 하였다. 일적봉사단, BBS, 점역봉사자그룹, VYS, 학생세틀먼트, 학생자원봉사그룹, 워크캠프 등 다양한 자원봉사조직이 설립되었으며 자원봉사활동의 기능을 일부 포함하고 있는 보이스카우트, 걸스카우트, 청소년적십자, YMCA, YWCA, 라이온스 클럽 등도 비교적 잘 조직되어 있다.

1951년 설립된 사회복지협의회 내에 선의은행을 1962년 설치한 후 1975년부터 자원봉사센터를 설치·운영하고 있다. 자원봉사센터는 정부지원하에 사회복지협의회의 기본요령과 1968년 전국사회복지협의회가 채택한 자원봉사활동육성 기본요령에 근거해 세워졌다. 이후 1975년 전국사회복지협의회 내에 설치된 중앙자원봉사센터가 1977년 전국자원봉사활동 진흥센터로 개명되었고, 57개소의 도·도·부·현 사회복지협의회 및 3,367개소의 시·구·정·촌 사회복지협의회 내에 자원봉사센터가 설치되어 정부지원하에 운영되고 있다. 1999년 이후 일본의 자원봉사활동은 사회복지분야만 아니라 광범위한 분야에서 행해지고 있으며, 특히 기업과 학교에서의 자원봉사활동이 활발히 진행되고 있다.

### (2) 자원봉사조직[4)]

#### ① 민생위원제도

공공주도의 자원봉사는 방면위원에서 민생위원이라는 명칭으로 변경되어 발달되어 왔다. 즉, 이들은 1936년의 방면위원령에 의한 방면위원이 1948년의 민생위원령에 의한 민생위원으로 명칭이 변경되어 공공(법정) 자원봉사자로 규정되어 활동하였다. 현재 전국적으로 약 20만 명에 이르고 있고, 교통비 등의 실비를 활동비로 수령하고 있으며, 도시의 경우 270가구당 1인, 농촌의 경우 120가구당 1명씩 임명되어 있다. 이들의 평균연령은 남자 58.5세, 여자 55.6세로 지역사회에서 비교적 활발하게 활동하고 있는 연령대이다.

4) 김범수(2007); 주성수(2005); 남기철(2007); 이성록(2005).

② 일본청소년봉사협회

1967년에 발족한 일본청소년봉사협회(JYVA: Japan Youth Volunteer Association)는 청년들의 자원봉사를 위한 전국센터의 역할을 할 만큼 폭넓은 활동을 벌이고 있고, 특징적 프로그램으로 18~30세까지의 청년이 매년 4월부터 1년 동안 집을 떠나 교육·복지·의료 등의 국제협력에 참가하는 프로그램이 있다. 또한 아시아 지역의 청소년 자원봉사 지도자들을 초청하여 매년 연수를 실시하고 있는데 우리나라에서도 매년 사회복지분야에 근무하는 직원들이 참가하고 있다.

③ 공동모금회

일본 각 분야의 자원봉사자를 총괄해서 연말에 벌이고 있는 전국적 모금운동조직이다. 이 모금운동은 매년 10월 1일부터 12월 31일까지 실시되고 있으며 일왕 및 수상과 장관 그리고 각종 매스컴 단체들이 협조하여 실시하고 있는 전국적 모금운동이다. 공동모금운동은 어려운 계층을 돕기 위한 지역사회의 자주적 활동으로 민간 사회복지단체의 사업 추진을 위한 재원으로 국민이 자발적으로 조성하는 전국적 국민운동이다.

④ 광역 볼런티어의 범주 연락회의

일본 자원봉사활동의 조직은 최근 사회복지협의회 외에도 학교나 기업들이 참여하는 전국 조직체의 결성으로 이어지고 있다. 1994년 5월에 창립된 '광역 볼런티어의 범주 연락회의'는 전국적으로 사회복지협의회에 일본 상공회의소, 일본노총, 전국농협중앙회, YMCA의 청소년 단체 등 41개 단체가 모여 결성한 것이다. '광역 볼런티어의 범주 연락회의'는 사회복지협의회에 사무국을 두고 있으며 고베지진 당시 활발한 활동을 하였다. 이 기구는 국민 각 계층의 볼런티어 활동에 대한 관심을 실제 경험으로 연결하기 위해 7~8월을 볼런티어 기간으로 정하고 각종 프로그램을 실시하고 있다.

⑤ 사회복지협의회

일본에서 자원봉사의 중추기관역할을 맡아 온 기관은 1951년에 설립된 민간기관인 사회복지협의회이며, 사회복지협의회 내에 1959년에는 자원봉사연구회가 조직되어 처음에는 '선의은행'으로 불리다가 뒤에 '자원봉사센터'로 이름이 바뀌었으며, 후생성이 1973년부터 자원봉사 프로그램 지원비를 지급하기 시작하였다. 1975년 협의회의 부설 기관으로 전국 자원봉사활동 진흥센터를 설립하여 오늘에 이르고 있고, 진흥센터의 역할을 자원봉사센터 기능을 수행하는 지방 사회복지협의회들을 위한 연락, 조정기관으로 봉사하며, 직원개발훈련, 정보보급, 자원봉사 인식제고 프로그램 운영, 그리고 현재 일본 내의 자원봉사의 일반적 상태에 대한 연구보고서를 발간하였다. 사회복지협의회는 또한 1977년 이래 초·중·고등학교들을 '자원봉사협력교'로 지정하여 학생들의 자원봉사운동을 펴 왔으며, '복지마을 만들기' 사업도 전개하고 있다.

⑥ 기업의 자원봉사

일본에서도 1970년대 이후 고도의 경제성장과 기업확대에 대한 사회적 반응으로 반기업 분위기가 확산되면서 기업의 사회적 책임에 대한 필요성이 대두하였다. 일본 경제단체연합(경단련)은 1990년 자원봉사활동 및 모금활동의 창구가 되는 '사회공헌부'를 개설하였고, 1% 클럽이라 하여 세전 이익(매출액)의 1%와 시간의 1%를 사회봉사활동에 사용하자는 데 동의하는 기업들의 모임을 이끌고 있다. 경단련의 이 1% 나누기 운동에는 개인회원 500명에 참여기업 250개가 가입되어 있다. 아울러 BCC(Better Corporate Citizenship)라는 더욱 적극적으로 사회봉사활동에 참여하는 기업이 되자는 운동도 이끌고 있다.

## 4. 한국 자원봉사활동의 발전방안

사회복지서비스 전달의 매개자로서 자원봉사활동의 활성화 방안은 자원봉사자들의 적극적 참여를 유도할 수 있는 참여증진방안(고승희·김성운, 2007)과 자원봉사자들을 조직적으로 운영하고 관리하며 적재적소에 배치하여 효과적으로 운용할 수 있는 자원봉사센터의 개선방안(정진경, 2007) 등으로 구분하여 살펴보면 다음과 같다.

### 1) 참여증진방안

#### (1) 자원봉사의 의식화

자원봉사활동은 특정의 주민이나 경제적 빈부, 여가시간의 유무, 남녀, 연령, 직업 등의 어떠한 조건에도 관계없이 인간이면 누구나가 참여하여야 하는 것이다. 일반주민은 자원봉사활동에 대한 전반적 인식이 낮아 자원봉사활동의 효율화를 기하는 데 많은 문제점을 나타내고 있다. 따라서 주민의 자원봉사화를 위해서는 먼저 자원봉사에 대한 의식교육을 모든 지역주민에게 실시하여야 한다. 의식교육을 위한 구체적 방안은 다음과 같다.

첫째, 학교교과과정의 활용이다. 자원봉사활동에 대한 이론과 학습을 초등학교에서부터 대학의 교과과목에 별도 과목으로 설정하는 것이다. 교과내용은 사회복지 일반에 대한 이해를 돕는 내용과 지역사회와 자원봉사활동과의 관계, 기관이나 시설 또는 지역사회에서의 봉사활동내용, 사회와 시민의식 등이 되어야 할 것이다. 이와 함께 과외활동이나 동아리 활동 등을 통한 현장학습이 이루어질 수 있도록 구성되어야 한다.

둘째, 대중매체의 활용이다. 대중매체를 통한 의식교육은 텔레비전, 라디오, 신문, 잡지, 인터넷 등을 통해 자원봉사활동에 관한 특집이나 기록물 등을 방송·방영 및 기사화하여 전파시키는 것이다. 이렇게 함으로써 주민의 의식은 점진적으로 변화하게 될 것이며, 참여의식은 향상될 것이다.

셋째, 각종기관 및 단체모임의 활용이다. 우리나라 성인 대부분은 동창회, 친목회 등 다양한 모임을 2~3개 정도 가입·참여하고 있다. 이러한 비공식적 혹은 공식적 조직들이 집회를 할 때 회원 자신의 이익에만 몰두하지 말고 사회적 환원과 공익에 관심을 갖고 자원봉사활동에 참여하게 함으로써 명예로운 조직이 될 수 있도록 유도해야 할 것이다.

넷째, 사회교육기관 또는 주민센터에서 제공하는 다양한 복지서비스에 사회봉사과정을 반드시 넣는다. 다양한 사회교육기관이나 주민센터에서 제공하는 교육서비스를 보면 주로 취미교육, 기술교육, 건강교육, 문화교육 등이 주류를 이루고 있다. 자원봉사활동에 대한 의식교육과정이나 사례를 설명할 수 있는 기회를 만들어 사회봉사에 대한 인식의 변화를 유도해야 할 것이다.

### (2) 잠재봉사자의 개발

우리나라 자원봉사센터현황에서 살펴본 바와 같이, 현재 우리나라 전체 인구 중에서 자원봉사활동에 참여하는 인구는 선진국에 비하여 매우 낮다. 참여율이 낮다는 것은 그만큼 참여할 잠재적 자원이 많다는 것으로 볼 수 있다. 따라서 참여하지 않는 잠재적 봉사자들을 현장으로 연결시키기 위해서는 기존 참여자의 심리적 욕구가 무엇인지를 먼저 파악해야 한다. 또한 연령별, 성별, 종교별, 직업별 자원봉사 참여의사를 조사하고 이들을 유인할 수 있는 다양한 유인제도와 프로그램들을 만들어야 한다. 또한 고령화 사회의 도래에 따른 노인의 자원봉사활동에 대한 유인방안을 강구해야 한다. 노인은 적어도 30~40년간 사회의 각 분야에서 다양한 경험을 축적한 전문성을 갖고 있기 때문에 이들의 경험과 능력을 바탕으로 한 자원봉사 프로그램을 개발하여 자원봉사활동의 활성화는 물론 노인에게도 새로운 삶의 보람을 줄 수 있을 것이다.

### (3) 자원봉사자 수요처 및 프로그램 개발

자원봉사활동의 활성화를 위한 기본적 전제는 주민이 자신의 동기나 욕구에 맞게 참여할 수 있는 다양한 자원봉사활동 수요처를 개발하여 그에 대한 정보를 제공하는 것이다. 자원봉사활동에 참여하려는 주민은 어떤 기관에서 자원봉사활동을 할 수 있는지를 정확히 알지 못하며, 자원봉사자 수요처에서는 어떤 경로를 통해 자원봉사자를 공급받을 수 있는지를 알지 못하여 자원봉사자를 활용하지 못하는 경우가 많이 있다. 또한 자원봉사자들이 원하는 프로그램의 개발이 제대로 되어 있지 않아 자원봉사가 필요한 부분과 자원봉사자가 원하는 수요처를 찾을 수 없다는 것이다. 그동안 자원봉사에서는 단순 복지서비스 및 행정보조로 이루어지는 봉사활동이 대부분이었다. 그러나 고학력자의 자원봉사 참여가 늘어나고 있는 상황에서 이를 이용하여 자원봉사의 활성화를 이루어야 하는 것은 당면한 문제이다.

특히 자원봉사자들이 원하는 시간대에 맞춘 프로그램의 개발이 시급하다. 자원봉사활동을 많이 하고 있는 집단들의 특성을 살펴보면, 아직도 주부와 학생 봉사자가 많고 상대적으로 성인 자원봉사자의 비율이 낮은 것으로 나타났는데, 그 이유는 직장 등 직업에 종사하기 때문에 적극적으로 참여하지 못하고 있는 것이다. 따라서 봉사활동이 가능한 시간대인 저녁시간이나 주말, 공휴일 등에 참여할 수 있는 프로그램이 개발된다면 전문성을 갖춘 직장인들이 자신의 능력이나 취미 등에 따라 자원봉사활동을 할 수 있으므로 사회복지시설이나 기관에서도 전문적 인력을 활용할 수 있는 큰 장점이 될 것이다.

### (4) 자원봉사활동의 제도화

첫째, 자원봉사활동의 사회경력화를 적극 추진해야 한다. 자원봉사자가 봉사활동을 행하여 일정기간, 일정수준에 도달하면 자원봉사활동을 사회경력화하는 제도가 필요하다. 당장 전체로 확산시키기에는 무리가 있을 수 있으나 각 지방정부별로 다양한 경력인정제도를 만들어 시행할 필요가 있다. 자원봉사활동을 통해 얻은 지식과 검토는 인간자본축적으로 볼 수 있으며, 자원봉사활동 참여동기에서도 지식과 경험획득이 높게 나타나기 때문이다.

둘째, 자원봉사활동을 위한 보험제도 강화이다. 봉사활동 중 위험이 수반될 우려가 있는 분야에 대해서는 정부와 자원봉사자 그리고 활용기관이 공동으로 그 부담을 분담하여 사고발생 시 자원봉사자가 피해를 입지 않고 마음 놓고 활용할 수 있도록 하는 것이다. 일본의 볼런티어 보험은 상해보험과 배상책임보험으로 구성되어 있으며 자원봉사자가 연간 일정액을 각 지방사회복지협의회에 내면서 가입하면 자원봉사활동 시 발생한 제반 사고에 대해서는 적절한 서비스를 받도록 되어 있다. 자원봉사자가 자원봉사활동에 참여하기에 앞서 자원봉사활동보험에 가입하고 활동을 하는 기간 동안 일정기간, 일정금액을 불입하고 나머지는 정부나 활용기관에서 부담하는 것이 바람직할 것이다. 자원봉사활동이 다양한 추세이므로 자원봉사활동보험의 제도화가 점진적으로 추진되어야 할 것이다.

셋째, 장기 자원봉사자의 경제적 지원이다. 현직에 있지 않으면서 빈민지역이나 취약지역에서 장기적으로 자원봉사활동에 참여하는 자원봉사자에게 최소한의 생활경비를 지급하는 방안을 의미한다. 미국의 VISTA(Volunteers In Service To America)가 대표적인 예로서 장기 자원봉사자에게는 최소한의 생활경비를 지급하는 유상봉사제도를 의미한다. 이들은 대개 1년간의 기간을 해당지역에서 주둔하면서 봉사하는데, 가능한 한 최소한의 생활비를 지급하는 것이 바람직한 방안이라고 판단한다.

넷째, 다양한 보상체계의 개발이다. 자원봉사센터에서는 자원봉사자의 선정기준이나 선정과정, 자원봉사 활용목적을 명확히 규정하고, 기초적 훈련과정을 제공하며, 정규적 지도·감독을 시행하는 전담기구제도의 강화가 필요하다. 또한 센터에서는 자원봉사자에게 직접적인 경제적 보상을 주지 않더라도 적정한 대우, 선발, 조직, 훈련, 교육, 관리, 배치 등 어느 정도의 예산이 투입될 수 있도록 노력해야 할 것이다. 즉, 일정기간 자원봉사를 수행한 사람에 한하여 그 지역에서 운영하고 있는 공공시설 이용에 대한 혜택을 부여하고 있는 경우도 있다. 이와 같이 자원봉사활동이 아무런 보상 없이 이루어지면 좋겠지만, 그들에게도 일정한 혜택이 주어진다면 자원봉사활동의 참여는 더욱 향상될 수 있을 것이다.

### (5) 자원봉사자의 효율적 관리와 인정

자원봉사활동의 지속성을 유지하고 참여강도를 강화하기 위해 가장 효과적인 수단 중의 하나는 인정과 보상이다. 특히 자원봉사의 만족도가 지속성을 유지하는 요인으로 작용하는 것으로 나타나고 있으므로 자원봉사자의 만족요인을 제공하는 기회요인을 마련해 주는 것은 매우 중요하다.

센터의 필요에 따라 자원봉사자를 배치하는 것은 자원봉사자의 불만으로 연결될 가능성이 크다. 유치부터 필요한 업무별로 자원봉사자를 모집하는 체계를 마련해야 한다. 또한 기관에서는 자원봉사자가 소속감과 유대관계를 가질 수 있도록 각종 유인물과 자원봉사활동 관련 자료를 자원봉사자에게 우송하고 봉사활동회보를 제작하는 등 자원봉사자들의 사기진작을 위한 여러 활동과 정기적 모임을 마련해야 할 것이다. 아울러 자원봉사자들이 남을 돕는다는 이타적 만족 외에 자원봉사자의 자아발전 및 새로운 경험과 기술을 획득할 수 있는 장을 마련해 주어야 할 것이다.

### 2) 자원봉사센터 운영의 발전방안

첫째, 자원봉사센터의 자율적·독립적 운영이 시급하다. 전국 245개 자원봉사센터의 일반적 운영형태에서 나타나듯이 현재의 자원봉사센터는 자치단체 직영에 의한 운영 비율이 50% 이상이고 센터 상근인력 중 공무원 비율이 9.3%이며, 광역시 또는 시·군·구 센터를 관할하는 자치단체로부터 재원의존율이 80% 이상을 차지하는 등 센터운영의 형식적 측면에서 자치단체에 강한 종속성을 나타내고 있다.

자원봉사센터는 다양한 자원봉사자와 단체 및 기관, 지역사회의 보이지 않는 수많은 상호관계와 상호작용으로 구성되어 있으며, 공익과 지역사회 기반의 우선순위에 따라 사업을 전개해야 함은 주지의 사실이다. 따라서 자원봉사센터는 어떠한 정치적 이해관계나 이익집단으로부터 자유로울 필요가 있음을 의미한다. 또한 자원봉사활동은 일상적 활동의 지속뿐만 아니라 새로운 프로그램의 창조와 유연성을 필요로 한다. 이것은 곧 자원봉사활동이 어떠한 정책지침이나 규정에 기반을 둔 사업이 아닌 자율적 평가와 자율적 개선노력이 시급함을 의미한다. 따라서 현행 자치단체 직영형태의 자원봉사센터는 정치적 환경이나 이해관계에 민감하게 영향을 받지 않도록 제도적 장치를 마련해야 할 것이며, 가능한 한 빠른 시일 내에 위탁경영 혹은 법인화하여 운영상의 자율성과 독립성을 확보해야 할 것이다.

둘째, 지방자치단체의 자원봉사센터에 대한 관리감독의 목적과 의미가 전환될 필요성이 있다. 자원봉사센터는 센터의 자율성뿐만 아니라 합법적 정당성이 요구된다. 정부로부터의 재정지원은 센터의 정당성 확보에 긍정적 영향을 미칠 수 있으며, 정부의 재정지원은 이에 대한 관리감독으로 이어진다. 지방자치단체의 행정적 관리감독은 일상적 또는 사업과 관련된 업무협의나 회계보고, 평가의 형태로 나타난다. 이러한 행정적 관리감독은 일방적 규제로서가 아니라 자원봉사센터로 하여금 보다 책임성 있는 운영이 될 수 있도록 지도하고 견인하는 기능을 하여야 할 것이다. 또한 자치단체의 관리감독은 센터에 대한 격려와 새로운 지원의 방향을 모색하기 위한 발전적 기능으로 전환하여야 할 것이다.

셋째, 자원봉사센터 운영의 자율성은 무엇보다도 자원봉사센터 스스로의 노력에 의해 강화되어야 할 것이다. 민간에 위탁운영되는 센터뿐만 아니라 자치단체 직영에 의해 운영되는 센터도 그 조직은 독립조직의 형태를 유지해야 하며, 이러한 독립조직의 운영을 위해 자체적 운영지침과 인사지침을 만들어야 할 것이다. 한편 자원봉사센터의 낮은 자율성은 지자체에 대한 높은 재정의존율과 밀접한 관계가 있다. 따라서 향후 센터들의 자체 재원확보 노력은 시급히 추진되어야 할 직면한 과제이다. 따라서 민간모금이나 기부금 또는 후원금 확보에 많은 관심과 노력을 기울여야 할 것이다.

넷째, 자원봉사 네트워크를 통한 조직의 연계성을 강화해야 한다. 현재 시·군·구에서는 사회복지기관이나 시설에 필요한 자원봉사자를 자원봉사센터에서 연계·배치해 주고 있는데 지역 내 복지기관과 시설, 자원봉사센터 그리고 자원봉사자의 여건이 서로 맞물리지 못하여 충분히 연계시켜 주지 못하고 있는 실정이다. 따라서 자원봉사 관련 기관은 물론 복지기관과 시설들이 네트워크를 통한 의사교류, 자원봉사자들의 활발한 정보교류가 가능할 수 있도록 전산망 구축을 비롯하여 조직의 연계성 구축이 우선적으로 이뤄져야 할 것이다.

마지막으로, 자원봉사활동은 현대사회 속에서 잃어 버렸던 인간성을 회복하고 지역사회공동체를 재건하여 진정한 민주시민사회를 건설하기 위해 반드시 필요한 활동이다. 또한 자원봉사는 지역복지증진을 위한 기초이며, 특히 지역사회공동체와 연대의식 강화 등 지역사회를 지탱해 주는 주요한 자원이 되고 있다. 따라서 지방자치단체는 자원봉사 활성화를 위하여 과감한 재정 및 제도적 뒷받침을 마련해 주어야 하며, 자원봉사센터가 민간중심의 활동이 될 수 있도록 자율성과 창의성을 최대한 보장해 주어야 할 것이다.

## 요점정리

1. **자원봉사의 필요성** ① 자아실현, 여가만족 등과 같은 인간의 기본적 욕구를 충족시켜 정신적으로 안정하고 여가를 건전하게 사용하므로 사회문제를 예방하고 생의 보람과 희망을 가질 수 있음, ② 인간성 회복과 가정기능의 회복을 기초로 지역사회 재형성 필요, ③ 핵가족화 경향으로 취약해진 가족기능을 보완, ④ 전문직 활동을 자극하여 항상 적극적이고 창조적인 서비스를 행하게 되므로 사회복지 전문화를 위해서도 필수적, ⑤ 산업화와 경제성장과 함께 파생되는 사회문제들을 정부와 민간이 효율적으로 대처하는 데 자원봉사 필요, ⑥ 자원봉사활동에 참여를 원하는 사람에게 기회를 제공하여 상부상조의 정신과 사회적 연대감 부여.

2. **자원봉사의 개념** ① 용어의 어원: 인간의 자발적 의지(will)와 욕망(desire)을 나타내는 라틴어 'voluntas'에서 비롯된 것, ② 복지행상을 위해 휴머니즘과 사회연대의식에 기초하여 자발적으로 비공식적 또는 공식적 자원봉사기관에서 계획되고 의도된 실천노력

3. **자원봉사활동의 이념 및 특성** ① 자아실현성: 인격적 성장을 가져옴과 동시에 자신의 잠재능력을 실현, ② 자발성 및 자주성: 자신의 의사로 활동, ③ 무보수성: 금전적 보수나 영리를 추구하지 않음, ④ 이타성: 타인의 생명을 존중하며 이웃과 더불어 사는 가치관에 바탕을 둠, ⑤ 사회성: 사회에 영향을 주고 사회적 책임을 다함, ⑥ 공동체성: 공동체의식을 높일 뿐만 아니라 그러한 생활을 실현하는 장, ⑦ 복지성: 지역사회 구성원이나 욕구를 지닌 사람들의 복지향상과 관련, ⑧ 사회의 공동선을 실현: 인간존중의 정신과 민주주의 원칙에 입각하여 필요한 서비스를 제공, ⑨ 개척성과 지속성: 공동체 건설에 헌신한다는 개척적 사명의식이 필요하고, 일회적이고 의도되고 계획된 활동을 말하며, 일정기간 지속되는 프로그램을 가지고 있어야 하고, 활동 자체가 임의로 변경되거나 단절되어서는 안 됨.

4. **자원봉사활동의 원칙** ① 동기부여 원칙: 봉사활동을 활성화시키기 위한 원칙의 기본은 자원봉사를 할 수 있거나 지속하게 만드는 동기부여에 있음, ② 사전교육 원칙: 봉사인력을 현장에 배치하려면 사전교육이 선행되어야 하며, 교육을 거친 후에 자원봉사자의 자격을 갖추게 되는 것이라는 인식전환이 필요, ③ 지역사회 중심 원칙: 지방자치와 같이 지역사회복지 차원의 자원봉사활동도 지역사회의 인적 자원을 이미 파악하고 있는 대상자에게 서비스를 전개하는 것이 보다 효율적, ④ 의도적 통제 원칙: 자원봉사자의 능력개발과 지역사회복지의 향상이라는 공통목표를 달성하기 위해서는 의도적 통제활동이 있어야 함.

5. **자원봉사센터의 기능과 역할** ① 자원봉사자의 모집, 배치 등의 수급조정에 관한 사항, ② 자원봉사 프로그램의 개발 및 보급에 관한 사항, ③ 자원봉사활동 인정 및 보상에 관한 사항, ④ 자원봉사활동 상담 및 조언에 관한 사항, ⑤ 자원봉사자 교육·훈련 및 연수에 관한 사항, ⑥ 자원봉사자 홍보·연계에 관한 사항, ⑦ 자원봉사활동 네트워크 구축에 관한 사항, ⑧ 자원봉사 욕구조사 및 지역사회조사에 관한 사항, ⑨ 자원봉사활동 진흥에 관한 사항, ⑩ 자원봉사자 안전대책에 관한 사항.

6. **자원봉사자의 관리과정** ① 자원봉사 문제 확인 및 업무설계, ② 자원봉사활동과제와 기준선정, ③ 자원봉사자 모집, ④ 자원봉사자 교육 및 훈련, ⑤ 자원봉사자 배치 및 업무부여, ⑥ 지도감독 및 평가, ⑦ 인정과 보상, ⑧ 사후관리.

# 지역자활센터

## 1. 자활사업의 개요

자활사업은 국민기초생활보장법상 근로능력이 있는 저소득층에게 자활할 수 있도록 일자리 제공과 자활능력을 배양하고자 보건복지부에서 주관하는 사업을 말한다. 자활사업은 김영삼 정부(문민정부) 시기인 1995년 3월 한국보건사회연구원의 "저소득층의 실태변화와 정책과제"에 의하여 필요성이 제기되었고, '국민복지기획단'에서 설치를 건의하여 1996년 6월 자활지원센터가 시범적으로 5개소가 출범하여 운영되었으며, 시범사업 실시 후 2000년까지 70개소가 지정·운영되었다.

자활지원센터는 2000년 10월부터 시행된 국민기초생활보장법에 근거 자활후견기관으로 명칭이 변경되었으며, 2004년에는 광역자활센터 3개소(인천, 대구, 경기)가 지정되었다. 2006년 전국의 자활후견기관은 총 242개소에 이르렀다. 자활후견기관은 2006년 12월 28일 국민기초생활보장법 개정으로 '지역자활센터'로 그 명칭이 변경되어 2007년 7월 1일자로 시행되었다.

지역자활센터는 국민기초생활보장수급자를 비롯한 저소득층 주민이 일정한 공간에서 공동으로 작업을 하여 소득을 얻거나 자영창업을 할 수 있도록 종합적으로 지원하는 보육센터(social incubator center) 역할을 하는 곳이라고 할 수 있다.

지역자활센터는 절대빈곤층의 기초생활을 보장하면서 종합적 자립자활서비스를 제공하여 생산적 복지를 구현하는 데 그 목적이 있다. 조건부 생계급여제도는 자활사업에 참여하는 조건으로 생계비를 지급받도록 하여 국가의 보호에 안주하는 도덕적 해이를 방지하는 제도적 장치가 되고 있다.

## 2. 자활사업 참여자

자활사업대상자는 조건부 수급자, 자활급여특례자, 일반수급자, 급여특례가구원, 차상위자, 시설수급자 등이 있다.

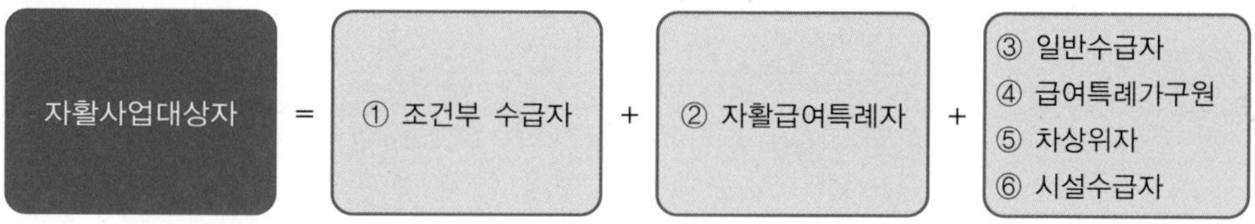


* 의무참여: ①, 희망참여: ② ~⑥, 수급자: ① ② ③

출처: 보건복지부(2020), 2020 자활사업 안내(Ⅰ).

이 중에서 조건부 수급자는 자활사업에 참여의무가 부과된다. 즉, 조건부 수급자는 근로능력이 있는 수급자 중에서 현재 취업상태에 있는 자와 가구여건 등으로 조건부 수급에서 제외된 사람들(일할 수 없는 사람들)을 제외한 나머지 사람들이며, 이들은 '자활사업에 참여하는 조건으로 생계급여를 받는 자'로 분류되며 의무적으로 자활사업에 참여해야 한다.

이 밖에도 자활급여특례자, 일반수급자, 급여특례가구원, 차상위자, 시설수급자 등을 희망 참여자라고 한다. 자활사업에 참여해서 발생한 소득으로 인하여 가구별 소득

인정액이 기준 중위소득의 40%를 초과하더라도 자활사업에 계속 참여할 수 있는 자격을 부여받는 '자활급여특례자'가 된다.

## 3. 자활사업의 주요 내용과 종류

지역자활센터에서 수행하는 자활사업의 주요 내용을 정리하면 다음과 같다.

① 근로능력이 있는 저소득층의 자활의욕고취를 위한 교육

② 자활을 위한 정보제공, 상담, 직업교육 및 취업알선

③ 창업지원, 생업을 위한 자금융자 알선, 기술·경영지도

④ 자활기업의 설립·운영지원

⑤ 기타 자활을 위한 각종 사업

〈표 12-1〉 **자활사업의 종류와 내용**

<table>
<tr><th colspan="2">자활급여종류<br>(구체적 사업지정)</th><th>자활사업 실시기관<br>(자활사업을 행하는 공공 또는 민간기관·단체)</th><th>비고</th></tr>
<tr><td colspan="2">자활기업</td><td>지역자활센터, 자활사업을 실시하고 있는 민간위탁기관</td><td rowspan="10">지역여건, 예산 및 수용능력 등을 감안하여 대상자의 자활에 필요한 사업에 참여할 수 있도록 탄력적으로 운용</td></tr>
<tr><td rowspan="4">자활근로</td><td>시장진입형</td><td rowspan="3">지역자활센터, 민간위탁기관</td></tr>
<tr><td>인턴·도우미형</td></tr>
<tr><td>사회서비스형</td></tr>
<tr><td>근로유지형</td><td>시·군·구, 지역자활센터</td></tr>
<tr><td colspan="2">사회적응 프로그램</td><td>정신보건센터 등 정신보건시설, 사회복지관, 대학연구소, 지역자활센터 등</td></tr>
<tr><td colspan="2">취업알선</td><td>고용센터</td></tr>
<tr><td colspan="2">직업훈련(창업훈련)</td><td>직업훈련기관(시행규칙 제21조)</td></tr>
<tr><td colspan="2">직업적응훈련</td><td>고용센터, 직업적응훈련기관</td></tr>
<tr><td colspan="2">자활취업촉진사업 등</td><td>고용센터</td></tr>
</table>

출처: 보건복지부(2020), 2020 자활사업안내(Ⅰ).

자활사업의 종류는 보건복지부가 주관부서인 자활기업, 자활근로, 사회적응프로그램과 고용노동부가 주관부서인 취업알선, 직업훈련(창업훈련), 직업적응훈련, 자활취업촉진사업 등이 있다.

자활사업 중에서 보건복지부가 주관부서인 사업에 대해 간략하게 살펴보면 다음과 같다.

## 1) 자활기업

### (1) 의의

자활기업이란 2인 이상의 수급자 또는 저소득층이 상호 협력하여, 조합 또는 공동사업자의 형태로 탈빈곤을 위한 자활사업을 운영하는 업체를 말한다. 국민기초생활보장법 제18조 및 동법 시행규칙 제31조에 의한 자활기업 요건을 갖추고 보장기관으로부터 인정을 받으면 지원대상 자활기업이 되며, 2012년 8월 2일부터 자활공동체가 자활기업으로 명칭이 변경되어 운영되고 있다.

자활기업은 수급자 등 저소득계층의 자활기업 참여를 통한 탈빈곤을 목적으로 한다. 보장기관은 지역자활센터 등 자활사업실시기관을 통해, 개인신용이나 담보력이 부족한 자활기업 참여자들이 공동창업의 형식을 통해 시장에 진입할 수 있도록 지원하여야 한다. 자활기업의 원활한 수행을 위하여 차상위 등 저소득취약계층의 참여자는 관할 시·군·구 지역 거주자에 국한하지 않으며, 사업실시지역은 관할지역을 원칙으로 하나 부득이한 경우 관할지역을 벗어날 수 있다.

### (2) 자활기업에 대한 지원기간

보장기관은 최초 한시적 인건비 지원 결정일로부터 최대 5년까지 지원할 수 있다. 또한 보장기관은 지원기간이 다하지 않은 경우라도, 참여수급자의 수급제외 또는 적정한 임금의 지급이 불가능하여 자활기업 육성이 어렵다고 판단되는 경우 지체 없이 지원을 종료하여야 한다.

#### (3) 자활기업 성립요건(인정요건)

① 자활기업 구성원 중 국민기초생활보장수급자 및 차상위자가 1/3 이상이어야 함 (단, 수급자는 반드시 1/5 이상이어야 함)

② 조합 또는 부가가치세법상의 1인 이상의 사업자로 설립

③ 모든 자활기업 참여자에 대해 노동관계법령상의 최저임금 이상의 임금 지급이 가능하여야 함

④ 자활근로사업단의 자활기업 전환 시 사업의 동일성 유지

### 2) 자활근로사업

자활근로사업은 국민기초생활보장법에 의한 저소득층에게 자활을 위한 근로의 기회를 제공하여 자활기반을 조성하는 사업이다. 기존 공공근로사업처럼 한시적 일자리 제공이 아닌 저소득층의 자활촉진을 위하여 공동체 창업 등을 위한 기초능력배양에 중점을 두고 있다.

특히 간병·집수리·청소·폐자원재활용·음식물재활용사업의 5대 전국표준화 사업을 중점사업으로 추진하되, 영농·도시락·세차·환경정비 등 지역실정에 맞는 특화된 사업을 적극 개발하여 추진하고 있다. 자활근로사업은 참여자의 자활능력과 사업유형에 따라서, 예비자활기업, 시장진입형, 인턴형, 사회적 일자리형, 근로유지형 자활근로사업으로 구분할 수 있다.

#### (1) 시장진입형 자활근로사업

투입예산의 30% 이상 수익금이 발생하고, 일정기간 내에 자활기업 창업을 통한 시장진입을 지향하는 사업으로, 참여대상자는 국민기초생활수급자(조건부 수급자, 일반수급자, 자활급여특례자) 및 차상위계층과 기술·전문인력이 될 수 있다.

시장진입형 자활근로사업의 대상사업은 시장진입가능성이 높고 자활기업 창업이 용이한 사업으로 기초생활보장수급자의 자활을 촉진할 수 있는 사업으로, 총투입예산의 30% 이상을 수익금으로 발생시키는 사업이 해당된다. 간병·집수리·청소·폐자원재

활용·음식물재활용사업의 5대 전국표준화 사업을 중점사업으로 추진하되 영농·도시락·세차·환경정비 등 지역실정에 맞는 특화된 사업을 적극 개발하여 추진할 수 있다.

### (2) 인턴·도우미형 자활근로사업

일반 기업체에서 자활사업대상자가 자활인턴사원으로 근로를 하면서 기술·경력을 쌓은 후 취업을 통해 자활을 도모하는 취업유도형 자활근로사업이다. 인턴·도우미형 자활근로사업의 참여대상자는 기초생활보장수급자(조건부 수급자, 일반수급자, 자활급여특례자) 및 차상위계층(참여인원 제한 없음)이 된다.

단순 노무지원형태를 지양하고, 수급자의 자활유도가 용이한 기술(전기, 용접, 이·미용, 요리, 정비, 운전, 제과·제빵 등) 습득이 가능한 업체와 참여신청자를 시·군·구에서 조사하여 시·도에서 조정하는 방법으로 사업을 추진한다. 인턴기간(참여기간) 동안의 급여는 자활근로예산에서 지급하며, 주 5일(1일 8시간) 이외의 근무에 대하여는 업체에서 자체적으로 추가 급여 지급이 가능하다.

### (3) 사회서비스형 자활근로사업

사회서비스형 자활근로사업은 지역에 기반을 두는 고용정책수단으로 정부의 재정과 민간의 자원을 결합하여 취업취약계층 등에게 사회적 일자리를 제공하는 사업을 말한다. 사회서비스형 자활근로사업은 사업의 수익성은 떨어지나 사회적으로 유용한 일자리 제공으로 참여자의 자활능력 개발과 의지를 고취하여 향후 시장진입을 준비하는 사업으로 사업단형과 도우미형이 있다. 참여대상자는 국민기초생활보장수급자(조건부 수급자, 일반수급자, 자활급여특례자) 및 차상위계층 등이다.

사회서비스형 자활근로사업의 대상사업은 기존의 공익형 자활근로 형태로 추진하던 사업으로, 공익성이 있는 사회적으로 유용한 일자리 분야의 사업을 선정하여 추진하되, 향후 시장진입가능성을 고려하여 추진한다. 사회서비스형 사업도 수익금 창출을 지향하며, 매출액이 총 사업비의 30% 이상 발생하는 경우 시장진입형으로 전환을 유도할 수 있다.

#### (4) 근로유지형 자활근로사업

현재의 근로능력 및 자활의지를 유지하면서 향후 상위 자활사업 참여를 준비하는 형태의 사업을 말한다. 근로유지형 자활근로사업의 참여대상자는 생계·의료급여수급자, 자활급여특례자이다.

근로유지형 자활근로사업의 대상사업은 노동강도가 낮은 사업 또는 간병·양육 등 가구여건상 관내 사업만이 가능한 자를 대상으로 자활의욕고취가 가능한 사업이다. 한시적 일자리 제공목적인 공공근로사업과는 달리 근로유지형 자활근로사업은 근로의욕고취 및 자활능력을 향상시킬 수 있는 사업(노인·장애인 등에 대한 가사도우미, 지역 환경 정비, 공공시설물 관리 보조 등)으로 추진하는 것이 바람직하다.

### 3) 사회적응 프로그램

근로능력은 있으나 근로의욕이 낮은 수급자 및 차상위계층에게 사회적응 프로그램 운영기관을 통하여 전문적 상담과 치료 등 사회적응에 필요한 서비스를 제공하여 자활의욕을 회복시키려는 목적으로 실시하는 프로그램을 말한다.

사회적응 프로그램의 대상자에는 생계비 수급을 조건으로 프로그램을 이용하는 대상자, 자활의지가 현저히 낮아 근로의욕고취가 필요한 자, 알코올남용 및 우울증 등 정신건강 문제가 경미한 자(정신질환자 제외) 등의 의무참여자와 지정참여자로 나뉜다. 지정참여자는 신규참여자로서 시장·군수·구청장이 지정하는 자를 말한다.

사회적응 프로그램은 사례관리, 집단 프로그램, 근로의욕고취 및 사회적응교육, 지역연계활동 등을 주요 내용으로 한다.

#### (1) 사례관리

사례관리는 대상자의 종합적 평가에 근거하여 수립된 치료재활계획 등 개별적 실시계획에 따라 실시되는 치료적 면담을 말하며, 사례관리방법에 따라서 내방상담, 현장방문(가정방문 포함) 등으로 구분할 수 있다. 사회적응 프로그램에 등록된 신규자 또는 문제가 있는 자의 다양한 욕구에 대한 종합적 평가, 포괄적 치료재활 및 자활계획의 수립을 위하여 여러 분야의 전문인력이 참여한 상태에서 이루어지는 사례검토회의를 정기적으로 개최하는 것이 바람직하다.

#### (2) 집단 프로그램

집단 프로그램은 사회적응 프로그램 수행기관을 방문한 등록자를 대상으로 집단으로 실시하는 치료적 프로그램을 말한다. 집단 프로그램에는 알코올 프로그램, 의욕고취 프로그램, 직업적응 프로그램, 자조 프로그램, 자원봉사 프로그램 등이 있다.

#### (3) 근로의욕고취 및 사회적응교육

근로의욕고취 및 사회적응교육은 지역 내 기초생활수급자를 대상으로 자활의욕고취 및 사회적응 관련 교육, 근로의욕증진 및 재활 프로그램 교육, 국민기초생활보장제도 및 자활사업 안내 등을 교육내용으로 한다. 월 1회 이상 근로의욕고취 및 사회적응을 위한 교육을 최소 2시간 이상 실시하되, 시간은 자체적으로 조정 가능하다.

#### (4) 지역연계활동

지역연계활동은 자활근로사업장, 지역자활센터, 고용지원센터 등 지역 내 자활 관련 사업수행기관과 연계하여 알코올남용예방 프로그램을 실시하는 등 사회적응 프로그램의 등록자가 아닌 대상자들을 대상으로 프로그램을 진행하는 것을 말한다.

## 4. 지역자활센터

### 1) 지역자활센터의 의의

지역자활센터의 목적은 근로능력이 있는 저소득층에게 집중적·체계적 자활지원서비스를 제공함으로써 자활의욕고취 및 자립능력향상을 지원하고, 국민기초생활보장

수급자 및 차상위계층의 자활촉진에 필요한 사업을 수행하는 핵심 인프라로서의 역할을 수행토록 하는 데 있다.

지역자활센터는 기초자치단체인 시·군·구에 1개소씩 설치를 목표로 2020년 현재 250개 기관을 지정·운영 중이다. 1996년 6월 시범적으로 운영될 당시에는 자활지원센터였다가 2000년 10월부터 시행된 국민기초생활보장법 제16조에 근거 자활후견기관으로 명칭이 변경되었으며, 2006년 12월 28일 국민기초생활보장법 개정으로 '지역자활센터'로 명칭이 변경되어 오늘에 이르렀다.

저소득층의 자활지원을 위한 종합적 탈빈곤정책추진의 일환으로 광역자활센터 3개소(대구, 인천, 경기)를 설치·운영하고 있으며 2007년 1월 광역자활센터의 시범사업기간이 종료됨에 따라서 광역자활센터를 자활사업 전달체계로 포함시키고 2008년부터 광역자활센터를 6개소로 확대 설치(부산, 강원, 전북 3개소)하고 매년 점진적으로 광역자활센터를 확충해 나가고 있다. 2014년 현재 14개소가 운영되고 있다.

자활사업 지원체계의 전문성 및 효율성을 제고하기 위하여 2006년 12월 28일 국민기초생활보장법 개정으로 중앙자활센터 설치의 법적 근거를 마련하였으며, 중앙자활센터는 자활지원체계의 총괄조정 및 자활사업 직·간접 참여기관 간의 협력 네트워크 구축을 통하여 자활지원사업의 전문성 및 효율성을 제고하기 위하여 설치할 수 있게 되었다. 중앙자활센터는 자활지원을 위한 조사연구 및 프로그램 개발·평가, 민간자원 연계 등의 기능수행 및 자활 관련 기관 간의 협력체계 구축 등의 지원업무를 전담한다.

## 2) 지역자활센터의 지정, 변경 및 지정취소

### (1) 지역자활센터의 지정

지역자활센터의 지정대상은 지역사회복지사업 및 자활지원사업의 수행능력과 경험 등이 있는 사회복지법인 등 비영리법인과 단체이다. 사회복지법인 등 비영리법인이 없거나 자활사업 수행능력이 어렵다고 판단되는 지역의 경우, 지방자치단체에서 지역자활센터를 직접 신청(운영)하거나 지정받은 후 재위탁이 가능하다.

지역자활센터를 지정할 때에는 ① 신청인의 지역사회복지사업 및 자활지원사업의 수행능력 및 경험 등, ② 사업계획서의 타당성 여부, ③ 지역자활센터의 지역 간 균형 배치, ④ 신청인 소재지의 자활지원수요 및 저소득층 밀집 정도, ⑤ 기타 신청인의 소재지를 관할하는 시장·군수·구청장 및 시·도지사의 의견 등을 고려하여야 한다.

지역자활센터로 지정을 받고자 하는 자는 지역자활센터지정신청서(자활서식 9호 시행규칙 별지 제1호 서식), 법인인 경우 법인등기부등본 및 정관 사본, 단체인 경우 회칙·규약 등(사본), 사업계획서를 첨부하여 관할 시장·군수·구청장 및 시·도지사를 거쳐 보건복지부 장관에게 신청하여야 한다.

### (2) 지역자활센터의 변경

지역자활센터는 양도·양수할 수 없으므로 신청법인 등(비영리법인, 단체)의 변경 시 지정취소가 원칙이다. 다만, 관할 시·군·구청장이 자활사업 참여자의 자활촉진 목적 달성을 위하여 당해 지역자활센터 운영의 연속성 및 동질성이 유지되어야 하는 중요한 사유가 있다고 판단할 때에는 지역자활센터 인수적임자(지자체 직접신청 포함)를 선정하여 변경지정을 신청할 수 있다.

운영법인 또는 단체가 지역자활센터장을 변경(교체)하고자 할 때, 적임자를 시·군·구청장에게 추천하여야 한다. 법인 또는 단체는 당해 지역자활센터장을 변경(교체)하게 된 사유서(법인의 징계처분에 의한 교체사유 등 포함), 적임자를 선정하게 된 경과보고서, 적임자라고 판단한 조사의견서를 작성 첨부하여 시·군·구청장에게 추천한다. 시·군·구청장은 사업운영의 연속성 및 동질성 등을 검토하고 관련 사실을 확인조사 후 변경임명의 적정 여부를 최종 처리하고 그 결과를 시·도지사를 거쳐 보건복지부 장관에게 보고하여야 한다.

시·군·구에서 직영하는 지역자활센터의 장을 변경할 경우, 시·도지사가 관련 서류 및 시·군·구청장의 의견을 고려하여 변경여부를 결정(변경여부 결정 시 보건복지부 장관에게 보고)하고, 시·군·구에 즉시 통보하여야 한다.

### (3) 지역자활센터의 지정취소

① 지역자활센터에 대한 사업실적 및 운영실태를 평가한 결과 수급자의 자활촉진을 달성하지 못하는 기관, ② 지역자활센터 지정 시 부여받은 이행조건을 충족하지 못하는 경우, ③ 지역자활센터에 대한 지도·감독 결과 자활사업 수행이 어렵다고 판단되는 기관, ④ 보장기관의 정당한 지시에 불응할 경우 지역자활센터는 지정취소대상이 될 수 있다.

지역자활센터를 취소하고자 하는 때에는 지역자활센터의 소재지를 관할하는 시·도지사 및 시장·군수·구청장의 의견을 들어야 하며, 보건복지부 장관은 지역자활센터의 지정을 취소한 때에는 지체 없이 그 사유를 명시하여 당해 지역자활센터의 장, 관할 시·도지사 및 시장·군수·구청장에게 각각 통지하여야 한다(국민기초생활보장법 시행규칙 제28조).

## 5. 자활기관협의체

자활기관협의체는 기초자치단체장이 지역자활사업의 조건부 수급자에 대한 자활사업의 효율적 추진을 위하여 직업안정기관, 자활사업실시기관 및 사회복지시설 등의 장으로 구성한 상시적 협의체를 말한다.

자활기관협의체의 기본목적은 ① 조건부 수급자의 자활을 위한 사업의뢰 및 사후관리체제를 구축함으로써 자활사업을 효율적으로 추진하고, ② 지역자활사업의 활성화를 위한 공공·민간자원의 총체적 활용을 도모하며, ③ 수급자의 자활 및 복지욕구충족을 위한 지역사회 중심의 복지서비스 연계시스템을 마련함으로써 실질적 사례관리체계를 구축하는 데 있다.

자활기관협의체의 구성·운영주체는 시장·군수·구청장이 되며, 자활기관협의체는 직업안정법에 의한 직업안정기관(고용지원센터), 상공회의소 및 소상공인지원센터, 사회복지사업법에 의한 사회복지시설, 자활사업실시기관의 대표자로 구성한다. 자활기관협의체의 위원장은 시·군·구청장이 되며, 부위원장은 보건복지국장(또는 과장)으로 하며, 사회복지과장(또는 계장)을 간사로 하며, 지역자활센터의 장은 자활기관협의체에 당연직 위원으로 참여한다.

## 6. 지역자활지원계획의 수립

### 1) 개요

시·군·구 및 시·도는 수급자의 자활을 체계적으로 지원하기 위하여 지역자활사업 관련 수요·공급현황, 수급균형을 위한 기반구축 및 기관 육성계획, 지역자활사업의 향후 전망 등을 포함하는 지역자활지원계획을 매년 수립하여야 한다.

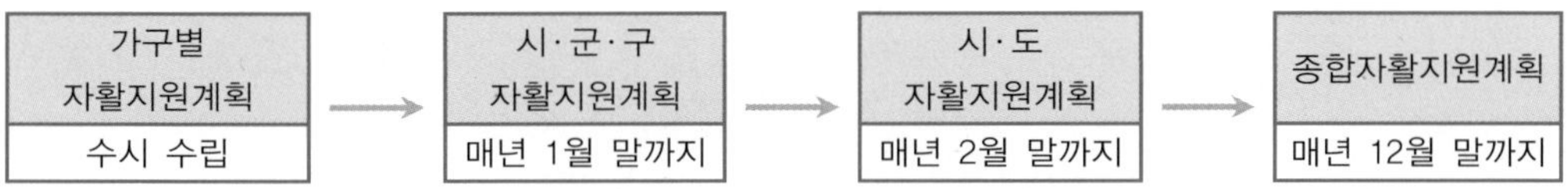


**[그림 12-1] 자활지원계획 수립절차**

지역자활지원계획의 수립절차 및 시기는 [그림 12-1]과 같다. 시·군·구청장은 가구별 자활지원계획에 따라 수급자의 자활을 체계적으로 지원하기 위하여 당해 시·군·구 자활지원계획을 매년 1월 말까지 수립하여 시·도지사에게 보고한다. 지역 내 민간 자활지원 인프라를 활성화하여 지역 특성에 맞는 자활사업을 정착시킴으로써 참여자의 자활을 촉진한다. 시·도지사는 보고받은 시·군·구 자활지원계획을 기초로 당해 시·도 자활지원계획을 수립하여 매년 2월 말까지 보건복지부 장관에게 보고한다. 시·도지사는 시·군·구 자활지원계획을 토대로 광역단위의 자활지원사업계획을 수립하여 부족한 인프라 구축과 사업수행과정에서 나타나는 문제점 해결 및 기타 조정역할을 수행한다.

## 2) 자활사업 흐름도

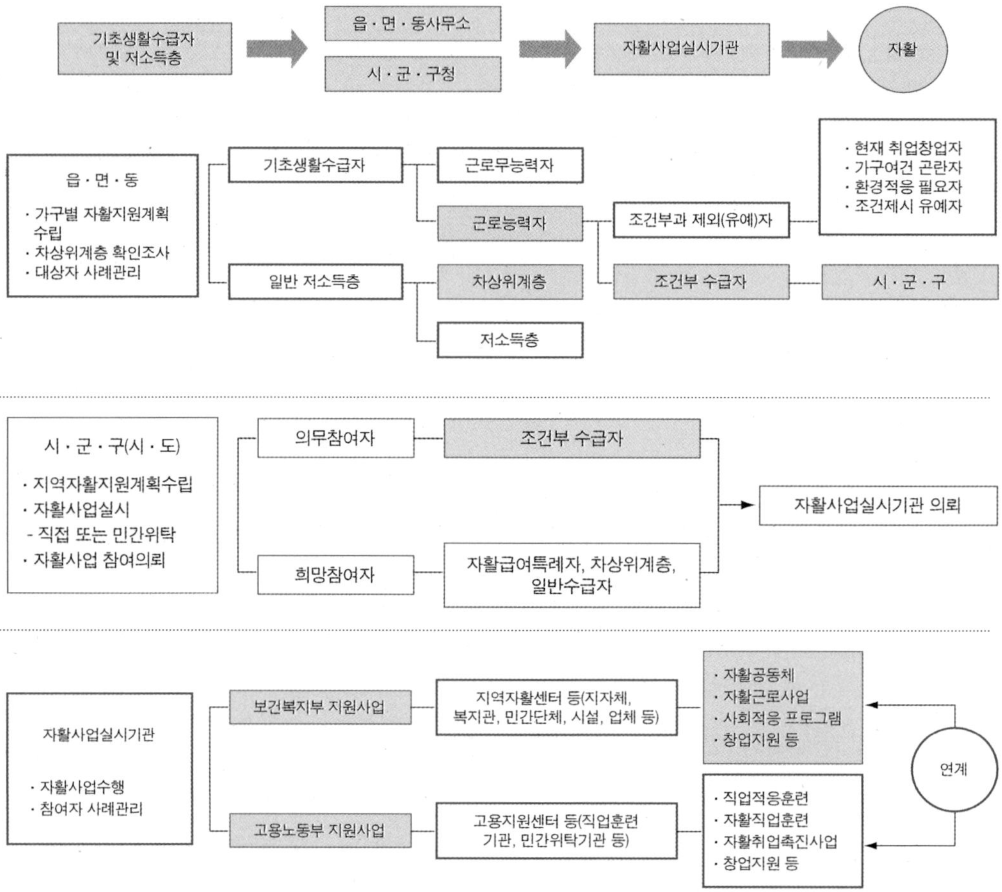


**[그림 12-2] 자활사업 흐름도**

출처: 보건복지부(2020), 2020 자활사업안내.

## 3) 지역자활지원계획의 주요 내용

지역자활지원계획에는 다음의 내용이 포함되어야 한다.

① 당해·다음 연도의 자활지원수요와 자활지원사업 실시에 관한 사항

- 자활지원사업별 수요추정, 지역자활지원 공급자원 파악 및 시행 가능한 사업

별 규모 추정

• 지역의 자활사업 공급여건을 감안한 사업별 조건제시 규모 결정

② 당해·다음 연도의 자활지원사업 실시를 위한 재원조달에 관한 사항

③ 기타 자활지원에 필요한 사항

자활지원계획 수립 시 지역주민·자활 관련 전문가 등 민간(자활기관협의체 실무자 등)의 의견을 자활기관협의체 등을 통해 최대한 반영하여 수립하여야 한다.

## 요점정리

1. **자활사업** 국민기초생활보장법상 근로능력이 있는 저소득층에게 자활할 수 있도록 일자리 제공과 자활능력을 배양하고자 보건복지부에서 주관하는 사업.

2. **지역자활센터** 국민기초생활보장수급자를 비롯한 저소득층 주민이 일정한 공간에서 공동으로 작업을 하여 소득을 얻거나 자영창업을 할 수 있도록 종합적으로 지원하는 보육센터(social incubator center) 역할을 하는 곳.

3. **자활사업 참여자** ① 의무참여자: 조건부 수급자, ② 희망참여자: 자활급여특례자, 일반수급자, 차상위계층.

4. **자활사업의 주요 내용** ① 근로능력이 있는 저소득층의 자활의욕고취를 위한 교육, ② 자활을 위한 정보제공, 상담, 직업교육 및 취업알선, ③ 창업지원, 생업을 위한 자금융자 알선, 기술·경영지도, ④ 자활공동체의 설립·운영지원, ⑤ 기타 자활을 위한 각종 사업.

5. **자활사업의 종류** ① 보건복지부 소관 사업: 자활공동체사업, 자활근로, 사회적응 프로그램, ② 고용노동부 소관 사업: 취업알선, 직업훈련(창업훈련), 직업적응훈련, 자활취업촉진사업.

6. **자활기관협의체의 기본목적** ① 조건부 수급자의 자활을 위한 사업의뢰 및 사후관리체제를 구축함으로써 자활사업을 효율적으로 추진하고, ② 지역자활사업의 활성화를 위한 공공·민간자원의 총체적 활용을 도모하며, ③ 수급자의 자활 및 복지욕구충족을 위한 지역사회 중심의 복지서비스 연계시스템을 마련함으로써 실질적 사례관리체계를 구축.

7. **자활근로사업의 유형** ① 시장진입형 자활근로사업, ② 인턴형 자활근로사업, ③ 사회적 일자리형 자활근로사업, ④ 근로유지형 자활근로사업.

8. **자활기업 성립요건(인정요건)** ① 구성원 중 국민기초생활보장수급자 및 차상위자가 1/3 이상, ② 조합 또는 부가가치세법상의 1인 이상의 사업자로 설립, ③ 모든 자활기업 참여자에 대해 노동관계법상의 최저임금 이상의 임금지급이 가능하여야 함, ④ 사업의 동일성 유지.

9. **지역자활지원계획의 주요 내용** ① 당해·다음 연도의 자활지원수요와 자활지원사업 실시에 관한 사항, ② 당해·다음 연도의 자활지원사업 실시를 위한 재원조달에 관한 사항, ③ 기타 자활지원에 필요한 사항.

10. **지역자활지원계획의 수립절차** ① 시·군·구청장은 자활지원계획을 매년 1월 말까지 수립하여 시·도지사에게 보고, ② 지역 내 민간 자활지원 인프라를 활성화하여 지역특성에 맞는 자활사업을 정착시킴으로써 참여자의 자활을 촉진, ③ 시·도지사는 보고받은 시·군·구 자활지원계획을 매년 2월 말까지 보건복지부 장관에게 보고, ④ 시·도지사는 광역단위의 자활지원사업계획을 수립하여, ⑤ 부족한 인프라 구축과 사업수행과정에서 나타나는 문제점 해결 및 기타 조정역할 수행.

11. **지역자활센터의 지정조건** ① 신청인의 지역사회복지사업 및 자활지원사업의 수행능력 및 경험 등, ② 사업계획서의 타당성 여부, ③ 지역자활센터의 지역 간 균형배치, ④ 신청인 소재지의 자활지원 수요 및 저소득층 밀집 정도, ⑤ 기타 신청인의 소재지를 관할하는 시장·군수·구청장 및 시·도지사의 의견 등을 고려.

# 지역사회복지의 실천사례

# 지역사회보장계획의 실제[1)]

## 1. 지역사회보장계획 수립 배경

### 1) 제3기 사회복지계획의 실행 성과와 지역사회 · 주민변화

제3기 지역사회복지계획의 실행결과 진단은 3부분이며, 첫째, 실행성과와 지역사회 및 주민의 변화, 둘째 미진한 성과진단과 장애요인을 파악, 셋째 연차별 평가결과 종합과 전반적인 사업 검토를 바탕으로 개선이 필요하였다.

### 2) 제3기 사회복지계획 실행과정, 추진체계 점검과 개선사항

제3기의 사회복지계획의 비전은 "더 나은 내일, 국민 모두가 행복한 사회건설"이다. 이를 달성하기 위한 정책목표는 첫째, 생애주기별 맞춤형 사회안전망, 둘째, 일을 통

1) 제4기(2019~2022) 단양군 지역사회보장계획은 대원대학교 산학협력단의 연구용역(2019.7~ 2019. 11)으로 시행한 사업임. 책임연구자는 대원대학교 사회복지과 전해황 교수이며, 연구원(개신대학원대학교 이계승 교수, 전 대원대학교 우경숙 외래교수), 보조연구원 6명이 공동연구로 실행한 사업을 재편집하였음.

한 자립지원, 셋째, 지속가능한 사회보장 기반구축이다.

제3기 사회보장계획의 비전과 정책을 살펴보면 ① 경로당 공모사업 30%, ② 노인복지 콜서비스를 위한 차량구입률 90%, ③ 저소득일자리 기술습득 50%, ④ 마을공동체 사업성과 80%, ⑤ 환경의 중요성 사업과 연계활동 50%, ⑥ 사회복지사역량강화 사업과 복지영역별 통합과 취약 계층 복지강화가 각각 80%, ⑦ 장애인 보조작업장 설치는 30%로 미흡하며, ⑧ 면단위 지역아동센터 설치율도 60%로 낮고, ⑨ 복지유사사업 조정도 7건으로 60%, ⑩ 지역사회보장협의체 운영률 90%, 복지서비스의 질적 향상이 과제로 지적되었다.

### 3) 복지시설 현황

노인 관련 시설은 노인주거복지시설이 3개소, 노인의료복지시설이 8개소, 재가노인복지시설이 1개소이다. 장애인시설은 지적장애인시설 1개소, 장애인공동생활가정 1개소, 장애인복지관 1개소, 장애인주간보호시설 1개소, 장애인생활이동지원센터 1개소, 수어통역센터 1개소, 공동생활가정 2개소인 것으로 나타났으며 아동의 경우 지역아동센터가 6개소인 것으로 나타났다.

### 4) 제4기 지역사회보장계획 수립

#### (1) 제4기 지역사회보장계획 수립 추진체계 운영

① 추진배경: 사회보장급여법 제35조의 의거한 법정계획으로 지자체별로 4년 단위의 지역사회보장계획과 연차별 시행계획을 수립하고 시행 및 평가하도록 규정

② 추진목적: 지역주민의 복지 증진을 위해 지역사회에서 활용 가능한 복지자원을 고려하여 공공·민간·주민이 함께 필요로 하는 지역사회복지의 토대 마련

③ 추진방향 : 제3기 계획의 실행결과 진단, 지역사회보장의 여건 진단 및 전망

- 제4기 지역사회보장계획의 비전 및 기본방향 제시

- 지역사회 복지실태(만족도) 및 복지욕구, 자원조사실시 및 분석
- 지역주민 복지욕구 반영, 사회복지자원과 연계, 지자체와 협치방법 모색
- 사회복지 부문별 사업계획, 재정 및 행정계획, 사업별 운영점검 평가계획 수립

④ 추진체제 구성

- 단양군 사회보장협의체는 기획, 연구영역 11개 부분으로 구분, 평가업무 지정
- 연구기관인 대원대학교 산학협력단은 단양군 지역사회보장협의체의 사회보장계획 수립 지침에 의거한 연구보고서 작성
- 대원대학교 산학협력단 연구원 구성은 책임연구원 전해황 교수 외 연구원 등 6명으로 구성하였다.

⑤ 추진체제 운영: 제4기 지역사회보장계획의 효율적인 추진체제는 설문조사, 분석 및 해석, 주민 공청회, 연구원 회의 및 보고회, 종합보고서 작성 등 5단계로 구성

### (2) 제4기 지역사회보장계획의 수요공급 조사 준비 및 실행

① 지역 수요공급 조사 준비

- 사회복지 전문가 및 협의체 위원 중심의 연구진 구성(책임연구원 외 8명)
- 단양군 지역사회보장계획 수립 TF팀 협력 추진
- 단양 지역자원 조사 및 단양지역주민 욕구조사 결과 반영

② 지역 수요공급 조사 실행

- 모집단인 조사대상은 단양지역 일반가정, 아동가정, 노인가정, 장애인 가정, 다문화 가정, 유공자 가정, 저소득 가정
- 조사기준일은 2018년 3월 말을 기준으로 설문조사 실시
- 모집단 선정은 단양읍 100세대/240명, 매포읍 63세대/150명, 대강면 25세대/60명, 가곡면 20세대/50명, 어상천면 14세대/40명, 적성면 10세대/20명, 단성면 17세대/40명, 영춘면 35세대/80명 등 총 300세대 1,000명 대상으로 최종 380가구를 모집

단으로 선정

- 주민설문 조사단계는 3단계로 구분
  - 1단계 추출단위 집계구 선정, 단위대상인구 및 표본가구 선정(SSO: 통계청 통계지리정보시스템)
  - 2단계 주요대상 조사(TSU: 가구주 조사)
  - 3단계 사업별 수요 점검결정 후 조사 실시
- 조사방법은 일대일 조사를 원칙으로 하였으나, 집단조사와 병행. 집단조사는 응답자에게 자세한 교육 후에 집단으로 일정한 강당과 공간에서 진행
- 설문조사자 교육은 보건복지부 욕구조사 지침서를 바탕하여, 대원대학교 산학협력단 연구원들의 합의된 내용으로 기본교육을 수료한 조사가가 실시

### (3) 제4기 지역사회보장계획의 진단 및 자체사업 개요

#### ① 부서별 주요 임무

〈표 13-1〉 부서별 주요 역할

| 구 분 | 주 요 역 할 |
|---|---|
| A. 기획총괄 | • 지역사회보장계획의 비전<br>• 전략목표의 설정, 지역사회보장 조사<br>• 지역주민 복지욕구 및 복지자원 조사, 사회보장관련 욕구 조사<br>• 우선순위의 핵심사업 선정 |
| B. 계획 작성 | • 11개 영역(아동 돌봄, 성인 돌봄, 일상생활유지 및 사회관계, 보호·안전, 신체적 건강, 정신적 건강, 교육, 고용, 주거, 문화·여가, 환경)에 대한 세부사업 내용 작성, 행·재정계획 수립, 사업추진체계 마련 등<br>• 단양군 지역사회보장계획 수립 TF팀과 연구진 세부사업 계획 수립 |
| C. 평가분석 | • 제3기 지역사회보장계획 분석 : 1기 ~ 4기 지역사회보장계획의 연속성 검토 및 분석<br>• 상위계획 및 관련 계획 검토·분석 |

### (4) 제4기 지역사회계획 수립안의 공유–확정–보고 과정

- 지역주민 설문조사는 읍·면별 30개 집계구 선정, 단양군 380가구 설문조사
- 사회보장협의체 워크숍 및 대원대학교 산학협력단 연구원 토론 12회 추진

– 비전, 전략목표 수립, 지역여건 진단, 종합 추진사업 세부계획 작성, 사회보장 재정 및 행정계획, 보장계획 운영 점검, 충북도 단양군 지원계획서 작성

• 군민 공청회 개최: 공청회는 군청 대회의실에서 단양군수, 도의원, 각급 사회복지 기관장 및 실무자, 시설장, 사회복지 유관기관장, 지역주민 100여 명 참여
• 연구원 중간보고회, 유관기관 및 보장협의체 최종보고회 추진(5회 실시함)
• 최종보고서 작성 및 제출(2018.11.30.)

## 2. 제4기 지역사회보장 여건 진단 및 전망

### 1) 제4기 지역사회복지 수요 분석 및 전망

#### (1) 제4기 지역사회복지 조사 배경 및 내용

① 수요조사 배경 및 목적

군 주민의 커뮤니티케어 분석은 돌봄을 필요로 하는 아동과 장애아동 돌봄, 노인과 장애인 돌봄, 돌봄 가족의 어려움, 기초생활수급자 돌봄, 가족 구성원 간 어려움에 대한 분석과 함께 돌봄 필요와 욕구에 대한 진단을 실시하였다.

사회복지 수요조사 대상은 돌봄을 필요로 하는 노인가구, 장애인가구, 여성가구, 일반가구, 아동 및 장애아동가구, 기초생활 수급자가구, 정신질환자 가구로 하였다.

지역주민의 욕구범주는 아동 돌봄, 성인 돌봄(요양), 기초생활유지 및 사회관계, 보호·안전, 건강(보건·의료), 교육, 고용, 주거 환경, 문화·여가, 생활여건 및 지역사회 인식, 사회복지 분야별 특화사업, 사례관리 특화, 공공행정 특화 분야로 구분하였다.

〈표 13-2〉 지역주민 욕구조사 내용

| 조사 항목 | 세 부 항 목 |
|---|---|
| A. 가구 일반현황 | • 총 가구원 수: 1) 가구원별 현황: 가구주와 관계, 성별, 출생년도, 교육수준, 경제활동상태, 장애 여부(등록 장애), 2) 아동, 노인, 등록 장애인 가구원 수<br>• 맞벌이, 다문화, 기초생활수급(생계·의료급여), 그 외 기초생활수급 및 차상위 계층 여부<br>• 거주기간(해당 시군구) |
| B. 사회보장 관련 욕구 | • 11개 사회보장 영역별 욕구현황: 아동 돌봄, 성인 돌봄, 기초생활유지 및 사회관계, 보호·안전, 신체적 건강, 정신적 건강, 교육, 고용, 주거, 문화·여가, 환경<br>- 사회보장 영역별 어려움 정도 · 사회보장 영역별 외부 지원 및 서비스의 필요성<br>- 사회보장 영역별 필요한 외부 지원 및 서비스 유형<br>- 사회보장 영역별 국가-지자체 사회보장(복지) 지원·서비스의 인지·신청·이용 경험<br>- 사회보장 영역별 국가-지자체 사회보장(복지) 지원·서비스의 인지·신청·이용 과정에서의 어려움 |
| C. 생활 여건 및 지역사회 인식 | • 5개 영역별 생활 여건 및 인식<br>1) 생활여건(경제적 상황): 연간 소득, 주관적 경제 상태, 사회경제적 지위 수준, 2) 주거 현황: 주택 상태 만족도, 거주 지역 환경 만족도, 주거환경 만족도, 3) 의료·건강 현황: 의료기관 이용 여부 및 만족도, 체육활동 참여, 건강관리 서비스 이용 및 유형, 4) 문화·여가 현황: 공연 및 스포츠 관람 횟수, 예술행사 직접 참여경험 및 만족도, 5) 삶의 만족도 및 지역사회 인식: 주관적 삶의 만족도, 주관적 사회의 질, 장애 관련 도움 신청 경로, 장애 관련 지역 사회의 개별적 도움 제공 정도, 장애 관련 지역사회의 환경적 도움 제공 정도 |
| D. 아동가구 추가 문항 | • 돌봄 서비스 이용 경험: 이용 여부, 양육부담 경감 정도, 만족도<br>• 나 홀로 아동 여부 및 나 홀로 시간 |
| E. 노인가구 추가 문항 | • 고령 관련 도움 신청 경로, 고령 관련 지역사회의 개별적 도움 제공 정도<br>• 고령 관련 지역사회의 환경적 도움 제공 정도 |
| F. 지역 분야별 특화사업 관련 욕구 | • 아동 특화사업: 아동발달 지원, 아동 인지정서 행동발달 정보제공의 공간 마련<br>• 청소년 특화사업: 취업, 대학진학, 적성과 특기 개발, 청소년 여가문화 프로그램 참여<br>• 여성문화 특화사업: 여성 직장생활 정책개발, 자립욕구파악과 진로탐색 검사, 여성 진로존 개설, 여성 사회안전망 설치 운영, 치매지도자 교육센터 운영<br>• 노인특화사업: 노인전문상담소 설치운영, 시니어클럽 운영, 퇴직 후 직업 갖기, 치매예방프로그램 참여<br>• 장애인 특화사업: 장애인 외출과 이동권 보장, 여가생활, 자녀교육, 자녀장애에 대한 대안 |
| G. 지역 공공 특화 사업 관련 욕구 | • 공공행정 특화사업: 인구증대 정책, 출산 정책, 영유아 지원 정책, 귀농지원 정책, 농공단지와 산업단지 활성화, 복지시설 스마트화, 고령친화마을 육성, 성 평등 문화정착, 다문화자녀 글로벌 인재양성, 24시간 영유아 돌봄, 독거노인 출입센서 지급, 복지 사각지대 발굴, 커뮤니티케어 핵심 추진사업 선정<br>• 통합사례관리 특화사업: 실직, 빈곤, 질병, 재해에 적절한 정책 발굴, 지자체 운영 서비스개선, 민간사회안전망 운영, 요보호대상자 경제적·정신적 지원 |

### (2) 제4기 지역사회복지 수요분석

총 응답가구 수는 380가구이며, 가구주를 성별로 보면, 남성이 151명(39.7%), 여성이 227명(59.7%)으로 여성이 남성보다 약 20% 정도가 많다. 가구주와의 관계는 가구주는 235명(61.8%)으로 가장 많았으며, 배우자가 115명(30.3%). 미혼자녀는 15명(3.9%), 기혼자녀와 배우자는 8명(2.1%), 가구주와 배우자의 조부모 3명(0.8%)이었다.

연령별로는 50대가 91명(23.9%)으로 가장 많았으며, 40대가 84명(22.1%), 70대가 70명(18.4%), 60대는 45명(11.8%), 30대는 43명(11.3%), 80대 이상은 26명(6.8%), 20대는 19명(5.0%), 20대 미만은 1명(0.3%)으로 응답자는 40대 이상·고령자가 많았다.

맞벌이를 하고 있는 응답자는 150명(39.5%), 그렇지 않은 응답자는 159명(41.8%), 비해당은 60명(15.8%)로 비해당 응답자를 제외하고는 응답자의 절반 정도가 맞벌이를 하고 있었다.

경제활동참여는 상용근로자가 148명(38.9%), 임시·일용근로자가 56명(14.7%), 주부가 54명(14.2%), 고용주, 자영업자는 43명(11.6%), 무직, 퇴직은 43명(11. 3%), 해당 없음 10명(2.6%), 무급 가족종사자, 구직활동 각각 6명(1.6%), 일시휴직이 1명(0.3%)으로 응답자 중 약 113명(26.4%)이 잠재적인 욕구자이다.

장애여부는 해당 없음이 335명(88.1%), 장애 3등급이 10명(2.6%), 장애 1등급과 2등급의 분포는 11명(2.9%)인 것으로 나타났다.

다문화가족의 분포는 다문화가족인 응답자는 12명(3.2%), 그렇지 않은 응답자는 299명(78.7%), 비해당이 58명(15.3%)이다.

### (3) 제4기 지역사회보장의 관련 욕구 분석

#### ① 아동 돌봄의 분석

- 아동발달과 양육의 어려움의 리커트 척도 분석결과는 ① 전혀 어렵지 않다 34.1%, ② 보통이다 17%, ③ 어렵지 않다 15.6%로 큰 어려움은 없었다.

② 성인 돌봄의 분석

- 노인 돌봄 과정 어려움의 리커트 척도에 의한 분석은 외부지원과 서비스 필요는 ① 전혀 어렵지 않다 59%, ② 매우 어렵다고 답변한 비율은 12.4%이다.
- 장애인 돌봄 과정의 어려움 분석은 ① 전혀 필요하지 않다가 63.3%, ② 매우 어렵다는 10.7%, ③ 나머지는 보통으로 나타났다.

③ 기초생활유지 및 사회관계

- 기초생활의 어려움은 대부분(67.4%)이 전혀 어렵지 않은 것으로 조사되었으나, 14.7%는 매우 어렵게 나타났다.
- 가족 구성원 간 어려움에 서비스는 ① 종합적인 상담과 정보제공이 58.8%, ② 서비스 이용비용 지원은 28.4%가 희망하고 있었다.

④ 주민 정신적 건강 분석

- 정신적 건강문제의 어려움에 리커트 척도 분석은 ① 전혀 어렵지 않다 62.6%(236명), ② 보통 어렵지 않다 13.3%(50명), ③ 어렵지 않다 7.7%(29명)로 나타나 83.6%는 어렵지 않은 것으로 조사되었다.

⑤ 주민교육 분석

학교생활의 어려움은 학업유지의 어려움, 평생교육 및 기초적인 학습의 어려움을 의미한다. 학교생활의 어려움 분석은 86.5%가 어려움이 없으며, 외부지원이나 서비스가 필요하다는 응답은 39%로 학생들이 학교생활에 학생보호를 위한 제도적, 행정적, 실질적 지원을 필요로 하는 것으로 보인다.

⑥ 주민의 고용여건 분석

취업·창업활동 및 기회 마련 분석: 취업 및 창업활동과 기회 마련의 어려운 정도는 어렵지 않다가 62.4%, 어렵다가 22%로 나타났다. 외부지원 및 서비스 필요성은 44.4%가 필요하다, 필요한 외부지원 내용은 ① 종합적인 상담과 정보제공 66.9%, ② 서비스

이용비용 지원 25.4%, ③ 시설과 기관 이용 4.7% 순이었다.

#### (4) 커뮤니티케어의 보호·안전 욕구, 건강·주거·환경 욕구 분석

① 커뮤니티케어의 보호·안전 욕구

가족 내 안전유지 어려움에 따른 외부지원과 서비스 요구는 66.7%, 종합적인 상담과 정보제공, 서비스 이용비용 지원은 23.3%으로 나타났다.

② 신체적 건강문제

신체적 건강문제의 어려움 정도를 살펴보면 조사결과 문제가 없는 비율이 64.2%로 대체로 양호하였으나, 건강문제의 어려움을 겪고 있는 비율은 14.8%로 나타났다. 이에 따라 적절한 서비스는 ① 종합상담과 정보제공 50.3%, ② 서비스 비용지원 29.9%, ③ 집으로 찾아오는 서비스 10.7% 순이었다.

③ 주거 및 환경오염 분석

주거비 부담의 어려움 정도는 57.2%가 어렵지 않다, 부담 된다는 비율은 19.4%로 조사되었다. 외부지원과 서비스의 필요비율은 46.3%이며, 필요내용은 ① 종합적인 상담과 정보제공을 54.2%, ② 서비스 이용비용 지원을 39.4%가 희망하고 있었다.

### 2) 지역사회복지 공급 및 지역자원 현황

#### (1) 공공자원

〈표 13-3〉 2018년 일반회계 중 사회복지예산 (단위: 천원)

| 일반회계 | 사회복지 | | | | | | | |
|---|---|---|---|---|---|---|---|---|
| | 계 | 기초생활 보장 | 취약계층 지원 | 보육·가족 및 여성 | 노인·청소년 | 노동 | 보훈 | 사회복지 일반 |
| 307,143,089 | 55,699,659 | 9,200 | 7,235,297 | 11,015,621 | 32,555,677 | 1,044,171 | 756,680 | 3,083,013 |

출처: 군 예산서

#### (2) 지리적 위치 및 행정적 특징

군은 충청북도의 동북단에 위치하며, 동남쪽으로는 경상북도 영주시, 북쪽으로는 강원도 영월군, 남쪽으로는 경상북도 문경시, 서쪽으로는 제천시와 각각 경계하고 있는 3도 접경의 도경계를 형성하고 있다.

### 3) 제4기 지역사회복지정책 환경과 변화 전망

#### (1) 지역사회보장 여건 및 환경의 변화

저출산, 고령사회, 1인가구 등 다양한 환경의 변화와 함께 가족의 구성이 새롭게 변화하고 있으며 사회여건의 변화에 따라 복지수요가 증대되고 다양화되고 있다.

#### (2) 정부의 복지정책 방향과 사회복지 환경의 변화 전망

일상생활에 돌봄을 필요로 하는 사람이 자신이 살던 곳에서 거주하며, 지역사회에서 살 수 있도록 하는 재가·지역사회 중심의 커뮤니티케어를 추진하고 있다. 산발적으로 진행되는 사회보장서비스의 통합을 촉구하고, 복지의 사각지대를 해소함과 동시에 효율화를 구축하고자 한다.

### 4) 지자체에서 5년간 집중할 주요 사회보장 욕구 – 지역문제 도출

#### (1) 인구증대를 위한 특색사업 분석

① 인구증대정책의 우선순위 분석

인구증대를 위한 추진사업은 ① 임산부 태교여행과 유기농산물 지원 27.6%, ② 출산 후 1년간 유기농 이유식, 로컬푸드 친환경 지원 25.5%, ③ 임신·출산가정에 유기농산물 지원 17.4%, ④ 친환경 전문매장 쿠폰제공 15.8%, ⑤ 임산부 및 가족 태교 여행비 지원 12.1%로 분석되었다.

② 획기적인 출산증가정책의 우선순위 분석

초고령사회에 진입한 군의 인구증대를 위한 출산증가정책에서 추진할 사업은 ① 근로자 육아휴직 중 기존소득 100% 보장 48%, ② 육아휴직 급여 첫 3개월간 통상임금의 80% 지급 희망을 25%, ③ 육아휴직급여와 휴직 기간 소득보전이 지자체 보험 제도운영을 20.3%, ④ 근로자의 부모 보험료 각출, 육아휴직 근로자 소득대체를 5.8%가 원하는 것으로 분석되었다.

### (2) 영유아 양육지원 가정방문서비스 정책 분석

영유아 양육지원 가정방문서비스 확대정책은 ① 지원대상은 영유아 가정 29.5%, ② 방문인력은 유아교육, 보육교사, 일정교육을 받은 자녀양육 유 경험 여성 19.5%, ③ 홍보는 주민설명회, 참여자 교육, 소모임 부모교육, 가정방문 지원 17.6%, ④ 0~2세 영유아 신청가구에 6개월간 월 2회 2시간 방문서비스 17.1%, ⑤ 방문내용은 양육지식과 기술, 정서적·정보적 지지 16.8%로 조사되었다.

### (3) 노인돌봄정책 특화사업 분석

① 노인 공동생활 홈 지원 확대정책 분석

노인 공동생활 홈 지원 확대정책으로 ① 독거노인 증대에 따라 고독사, 자살, 각종 사회문제 노출에 적절하게 대비하는 방법 37.1%, ② 공동주거로 주거의 어려움 해소와 노인 돌봄 강화 방법 23.9%이다. 사업내용은 ① 마을 경로당과 독거노인 가정에 3~4가정이 혹한기 동안 공동거주사업 11.8%, ② 생활 관리사와 행복나누미 파견으로 건강 확인과 여가서비스 제공 10%, ③ 사업대상은 독거노인 9.7%로 분석되었다.

### (4) 장애인정책 특화사업 분석

① 장애인 이용교통 구축사업 분석

장애인 이용교통은 일반버스로 45.9%, 자가용으로 40.5%를 이용하는 것으로 나타나,

대부분의 장애인들이 장애인 콜택시나 이동차량을 이용하지 않았다.

② 장애인 자녀 교육 구축사업 분석

장애인 자녀의 교육구축의 대책으로는 장애인 학교와 전문선생님 확보에 대한 요구가 48.4%로 가장 많았고, 자존감의 교육기회 확대가 35.5%, 이동수단과 주변 접근성을 용이하게 하는 장애인 인프라 구축이 9.7%, 동료들과 학급 분위기 유도가 6.5%인 것으로 분석되었다.

### (5) 다문화 기반구축 특화사업 분석

해외 우수인력 유치를 위한 다문화 기반구축 특화사업은 ① 다문화 인구가 3D에 한정되고 있어 연구개발 참여가 필요 29.7%, ② 산업단지 연구인력과 우수인력 유치 25%, ③ 다문화 기반의 도시체계의 변화 18.7%, ④ 대상은 외국인 유학생 교육 6.8%, ⑤ 유학생전담 다문화가족 지원센터 통·번역사 육성이 6.1%로 조사되었다.

## 3. 지역사회보장계획의 기본 방향

### 1) 목표 및 추진전략

**꿈과 희망이 있는 살기 좋은 단양**

| 구분 | 커뮤니티케어 추진 | 미래를 준비하는 영유아·아동·청소년 복지증진과 인프라확대 | 노인 돌봄 강화와 일을 통한 활기찬 노후생활 보장 | 장애인의 접근성 확대를 통한 지역사회 통합 | 평생 직업교육을 통한 여성이 살맛나는 희망 단양 |
|---|---|---|---|---|---|
| 중점추진사업 | 재가·지역사회 중심 돌봄 체계 마련 | 지역형 영유아·아동·청소년 돌봄 서비스 확충 | 노인 돌봄 서비스 증대 | 장애인 평생교육을 통한 정보접근성 확대 | 여성안심 서비스 |
| 중점추진사업 | 종합복지협력체제 컨트롤 타워 설치 | 다양한 가족유형에 맞춘 골고루 성장 프로젝트 | 돌봄 가족 서비스 확충 | 장애인 특별교통수단 확충을 통한 이동권 확대 | 직장 맘 "해피콜 운영" |
| 중점추진사업 | 인구대응 전담팀 신설과 거버넌스 구축 | 아동·청소년종합복지타운 건립 운영 | 스마트 고령친화마을 조성 | 장애인 보호작업장을 통한 소득보장과 사회참여 | 성 평등 문화 확산 |
| | 복지시설, 기관 스마트화 사업 | 장애아동 돌봄 서비스 | 노인 소규모 그룹 홈·공동생활홈 지원 | 장애인 자립지원센터 설치 | 여성일자리 확대 서비스 |
| | 지역사회보장협의체 역량강화 | | 효도수당 지급, 독거노인 출입센서 보급 | 단양군 단기보호시설 운영 | 이웃 살피미 읍·면 구성 |
| | 사회복지사 처우개선, 교육평가 | | 시니어 클럽 설치·운영 | 맞춤형 장애인 일자리 확대 | 다문화 가족 기반 구축 |
| | 주민 보건·건강증진 및 보건의료원 설치 | | 노인치매 안심센터 및 군립 치매전문병동 증축 | | |
| | 읍·면별 민간사회 안전망 구축 | | 치매노인 전담형 주야간시설 | | |

〈그림 13-1〉 제4기 지역사회보장계획의 사업 구성 체계

## 2) 제4기 지역사회보장계획 중점 추진사업

| 구분 | 중점사업 여부 (O,X) | 성과지표 | 목표수준 | | | | | 예산(백만원) | | | | |
|---|---|---|---|---|---|---|---|---|---|---|---|---|
| | | | 2018 현재 | 2019 | 2020 | 2021 | 2022 | 2018 현재 | 2019 | 2020 | 2021 | 2022 |
| 1. 커뮤니티케어 | | 삶의 질, 서비스 증대, 사각지대 발굴, 전문화 교육, 주민보건·건강증진, 민간사회안전망 | | | | | | | | | | |
| 1.1. 재가·지역사회 중심 돌봄 | O | | - | 10% | 50% | 50% | 100% | - | 15 | 106 | 116 | 176 |
| 1.2. 종합복지협력 컨트롤 타워 설치 | O | | - | 10% | 50% | 50% | 100% | - | 20 | 30 | 30 | 60 |
| 1.3. 인구대응 전담팀 신설과 거버넌스 구축 | O | | - | 20% | 50% | 70% | 100% | - | 18 | 148 | 208 | 258 |
| 1.4. 복지시설, 기관 스마트화 | | | - | 10% | 50% | 50% | 100% | - | 35 | 75 | 135 | 135 |
| 1.5. 지역사회보장협의체 역량 | | | - | 75% | 100% | 100% | 100% | - | 14 | 55 | 50 | 50 |
| 1.6. 복지사 처우 개선, 전문교육 | | | - | 80% | 85% | 90% | 100% | - | 26 | 277 | 278 | 529 |
| 1.7. 주민 보건·건강증진 보건의료원 | | | - | - | 50% | 75% | 100% | - | 4,008 | 19,427.2 | 14,927.2 | 27.2 |
| 1.8. 읍·면별 민간 사회안전망 | | | - | 50% | 75% | 100% | 100% | - | 80 | 120 | 160 | 160 |
| 2. 미래를 준비하는 영유아·아동·청소년복지증진과 인프라 확대 | | 보육·아동·청소년 돌봄, 산모사후관리서비스 이용권, 복지시설 이용률, 발달지원서비스, 보육·아동·청소년 설치 | | | | | | | | | | |
| 2.1. 지역형 영유아·아동·청소년 돌봄 서비스 확충 | O | | - | - | 50% | 75% | 100% | - | 300 | 310 | 710 | 620 |
| 2.2. 다양한 가족유형 맞춘 골고루 성장 | O | | - | 80% | 80% | 90% | 100% | - | 786 | 761 | 761 | 761 |
| 2.3. 아동·청소년종합복지타운 건립 운영 | O | | - | - | 50% | 100% | 100% | 100% | 2 | 1,370 | 1,190 | 1,170 |

| 구분 | 중점사업 여부 (O,X) | 성과지표 | 목표수준 | | | | | 예산(백만원) | | | | |
|---|---|---|---|---|---|---|---|---|---|---|---|---|
| | | | 2018 현재 | 2019 | 2020 | 2021 | 2022 | 2018 현재 | 2019 | 2020 | 2021 | 2022 |
| 2.4. 장애아동 돌봄 서비스 | | | | | | | | | - | - | 30 | 30 |
| 3. 노인 돌봄 강화와 일을 통한 활기찬 노후생활 보장 | | 노인돌봄 서비스 증대, 고령친화마을 조성, 소규모 홈 공동생활, 효도수당 지급, 독거노인 출입센서 보급, 시니어클럽 설치·운영, 치매안심 보장 | | | | | | | | | | |
| 3.1. 노인 돌봄 서비스 증대 | O | | - | 50% | 75% | 100% | 100% | 420 | 447 | 490 | 542 | 593 |
| 3.2. 돌봄 가족 서비스 확충 | O | | - | - | 100% | 100% | 100% | - | - | 12 | 13 | 14 |
| 3.3. 스마트 고령 친화마을 조성 | O | | - | - | 50% | 75% | 100% | - | - | - | - | 3,850 |
| 3.4. 노인그룹 홈·공동생활지원 | | | - | - | - | 75% | 100% | - | - | - | 100 | 650 |
| 3.5. 효도수당 지급 및 독거노인 출입센서 보급 | | | - | 70% | 100% | 100% | 100% | - | 120 | 161 | 177 | 332 |
| 3.6. 시니어 클럽 설치·운영 | | | - | - | 50% | 100% | 100% | - | - | 100 | 120 | 150 |
| 3.7. 노인치매 안심센터 군립치매 전문병동 증축 | | | - | 50% | 100% | 100% | 100% | - | - | 1,500 | 1,500 | 1,500 |
| 3.8. 치매노인전담형 주야간시설 | | | - | - | 100% | 100% | 100% | - | - | 524 | 524 | 524 |
| 4. 장애인의 접근성 확대로 지역사회 통합 | | 장애인 정보 접근성 확대, 특별교통수단 확충, 장애인 보호작업장설치 | | | | | | | | | | |
| 4.1. 장애인교육 정보접근성확대 | O | | - | - | 15% | 24% | 30% | - | - | 18 | 24 | 24 |
| 4.2. 교통수단 이동권 확대 | O | | - | 50% | 100% | 100% | 100% | - | 20 | 183 | 138 | 188 |
| 4.3. 장애인 보호 작업장 설치 | O | | - | 50% | 100% | 100% | 100% | - | - | 535 | 35 | 35 |
| 4.4. 장애인자립지원센터 설치 | | | - | 50% | 70% | 100% | 100% | | - | - | 215 | 220 |

| 구분 | 중점사업 여부 (O,X) | 성과지표 | 목표수준 | | | | | 예산(백만원) | | | | |
|---|---|---|---|---|---|---|---|---|---|---|---|---|
| | | | 2018 현재 | 2019 | 2020 | 2021 | 2022 | 2018 현재 | 2019 | 2020 | 2021 | 2022 |
| 4.5. 단기보호시설 운영 | | | - | 50% | 70% | 100% | 100% | | - | - | 170 | 170 |
| 4.6. 맞춤형 장애인 일자리 | | | | 71명 | 76명 | 81명 | 86명 | - | 681 | 769 | 857 | 945 |
| 5. 평생 직업교육을 통한 여성이 살맛나는 희망 | / | 여성의 안전, 가사서비스 아이돌보미 서비스, 성평등 문화확산, 여성일자리 확대 | | | | | | | | | | |
| 5.1. 여성안심서비스 | O | | - | 50% | 75% | 100% | 100% | - | 5 | 5 | 36 | 40 |
| 5.2. 직장 맘 "해피콜 운영" | O | | - | 50% | 100% | 100% | 100% | - | - | 40 | 60 | 100 |
| 5.3. 성 평등 문화 확산 | | | - | 100% | 100% | 100% | 100% | - | 13 | 13 | 13 | 13 |
| 5.4. 여성일자리 확대 서비스 | | | - | 50% | 75% | 100% | 100% | - | 64 | 64 | 64 | 64 |
| 5.5. 이웃 살피미 읍·면 구성 | | | | 100% | 100% | 100% | 100% | | 10 | 10 | 10 | 10 |
| 5.6. 다문화 가족 기반구축 | | | | 100% | 100% | 100% | 100% | | 20 | 20 | 25 | 25 |

## 4. 지역사회보장 중점사업 세부계획

### 1) 커뮤니티케어 사업

#### (1) 사업개요

① 추진배경 및 필요성

일상생활 돌봄이 필요한 사람은 자신이 살던 곳에서 거주하며, 함께 살 수 있도록 재가·지역사회 중심 사회서비스 마련을 위한 커뮤니티케어를 추진한다.

② 수요–공급 현황 및 변화목표

- 취약계층 현황을 살펴보면 저소득층 인구는 2017년 12월 일반수급자는 1,328명, 시설수급자는 77명으로 총 1,405명이며, 가구 수는 1,053가구(4.6%)이며, 노인인구는 8,370명으로 27.56%, 유년층은 2,425명으로 7.99%, 장애인 인구는 취약계층의 비율이 높았다.
- 복지욕구조사 결과 아동돌봄 외부지원 및 서비스가 필요하다고 응답한 응답자의 비율이 높이 나타났다. 노인돌봄 과정에 대한 외부지원 및 서비스의 필요성은 응답자의 21.1%, 장애인 돌봄과정의 어려움에 대해서 20.8%가 필요하다고 답했다.

### (2) 제4기 지역사회보장 세부사업 추진 방안

① 종합복지 협력체제 종합컨트롤 타워 설치

- 사업 목적: 읍·면의 복지 허브화, 복지 이장제, 보건소의 방문간호서비스 및 민간기관 사회복지사가 한 팀이 되는 생태체계적 돌봄 시스템을 구축하여, 복지서비스의 효율성을 제고하며 지역사회복지를 요청하게 되었다.
- 사업 개요
  - 사업 대상 및 인원: 읍·면 복지 허브화, 복지이장, 보건소, 민간 사회복지기관
  - 사업내용: 복지서비스를 컨트롤 및 협력의 종합복지협력체제 컨트롤 타워 설치

② 인구대응 전담팀 신설과 거버넌스 구축

- 사업 목적: 저출산·고령화에 대응하고 전담할 수 있는 인구대응 전담조직을 신설하고 정책 거버넌스를 구축하여 저출산 문제해결, 노인인구의 양적·질적 증가로 구조적 변화를 고려한 균형 있는 고령화사회를 마련하고 체계적인 추진을 목적으로 한다.
- 사업 개요: 인구대응 전담팀 신설 거버넌스 구축, 저출산·고령사회 기본계획, 인구대응전담팀 월례회의 12회, 마을단위별 인구대응 특성화 사업 운영을 추진한다.

③ 복지시설, 기관 스마트화 사업

- 사업목적: 노인인구의 비율이 높고, 이용시설 대부분이 읍을 중심으로 이루어져 있어 접근성 확보에 다소 어려움이 있다. 해결방안으로 복지시설의 스마트화 사업으로 지역주민들의 복지서비스 확대와 이용의 어려움 해소를 목적으로 한다.
- 사업 개요
  – 복지시설, 기관 스마트화 사업
  – 스마트기기를 활용한 스마트 서비스 사업 추진
  – 스마트기기를 활용한 업무혁신 추진
  – 스마트 사업 활성화 홍보 및 설명회 개최

④ 사회복지사 처우개선, 전문교육 및 연말평가회

- 사업 목적: 증가하는 복지욕구로 지역 내 사회복지활동가에 대한 인력을 확충함으로써, 균등한 사회서비스를 효과적으로 전달하는 것을 목적으로 한다.
- 사업 개요
  – 사업 대상 및 인원: 지역 사회복지활동가
  – 사업 내용: 연말 사회복지사의 날 행사 개최, 사회복지사 특별수당 지급으로 복지사들의 사기진작을 통한 주민복지의 질 향상

## 2) 영유아 · 아동 · 청소년복지

### (1) 사업 개요

① 추진배경 및 필요성

- 군의 24세 미만 인구수는 2018년 현재 5,021명으로 총인구 대비 16.53%를 나타내고 있으며, 중요성에 비해 아동·청소년기 투자에 대한 관심이 낮아 우리 지역 아동·청소년기 삶의 질의 격차가 심화될 것으로 예상되어 지역의 관심이 필요하다.
- 영유아·아동·청소년이 균형 있게 성장할 수 있도록 다양한 프로그램과 영유아,

아동, 청소년의 공간이자 시설로서 청소년기관의 역량과 기능을 갖추고 안정적으로 운영하여야 하므로 청소년기관의 인적·물적 인프라 구축과 확대가 필요하다.

#### (2) 제4기 지역사회보장계획의 세부사업 추진 방안

① 지역형 영유아·아동·청소년 돌봄 서비스 확충

- 사업 목적: 저출산과 영유아 양육과 맞벌이, 조손, 취약계층 등 다양한 유형 가정의 아동 보육의 부담에 대해 공적지원서비스를 마련하고, 아동·청소년의 안전한 돌봄을 위해 다양한 복지수요 증가에 지역맞춤 돌봄 서비스 체계 마련을 목적으로 한다.
- 사업 개요
  - 사업 대상 및 인원: 영유아·아동 가정, 청소년
  - 사업내용: 전문가/준전문가 양성과 관리체계를 마련하여 어린이집 대체인력 수급관리와 0~2세 영유아가 있는 가구와 장애아동이 있는 가정, 한부모가정, 다문화가정으로 파견하여 양육지식과 기술 및 정서적 정보적 지지를 제공한다.

### 3) 노인복지

- 독거노인 현황: 독거노인 조사결과 2,073명 중 1,373명인 66.2%가 독거노인, 가족동거 17.3%, 주소지 미거주 7.6%, 사망 1.0%, 거부 0.7%, 부재 3.0%, 시설입소 3.9%, 확인불가 0.3%의 순이다. 서비스를 이용하고 있는 대상자는 103명으로 전체의 7.4%만이 서비스를 이용하고 있다.

#### (1) 노인복지 세부사업 추진 방안

① 노인돌봄서비스 증대

- 사업 목적: 혼자 일상생활 하기 어려운 노인과 독거노인 안전 확인, 생활교육, 서비스 연계, 가사·활동지원, 주간보호서비스 등 맞춤형 복지서비스 제공

• 사업추진 근거: 독거노인이 증가와 고독사, 자살, 각종 사회문제에 노출

• 사업 개요

  – 사업 대상: 실제로 혼자 살고 있는 만 65세 이상 요양서비스 불필요 독거노인

  – 사업 내용: 가정방문으로 주기적 안전 확인·생활교육, 서비스 연계 서비스 제공

② 노인 소규모 그룹 홈·공동생활 홈 지원

• 사업 목적: 보호가 필요한 노인을 가정과 같은 환경 속에서 일상생활에 필요한 편의제공 및 기능훈련과 공동생활을 통해 자립생활을 영위하도록 지원하며, 타인들과의 공동생활을 통해 치매노인들의 문제행동과 행동장애를 완화한다.

③ 효도수당 지급 및 독거노인 출입센서 보급

• 사업 목적: 독거노인가정에 출입센서를 보급하여 외부인의 침입에 대한 불안감 해소 및 즉각적인 반응으로 대처 능력을 강화하고자 한다.

• 사업 개요

  – 효도수당지급: 80세 이상 노인을 부양하는 직계존비속(손주포함), 신청일 기준으로 효도대상자와 1년 이상 단양군에 동일 주소를 두고 3세대 이상 직계존비속이 실제 거주하는 가정에 지급할 계획이다.

  – 독거노인 출입센서 보급: 65세 이상 독거노인 100가정에 독거노인 각 가정에 출입센터 지원

## 4) 장애인복지

### (1) 장애인복지 세부사업 추진 방안

① 장애인 평생교육을 통한 정보 접근성 확대

• 추진배경 및 경과: 「장애인 차별금지 및 권리구제에 관한 법률」 제20조에서는 정보접근에서의 차별을 금지하는 내용을 명시하고 있다.

• 사업 목적: 장애인이 인터넷을 비롯한 새로운 정보습득 및 공유수단, 새로운 의사

소통 수단을 이용 및 활용할 수 있도록 정보 및 정보기술에 대한 접근성을 보장한다.

- 사업 개요
  - 사업 대상 및 인원: 장애인 및 장애인이 있는 가정
  - 사업 내용: 스마트폰 활용교육을 통해 스마트 복지관 및 스마트 고령친화 마을에 적응이 용이하다.

② 장애인 보호작업장을 통한 소득보장과 사회참여

- 사업 목적: 장애인의 능력과 적성에 맞는 보호작업장을 설치해 장애인들이 자신의 잔존능력을 발굴·개발하여 성공적인 삶을 살아가는 직업인으로 성장하도록 지원한다.
- 사업 개요
  - 사업 대상 및 인원: 중증장애인
  - 사업 내용: 보호작업장 설치, 직업적응훈련사업 실시, 취업 지원 사업, 상담사업, 특별활동 사업, 홍보사업

## 5) 여성복지

### (1) 사업개요

① 추진배경 및 필요성

- 최근 여성들의 복지가 주목을 받고 있다. 최근 사회변화로 독신 여성과 여성이 가장인 한부모가정, 경력단절 여성 등 새로운 부류의 여성들이 등장하고 있으며 타 지역에서도 이러한 여성들의 복지를 증진시킬 수 있는 프로그램을 개발 중에 있다. 성차별뿐만 아니라 여성들이 원하는 욕구를 충족시킬 수 있는 실질적인 프로그램과 관심이 필요한 실정이다.
- 현재 지역의 여성들이 이용할 수 있는 시설은 여성발전센터, 다문화가족지원센터,

취업지원센터 등이 있지만 실제로 이용하고 있는 여성은 적은 실정이므로 홍보와 복지 서비스 개선이 필요하다.

### (2) 여성복지 세부사업 추진 방안

① 직장 맘 "해피콜 운영"

- 사업 목적: 임신·출산·육아기 직장 맘의 모성보호 및 일·가족 양립을 지원하고, 직장·가정 내 고충, 개인 심리·정서, 역량강화교육 등 직장 맘을 위한 맞춤형 종합지원시스템을 구축함으로써 일·가족 양립제도의 사회적 인식확대 및 문화조성을 목적으로 한다.
- 사업 내용: 가사서비스, 아이돌보미서비스, 상담 및 노무지원 서비스

② 여성일자리 확대 서비스

- 사업 목적: 여성특화사업의 필요성과 여성 취업의 욕구가 팽배하고 관내 여성 경제활동의 참여 의지는 많으나, 교육기관의 부재로 여성들이 경제활동에 참여할 수 있도록 취업기회를 부여하며, 지역경기의 활성화되는 방향을 제시한다.
- 사업 개요
  - 사업 대상 및 인원: 거주하는 경력단절 여성 및 미취업 여성
  - 사업 내용: 경력단절 예방 프로그램, 미취업 여성 상담 프로그램 운영, 직장 적응 및 복귀 프로그램 운영, 여성 직업교육센터 운영

# 5. 사회보장 재정 및 행정계획

## 1) 사회보장 재정계획

### (1) 중점사업의 예산 계획

| 사업구분 | | 연차별 예산계획(단위: 백 만원) | | | |
|---|---|---|---|---|---|
| 중점과제 | 세부사업 | 2019 | 2020 | 2021 | 2022 |
| 1. 커뮤니티케어 추진 | 재가·지역사회 중심 돌봄 체계 마련 | 15 | 106 | 116 | 176 |
| | 종합복지협력체제 컨트롤 타워 설치 | 20 | 30 | 30 | 60 |
| | 인구대응 전담팀 신설과 거버넌스 구축 | 18 | 148 | 208 | 258 |
| | 복지시설, 기관 스마트화 사업 | 35 | 75 | 135 | 135 |
| | 지역사회보장협의체 역량 강화 | 14 | 55 | 50 | 50 |
| | 사회복지사 처우개선, 전문교육 및 연말평가회 | 26 | 277 | 278 | 529 |
| | 주민 보건·건강증진 및 보건의료원 설치 | 4,008 | 19,427.2 | 14,927.2 | 27.2 |
| | 읍·면별 민간사회안전망 구축 | 80 | 120 | 160 | 160 |
| 2. 미래를 준비하는 영유아·아동·청소년 복지증진과 인프라 확대 | 지역형 영유아·아동·청소년 돌봄 서비스 확충 | 300 | 310 | 710 | 620 |
| | 다양한 가족유형에 맞춘 골고루 성장 프로젝트 | 786 | 761 | 761 | 761 |
| | 아동·청소년종합복지타운 건립 운영 | 2 | 1,370 | 1,190 | 1,170 |
| | 장애아동 돌봄 서비스 | - | - | 30 | 30 |
| 3. 노인 돌봄 강화와 일을 통한 활기찬 노후생활 보장 | 노인 돌봄 서비스증대 | 447 | 490 | 542 | 593 |
| | 돌봄 가족 서비스 확충 | - | 12 | 13 | 14 |
| | 스마트 고령친화마을 조성 | - | - | - | 3,850 |
| | 노인 소규모 그룹 홈·공동생활 홈 지원 | - | - | 100 | 650 |
| | 효도수당 지급 및 독거노인 출입센서 보급 | 120 | 161 | 177 | 332 |
| | 시니어 클럽 설치·운영 | - | 100 | 120 | 150 |
| | 노인치매 안심센터 및 군립치매전문병동 증축 | - | 1,500 | 1,500 | 1,500 |
| | 치매노인 전담형 주야간시설 신설 | - | 524 | 524 | 524 |

| 사업구분 | | 연차별 예산계획(단위: 백 만원) | | | |
|---|---|---|---|---|---|
| 중점과제 | 세부사업 | 2019 | 2020 | 2021 | 2022 |
| 4. 장애인의 접근성 확대를 통한 지역사회 통합 | 장애인 평생교육을 통한 정보 접근성 확대 | - | 18 | 24 | 24 |
| | 장애인 특별교통수단 확충을 통한 이동권 확대 | 20 | 183 | 138 | 188 |
| | 장애인 보호작업장을 통한 소득보장과 사회참여 | - | 535 | 35 | 35 |
| | 장애인 자립지원센터 설치 | - | - | 215 | 220 |
| | 단기보호시설 운영 | - | - | 170 | 170 |
| | 맞춤형 장애인 일자리 확대 | 681 | 769 | 853 | 945 |
| 5. 평생 직업교육을 통한 여성이 살맛나는 희망 | 여성안심서비스 | 5 | 5 | 36 | 40 |
| | 직장 맘 "해피콜 운영" | - | 40 | 60 | 100 |
| | 성 평등 문화 확산 | 13 | 13 | 13 | 13 |
| | 여성일자리 확대 서비스 | 64 | 64 | 64 | 64 |
| | 이웃살피미 읍·면 구성 | 10 | 10 | 10 | 10 |
| | 다문화 가족기반 구축 | 20 | 20 | 25 | 25 |

## 2) 군 행정개선 계획

### (1) 공공 전달체계 서비스 개선

① 공공복지서비스 전달체계의 문제점

수급자+차상위+저소득계층이 1,867세대로 추정되나 현재는 불과 664세대에만 제공되고 있어 복지의 사각지대 발생 우려가 있다. 서비스 제공에서 제외되고 있는 세대를 발굴하기 위한 노력이 필요하다.

② 전달체계 개선 목표

- 찾아가는 서비스를 통한 읍·면의 현장밀착형 복지서비스 강화
- 읍·면의 종합상담기능을 강화한 맞춤형 원스톱서비스 증대

#### (2) 민간 전달체계 개선

① 민간 인력 확보 및 역량 제고

- 민간 인력 확보
  - 추진배경: 다양한 복지사업을 지방자치단체(읍·면·동)를 통해 전달하므로 읍·면당 1~2명의 복지직 인력으로 내방민원, 전화민원 처리, 찾아가는 서비스 대응
  - 기대효과는 복지체감도 향상, 복지인력 소진예방, 여성 사회복지사의 부담 감소
- 민간 인력의 역량 제고
  - 추진배경: 끊임없이 변화하는 사회적 욕구에 양질의 사회복지서비스를 제공하기 위해서는 사회복지사에 대한 지속적인 교육이 필요하여, 직무능력의 유지 및 향상교육으로 사회복지사의 전문성 향상 및 도민의 삶의 질 개선 도모
  - 추진계획: 사회복지 종사자들의 전문성 강화를 위해선 이중적 접근이 필요
  - 향후 고려사항: 복지시설 종사자의 처우개선, 보수상향, 보수체계 단일화 방안

② 민·관협력 개선

- 지역사회보장협의체 운영 활성화
  - 추진배경: 민·관 협력체계, 사회보장체계로 지역사회보장 협의체의 역할은 필수
  - 추진계획: 커뮤니티케어 주민이 참여하는 민·관 협력체계 구축, 성과지표 개선

### 3) 군 입법추진 계획

- 사회복지시설·기관 스마트화 운영 조례 제정
- 종합복지협력체제 복지 컨트롤 타워 설치·운영 조례 제정
- 행정기구 설치 조례 개정(희망돌봄과, 인구대응전담팀 신설)
- 아동·청소년 종합복지타운 설치·운영 조례 제정
- 스마트 고령 친화마을 조성·운영 조례 제정
- 교통약자 이동편의 증진 조례 일부개정
- 여성안전·보호에 관한 조례 제정

## 6. 지역사회보장 평가

### 1) 중기계획과 연계한 연차별 시행계획 수립

지역사회보장계획의 중기계획과 연계한 연차별 시행계획은 5개 분야별로 나누어 제시하였다. 분야별 사업은 ① 커뮤니티케어 분야, ② 영유아·아동·청소년 분야, ③ 노인복지 분야, ④ 장애인 돌봄 분야, ⑤ 여성 사회참여 분야이다.

### 2) 연차별 시행계획의 수립, 점검(모니터링)

지역사회보장계획의 연차별 시행계획의 수립과 점검(모니터링)은 5개 분야별로 나누어서 실시한다. 분야별 사업은 ① 커뮤니티케어 분야, ② 영유아·아동·청소년 분야, ③ 노인복지 분야, ④ 장애인 돌봄 분야, ⑤ 여성 사회참여 분야이다. 연차별 시행계획의 수립과 점검내용은 목표달성 여부, 연차별 추진계획 달성 정도이다.

### 3) 제4기 지역사회보장계획 시행결과 자체평가 방안

- 자체평가는 계획수립 평가와 시행결과 평가로 구분한다. 평가항목은 제3기 실행성과와 4기 계획에 반영도 평가, 제4기 지역사회보장계획의 적절성, 주민의 파급효과성, 사회복지 수요자의 만족도, 복지인프라 구축과 환경, 특색사업의 다양성, 지자체지원의 연계성을 기준으로 평가한다.
- 제4기 지역사회보장계획의 성과평가와 연차별 시행결과 자체평가는 지자체 자체평가계획과 사회보장협의체의 구체적인 계획안을 포함하여 평가한다.

#### (1) 평가위원회 구성

- 평가주체는 군과 지역사회보장협의체를 기본으로 한다. 자체평가는 군과 지역사회보장협의체가 주관하여 평가를 담당할 '자체평가팀'과 평가를 수행할 기구인 '사

회보장계획 평가위원회'를 구성하여 운영한다.

- 자체평가팀은 지역사회보장계획 담당 팀장과 팀원, 지역사회보장협의체 실무협의체 위원장과 사무국장으로 구성한다. 자체평가팀은 평가위원회의 운영지원과 평가관련 자료 작성 등의 업무를 담당한다.
- 평가위원회 구성은 보장계획 수립에 참여하지 않은 지역사회보장협의체 위원과 복지관련 전문가, 복지서비스 이용자, 지역주민 등을 중심으로 선임한다. 주민복지실장, 지역사회보장협의체 공동위원장의 협의하에 선임한다.

### (2) 평가내용 및 방법

- 평가내용은 제3기 실행성과, 3기 평가 반영정도, 제4기 사업계획의 적절성, 주민의 파급효과성, 사회복지 수요자의 만족도, 복지인프라 구축과 환경, 특색사업의 다양성, 지자체 지원의 연계성을 기준으로 평가한다. 위와 같은 기준으로 평가하되 사업부분과 평가 시기는 '사회보장계획 평가위원회'와 협의하여 평가방법을 조정할 수도 있다.
- 평가방법은 정성평가, 정량평가이며, 범위는 계획수립평가, 시행결과평가로 구분한다.
- 계획평가는 지역사회보장계획의 본격적인 집행 이전에 실시되는 사전평가의 성격을 갖는 것으로 4기 지역사회복지계획이 지역의 특성과 지역주민의 복지욕구 등을 적절히 반영하여, 지역주민의 복지수준 향상을 위한 적절하고 타당한 계획인가를 평가하는 것이므로, 4기 계획수립이 완료된 후, 시행 첫 해(2019년) 상반기에 실시한다.

〈표 13-4〉 **지역 사회보장계획수립 평가 및 시행결과 평가표**

| 영역 | 세부지표 | 평가 기준 | 평가 방식 | 배점 | 득점 |
|---|---|---|---|---|---|
| 계획 수립 평가 | 1. 3기 실행성과 | ○지역사회·주민의식 변화 | ○상10, 중6, 하4 | 10 | |
| | | ○목표 달성률 | ○100% 10점, 50% 5점 | 10 | |
| | | ○예산 집행률 | ○100% 10점, 50% 3점 | 5 | |

| 영역 | 세부지표 | 평가 기준 | 평가 방식 | 배점 | 득점 |
|---|---|---|---|---|---|
| | 2. 4기 계획 적절성 | ○계획수립 위원회·지원적절성 | ○상10, 중6, 하4 | 10 | |
| | | ○주민의견 수렴정도와 반영도 | ○상10, 중6, 하4 | 10 | |
| | | ○수요조사 전문성과 주민참여 | ○상10, 중6, 하4 | 10 | |
| | 3. 계획 파급 효과성 | ○계획 내용 충실성 정도 | ○상10, 중6, 하4 | 10 | |
| | | ○구체적 방법과 기술 활용도 | ○상10, 중6, 하4 | 10 | |
| | 4. 주민욕구 충족성 | ○주민 개인별 욕구 충족도 | ○상10, 중6, 하4 | 10 | |
| | | ○주민과 기관, 단체 소통 정도 | ○상5, 중3, 하1 | 5 | |
| | | ○지역사회 문제해결 정도 | ○상10, 중6, 하4 | 10 | |
| | 합계 | 11 개 항 목 | | 100점 | |
| 시행 결과 평가 | 1. 3기 평가반영도 | ○3기 평가 반영 정도 | ○상10, 중6, 하4 | 10 | |
| | 2. 4기 특색사업 다양성 | ○비전·목표·지역특성 반영 | ○상10, 중6, 하4 | 10 | |
| | | ○중점사업과 특수사업 연계성 | ○상10, 중6, 하4 | 10 | |
| | | ○단체장 공약 및 관심 반영 | ○상10, 중6, 하4 | 10 | |
| | | ○사회복지조사 분석의 활용성 | ○상5, 중3, 하2 | 5 | |
| | 3. 사업내용의 적절성 | ○목표와 사업실적 일관성 | ○상5, 중3, 하2 | 5 | |
| | | ○전략목표와 성과자료 연계성 | ○상5, 중3, 하2 | 5 | |
| | | ○추진사업의 성과지표 실천성 | ○상5, 중3, 하2 | 5 | |
| | 4. 사업추진의 효율성 | ○추진체제, 자원 확보 적절성 | ○상10, 중6, 하4 | 10 | |
| | | ○지역사회·주민의식 변화 | ○상10, 중6, 하4 | 10 | |
| | | ○주민참여·예산집행 효율성 | ○상10, 중6, 하4 | 10 | |
| | 5. 지자체 지원의 연계성 | ○지자체 계획에 반영정도 | ○상5, 중3, 하2 | 5 | |
| | | ○지자체와 조직·주민 연계성 | ○상5, 중3, 하2 | 5 | |
| | 합 계 | | | 100점 | |

### (3) 평가 시기 및 절차

- 평가 시기와 절차는 지역사회보장협의체가 연 1회 평가한다.
- 평가 시기는 연 1회 평가를 하되 전년도 평가는 상반기에 실시한다.
- 평가 팀 구성은 평가 위원회를 15인 내외로 구성하며, 실무 평가팀은 지역보장협의체 실무협의체를 기준으로 하고 5~7명으로 구성하여 실시한다.

### (4) 평가결과 활용계획

- 평가결과 활용은 유형별로 차기년도에 반영한다.
- 계획수립 평가는 연차별 계획수립과 사업별 세부계획에 적용한다.
- 총괄평가 결과는 제4기 사회보장계획에 반영한다.

## 4) 지역사회보장지표(통계) 관리 방안[2)]

### (1) 아동 돌봄 사회보장지표

아동 돌봄 사회보장지표 관리방안은 ① 국·공립 어린이집 이용 비율이 38.3%, ② 영아보육서비스 충족률 73.6%, ③ 시간제 연장보육서비스 이용률 86%, ④ 장애아동 재활사업 재정지원율 26.3%, ⑤ 맞춤형 아이 돌봄 서비스 연계율 62.6%, ⑥ 아동 양육 부담률 수준 5.7점 ⑦ 보육교사 1인당 치우개선비 지원 11,319천 원, ⑧ 돌봄 서비스 만족도 5.89점으로 나타났다(충북 복지넷 홈페이지).

6세 미만 영유아 천 명당 어린이집 정원은 ① 국·공립 312명, ② 복지법인 549명, ③ 법인·단체 261명이었다. 6세 미만 영유아 인구 천 명당 특수 어린이집 정원은 ① 영아전담 104명, ② 시간 연장 669명, ③ 휴일 45명으로 조사되었다.

아동 돌봄 지표를 도내의 지표와 비교하면 첫째, 공공형 어린이집 설치율이 도내 평균 9.6%이나 군은 없었으며, 둘째 국·공립 어린이집 이용아동 비율이 도내 평균은 7.76%이나 군은 38.3%로 도내 평균보다 약 5배 높게 나타났다.

### (2) 성인 돌봄 사회보장지표

성인 돌봄 지표를 도 평균과 비교하면 첫째, 돌봄이 필요한 성인에게 지원할 수 있는 체제구축은 도내 평균 568천 원이나 군은 737천 원으로 169천 원 높게 나타났다.

2) 지역사회보장지표(통계) 관리 방안은 충북 복지넷에서 발췌한 내용을 바탕으로 하여, 2017년 군 지역사회보장 내용을 중심으로 작성된 내용임.

### (3) 보호안전 사회보장지표

단양군 보호안전 사회보장지표는 첫째, 1인당 예산은 385천 원이며, CCTV 설치율은 0.31대이고, 범죄율은 73.1건으로 나타났다.

### (4) 군민 건강·의료 사회보장지표

군민 건강·의료지표는 첫째, 주민 1인당 보건소 예산은 153천 원이며, 둘째, 의료 미치료율은 22.1%이고, 셋째, 주민 1인당 체육시설 면적은 29.4m$^2$이며, 넷째, 걷기 실천율은 34.1%이고, 다섯째, 영유아 예방접종률은 98.8%이며, 여섯째, 노인 1인당 진료비는 302천 원이었다.

### (5) 군민 교육여건 사회보장지표

군민 교육여건 사회보장지표는 첫째, 교원 1인당 학생 수는 7.24명이며, 초중고 학업 중단율은 0.24%이고, 둘째, 평생교육시수는 0.98명이며, 평생학습 참여율은 0.057%이며, 평생교육 교사 수는 16.4명으로 분석되었다.

교육여건지표의 도내 평균과 분석한 결과 단위 인구당 학교 수는 도내 평균 30명이나 단양군은 97명으로 3배 높았다.

### (6) 군민의 문화여가 사회보장지표

군민의 문화여가 사회보장지표는 첫째, 인구 10만 명당 문화기반 시설 수는 26개소이며, 다문화지원센터 1개소, 1인당 지역축제예산은 33천 원이다. 둘째, 1인당 도서관 운영 예산은 5,771원이며, 1인당 도서대여 수는 41%로 이고, 1인당 문화체육예산은 1,031천 원으로 나타났다.

군민 문화체육 사회보장자료를 도내 평균과 비교분석한 결과는 다음과 같다.

- 1인당 문화체육예산은 도내 평균 337천 원이나, 단양군은 1,031천으로 3배 높음
- 1인당 지역축제예산은 도내 평균 17천 원, 군은 33천 원으로 약 2배가량 더 지출함

### (7) 사회보장지표 관리 총괄

사회보장지표 관리를 총괄분석 결과는 다음과 같다. 빈곤인구 1인당 취약계층의 자체 예산은 3,160천 원이며, 근로 연령층 기초보장 수급자 감소율은 1.2%이고, 희망 키움 통합 가입율은 51.7%, 기초 수급자 비율은 0.045%이고, 기초연금 수급률은 80.78%로 나타났다.

### (8) 사회보장지표와 도내지표의 분석 총괄

사회보장지표와 도내지표와 비교·분석 총괄한 내용은 다음과 같다. 민관협력 및 지역주민의 복지참여 활성화 도내지표와 비교·분석한 결과 다음과 같다.

첫째, 지역사회보장협의체 지자체지원액은 도내 평균 174,395천 원이며, 군은 60,000천 원으로 3배가량이 적게 나타나, 앞으로 제4기 지역보장협의체 예산을 3배로 증액시켜 지원해 주어야 하는 일이 중요한 내용으로 분석되었다.

둘째, 지자체 전체 예산 대비 사회복지 예산비율은 도내 평균 22.99%이었으나, 군은 18.15%로 다소 낮게 나타나 4.8%의 사회복지비 증액이 필요하다.

〈표 13-5〉 지역사회보장지표 관리방안

| 분야 | 군 사회보장지표 | 자료관리 방안 | 비고 |
|---|---|---|---|
| 3기 사회보장 지표 | • 장애인 보호작업장 설치<br>• 부문별 서비스 컨트롤 타워 설치<br>• 노인 콜서비스센터 설치<br>• 복지서비스 중복내용 단일화 | • 장애인 보호작업장 계획수립<br>• 부문별 컨트롤타워 계획수립<br>• 노인 콜서비스센터 설치계획 작성<br>• 군 지역사회보장협의체 조정 | 적용 필요 |
| 아동 돌봄 | • 공공형 어린이집 설치율 0%<br>• 장애아동 재활사업 증감율 26.3%<br>• 아동가정 양육부담 체감정도 5.5점 | • 도내 설치율 7.8%로 공공형 설립 요망<br>• 도내 15.2%로 재활시설 증설 요구<br>• 도내 평균보다 0.5점 낮아 지원 필요 | 지원 필요 |
| 성인 돌봄 | • 성인 돌봄 체제 구축비 737천 원<br>• 성인 장애 돌봄 규모 3,406명<br>• 노인 1인당 돌봄 예산 153천 원 | • 도내 평균 568천보다 높음<br>• 장애 돌봄 규모는 도내보다 3배 높음 | 지속 |
| 보호 안전 | • 보호·안전 1인당 예산: 385천 원<br>• CCTV 설치율 3.31대, 범죄율 73.1건 | | 지속 |

| 분야 | 군 사회보장지표 | 자료관리 방안 | 비고 |
|---|---|---|---|
| 건강<br>의료 | • 걷기 실천율 34.1%<br>• 노인 1인당 진료비 302천 원(도내 320천 원)<br>• 만성질환자율 30.9%(도내 평균 25.9%) | • 주민 걷기 실천 요구(타군 4% 낮음)<br>• 질료를 자주 받아 질병예방 필요<br>• 만성질환자 예방대책 요구(5% 높음) | 지원<br>필요 |
| 교육 | • 단위 인구당 학교 수 93명(5개 평균 30명)<br>• 특수교사 수 10명(도내 평균 25.8명)<br>• 초중고 학생 학업 중단율 0.05%(4배 높음) | • 단위 인구당 학교 수 증대정책 요구<br>• 특수교사 채용이 요구됨<br>• 초중고 학생 중도탈락 예방정책 요구 | 채용<br>필요 |
| 문화체육 | • 어린이 공연장 시설 0(도내 3곳)<br>• 공연장에 장애인좌석 배치 1곳 | • 어린이 공연장 설치 필요<br>• 공연장에 장애인좌석 배치 요구 | 조례<br>제정 |
| | • 도서대여 수 41.4%(도내 평균 29.8%)<br>• 지역문화 관련 조례 제정 0(도내 2.3개)<br>• 작은 도서관 설치 0(도내 13개) | • 주민들이 독서를 많이 함<br>• 문화 관련 조례 제정 필요<br>• 각 읍·면별 작은 도서관 설치 필요 | |
| 총괄 | • 지역사회보장협의체 지자체 지원액 60,000천원(도내평균 174,395천 원)<br>• 전체 예산 복지비 비율 18.15%(도내 평균 23%)<br>• 기초수급자율 0.045%(도내 0.035)<br>• 기초연금수급률 80.78%(도내 71.8%) | • 지역사회보장협의체 예산증액(3배 정도)<br>• 군 사회복지비 약 5% 증액 필요<br>• 기초수급자 감소정책 필요<br>• 기초연금수급률 저하정책 필요 | 예산<br>지원 |

## 7. 도 지원계획

### 1) 사회보장의 균형발전을 위한 과제 및 지원계획

#### (1) 사회복지시설·기관 스마트화 특수사업 지원계획

① 생활시설 소규모화 가정 가꾸기 사업

생활시설 소규모화 가정 가꾸기 사업으로 적당한 방법은 ① 미래 인구 감소로 복지시설 인프라 구축 필요성 저하 33.4%, ② 개인과 개인, 개인과 공간의 네트워크 발달에 시설수요 감소 23.7%, ③ 대상은 30인 이상 대규모 사회복지시설 13.9%, ④ 신규시설 지정 때 기존시설 공간 공유방안 13.9% 선정하였다.

② 사회복지시설과 기관의 스마트화 방법 과제

사회복지시설과 기관의 스마트화 방법으로 ① 정보 시스템과 전문 소셜워커팀을 통한 주민밀착형 서비스 증대 32.4%, ② 찾아가는 사회서비스 확대에 따라 시설 필요성 감소 26.6%, ③ 사업대상은 복지시설에 방문형 복지기관 설치 시 스마트화 17.6%, ④ 서비스제공은 수시로 함 12.4%로 선정하였다.

③ 공립 치매 전담형 주·야간 보호시설 신축 과제

공립 치매 전담형 주·야간 보호시설 신축 방법으로는 ① 국고 보조 사업으로 신축 44.5%, ② 군 거주 노인에게 보호시설에서 안전하게 케어 25.3%, ③ 유니트형 공간으로 쾌적한 환경조성 12.1%, ④ 입소 인원을 소규모로 하여 가정 분위기 연출 7.1% 순으로 조사되었다.

### (2) 커뮤니티케어 특색사업 지원계획

① 커뮤니티케어 핵심 주요 정책 과제

커뮤니티케어 핵심 주요 정책은 ① 사회서비스 확충으로 돌봄 서비스의 보장성 강화 35.3%, ② 복지시설, 병원 등 평가체계 개선 18.2%, ③ 안전 관리, 보건의료, 건강관리 서비스 강화 15%, ④ 주거, 일자리, 소득지원 등 지역사회 정착여건 조성 13.9%, ⑤ 병원과 복지시설의 합리적 이용과 기반 강화 7.4%로 조사되었다.

② 좋은 돌봄 서비스 일자리 창출 정책 과제

좋은 돌봄 서비스 일자리 창출 정책의 우선 과제는 ① 돌봄 서비스는 고용 안정성이 확보된 좋은 일자리로 전환이 필요 33.2%, ② 인구 유입방법은 일자리 창출, 산업영역에서의 창출이 필요하나 어려움이 예상 28.2%, ③ 국·공립 보육시설과 노인 장기요양시설 확대 돌봄 일자리 창출 9.7%, ④ 공공 돌봄 서비스 기관 확대는 전출방지 효과에 기대 9.5% 순으로 분석되었다.

③ 귀농지원정책 강화방법 과제

귀농지원정책 강화방법은 ① 기존의 주민과 통합 및 마을 발전에 기여하는 지원정책 강화 34.7%, ② 귀농정책 홍보는 인구증대 정책에 효과가 좋은 전략 마련 25.3%, ③ 사업대상은 귀농·귀촌인, 예비 귀농인, 예비 정년퇴직 도시민 12.1%로 귀농지원정책 강화 과제를 선정하였다.

### 2) 지역주민의 각종 어려움 돕기 통합사례 특화사업 지원계획

군민이 실직, 빈곤, 질병, 각종 재해 시 외부지원이나 복지서비스 필요여부 질문에 필요하다는 71.3%, 필요 없다는 25%로 사회복지 서비스가 필요하다.

### 3) 지역사회보장계획 수립, 시행의 점검 및 평가

지역보장계획 수립, 시행의 점검 및 평가 계획은 첫째, 커뮤니티케어 부분 8개 사업, 둘째 영유아·아동·청소년 돌봄 4개 사업, 셋째 노인복지 8개 사업, 넷째 장애인 돌봄 6개 사업, 넷째 여성 사회참여 사업 6개 단위사업으로 선정하였다.

1. **지역사회보장계획의 성격과 중요성** ① 미래에 추진할 사항들을 준비하는 과정이며, 미래에 대한 방향 설정은 현재에서 출발한다는 점에서 현재의 상태를 면밀하게 파악하는 것이 무엇보다 비중을 두어야 한다. ② 사회보장 분야에서 지역주민의 욕구를 정확하게 파악하고, 지역주민의 사회보장 욕구에 대응하는 정책 추진을 내실화하기 위한, 근거에 기반한 계획 수립과 성과 관리가 요구된다. ③ 사회보장사업은 주민의 복지욕구 및 지역 복지문제에 대한 대응을 핵심이기에, 누가, 어떤 욕구를, 어느 정도 갖고 있으며, 그것이 지역 차원의 집합적 문제로 표출되는지, 문제의 위기도, 심각성은 어느 수준인지를 파악할 때, 대처에 대한 필요성, 합의, 대안 모색이 가능하다. ④ 지역의 복지욕구와 문제에 대응하기 위한 자원이 어느 정도 존재하는가를 파악하는 것이 대응방안을 마련하기 위한 출발점이다. ⑤ 지역주민과 지역 전반의 사회보장 수준에 상호 영향을 미치는 다양한 수요, 공급 여건에 대한 절대적, 상대적 진단이 계획 수립의 근간이자 출발이므로 중요하다.

2. **지역복지계획 수립을 위한 복지욕구 분석** 지역주민의 복지욕구 파악을 위한 복지욕구 현황과 방향, 복지사업의 영역별(빈곤·보육·돌봄·고용·주거 등) 및 대상자별(노인·장애인·영유아·아동·청소년·여성·가족 등) 복지욕구와 방향을 분석하여 지역주민의 전체적인 욕구의 현황과 방향을 제시한다. 수요 추계는 과학적 근거가 필요하고 전문적 기술을 요하는 부분이므로 학계 등 전문가의 지원이나 지역전문기관에 의뢰하여 실시할 수 있다.

3. **주민욕구 분석단계** ① 1단계는 대상인구와 범위 결정, ② 2단계는 수요량 측정을 위한 통계적 조사, 질적인 조사방법, 주요대상에 대한 전수조사, FGI 등 다양한 방식 활용, ③ 3단계는 과학적 데이터를 기본으로 하되 지역전문가와 사업관련 주체들의 논의를 거쳐 수요를 결정하거나, 지역사회보장협의체 내의 분과별 회의 등을 통해 사업별 수요를 점검하여 결정한다.

4. **제4기 지역사회보장계획의 중점사업인 커뮤니티케어에 복지 수요 돌봄의 주요 대상** ① 노인, ② 장애인, ③ 아동, ④ 정신질환자, ⑤ 노숙인이다. 욕구범주는 ① 아동돌봄, ② 성인돌봄(요양), ③ 보호·안전, 건강(보건·의료), ④ 주거, 환경이다.

5. **지역사회보장계획의 복지 공급** ① 지역 내 존재하는 복지자원 중, 돌봄 수요자가 생활시설이나 병원이 아닌 자택이나 그룹홈이며, ② 자신이 원하는 곳에서 계속 살아갈 수 있도록 지원하기 위해 필요한 서비스 공급량과 이를 공급하기 위한 공급역량을 진단한다.

6. **자역사회보장계획에서 주민의 사회보장 11개 욕구** 아동 돌봄, 성인 돌봄, 기초생활유지 및 사회관계, 보호·안전, 신체적 건강, 정신적 건강, 교육, 고용, 주거, 문화·여가, 환경

## 요점정리

7. **사회보장욕구의 영역별 어려움** ① 사회보장 영역별 외부 지원 및 서비스의 필요성, ② 사회보장 영역별 필요한 외부 지원 및 서비스 유형, ③ 사회보장 영역별 국가, 지자체 사회보장 지원·서비스의 인지·신청·이용 경험. ④ 사회보장 영역별 국가, 지자체 사회보장 지원·서비스의 인지·신청·이용 과정의 어려움.

8. **주민의 5개 영역별 생활만족도 조사내용** ① 경제적 생활여건은 연간 소득, 주관적 경제상태, 사회경제적 지위수준, ② 주거 현황은 주택상태, 주택 만족도, 거주 지역 환경만족도, 주거환경 만족도, ③ 의료·건강은 의료기관 이용 여부 및 만족도, 체육활동 참여, 건강관리 서비스 이용 및 유형, ④ 문화·여가 만족도는 공연 및 스포츠 관람 횟수, 예술행사 직접 참여경험 및 만족도, ⑤ 삶의 만족도 및 지역사회 인식은 주관적 삶의 만족도, 주관적 사회의 질, 장애 관련 도움신청 경로, 장애 관련 지역사회의 개별적 도움제공 정도, 장애 관련 지역사회의 환경적 도움 제공이다.

# NCS[1] 사회복지 프로그램 계획수립

## 1. 사회복지 프로그램 계획수립 개요(0701020102_14V2)[2]

### 1) 학습모듈 개요

학습모듈은 사회복지 수요가 지속적으로 증대될 것으로 예상되는 사회복지분야 전문인력양성을 위해 '능력 중심 사회구현'이라는 국가정책방향에 부응함과 동시에 산업현장에서 요구하는 직무요건들을 고려한 체계적 교육을 통해 대학의 사명과 교육목표, 학과의 교육목표와 인재양성 목표와의 일관성을 유지하여 사회복지분야 전문가로서 창의적 사회복지프로그램을 운영한다.

1) NCS: 국가직무능력표준(NCS: National Competency Standards). 국가가 산업현장에서 직무를 성공적으로 수행하기 위하여 요구되는 지식·기술·소양을 국가적 차원에서 표준화한 것임.
2) 교육부(장은석, 유용식 외), 02 사회복지프로그램 계획수립을 재정리함, 근거: 자격기본법 시행령 제8조 국가직무능력표준을 활용함.

### 2) 학습목표

① 사회복지과의 인력양성을 위한 국가직무능력표준의 관련 능력단위를 분석하여, 교육의 우선순위를 결정하기 위해 국가직무능력표준 능력단위 종합하여 구성하고, 현장전문가 자문을 통해 현장적용이 필요한 사회복지서비스분야 국가직무능력표준 능력단위의 중요도 및 난이도에 대해 논의함.

② 현장전문가 및 교원이 참여한 자문과 토론을 통해 사회복지서비스분야 국가직무능력표준 능력단위의 중요도 및 난이도에 대한 내용들을 공유하고, 능력단위의 교육 우선순위를 결정함. 다음 사항을 고려하여 선정된 능력단위의 능력단위별 최소 교육훈련 시간을 설정함.

- 대원대학교 사회복지과 학생의 수준
- 대원대학교 과목 진행일정 원칙
- 기존 사회복지과 교과목의 교육 및 실습시간

③ 중요도, 난이도를 활용한 교육 우선순위 결정 결과는 현장전문가 의견 및 토론을 통해 전문대학교 학생수준을 고려하여 교과목에 적용하는 것으로 결정함.

### 3) 학습목표별 세부적인 목표 제시

#### (1) 프로그램 결정

① 의사결정이론: 합리모형, 점증모형, 혼합모형, 만족모형, 최적모형, 쓰레기통 모형

② 프로그램 가설

③ 기관 미션과의 관계성 관련 지식

#### (2) 프로그램 목표 설정

① 목적과 목표의 차이에 관한 지식

② 목표의 유형 관련 지식: 과정목표, 성과목표, 영향목표, 단·중·장기 성과목표 등

③ 개인, 가족, 집단, 지역사회의 특성과 욕구에 대한 이해

#### (3) 세부 프로그램 수립

① 개인, 가족, 집단, 지역사회의 특성과 욕구

② 서비스 단위와 대상자 선정에 관한 지식

③ 서비스개입전략의 다차원 : 개입지점, 개입단위, 개입요소, 개입구성, 개입방법 등

#### (4) 프로그램 예산 수립

① 프로그램에 투입 가능한 예산규모 확정

② 항목별 예산배정

③ 편성된 예산이 목표달성에 적합한지 유무 확인

## 2. 지역사회복지 수요자 욕구 파악

### 1) 지역사회복지 수요자의 욕구 파악

#### (1) 지역사회복지 수요자 욕구조사 원칙

① 지역사회 중심, 이용자 중심, 서비스 중심, ② 조사목적: 주민욕구 측정, 프로그램 지정, 예산 배정, 추진 주체별 협동성, 평가 및 환류.

#### (2) 지역사회현황과 욕구조사 방법

① 설문조사: 일반적 특성, 욕구 특성, 서비스평가, 서비스개발, 자원파악과 활용방안, 주민과 지자체 복지기관 연계방안, ② 문헌자료 및 공청회: 소득, 실업, 주택보급률, 의료 및 복지서비스 통계활용, 주민공청회 및 소집단 집중면접 후 사례분석.

### (3) 욕구파악 자료조사 단계

① 계획 수립: 기존자료 분석, 조사대상 및 내용, 일정, 분석방법, 조사기관, ② 설문지 작성 : 초안 작성, 전문가 자문이다.

③ 조사 실시: 표본추출, 조사자 교육, 면접 조사, ④ 분석 및 평가: 자료분석 및 평가, 보고서 작성이다.

### (4) 수요자 욕구조사 내용

① 일반현황: 공급자 위주에서 이용자 위주로 한다.

② 지역주민의 참여 촉진은 복지서비스에 대한 주민의 주체의식 제고, 주민의 복지권 및 지역사회 책임의식 함양, 지역주민의 복지마인드 및 삶의 질 향상이다.

③ 복지위원 최적활용 및 활성화 방안 모색, ④ 지역사회복지계획 모형의 점진적·발전적 연구 도입이다.

### (5) 수요자의 욕구 현황

① 주민욕구 현황

복지대상자 현황 및 장래추이, 조사대상자 생활실태 및 어려움, 복지자원 이용 및 욕구 우선순위, 복지서비스 및 시설이용 수요이다.

② 노인복지 욕구분석사례

• 노인부양문제: 독신 17.4%, 부부가구 21.2%이며, 보건의료 및 재가서비스 욕구 증대, 노인수발보험 시범사업에 재가서비스 욕구 증대, 노인정책 순위는 요양시설 확대, 가정봉사원 파견, 식사제공 서비스이다.

## 2) 프로그램 결정단계

프로그램 결정단계는 13단계로 구분할 수 있으며, 그 내용은 다음과 같다(권일남,

1994: 114-119).

작업원리 개발, 상황분석, 수요자 참여, 수요자의 지적·사회적 발달, 프로그램 작성, 저해요인 파악, 우선순위 결정, 프로그램 융통성, 합법화와 지원, 사회복지분야 선택과 조직화, 프로그램 설계, 지역사회자원 확보, 프로그램 진행결과 및 종합결론 순이다.

**〈표 14-1〉 프로그램 결정단계**

| 단 계 | 주 요 내 용 |
|---|---|
| 1. 작업원리 개발 | • 사회복지, 수요자, 프로그래머, 개발과정, 평가에 대한 신념 확정<br>• 프로그램 목적은 좋은 프로그램 설계와 미참여자의 참여 확대 |
| 2. 환경, 수요자 상황 분석 | • 변화와 개선을 요하는 문제, 논점, 상황, 관심의 확인임<br>• 수요자와 지역사회 분석은 연구, 해석, 판단과정이 요구됨<br>- 수요자 분석, 책임과 역할, 참여자 구조화, 문제와 영역구분 등 |
| 3. 수요자 참여 | • 프로그램 참여, 과정과 수요자 연결, 수요자의 복지동기 유발 |
| 4. 수요자의 지적·사회적 발달 | • 프로그램 진행은 행동적 과정이며, 개인별 특성을 인정하고, 프로그래머는 사회적, 교육적, 경제적 배경을 이해와 고려 |
| 5. 프로그램 작성 | • 프로그램 결정시 조사 분석 내용이 원천이 되어야 함<br>• 프로그램은 목표, 성격, 수준에 맞는 융통성, 응집력이 중요 |
| 6. 사회복지 저해요인 파악 | • 조직철학 인식, 프로그램 운선순위와 재정지원자 신념 불일치, 복지 수요자에 대한 인식 부족, 프로그래머의 태도, 재정의 부적합 |
| 7. 우선순위 기준 | • 의사선택, 목적 구체화, 수요자 선정, 가용자원 결정, 필요한 활동 결정, 사회복지기준 결정에 수요자의 참여 요구 |
| 8. 프로그램 융통성 | • 구체적 요구충족을 위해 적절한 프로그램 경험과 자원의 가용화 |
| 9. 합법화와 지원 | • 프로그래머는 수요자 집단에 의해 합법화되고, 프로그램 실시기관은 지역사회에서 합법화하며, 합법화되지 못하면 방해요인임 |
| 10. 사회복지 선택과 조직화 | • 프로그램 운영의 효과를 높이기 위해서는 사회복지의 목표를 명확히 하고, 배운 것을 실천하게 하며, 욕구에 만족을 느끼게 함 |
| 11. 사회복지 설계 | • 프로그램 진행방법 및 사회복지 참여방법이 요구되며, 프로그램 참여·자원봉사 체험·견학을 통한 현장모습 체득이 필수요소임<br>- 프로그램 목표, 수요자 흥미와 특성, 외적 경험, 필요자원 가용성 |
| 12. 자원 확보 | • 지원의사 결정자의 후원에 대한 적절한 계획수립 |
| 13. 결과 및 사후관리 | • 사회복지 활동 후에는 평가를 통하여 프로그램의 전반적 내용, 운영, 사후지도까지 종합적 결론이 요구됨 |

### 3) 사회복지 프로그램 결정

우리나라의 복지 프로그램의 역사는 매우 일천하고 그 내용도 선진 외국의 프로그램을 번역, 모방을 통하여 비교적 쉽게 필요에 부응한 인재를 양성해 왔다. 사회복지조직의 프로그램 활동은 인력계발 차원에서 신입사원 교육, 현직강화 및 보수교육, 위기극복 훈련, 경력관리 훈련 등 4가지 목적을 위하여 실시되었다(한준상, 1993: 90).

프로그램의 참여자 비율은 17.4%이며, 직장연수 9.1%(교육이수일 12.3일), 직업훈련 2.2%(교육이수일 8.9일), 교양강좌 3.1%(교육이수일 17.1일)로 나타났다. 그리고 직종별로 구분해 보면, 전문 관리직 참여자 비율 44.6%, 사무직 39.5%, 농어업 숙련자 13.7%, 기능노무자 12.5%, 서비스 판매직 11.4%로 나타났다(한국의 사회지표, 1998: 261).

최근 우리사회의 프로그램 개발은 ISD(Instructional System Development) 개념으로 이해되며, 그 범위는 프로그램 명칭과 교육내용 선정, 조직화, 교재개발이다. 프로그램 결정의 구체성은 복지체계 수립과 복지조직 개발로 나누어진다(김진화, 2001: 457). 그 구체적인 프로그램 결정 방법으로 프로젝트팀과 내용전문가 참여를 통하여 체계적으로 이루어지고 있었으며, 직무분석을 위한 워크숍, 각 직무별 조사연구, 지식과 기술 파악, 도구의 추출과정, 개발 프로그램의 파일럿(pilot) 검증이다. 조일현(1994)의 프로그램 결정 단계에서 S-ESD 모델을 살펴보면 다음과 같다(김진화, 2001: 459).

[그림 14-1] S-ESD 모델의 개념도

프로그램 결정의 단계별 내용은 다음과 같다.

제1단계 경영 요구파악은 인적·물적 자원의 제반요소 결정 단계이다.

제2단계 프로그램모델 선정은 워크숍 준비, 패널리스트 선정, 워크샵 진행, 직업모델 선정 순으로 진행된다.

제3단계는 프로그램 필요점 추출단계로 설문지 구성, 검증대상자 샘플링, 설문지 분배 및 수거, 분석 및 결과반영 순이다.

제4단계는 프로그램 필요 수행단계로 지식, 기술, 도구, 속성을 도출하는 과정으로 교육필요 조사결과 공유, 지식과 도구 분류, 참여자 의견조정 후 확정한다.

제5단계는 검증단계이며, 프로그램 검증 체크포인트 준비, 인터뷰, 수정보완 순이다.

제6단계는 프로그램 이수파트화 단계이다. 파트별 프로그램 분석표 작성, 프로그램 이수파트 결정, 조직모델 선정, 선수과목 설정, 프로그램 시간, 내용선정이다.

제7단계는 프로그램 이수파트현업 검증단계로 간부와 수요자 체크포인트 준비 후 인터뷰결과 수정, 보완 단계이다.

제8단계는 프로그램 체계수립단계로 기준마련, 체계작성방법 결정, 프로그램 체계도 작성, 의견수렴, 최종 사회복지 프로그램 결정이다.

## 3. 사회복지 프로그램 목표

### 1) 목표 정의

사회복지 프로그램의 목표 진술은 5가지로 구분되는데 ① 상황, ② 대상, ③ 내용, ④ 직접적 효과, ⑤ 기대효과이다. 즉, 어떤 상황에 있는 어떤 대상에게 어떠한 내용의 프로그램을 제공함으로써 무슨 결과를 기대 또는 직접영향을 미치도록 하는 데 프로그램의 목표가 있다(권두승, 1997: 80-81).

### 2) 목적과 목표의 차이

목적(goal)은 변화노력으로부터 기대되는 결과에 대한 일반적인 진술이다. 사업의 존재이유나 그 사업을 통하여 사회복지발전과 단위사업이 지향하고자 하는 필요성과 당위성을 표현하는 용어이다. 사회복지계획이나 프로그램의 목적은 계획을 세울 때 계획의 큰 방향과 이념과 사상 같은 형이상학적이고, 수치나 확률 등 수학적인 공식으로 표현할 수 없는 말을 할 때 많이 사용한다. 즉, 목적은 포괄적이면서도 긍정적인 표현이다. 그 예로 첫째 사업인 노인들의 우울감 해소를 위한 목적은 노인복지관 이용 노인들의 건강 및 사회적 관계망과 관련된 다양한 문제욕구해결을 통해 전반적 노인들의 우울이 감소됨이다. 둘째 사업인 장애인에 대한 자존감 향상은 장애인에 대한 주민의 이해와 편견해소로 사회의 구성원으로 삶을 영위할 수 있도록 한다.

목표(objective)는 각각의 목적을 측정하고자 구체적으로 수치화하여 진술하는 것으로 프로그램의 궁극적인 목적을 달성하는 것이다. 목표는 과정목표(process objective)와 결과목표(outcome objective)로 구분한다.

목표는 현실적이고 긍정적 표현 중심으로 기술하는 일로 학습기회 제공으로 개인성적 향상이다. 목표는 과정목표로 세부목표가 있으며, 결과목표는 산출목표, 성과목표로 구분하여 사용한다. 세부목표는 계량화한 사업 수행 방법으로 매일 30명의 아동에게 1시간씩 학습 지도를 통해 학습능력을 향상시키는 일과 매월 2~4주차 토요일 2회 문화체험 학습을 통한 학습 동기 부여이다.

#### (1) 목적과 산출·성과목표 예시

산출목표는 사업이나 프로그램을 통하여 수요자들에게 구체적으로 개인과 조직의 변화나 환경에 적응할 수 있는 방법과 요령을 구체적으로 제시하여 변화를 촉진시키는 역할을 한다.

예를 들면, ① 요양시설에 적합한 프로그램 12종 정착화를 위한 프로그램 기획 워크숍이 진행된다. ② 3명의 외부강사로부터 프로그램 진행 기법의 슈퍼비전을 매 회기 15

분간 제공 받는다. ③ 참여 사회복지사별 역량 프로그램을 1종 이상 이수한다. ④ 요양보호직 사회복지사에 의해 진행된 프로그램 통합 사례집이 발간된다.

성과목표는 프로그램을 진행한 후에 나타나는 구체적인 성과를 사전에 예측하여 나열함으로써 수요자들에게 동기를 부여하여 참여의식을 높이는 사업일 경우 많이 사용한다.

예를 들면, ① 노인요양시설 요양보호사들의 책임 역량을 향상시킨다. ② 노인요양시설 및 지역 내 노인들의 우울감 지수를 10% 감소시킨다. ③ 지역주민의 정신장애에 대한 이해를 증진시키고 편견을 해소한다. ④ 자원봉사와 요리학습으로 자존감과 사회성을 향상시킨다.

<table>
<tr><th>목 적</th><th>성과목표</th><th>산출목표</th></tr>
<tr><td rowspan="6">노인복지관 이용하는 노인들의 건강 및 사회적 관계망과 관련된 문제와 욕구해결을 통해 노인들의 우울이 감소된다.</td><td rowspan="4">1. 노인요양시설 요양보호사들의 책임 역량을 향상시킨다.</td><td>1-1 요양시설에 적합한 프로그램 12종 정착화를 위한 프로그램 기획 워크숍이 진행된다.</td></tr>
<tr><td>1-2 3명의 외부강사로부터 프로그램 진행 기법의 슈퍼비전을 매회기 15분간 제공받는다.</td></tr>
<tr><td>1-3 참여 사회복지사별 역량 프로그램 1종 이상을 이수한다.</td></tr>
<tr><td>1-4 요양보호직 사회복지사에 의해 진행된 프로그램 통합 사례집이 발간된다.</td></tr>
<tr><td rowspan="2">2. 노인요양시설 및 지역 내 노인들의 우울감 지수를 10% 이상 감소시킨다.</td><td>2-1 각 영역별(인지, 일상 활동(건강증진), 지역참여, 여가증진, 야외활동) 프로그램을 12종 진행한다.</td></tr>
<tr><td>※ 영역별 문제 및 활용지표<br>- 인지 : MMSE-K에 의한 인지력<br>- 일상 건강증진: 베덱스 ADL에 의한 일상 활동력<br>- 지역참여: 사회적 지지와 참여만족도의 지지층 강화<br>- 여가증진: 프로그램 만족도 증진 여가활용도 증진<br>- 야외활동: 프로그램 만족도 증진 야외활동도 증진</td></tr>
</table>

### (2) 목적과 목표·세부목표 예시

세부목표는 사업의 목적을 달성하기 위하여 방법과 요령을 구체적으로 누가, 언제, 어떤 요령으로 진행하고 참여할 것인가를 나열하는 것이다 예를 들면, ① 주 1회 독거노인 및 저소득층 가정 30명에게 저녁 도시락 배달을 통해 정신장애인에 대한 지역주민들의 편견을 해소한다. ② 월 1회 가족모임을 통해 정신장애인 지지체계를 형성하여 준다. ③ 연 2회 인근지역 경로당 방문 경로잔치 진행으로 지역주민 편견 해소 및 자존감을 향상시킨다. ④ 연 2회 정신장애인에 대한 이해 및 편견해소 캠페인을 실시한다.

| 목적 | 목표 | 세부목표 |
|---|---|---|
| 장애인에 대한 주민의 이해와 편견 해소로 사회의 구성원으로 삶을 영위할 수 있도록 한다. | 1. 지역주민의 정신장애에 대한 이해 및 편견을 해소한다. | 1.1. 주 1회 독거노인 및 저소득층 가정 30명에게 저녁 도시락 배달을 통해 정신장애인에 대한 지역주민 편견해소 |
| | | 1.2. 월 1회 가족모임을 통해 지지체계 형성 |
| | | 1.3. 연 2회 인근지역 경로당 방문 경로잔치 진행으로 지역주민 편견해소 및 자존감 향상 |
| | | 1.4. 연 2회 지역주민 정신장애인에 대한 이해 및 편견해소 캠페인 실시 |
| | 2. 자원봉사와 요리학습으로 자존감과 사회성을 향상시킨다. | 2.1. 주 2회 15명의 정신장애인 ○○종합사회복지관 사회교육 프로그램 중 요리강습 프로그램에 등록, 요리 학습을 통해 자기 발전 |
| | | 2.2. 주 1회 독거노인 및 저소득층 가정 30명에게 저녁 도시락 배달을 통해 자존감 및 사회성 향상 |

### 3) 목표 설정의 방향

#### (1) 방향성

목적 구체화, 참여복지 공동체 구현, 서비스 확충, 합의와 책임성 강화, 이용자 중심의 주체, 분배정의 실현

#### (2) 구조

① 과업목표: 생활과제 목표량, 서비스 체계 구축

② 과정목표: 관심 향상, 주민참여

③ 관계목표: 인간관계 구조변화, 지자체의 사회적·정치적 역학변화

#### (3) 목표 설정

실현 가능성, 과정성과의 객관성, 합리성과 일관성, 공공성과 개선 정도, 주민참여와 공동체 의식

### 4) 프로그램의 목표 설정

#### (1) 비전 및 문제인식

지방 자체 정책, 주민복지 욕구, 자원현황, 지역여건 및 문제점, 관련 정책 분석

#### (2) 환경진단 및 목적 설정

복지과제 선명성과 구체성, 장래추이 진단, 지역 특성 및 지역자원 발굴, 주민 가치 합의로 방향 설정

#### (3) 목표기술 유의점

성과 지향적이며 현실적인 목적 설정, 목적의 명확성, 객관성, 긍정성, 포괄적으로 기술 경험적 추정에 대비할 수 있는 목적, 주민과 지자체 및 중앙정부의 복지와 연계성과 사업효율성 증대방안

#### (4) 프로그램 목표

① 생활문제 극복의 주민참여: 교육기능, 공동체 의식
② 주민주체 지역복지서비스 실현 : 잠재력 개발, 역량강화
③ 종합적 서비스 종합체계 확립: 전문적 상담체계
④ 생활 관련 분야 연계: 복지, 건강, 환경사업의 주민밀착

#### (5) 프로그램 목적 및 목표 설정 사례

사례) 저소득 방임아동의 보호와 학습지원을 위한 야간보호사업

① 목적: 방향성, 포괄적이고도 긍정적인 것

② 목표: 목적 구체화로 프로그램이 궁극적으로 달성하고자 하는 결과

③ 세부목표(산출, 성과목표) : 계량화한 사업수행 방법으로 산출목표는 목표달성을 위한 진행방법(계량화)이며, 성과목표는 산출목표를 통해 얻고자 하는 목표치임

### 5) 기관 미션과 관계성 관련 지식

#### (1) 기관의 미션

기관의 미션인 업무환경(과업환경)의 세부조건은 재정자원 제공자, 합법성과 권위 제공자, 수요자 제공자, 보충적 서비스 제공자, 조직의 산출물을 소비·인수하는 자, 복지조직과 경쟁하는 조직이 있다(한동일, 2011: 120).

첫째, 재정자원 제공자란 재정지원을 제공하는 중앙 및 지방정부, 기업체, 공동모금, 개인후원, 유료 클라이언트 등이다. 우리나라는 대부분 국가보조에 의존하고 있으며 앞으로 과제는 기부문화를 정착시키는 일이다.

둘째, 합법성과 권위 제공자로 사회복지조직에 대하여 사회적 지지와 정당성 및 권위를 제공하는 사람이다. 권위 제공자는 정부, 공적 사회복지 전달체계, 사회복지 관련 협의회, 의회, 운영법인, 시민단체이며, 정당성 확보와 사회적 승인은 지역사회와 클라이언트 집단, 전문가 집단에 의해서 인정된다.

셋째, 클라이언트 제공자는 직접 서비스 대상이 개인과 주민 그리고 클라이언트를 의뢰하는 타 조직, 집단, 개인이 될 수 있으며 정부기관과 학교가 된다.

넷째, 보충적 서비스 제공자는 사회복지조직이 모든 서비스를 다할 수 없기 때문에 기타 조직과 긴밀한 협조와 연계구축이 요구되며, 전문기관에 보충적 서비스를 의뢰하게 된다. 예를 들어 알코올 치료와 자폐아 치료가 될 수 있다.

다섯째, 조직의 산출물을 소비·인수하는 자는 클라이언트와 그 가족, 기관, 시설, 지역사회, 국가가 포함된다. 사회복지조직에서 문제가 있는 클라이언트를 치유한 후에는 일반인으로 받아들여(인수자) 활용할 조직(소비자)이 필요하다.

사회복지조직의 업무환경은 재정자원 제공자로 중앙 및 지방정부와 기업체, 공동모금회, 후원자, 유료 클라이언트이며, 합법성과 권위 제공자는 정부와 공적 사회복지체제, 의회, 운영법인, 시민단체이다. 그리고 클라이언트 제공자는 정부기관과 학교이며, 보충적 서비스 제공자는 전문기관으로 알코올 치료와 자폐아 치료 전문가이고, 문제가 있는 클라이언트가 치유되면 일반인으로 받아들이는 인수자가 필요하며 활용할 조직인 소비자가 필요하다.

### (2) 기관의 관계성

조직환경을 가장 먼저 거론한 학자는 Gaus와 Riggs이다. Gaus는 환경요인으로 주민, 장소, 물리적 기술, 사회적 기술, 욕구와 사상, 재난 및 인물을 제시하였으며, Riggs는 경제적 기반, 사회적 구조, 이데올로기, 의사전달 및 정치체제를 지적하였다(Riggs, 1964: 4; 유영옥, 1997: 47, 한동일, 2011: 121).

조직의 환경요인을 Athos와 Coffey는 ① 최고책임자, ② 조직의 목표·규모·장소·구조·역사, ③ 산출서비스의 내용, 종류, 기술, ④ 직무분담 및 업무절차, ⑤ 구성원 출신배경, 역할, 지위, 가치관을 지적하고 있다(Athos & Coffey, 1968: 36-43; 유영옥, 1997: 48).

조직의 풍토나 분위기 연구는 1960년대 초에 Halpin과 Crofts에 의해 제시되었으며, 그 내용은 다음과 같다(한동일, 2011: 122).

① 업무나 일 또는 직장에 대한 만족도나 성취도 등을 포함하는 조직구성원의 집단의식(spirit)

② 조직구성원에 대한 배려(consideration)

③ 생산 지향적(production orientation) 지도관리

④ 조직구성원 각 계층 간의 격리감과 냉담성(aloofness)

⑤ 업무수행에서의 이탈(disengagement)

⑥ 업무의 과중성과 업무수행에 대한 방해요인(hindrance)

⑦ 구성원 사이의 친밀감(intimacy)

⑧ 동기부여(motivation)나 직무수행과정에서 나타나는 조직의 박력감이나 압박감(thrust)

위와 같은 요소를 종합해 보면, 조직의 내적 환경요인은 조직이 수행하는 기본업무의 성격과 조직원의 마음가짐이 중요하며, 조직의 경제력과 이념, 조직의 목표와 절차, 리더십 유형, 조직구조와 업무분담의 균형, 조직원의 가치관과 사회문화적 배경, 조직 외적 기관단체와 연계 정도 등에 따라 그 환경의 요인은 크게 달라질 수 있다.

미래 조직의 선진화를 위해서는 건실하고 사회에 유익한 조직문화를 발전시켜야 한다. Deal과 Kennedy는 조직문화의 요소로 ① 환경, ② 기본가치, ③ 중심인물, ④ 의식과 예식, ⑤ 관계망을 지적하고 있다(유영옥, 1997: 233). 조직의 환경은 법규와 고객 그리고 정부정책에 영향을 받으며, 기본가치는 구성원의 신념과 기본가치이고, 중심인물은 리더로서 그 조직의 중대성이 큰 영향을 미친다. 그리고 조직원의 의식과 관습, 조직목적을 전달해 주는 매체로서의 조직의 문화망도 중요한 요소로 지적되고 있다.

### 6) 목표 설정 방법

목표를 설정하는 방법은 학습결과에 기초한 방법(DLO), 면허 및 인증에 기초한 방법(C/L방식), 상황에 의한 방법(DMLC), 교수자 강점과 요구의 방법(ISN), 수요자의 관찰된 요구에 의한 방법(LON), 수요자의 표현된 요구에 의한 방법(LEN)이 있다(김진화, 2001: 287-289).

#### (1) 결과에 기초한 방법(DLO: Desired Learning Outcomes)

수요자에게 일어날 수 있는 행동변화는 지적기능, 인지전략, 언어정보, 태도, 운동기능이다(Gagne, Briggs, 1998). 이러한 방식은 학습자가 경험한 교육내용을 기초로 하여 프로그램 목적이 설정되며, 수요자가 앞으로 학습할 구체적 내용(contents)과 기능(skill)이 있을 때 쉽게 수행될 수 있다. 이러한 필요요소는 과업과 내용분석에 의하여 결정되며,

수요자들에게 목표와 과정을 통한 도달점을 확인하여 주는 것은 중요하다.

### (2) 면허 및 인증에 기초한 방법(C/L: Certification/Licensure tests)

수요자들은 참여 전에 면허조건이나 인증조건을 인식하며, 수요자들이 목표에 대해 잘 알 수 있도록 조치함은 중요한 일이다. 수요자들을 직접 만나 관찰하고 일상생활 속에서 기능과 지식을 깨달을 수 있도록 하는 것이며, 특정한 직무수행을 위하여 필요한 기능을 충분히 이해하는 것은 목적과 목표를 스스로 깨닫는 기회이기 때문에 중요하다.

### (3) 상황에 의한 방법(DMLC: Decision Maker Learning Context)

목표가 의사결정권자에 의해 학습상황이 조성되고 최종적으로 목표가 결정된다는 것을 의미한다. 상황에 영향을 미치는 의사결정권자는 목표를 자세히 제시할 수 있다. 슈퍼바이저는 어느 정도까지 타협할 것인가를 스스로 결정하여야 하며, 그 결정은 정치적 필요성과 밀접한 관계를 맺는다.

### (4) 교수자 강점과 요구에 의한 방법(ISN: the Instructor's Strengths/Needs)

목표가 복지사와 깊은 관련성을 가질 수도 있으며, 이는 편의성 위주의 의사결정이라고 할 수 있다. 복지사가 특정 영역의 전문가이면서 기술을 소유한 자라 할지라도 목표를 설정할 때는 반드시 다른 방법과 연계되어 활용될 필요가 있다.

### (5) 수요자 요구에 의한 방법(LON: Learner's Observed Needs)

가장 바람직한 방법의 유형으로 수요자의 요구분석이 체계적으로 이루어졌을 때 그렇다. 수요자 요구분석방법은 개인적인 경험활용법, 전문가의 조언법, 집단조사 연구기법(인터뷰, 집단활동, 관찰, 표준화된 도구사용, 설문지법) 등 매우 다양하다.

### (6) 수요자 표현에 의한 방법(LEN: Learner's Expressed Needs)

수요자들이 일상적으로 필요하고 배우기를 원하는 것을 기초로 목표가 설정되는 방식이며 개인적인 발달과 레크리에이션과 같은 특정 프로그램을 선택함으로써 수요자의 참여가 이루어진다. 이와 같은 학습목표는 3단계를 거쳐 설정된다.

제1단계는 사회복지사는 교육비용, 인증 및 면허, 상황, 교수자의 장점과 약점, 수요자의 표현된 요구와 경쟁목적(competing goals)에 대해 뚜렷하게 인식하여야 하고, 제2단계는 경쟁목적들 중에서 가중치를 부여하고 우선순위를 결정할 수 있어야 하며, 제3단계는 수요자의 요구 및 필요에 가장 일치하는 목적을 달성해야 한다. 목표는 환경, 학습자, 내용, 설계, 열망, 동기 등 6가지 상호작용에 의하여 규정된다. 환경은 사회적, 심리적 상황의 상호작용이며, 수요자의 속성은 교육목표 설정에 중요한 요소이고, 내용은 구체적 프로그램 목표가 진술되어야 하며, 목표와 내용은 상호 밀접한 관계를 유지하여야 하고, 사회복지사와 수요자 열망은 목표와 관계되며, 동기는 프로그램 목표 추구에 중요한 영향을 미친다(김진화, 2001: 291).

### 7) 프로그램의 목표 설정

프로그램 목적을 설정하기 위해서는 프로그램의 지향목표와 그 목표를 설정하기 위한 사실에 근거한 의도를 명시해야 한다(김진화, 2001: 278).

첫째, 기초적인 자원으로 국가와 지방자치단체가 지향하는 사회적 이념을 알고 그에 상응하는 프로그램과 정책을 반영해야 한다.

둘째, 재정지원의 정부나 단체, 기타 기관의 영향력이 방향을 설정한다.

셋째, 사회적·문화적 속성과 동향과 주변 변화에 따라 목적이 설정된다.

넷째, 사회복지기관 설립 목적에 따라 프로그램 목적이 중요한 근거가 된다.

다섯째, 수요자의 성장, 발달, 욕구, 필요, 문제해결이 중요한 근거가 된다.

프로그램의 목적 진술은 5가지로 구분되는데 ① 상황, ② 대상, ③ 내용, ④ 직접적 효과, ⑤ 기대효과이다. 즉 어떤 상황에 있는 어떤 대상에게 어떠한 내용의 프로그램을 제공함으로써 무슨 결과를 기대 또는 직접영향을 미치도록 하는 데 프로그램의 목적이 있다.

이와 같은 내용을 바탕으로 하여 프로그램의 목표는 다음과 같다(권두승, 1997: 80-81).

첫째, 수요자의 행동변화를 위한 복지사 노력의 의미부여와 방향성을 제시하도록 논리적이고 합리적인 틀을 제공해 준다. 둘째, 수요자를 분석하여 정치화, 정의함으로써 수요자 특성 및 리더자를 확인하고 그들의 욕구를 충족시켜 줄 수 있는 여건(확인, 사정, 분석)을 바탕으로 프로그램을 설계하여 이행할 수 있는 조직과 수요자를 연결시키는 수단을 제공하여야 한다.

〈표 14-2〉 **프로그램 목적 진술의 구성요소**

| 단계 | 구성요소 | 내용 |
|---|---|---|
| 1 단계 | 상 황 | 수요자 환경, 주변여건, 상태 명시 |
| 2 단계 | 대 상 | 수요자 프로그램 참여계층, 특성 명시 |
| 3 단계 | 내 용 | 제공될 프로그램 구체적 내용 명시 |
| 4 단계 | 직접적 결과 | 프로그램 결과 즉시 변화된 특성 명시 |
| 5 단계 | 기대효과 | 프로그램 결과 후 나타날 기대효과 명시 |

셋째, 수요자의 생활양식 체제에 장기적이고 적극적인 영향을 미치도록 비전 있는 지도력과 적극적 행동의 핵심을 보여주는 활동을 제공한다. 넷째, 활동을 통하여 얻을 수 있는 상황을 조성하여 조직에 기회를 제공한다. 다섯째, 사회복지를 제도적으로 행·재정적 지원과 협력을 하기 위하여 정부와 지방자치단체, 그리고 지역사회의 특성과 여건에 적합한 프로그램 목표로 지역주민, 부녀층, 청소년층의 참여를 확대한다.

## 8) 목표에 대한 평가방법

목표에 대한 평가는 성과목표 평가와 평가방법으로 구분할 수 있다.

성과목표에 대한 평가는 요양시설에 대한 평가를 예를 들어 설명하면 다음과 같다. 평가항목으로 ① 요양시설에 적합프로그램 12종 정착, ② 참여 요양보호직 사회복지사의 역량 강화, ③ 통합 프로그램 사례집 발간, ④ 제천시 거주 노인들의 문제해결 등이다.

목표에 대한 평가목표는 평가지표, 자료원, 자료수집 방법, 자료수집 시기로 구분하여 진행한다. 평가지표를 예를 들면, ① 계획 프로그램 12종의 세부 계획서 및 평가서가 작성된다. ② 참여 사회복지사별 프로그램이 1종 이상 부여되고 영역별 목표 결과가 달성된다. ③ 참여 사회복지사 스스로 자신의 전문 프로그램이 있음을 만족한다. ④ 요양보호직 사회복지사의 참여에 의한 통합 사례집이 발간된다. ⑤ 우울 정도가 현 상태보다 감소된다. ⑥ 인지력이 현 상태로 유지된다. ⑦ 일상 활동력이 현 상태보다 증진된다. ⑧ 사회적 지지 향상으로 생활의 만족이 높아지면서 프로그램 만족도가 긍정적으로 나타난다. ⑨ 여가활용 증진에 의해 프로그램 만족도가 긍정적으로 나타난다.

평가자료원은 ① 세부계획서와 P.G평가서 일지, ② 워크숍 결과와 P.G평가서, ③ 만족도 조사결과지, ④ 월 평가, 반기평가, 최종평가서, ⑤ 한국형 노인간 우울척도, ⑥ 상담일지, ⑦ 생활만족도척도, ⑧ 참여만족도, ⑨ P.G만족도 등이다.

자료수집방법은 개인별 제출방법, 참석자 관찰, 만족도 조사, 사전사후검사, P.G 전후 상담 및 만족설문조사, 사전사후 만족도 조사 등이다.

자료수집 시기는 전 기간, 매월, 분기별, 필요시 언제든지 할 수 있다.

| 성과목표 | 목표에 대한 평가방법 | | | |
|---|---|---|---|---|
| | 성과지표 | 자료원 | 자료수집방법 | 수집시기 |
| 요양시설에 적합프로그램 12종 정착 | 계획 프로그램 12종의 세부 계획서 및 평가서가 작성된다. | 세부 계획서<br>P.G평가서 일지 | 개인별 제출 | 전 기간 |
| 참여 요양보호직 사회복지사의 역량 강화 | 참여 사회복지사별 프로그램이 1종 이상 부여되고 영역별 목표 결과가 달성된다. | 워크숍 결과<br>P.G평가서 | 참석자 관찰<br>개인별 제출 | 전 기간 |
| | 참여 사회복지사 스스로 자신의 전문 프로그램이 있음을 만족한다. | 만족도 조사 | P.G 종료 후 만족도 조사 | 11월 |
| 통합 프로그램 사례집 발간 | 요양보호직 사회복지사의 참여에 의한 통합 사례집이 발간된다. | 월 평가, 반기평가<br>최종평가 | 제출 | 매월, 5월<br>12월 |
| 제천시 거주 노인들의 | 우울 정도가 현 상태보다 감소된다. | 한국형 노인간 우울척도 | 사전사후검사 | 2월 / 11월 |

| 성과목표 | 목표에 대한 평가방법 | | | |
|---|---|---|---|---|
| | 성과지표 | 자료원 | 자료수집방법 | 수집시기 |
| 문제 해결 | 인지력이 현 상태로 유지된다. | MMSE-K | 사전사후검사 | 2월 / 11월 |
| | 일상 활동력이 현 상태보다 증진된다. | 상담일지: 참여자 증진정도 상담 P.G만족도설문 | P.G 전 상담 P.G 후 만족설문 | 2월 / 11월 |
| | 사회적 지지 향상으로 생활의 만족이 높아지면서 프로그램 만족도가 긍정적으로 나타난다. | 생활만족도척도 참여만족도 | 사전사후검사 | 2월 / 11월 |
| | 여가활용 증진에 의해 프로그램 만족도가 긍정적으로 나타난다. | P.G만족도 | 사후 만족도 조사 | 각 프로그램 시행 후 |

## 4. 사회복지 세부 프로그램 수립

### 1) 지역사회 자원 분석 및 공급

#### (1) 공공 및 민간부문 자원분석

복지예산은 아동보육, 청소년, 가족, 노인, 장애인, 저소득예산을 분석하며, 노인복지 자원은 생활시설, 재가시설, 이용자원을 조사한다. 노인이용시설 여가 및 재가서비스는 여가 및 재가서비스를 분석하며, 노인재가시설은 가정봉사원 파견, 주간보호, 단기보호 서비스를 알아본다.

#### (2) 수요 및 공급분석

노인, 장애인, 저소득 등 시설 및 프로그램 수요조사와 사회복지관 및 시설 수와 이용자 현황, 프로그램 운영 및 참여율을 조사하며, 차후 복지관 및 시설 증축과 이용률 증대 분석, 프로그램을 개발하여야 한다.

## 2) 세부 프로그램 설계

### (1) 교수 목표와 내용을 구체적으로 제시한다.

주차별 계획서에 주로 제목만 제시되는 경우가 많은데, 제목과 함께 내용에 대해서도 간략하게 소개하는 것이 좋다. 교수 목표를 진술하는 방법도 여러 학자들에 의해 다양하게 제시되었으나, 일반적으로는 다음과 같은 원칙에 기초를 두고 진술하는 경향이다(차갑부, 2010).

- 교수자의 행동이 아니라 학습자의 행동으로 기술한다.
- 수업이 끝났을 때 학습자에게 기대되는 행동결과를 진술한다.
- 구체적이고 명료한 행동용어로 기술한다.
- 하나의 수업목표 속에는 하나의 개념만 들어가는 단일문장으로 진술한다.

### (2) 교수법 및 자료를 작성한다.

교수자가 사용하는 교수법 및 학습법은 학습자의 학습 목표에 적절하게 제시되어야 한다. 어떤 방식으로 전개할 것인가와 어떤 수업 자료가 필요한가에 대한 정보가 포함되어야 한다. 강의식, 토론식, 체험식, 발표식 등은 수업 기법이고, 파워포인트 및 영상물 등은 수업을 위한 보조물로 수업 자료이다.

### (3) 수업마다 학습 목표를 약속한다.

사회복지사가 세운 수업계획이 수요자들로 하여금 학습 목표에 대한 열정을 불러일으키게 하기 위해서는 수업 시작 전에 학습자들이 무엇을 학습해야 하는지, 수요자들로 하여금 무엇을 하게 할 것인지, 즉 어떠한 약속을 해 줄 수 있는가에 중점을 둔다.

또한 수업의 전반적인 내용과 일정이 계획서대로 이루어지는지 매주 확인하며 평가한다. 이는 학습효과에 도움이 되며 수요자들이 무엇을 학습하였는지 복습, 예습에도 영향을 미친다.

### 3) 세부 프로그램 작성

세부 프로그램 설계 후에는 프로그램 활동을 효과적으로 할 수 있도록 교안을 개발하여야 한다. 교안작성은 도입, 전개, 종결의 3단계로 구성한다(김종표, 이복희, 2010b).

#### (1) 지역사회보장계획 작성 실제

① 수립 방법: 복지욕구와 자원파악 현장조사 실시, 전문가 간담회, 내용 20일 이상 공고하여 주민 의견 수렴, 주민공청회

② 수립 시기: 4년마다 수립, 연차별 시행계획은 복지협의체 심의를 거쳐 매년 수립(전년도 11월 말까지)

③ 지역사회보장계획서 작성 사례

- 변화방향 예측: 지역 특성, 주민욕구 파악, 자원 파악과 활용
- 관련 정책 검토: 문제점 도출, 사업영역 및 방법, 지역 현안 분석
- 비전, 목표 설정: 계획 수립 방향 설정, 재원의 분배, 주민복지의 효율화
- 분야별 목표 결정: 지역 특성에 맞고, 대수 주민과 요보호대상자 중심
- 세부계획 수립: 목적, 방침, 세부계획, 업무분장, 시기별 임무, 예산계획
- 기반조성계획 수립: 전달체계, 재정조달 계획, 인력수급 계획
- 지역사회보장계획에 포함할 내용
  - 구상계획: 이념, 현황, 지역문제와 과제, 목표 설정
  - 과제계획: 정책개발, 달성목표, 내용, 기간 설정
  - 실시계획: 구체적 추진내용, 연도, 분담, 서비스 배분
  - 평가계획: 적절성, 수요자 충족도, 수요자 참여와 조직화 정도, 환경의 질, 성 주류화, 파급효과성, 책임소재 평가
  - 세부사업 내용: 성과목표(달성하고자 하는 목표)에 따른 프로그램별 수행방법, 수행시기, 수행인력, 참여인원, 시행횟수 및 시간계획 첨부
  - 지역사회복지 환경의 변화는 지방자치의 복지 패러다임 변화, 복지역량 극대화, 관민 파트너십 협력, 주민복지네트워크 구축이다. 사회복지사업법 개정(2003)으

로 시군 단위 복지계획 수립(2019년 4년마다), 주민욕구 반영의 정책개발, 지자체 재정이양과 역할 책임 강화이다. 지역사회 변화와 복지욕구 다양화는 가치관, 생활양식, 사회구조변화에 따른 복지의 종합화와 보편화이며, 주민복지 대책은 주민욕구 충족, 공동체 해체, 주민협력의 사회구조 형성이다.

– 지방자치단체의 역할

계획실시는 종합서비스 연계: 지자체, 주민, 공무원, 복지조직, 주기적인 집행실적 및 과정평가, 민간위탁 후 재정지원, 지도감독이다.

행정체제 정비는 전달체계 효율적 기능부여, 보건복지와 여가문화 및 교육 주거, 교통으로 연계, 생애 주기별 서비스체계 구축, 복지기관 간 유대이다.

인력재정 확보는 실질적, 구체적 재정 확보전략, 전문 인력과 복지조직 활용 계획수립, 복지시설 인프라 구축과 재가복지 확충, 지역자원 발굴과 활용방안. 복지인프라 확충은 통합서비스는 이용자 중심, 보편적 복지로 전 주민복지 구현, 소복지권 인프라 구축으로 지역 간 복지서비스 조정이다.

## 5. 사회복지 프로그램 예산수립

### 1) 사회복지 프로그램 예산수립

사회복지 프로그램 예산수립은 관·항·목 세목 총계로 구분하여 수립한다.

관·항은 사업비, 사업관리비로 구분한다. 항은 사업명칭을 기재하며, 목은 사업비, 관리운영비로 나눈다. 세목은 강사비, 재료비, 전시회, 홍보비, 연구비 등으로 세분하여 기재한다. 산출근거는 통상 정부에서 제시하는 정부고시단가를 기준으로 작성하는 것이 통례이다. 예산조달계획은 신청액과 자부담을 선정하여 기재하되 백분률을 함께 기재해 준다. 자부담은 자체예산인지 또한 회비나 기타 수입인지를 명시해 주어야 한다. 예산단위는 통상적으로 천원단위로 한다.

## 2) 예산계획(안)

<table>
<tr><td>관</td><td colspan="8">사업비</td></tr>
<tr><td>항</td><td colspan="8">공동모금회 “성안나 학교” 사업비 단위: 천원</td></tr>
<tr><td rowspan="2">목</td><td rowspan="2">세목</td><td rowspan="2">계</td><td rowspan="2">산출근거</td><td colspan="5">예산조달 계획</td></tr>
<tr><td>신청액</td><td>비율<br>(%)</td><td>자부담</td><td>비율<br>(%)</td><td>자부담</td></tr>
<tr><td colspan="2">총 계</td><td>20,233</td><td></td><td>16,233</td><td>100</td><td>4,000</td><td>100%</td><td></td></tr>
<tr><td rowspan="8">사업비</td><td>강사비</td><td>4,480</td><td>3급 1명(00공방) x 32주 x 1시간 = 2,240<br>3급 2명 x 16주 x 1시간 = 2,240천원</td><td>4,480</td><td>27.6</td><td>-</td><td>-</td><td>-</td></tr>
<tr><td>기획<br>워크숍</td><td>759</td><td>전문가특강 2명 X 1시간 =200<br>워크숍 문구재료비 50천원<br>교재대(서적구입) 20 X 17명= 340<br>중식 17명 X 5 = 85<br>간식 17명 X 2 = 34</td><td>759</td><td>4.7</td><td>-</td><td>-</td><td>-</td></tr>
<tr><td>주간<br>프로그램<br>재료비</td><td>7,344</td><td>1. 치매몬테소리<br>12명 X 1천원 X 32회기 = 384천원<br>2. 원예교실<br>12명 X 2천원 X 32회기 = 768천원<br>3. 요리교실<br>15명 X 3천원 X 32회기 = 1,440천원<br>4. 기능별 작업 활동<br>24명 X 1천원 X 32회기 = 768천원<br>5. 은혜공방<br>15명 X 5천원 X 32회기 = 2,400천원<br>6. 음악교실<br>15명 X 5백원 X 32회기 = 240천원</td><td>7,344</td><td>45.2</td><td>-</td><td>-</td><td>-</td></tr>
<tr><td>사회적<br>프로그램</td><td>5,700</td><td>노인의 날 및 팔순구순잔치<br>- 음식 준비비 1,500천원(150명분)<br>- 행사소모품 및 부대 준비비 500천<br>어버이날 축하 행사<br>- 음식 준비비 1,500천원(150명분)<br>유적탐사<br>- 버스대여비 500천원 X 2회 = 1,000천원<br>- 중식 50명 X 2회 X 5천원 = 500천원</td><td>1,700</td><td>10.5</td><td>4,000</td><td>100%</td><td>자체<br>예산</td></tr>
<tr><td>전시회</td><td>200</td><td>- 전시회 재료비 준비 200천원</td><td>200</td><td>1.2</td><td>-</td><td>-</td><td>-</td></tr>
<tr><td>평가<br>홍보비</td><td>1,050</td><td>- 제본비 10천원 X 50부 = 500천원<br>- 프랭카드 5장 X 30천원 = 150천원<br>- 홍보용 팜플렛 1000부 400천원</td><td>1,050</td><td>6.5</td><td>-</td><td>-</td><td>-</td></tr>
<tr><td>연구비</td><td>200</td><td>- 관련서적구입비<br>20천원 X 10권 = 200천원</td><td>200</td><td>1.2</td><td>-</td><td>-</td><td>-</td></tr>
<tr><td>소 계</td><td>19,733</td><td></td><td>15,733</td><td>96.9</td><td>4,000</td><td></td><td></td></tr>
<tr><td rowspan="2">관리<br>운영비</td><td>전산소모<br>품비용</td><td>500</td><td>- 프린터잉크 30천원 X 10개 = 300천원<br>- 프린터 1대 200천원</td><td>500</td><td>3.1%</td><td>-</td><td>-</td><td>-</td></tr>
<tr><td>소 계</td><td>500</td><td></td><td>500</td><td>0</td><td>0</td><td></td><td></td></tr>
</table>

# 6. 사회복지 프로그램 평가

사회복지 프로그램 과정평가는 원활한 진행을 위해 진행과업의 달성 여부를 평가하는 것으로 일정표에서 설정된 진행과업(클라이언트 참여확보, 홍보 등)의 시기별 공정표를 작성하여야 한다. 수행시기는 각 진행과업별로 분기별, 월별 등 어느 구분이나 가능하며 또한 진행과업의 달성 여부를 평가할 수 있는 평가방법을 제시하여야 한다(월별 클라이언트 대장, 사회복지사의 업무일자 등). 여기서 제시한 진행과업의 수행시기별 목표달성 정도를 평가하여 중간보고서에 기재하여야 하며, 목표가 미달성되었을 경우 그 사유와 이에 대한 대처방안을 상술하여야 한다.

사회복지 프로그램 평가란? 프로그램을 구성하는 기본요소와 성질을 파악하고, 요소를 응용하는 방법과 값을 측정하여 기술하는 과정이다. 이를 구체적으로는 프로그램에 대한 투입과 기본요소, 응용과 효과적인 방법을 명시된 기준에 얼마나 달성했는지, 적절했는지, 효율성 정도를 분석하고 판단하는 일이다. 김형식(1999)은 평가란 하나의 프로그램이 거치는 발달과정에서 성취되는 결과를 자원투입, 효과, 효율, 이용자의 만족도 등을 기준으로 하여 체계적인 자료를 분석하는 모든 행위로 프로그램 전반에 걸친 총괄적인 정보수집과정으로 정의하였다.

## 1) 평가지표

프로그램의 효과가 있다는 것은 결국 설정된 목표가 프로그램의 실시로 달성되었다는 것을 의미한다. 따라서 프로그램 시행의 효과를 평가하기 위해서는 목표달성 정도를 정확히 반영할 수 있는 지표가 선정되어야 한다. 각 목표에 대한 지표가 단일지표 또는 여러 지표일 수도 있다. 여러 지표일 경우에 그 지표들은 논리적으로 하위목표의 달성 여부를 반영하는 것이어야 한다.

## 2) 측정도구

지표상의 변화를 측정하기 위해서는 구조화된 측정도구가 사용되어야 한다. 그 측정도구가 의도한 바대로 지표상의 변화를 제대로 측정할 수 있는지 여부를 알기 위해서는 측정도구의 타당도와 신뢰도가 검증되어야 한다. 만일 측정도구가 타당하지 않다면, 그 변화가 유의미하게 나타났다 하더라도 그 측정도구가 의도한 바를 측정하지 않은 것이기 때문에 프로그램의 효과가 있다고 볼 수 있다.

## 3) 프로그램 평가기준

OECD/DAC(2000)에서는 1991년 5개의 평가기준을 마련하여 발표하였다. 적절성, 효과성, 효율성, 영향력, 지속가능성으로 구분하였다. 이를 구체적으로 알아보면 다음과 같다.

### (1) 적절성

적절성이란 사회복지 프로그램이 수요자들에게 얼마만큼 그들의 욕구를 잘 반영하여 해결하고 있는지와 복지기관과 지역사회의 자원과의 연계성, 수요자 스스로가 느끼는 프로그램에 대한 선호도 등 얼마만큼 적절하게 수요자와 지역사회발전에 적절하게 활용되고 있는지 정도를 말한다.

### (2) 효과성

효과성이란 사회복지 프로그램이 얼마만큼 수요자들에게 효과적으로 활용되고 있는지에 대한 내용이다. 즉 사회복지의 공공성의 철학적 의미는 담고 있는지, 사회복지의 방향성은 사회와 수요자들이 원하고 있는 방향으로 선정되었는지, 수요자 개인, 사회, 가정과의 연계가 효과적으로 이루어지고 있는지를 알아보아야 한다.

### (3) 효율성

효율성이란 사회복지 예산 대비 그 효율 정도를 비율로 알아보고 수치화할 수 있어야 한다. 비율, 확율, 예산 대비 소요액, 산출근거와 결산 등이 해당된다. 효과성이 다소 이상적으로 추구하고자 하는 내용이라면, 효율성은 이를 구체적으로 수치화하여 명확한 데이터를 가지고 설명하고 수요자들의 욕구충족 정도를 파악하는 일이다.

### (4) 영향력

영양력이란 수요자 자신에게 미치는 영향을 기본으로 하여 가족과의 영향 정도, 지역사회와 영향도, 복지기관과의 친밀 정도, 수요자의 자활의지와 자립에 미치는 직간접적인 영향을 평가하여 활용하고 응용하는 일이다.

### (5) 지속가능성

지속가능성이란 사회복지 프로그램을 얼마만큼 지속적으로 실행할 것인지를 알아보는 일이다. 이때 중요한 일은 복지예산 대비 지출에 따르는 효과성과 효율성 정도, 수요자들의 만족도, 지역사회와 복지시설과 기관과의 네트워크, 중앙정부와 지자체의 복지 방향과 일치성 정도, 수요자 삶의 질에 미치는 영향 등을 분석하여 결정하는 일이 중요하다.

이 외에도 성주류화와 환경의 질에 대한 평가도 주로 이루어지고 있다. 성주류화 평가는 여성들이 프로그램에 얼마만큼 참여하는지와 스스로 참여하는지, 적극적으로 참여여부, 여성들이 무엇을 원하고 있는지를 알아서 반영하고 평가하는 일이다. 환경의 질 평가는 프로그램이 인간이 살고 있는 우리 주변의 환경에 미치는 영향과 내용이 적절한지, 프로그램의 기획과 운영이 환경을 생각하면서 이루어지고 있는지 여부를 파악하여 적용하고 활용하는 일이다.

## 4) 성과에 대한 평가

### (1) 효과성

많은 사회복지기관들은 프로그램에 참가하고 있는 클라이언트가 얼마나 변화하였는가 혹은 성과가 일어나는가를 측정하기 위해 목표 지향적 방법(outcomeoriented approach)을 활용한다. 평가자는 목표 지향적 접근을 활용하여 프로그램이 달성하고자 했던 것을 성취하였는지를 묻는다. 이 접근법의 저변에 있는 논리는 프로그램이 설정된 목표를 달성했는가 하는 기준이다.

### (2) 효율성

프로그램 평가에 있어 비용효과분석의 기본개념은 프로그램의 결과를 그것을 얻는데 소요된 비용과 연관시키는 것이다. 비용효과분석은 결과와의 등식이다.

첫째, 프로그램 비용을 산출할 때는 모든 프로그램을 동시에 실시하는 것이 바람직하다. 행정적 비용은 동시에 모든 프로그램에 배분되기 때문에 이 방법을 활용하는 것이 쉬울 뿐만 아니라 실수를 막는 데 도움이 된다.

둘째, 프로그램 참여 직원비용은 양식에 의거 산출될 수 있으며, 프로그램 참여 직원에 이사 직위보다 높은 행정인사를 포함해서는 안 된다. 임금은 월 단위로 산출되고 각 프로그램의 배정비율에 의해 비용이 배분된다.

### (3) 만족도

프로그램이 끝난 후 서비스이용자가 주관적으로 느끼는 프로그램에 대한 만족도는 매우 중요한 측정[3]지표가 된다.

---

3) 측정방법은 다음과 같이 4가지의 주요한 유형으로 나누어질 수 있다.
  ① 수치 세기: 단순히 명목적 내용을 계산하는 것으로 서비스이용자의 조건, 상태, 행동을 측정하는 데 일반적으로 사용된다(삶의 질 변화가 일어난 서비스이용자의 수).
  ② 표준화된 도구: 서비스이용자의 변화를 측정하기 위해 사용된 정형화된 사전/사후 테스트로 서비스이용자의 인지, 감정, 태도를 측정하는 데 일반적으로 사용된다(사회적응도 검사도구 등).
  ③ LOF(level of functioning scales): 서비스이용자, 가족, 사회적 기능을 측정할 때 나이나 인종, 기타

평가부분을 과학적으로 설계할 수도 있겠지만 가장 손쉽게는 설문지, 소감문, 일지 등을 평가의 도구로 기재해 볼 수 있겠다. 손쉬운 평가척도를 들면 동일한 설문지를 프로그램 실시 전(사전)과 실시 후(사후) 대비를 통하여 변화 정도를 측정하는 방법이 있다. 그러나 계량화된 평가가 지금까지는 우선적으로 중요시되었지만 질적 평가도 못지않게 다루어져야 한다. 구조화된 평가척도에서 나타낼 수 없는 클라이언트의 주관적 만족도와 효과는 질적 평가방법이 중요하다(클라이언트의 행동변화 정도 체크, 상담내용 기록 등). 평가척도로 설문지뿐만 아니라 사진자료, 영상물, 인터뷰 내용 등 다양한 매체를 활용할 수 있다.

**〈표 14-3〉 프로그램의 평가방법**

| 성과 평가 | 자존감 향상 | 올바른 직업관 형성 | 약물남용 예방 | 건전한 여가활동 | 지각·결근 일수의 감소 | 서비스의 질적 향상 | 안전사고 발생률 감소 |
|---|---|---|---|---|---|---|---|
| 평가 지표 | 자아인식도<br>자기주장능력 | 직업 필요성의 인식도<br>장래인생 계획 | 약물남용에 대한 이해<br>약물남용 청소년의 발견과 전문기관 의뢰 | 취미활동의 종류 | 지각·결근 일수 | 사용자 만족도 | 안전사고 발생률 |
| 측정 도구 | 자존감척도<br>사전사후설문 | 사전사후 설문 | 사전사후설문<br>의뢰기록지 | 사전사후 설문 | 근무일지 | 설문지 | 전년도 안전사고 통계자료 |
| 평가 방법 | 사전사후설문의 자존감척도를 통해 평가 | 사전사후설문의 직업인식 항목을 통해 평가 | 약물사용 위험검사와 약물남용 인지도검사를 통해 평가 | 사전사후설문의 여가활동 항목을 통해 평가 | 교육 전 교육 후의 근무일지를 통해 평가 | 교육이수 3개월 후 사용자에게 설문하여 평가 | 전년도 안전사고율과 교육연도 안전사고율 비교평가 |

프로그램 평가(program evaluation)는 일정기간 동안 실시한 프로그램이 의도한 대로 잘 되었는지 판단하는 과정이다. 그 단계는 평가목적 설정, 평가영역 및 준거확인, 평가지표와 도구개발, 평가자료 수집과 분석, 프로그램 평가보고 및 개정하는 단계이다.

---

다른 요인 때문에 특정 표적집단에 표준화된 측정도구가 사용되기 어려울 때 사용된다.

④ 서비스이용자의 만족도: 삶의 질 변화측정척도로서 서비스이용자 자기보고형식으로 자료를 수집하며 주로 서비스이용자의 인지를 측정하며 다양한 분야에서 성과측정척도로 사용된다.

## 5) 프로그램 평가방법

프로그램 평가방법은 2분류가 있다. 첫 번째는 총괄평가와 형성평가가 있으며, 두 번째는 내부평가와 외부평가가 있다.

### (1) 총괄평가와 형성평가

총괄평가는 프로그램이 끝나고 최종적으로 종합하여 평가하는 방법으로 복지 수요자들의 만족도, 지역사회와의 연계성, 예산투자 대비 사업의 효과성 및 효율 정도를 파악하여 차기사업에 반영하는 일련의 과정이다. 평가방법은 체크리스트에 의한 방법과 프로그램에 참여한 수요자를 대상으로 하는 전화, 설문조사, 면접방법이 있다. 가장 많이 사용하는 방법은 설문조사에 의한 방법과 심층면접방법이며, 효과적인 방법은 연구자가 수요자와 함께 동참하는 참여식 연구방법이 좋다.

형성평가는 프로그램 운영과 진행과정을 평가하여 평가내용을 바탕을 새로운 내용을 삽입하거나 더욱 효과적인 프로그램을 진행하기 위하여 실행하는 방법이다. 이때 구체적인 내용은 기존 프로그램의 진행과 운영에 기본적인 방향 설정의 접합성 여부, 진행과정의 효과적인 방법과 테크닉 구상, 프로그램의 수정과 변경, 프로그램의 확대와 축소 여부, 프로그램 진행에 문제에 대한 갈등능력과 해결방안 등 발생원인과 이유를 찾아내어 보완하는 방법이다.

류종훈(2007)은 운영과정평가에서의 질문을 다음과 같이하고 있다. 원래의 계획대로 이루어지고 있는지, 계획된 양과 질의 자원이 계획된 시간에 제공되고 있는지, 원래 의도한 프로그램 대상으로 이루어졌는지, 규정된 지침과 규정은 준수하고 있는지 여부를 확인 점검하는 것이 중요하다고 지적하고 있다.

### (2) 내부평가와 외부평가

내부평가는 기관의 내부에 근무하고 있는 사회복지사나 행정가에 의하여 평가하는 방법으로 의례적이고 정기적이며, 통상적으로 실시하는 방법이다. 내부평가의 주된 목적은 내부에서 계획하여 진행되는 있는 프로그램을 5단계로 구분한다. 기획단계평가, 외부와 협력평가, 실행단계 평가, 중간평가, 종합평가단계이다.

외부평가는 통상적으로 대학교수나 전문가집단의 평가를 원칙으로 하고 있다. 때로는 평가를 위탁하여 평가기관과 기간을 선정하여 기관경영과 프로그램 운영이 전반적으로 잘 운영되고 있는지 평가를 받는 경우도 있다.

### 6) 복지계획 수립의 과제

① 계획 수립 참여주체 역량강화: 각 주체 간의 역할구분, 복지협의체 역할강화, 각 주체별 Network

② 적정한 수립기간과 시기설정: 수립기간(1년 정도 소요), 수립시기(4년마다 지방선거와 겹치는 문제)

③ 주민참여와 이용자 중심 계획강화

- 주민참여: 공무원, 주민대표, 복지 관련자, 전문가 참여
- 계획 수립과정: 간담회, 토론회, 공청회 공개하여 의견수렴제도 정착

④ 지역 특성 분석과 매뉴얼 개발

- 주민욕구와 기초조사 및 자료의 과학적 분석을 토대로 계획
- 매뉴얼 내용: 계획영역, 구성과 내용, 관련 사례와 자료영역, 과정과 평가

## 7. 사회복지 프로그램의 실제(예시)

### 1) 아동의 사회망 프로그램[4)]

#### (1) 프로그램 개요

- 사업기간: 1999. 1. 1.~12. 31.(12개월간)

4) 박성규, 2006년 교육인적자원부 재정지원사업 주문식 교육 사회복지현장실습 pp.97-114를 재정리하였다.

• 사업목적

IMF 경제위기로 인해 급증하고 있는 버려진 아동, 영아들에게 대리보호서비스의 가정형태 중간개념(half way home idea)을 도입하여 일반 사회복지관과 복지시설들의 참여와 관심 속에 위탁 보호될 수 있도록 하고, 이에 관한 사회망(social network)을 형성하여 아동보호문제와 시설아동에 관한 관심을 갖도록 하였다. 현재 이 아동들의 친모 중 큰 비중을 차지하고 있는 미혼모에게 사회심리적 갈등과 고충을 다루는 정서적 프로그램과 사후 프로그램이 빈약한 데다 사회적 시선 또한 부정적이므로, 미혼모를 인식하고 수용하는 지지 프로그램과 국민이 관심을 가질 수 있고 미혼모끼리 대화할 수 있는 소프트웨어 프로그램을 개발하여, 사이버 공간을 통한 사회망 형성에 국민의 관심을 높이고자 한다.

### (2) 사업내용

• 목적 1. 영아시설아동의 사회망을 형성한다.

① 하위목적 1: IMF형 요보호아동에게 가정형 대리위탁보호를 실시하여 질적 향상과 안전을 꾀한다. 이를 위한 프로그램은 무료위탁가정 결연하기, 대리가정 및 대리부모 결연하기, 양부모 결연하기, 대리직원제 일시부모 결연하기가 있다.

② 하위목적 2: 사이버 공간을 활용하여 사이버 부모(가정)(cyber parents(home))를 형성하여 아동보호의 질적 향상을 꾀한다. 아동자료전달(아동 일상생활 장면 사진, 비디오, 음성, 노래, 율동 등) 및 가상부모 연결하기

③ 하위목적 3: 열린 영아 소프트웨어 프로그램으로 사회망(social network)을 형성, 질적 향상을 꾀한다. 소프트 프로그램으로 공감대 형성 및 대화의 방, 영아원 관련 자료 공개가 있다.

• 목적 2. 미혼모에 관한 사회망을 형성한다.

① 하위목적 1: 미혼모의 사회심리적 갈등을 표현하도록 지지한다. 이를 위한 프로그램은 편지, 일기 쓰기, 심리검사 실시, 노래방 교실, 감수성 훈련집단상담, 관내를

벗어난 기관원 외 사례의 아웃리치 상담, 미혼모의 대화의 방(미혼모 사용용) 이용(내용 및 설문지 분석), 디지털 카운슬링(digital counseling)으로 통신을 통한 상담이 있다.

② 하위목적 2: 미혼부모의 아동양육 및 가정형성을 지지한다. 미혼부모의 결합 및 아동양육 지원으로 건전한 가정을 만든다.

③ 하위목적 3: 미혼부모에 대한 사회적 인식과 수용을 증가시킨다. 프로그램은 소프트웨어 프로그램으로 미혼모의 편지로 갈등과 고통을 겪는 사례 수록, 일반인의 미혼모 인식 및 이해내용 수록, 가정형성 및 결합사례내용, 홍보(미혼모 예방 강연 및 매스컴 홍보), 미혼모의 이해, 지지도 설문조사가 있다.

### (3) 사업실적

〈표 14-4〉 사업실적 작성(예시)

| 목적 및 프로그램 내용 | 횟수 | 목표 | 실적 | 참고자료 |
|---|---|---|---|---|
| 1. 영아시설아동의 사회안전망 형성 | | | | |
| ① 무료위탁가정, 대리부모, 양부모, 손님의 방 이용 일시부모, 대리직원제 일시부모 결연 | | | | |
| i ) 무료 위탁가정 결연 | 수시 | 5가정 | 6가정 | |
| ii ) 대리가정 및 대리부모 결연 | 수시 | 30가정 | 21가정 | |
| iii ) 양부모 결연하기 | 수시 | 36가정 | 23가정 | |
| iv) 대리직원제 일시부모 결연 | 수시 | 6회 | 11회 | |
| ② 사이버 공간을 활용한 사이버 부모(가정) 형성: 아동자료전달(아동 일상생활 장면 사진, 비디오, 음성, 노래, 율동 등) 및 가상부모 연결하기 | 수시 | 아동 60명 | 53명 | 홈페이지 아기방 자료 |
| ③ 열린 영아원 소프트웨어 프로그램으로 사회망 형성: 소프트 프로그램(공감대 형성 및 대화의 방, 영아원 관련 자료 공개) (본 법인의 대구혜림원 미혼모 시설과 공동 진행) | 수시 | 200명 | 4,098건 클릭 (2000.1.28. 현재) | 홈페이지 열린영아원 자료 |
| 2. 미혼모에 관한 사회망 형성 | | | | |
| ① 미혼모의 심리적 갈등, 감정을 표현하도록 지지 | | | | |

| 목적 및 프로그램 내용 | 횟수 | 목표 | 실적 | 참고자료 |
|---|---|---|---|---|
| i ) 편지, 일기 쓰기 | 100 | 90명 | 120명 | 홈페이지 |
| ii ) 심리검사 실시 | 건2회 | 100명 | 80명 | (미혼모의 편지) |
| iii ) 노래방 교실 | 월 2회 | 20회 | 주 1회 | 미혼모방에 |
| iv) 감수성 훈련집단상담 | 월 1회 | 10회/200 | 주 1회 | 대화의 방 설치 |
| v ) 기관 내를 벗어난 기관원 외 사례의 아웃리치 상담 | 20회 | 10건 | 39건 | 전화 및 통신 |
| vi) 미혼모의 대화의 방(미혼모 사용용) 이용(내용 및 설문지 분석) | 수시 | 200건 | 10건 | 상담 포함 |
| vii) 디지털 카운슬링(digital counseling) 통신을 통한 상담 | 수시 | 100건 | 41건 | |
| ② 미혼(부)모의 아동양육 및 가정형성 지원 | | | | |
| i ) 미혼부모의 결합 및 아동양육 지원으로 건강한 가정 만들기 | 수시 | 10건 | | |
| ③ 미혼모의 사회적 이해, 수용 지지, 사이버 공간을 활용한 사회망 형성 | | | | |
| i ) 소프트웨어 프로그램 - 미혼모의 편지로 갈등과 고통을 겪는 사례 수록, 일반인의 미혼모 인식 및 이해내용 수록, 가정형성 및 결합사례내용 | 수시 | 500건 | 4,089건 클릭 | 홈페이지 내용 (미혼모의 방) |
| ii ) 홍보(미혼모 예방 강연 및 매스컴 홍보) | 6회 | 400명 | 2회 강연/13회 | |
| iii ) 미혼모의 이해, 지지도 설문 조사 | 1회 | 1회/50건 | 홍보 추후실시 예정 | |

### (4) 사업평가

• 목적 1. 영아시설아동의 사회망을 형성한다.

① 무료위탁가정, 대리부모, 양부모, 손님의 방 이용 일시부모, 대리직원제 일시부모 결연

가. 요위탁가정 결연(장기간 위탁신청 가능): 6개월 이상 계속적으로 장기위탁한 가정으로 1가정에서는 아동을 입양하여 친자 입적하였고 다른 4가정 모두 입양상담을 진행 중으로 2000년 상반기로 결연 가능하고 1가정은 아동 친부에게 귀가시킨 후 다른 아동을 입양할 계획이다. 단기위탁신청가정과는 달리 키우는 과정에서 정이 들어 대부분 입양까지 이어지고 있어서 참여인의 만

족수준과 보람이 크기에 그 효과는 대단하다.

나. 대리가정 및 대리부모 결연(3개월 미만의 단기위탁신청가정): 참여는 28가정에 21명에게 훈련을 실시하였으며, 신청 참여인의 반응으로 만족도는 4.6(매우 좋음)에 가까운 반응으로 만족도가 상당히 큰 것을 알 수 있고 전반적 문항에서도 "좋음" 이상의 반응으로 전체적으로 크게 호의적임을 알 수 있다. 한 번 신청하면 계속하게 되고 아동과 정이 들어 위탁가정 수준 이상인 아동의 영원한 부모가 되어 주는 아름답고 훈훈한 사례들이 늘고 있다. 다음은 아동 반응으로 정서성, 친숙과 애착성, 언어사용, 자율성의 4개 척도로 전체 21명에 대한 차이와 훈련 전 부적응이 심한 아동 8명에 대한 훈련 전과 훈련 후의 각각의 행동변화를 측정한 결과 전체 아동의 경우는 $p<.005$ 수준에서 유의미하게, 부적응이 심한 8명의 아동의 경우는 $p<.001$수준에서 유의미하게 나타났다.

## 2) 대구광역시 노인복지관 프로그램(예시)

대구광역시 노인복지관은 대구광역시에 거주하는 60세 이상, 노인들을 대상으로 하고 있는데 지역 특성상 중상층 이상의 노인들이 많으며, 노인들의 욕구에 따라 다양한 프로그램이 진행되고 있다. 지역노인들을 대상으로 한 조사결과, 노인들은 건강문제에 가장 높은 관심을 나타내고 있는 것으로 나타났으며, 또한 노인대학이 전체 프로그램 이용인원의 대부분을 차지하고 있다. 또한 대구광역시 노인종합복지관 운영 프로그램 중 상담 사업은 노인의 심리, 정서, 경제, 법률, 가정문제 등의 제반문제에 대한 상담을 실시하고 주로 생활문제, 가정문제상담문제, 물리치료 프로그램 한방진료 프로그램으로 구성되어 있다.

〈표 14-5〉 대구광역시 노인종합복지관 프로그램 현황

| 구 분 | 사업 내용 | | |
|---|---|---|---|
| 상담사업 | - 종합상담(생활상담, 시설이용 상담, 생활정보 제공, 취업상담)<br>- 무료 법률상담 | | |
| 보건의료사업 | - 진료사업(건강상담 및 검진, 양의, 한방진료)<br>- 물리치료실 운영(온습찜질, 간섭흡입치료, 초음파치료)<br>- 이·미용실 운영, 일반욕, 기계욕 | | - 경로식당 운영 |
| 사회교육사업 | - 노인대학 운영(18과목 21개 반)<br>- 생활외국어교실(영어, 일어, 중국어, 한문 기초 및 회화교육)<br>- 컴퓨터교실 | - 한글교실 | |
| 취업, 부업사업 | - 취업정보센터 운영(구직상담, 정보제공, 노인 권장직종 개발)<br>- 노인부업사업(노인부업 알선, 공동작업장 운영) | | |
| 경로증진사업 | - 경로잔치<br>- 예능경연대회<br>- 각종 대회 개최 | - 효도관광<br>- 초청특강 | - 노인캠프<br>- 노인문화 축제 |
| 단체활동사업 | - 노인봉사단 운영<br>- 취미동호회 운영 | - 공연단 운영<br>- 노인회 교류사업 | |
| 재가노인사업 | - 대상자 발굴 관리<br>- 재가봉사 사업 | - 재가봉사자 양성, 관리<br>- 탁구교실 운영 | - 결연후원사업<br>- 경로당 지원사업 |
| 조사교육사업 | - 노인욕구조사<br>- 직원연수 | - 강연회 개최<br>- 노인복지담당자 회의 | - 실습지도<br>- 자원봉사자 교육 |
| 기타 사업 | - 자원 개발·관리<br>- 지역사회복지사업 | - 자문위원회 운영<br>- 강사뱅크 운영 | - 홍보출판사업 |

출처: 대구광역시 노인종합복지관(2012), 내부자료 재구성.

### 3) 서울 북부 노인종합복지관 프로그램(예시)

북부노인종합복지관은 1989년 사회복지법인 화봉복지재단이 서울시로부터 위탁받아 운영되고 있는 사회복지기관으로서 1992년 북부 노인종합복지관으로 명칭을 변경하였다. 프로그램으로는 지역사회 노인복지서비스 전문기관으로서의 역할증대를 위해 노인의 신체적, 정신적, 경제적 부담 경감을 위한 각종 서비스를 제공하고, 기능회복훈련으로 노인 스스로의 재활의지를 고취시키고 사회 재참여를 유도하고 부득이한 사유로 가족의 보호를 받을 수 없는 심신이 허약한 노인과 장애노인을 낮 동안 시설에

입소시켜 필요한 각종 서비스 제공 및 부양가족의 부담경감을 위한 지원을 하고 있다.

현행 프로그램 중 먼저 상담사업에 대해서 살펴보면, 이용에 관한 상담이 가장 많이 이루어지고 있으며, 그 다음으로 시설입소상담, 치매 관련 상담, 취업상담, 건강 관련 상담, 법률상담 순으로 나타났다. 기능회복사업은 퇴행성 노인질환 관리, 노인병 예방 및 치료를 목적으로 설치·운영되고 있고, 1일 평균 100~120여 명의 노인들이 물리치료 등의 각종 의료서비스를 제공받고 있다. 사회교육사업은 장수대학, 취미교실, 전문클럽 육성으로 나눌 수 있으며, 장수대학은 22개의 과목으로 구성되어 있으며, 특별수업으로 한글, 서예, 한문 등의 11개의 과목으로 구성되어 있다.

〈표 14-6〉 서울 북부 노인종합복지관 프로그램 현황

| 구 분 | 사업 내용 | | |
|---|---|---|---|
| 상담사업 | - 이용상담, 지역보건상담<br>- 생활정보안내<br>- 치매 관련 상담 | | |
| 기능회복사업 | - 물리치료<br>- 중풍재활치료<br>- 한방무료치료 | - 운동치료<br>- 작업치료 | - 작업치료<br>- 방문간호 |
| 사회교육사업 | - 북부장수대학 | - 취미교실 | - 전문클럽 육성 |
| 치매노인주간사업 | - 주간보호실 | - 기능회복실 | - 무료진료사업 |
| 재가복지사업 | - 가정봉사원 파견 및 육성<br>- 경로당활성화 사업 | | |
| 고령자취업 알선센터 | - 취업상담<br>- 공동작업장운영 | - 취업알선 | - 사후관리 |
| 복지후생사업 | - 무료급식 사업 | - 노인후원회 | - 목욕탕 운영 |

출처: 서울 북부 노인종합복지관(2010), 내부자료 재구성.

1. **프로그램의 의사결정이론** ① 합리모형 ② 만족모형, ③ 점증모형, ④ 혼합모형, ⑤ 최적모형, ⑥ 쓰레기 통 모형.

2. **인적자원 개발 및 동원방법** ① 기존 조직이나 네트워크에 포함, ② 조직참여는 참여자가 제공하는 비용과 받는 이득에 의해 영향, ③ 기존조직들은 복지실천에 중요한 자원, ④ 협동의 정도가 높고 성원 간에 응집력이 높으면 집단행동이 발생하고 활성화됨, ⑤ 소규모 비공식 집단이 다양한 전술을 사용할 수 있고 외부의 방해에도 효과적으로 대응 가능함.

3. **물적자원 확보를 위한 마케팅 실행방법** ① 기부자와의 직접적 대면을 통한 개별적 접촉, ② 기부행위가 이루어진 후에도 지속적 관심을 표명하여 관계를 유지하는 일, ③ 기부금의 사용결과에 대해 정기적으로 보고, ④ 투명한 결산으로 잠재적 후원자가 정기적이고 지속적인 후원자로서 변화, ⑤ 사회복지조직의 활동에 관심을 가지게 될 뿐 아니라 사회복지조직의 활동에 참여활성화.

4. **사회복지기관 미션의 조건(기관 업무환경)** ① 재정자원제공자는 중앙 및 지방정부, 기업체, 공동모금, 개인후원, 유료 수요자, ② 합법성과 권위제공자로 사회복지조직에 대하여 사회적 지지와 정당성 및 권위를 제공하는 사람, ③ 수요자 제공자는 직접 서비스 대상이 개인과 주민, 수요자를 의뢰하는 타 조직, 집단, 개인이 될 수 있으며 정부기관과 학교, ④ 보충적 서비스 제공자는 사회복지조직이 모든 서비스를 다 할 수 없기 때문에 전문기관에 의뢰, ⑤ 조직의 산출물을 소비·인수하는 자는 클라이언트와 그 가족, 기관, 시설, 지역사회, 국가, ⑥ 문제가 있는 클라이언트를 치유한 후에는 일반인으로 받아들여(인수자) 활용할 조직(소비자)이 필요함.

5. **사회복지조직의 풍토형성 요인** ① 업무나 일 또는 직장에 대한 만족도나 성취도 등을 포함하는 조직구성원의 집단의식(spirit), ② 조직구성원에 대한 배려(consideration), ③ 생산지향적(production orientation) 지도관리 ④ 조직구성원 각 계층 간의 격리감과 냉담성(aloofness), ⑤ 업무수행에서의 이탈(disengagement), ⑥ 업무의 과중성과 업무수행에 대한 방해요인(hindrance), ⑦ 구성원 사이의 친밀감(intimacy), ⑧ 동기부여(motivation)나 직무수행과정에서 나타나는 조직의 박력감이나 압박감(thrust).

6. **복지기관의 문서 성립조건** ① 기관의 의사표시 명확, ② 법·부당하거나 시행 불가능한 사항 배제, ③ 기관의 권한 내의 사항 중에서 작성, ④ 규정된 절차에 따라 형식이 정리.

7. **사회복지시설의 기밀문서** ① 시설 운영정책상 극비처리가 필요한 문서, ② 업무운영계획 및 방침에 관한 문서와 인사기밀, ③ 시설 내에서 특정인 외에는 지득하여서는 아니 되는 문서.

## 요점정리

8. 사회복지 프로그램의 목표 ① 상황, ② 대상, ③ 내용, ④ 직접적 효과, ⑤ 기대효과이다. 즉, 어떤 상황에 있는 프프로그램을 제공함으로써 무슨 결과를 기대, 직접영향을 미치는 목표.

9. 사회복지 프로그램의 목적 ① 복지방향 및 비전, ② 주요 정책목표, ③ 포괄적이면서도 긍정적인 표현

10. 사회복지프로그램의 과정목표 ① 단위 프로그램별 목표, ② 기획과정 목표, ③ 프로그램 추진목표, ④ 프로그램 진행 목표, ⑤ 프로그램 기관 간 네트워크목표, ⑥ 프로그램 예산수립목표, ⑦ 지역사회자원 활용 목표, ⑧ 프로그램 평가목표

11. 프로그램 성과목표 평가 ① 복지시설에 적합프로그램 12종 정착여부 평가 → ② 지역사회복지계획의 수립 → ② 참여전문직 사회복지사의 역량 강화평가 ③ 통합 프로그램 사례집 발간 여부평가 →④ 거주 노인들의 문제 해결 여부평가 →

12. 지역사회복지결과의 평가기준 ① 계획내용의 충실성, ② 시행과정의 적정성, ③ 시행결과의 목표달성도, ④ 지역주민의 참여도와 만족도

13. OECD 공적원조개발사업 평가기준 ① 프로그램의 적절성, ② 프로그램 효과성, ③ 프로그램의 효율성, ④ 주변에 미치는 영향력, ⑤ 프로그램의 지속가능성.

# 참고문헌

## 1. 국내문헌


감정기 · 백종만 · 김찬우(2005), 『지역사회복지론』, 서울: 나남출판사.

감정기 · 백종만 · 김찬우(2007), 『지역사회복지론: 이론 · 기술 · 현장』, 서울: 나남출판.

강철의 · 김교성 외(2000), "복지국가의 사회복지비 지출변화(1982~1999)에 관한 실증적 연구", 『한국사회복지학』, 42, 한국사회복지학회.

강철희(1999), "한국 모금문화의 현재와 선진화 과제", 『한국의 모금문화 현실과 선진화 방안』, 국회복지포럼, 사회복지공동모금회.

강철희 · 정무성(2006), 『지역사회복지실천론』, 서울: 나남출판사.

고수현(2007), 『지역사회복지 – 이론과 실천 –』, 서울: 교육과학사.

고순철(1994), 『공동체 문화운동의 필요성과 의미』, 서울대학교 시민교육연구실.

고순철(1997), "지역사회개발의 접근과 전략연구", 『한국지역사회개발학회지』, 22.

고승희 · 김성운(2007), "충청남도 자원봉사활동의 활성화 방안", 충남발전연구원.

고양시(2002). 주요통계분석.

교육부(2014), 『국가직무능력 표준』, 한국직업능력개발원.

권두승(1996), 『평생교육론』, 서울: 교육과학사.

권순복(1989), "도시공동사회의 형성과 발전방향 연구", 한양대학교 대학원 미간행 박사학위청구논문.

권이종(2000), 『평생교육의 실제』, 서울: 교육과학사.

김기태 외(2008), 『지역사회복지론』, 서울: 대왕사.

김남선(1992), 『지역사회개발학개론』, 서울: 형설출판사.

김남선(2000), "지역공동체와 사회자본", 한국지역사회개발학회 학술대회, 한국지역사회개발학회 · 새마을운동 중앙회.

김동배(2002), 『시민사회와 자원봉사』, 서울: 학지사.

김미곤(1999), 민간사회안전망구축을 위한 세미나. 실업극복국민운동협회.

김범수(1999), "공동모금의 도입과 모금 확대방안", 평택대학교 논문집, 제13집.

김범수(2000), 『21C 지역사회복지론』, 서울: 홍익재.

김범수(2003), 『지역사회복지의 이해』, 경기: 학현사.

김범수(2007), 『자원봉사론』, 서울: 학지사.

김범수 · 신원우(2006), 『지역사회복지론』, 경기: 공동체.

김병준(1995), 『한국의 지방자치론』, 서울: 법문사.

김선기 · 황병천(1995), "과소지역 진흥법 제정에 관한 기초 연구", 서울: 한국지방행정연구원.

김성이 외(2000),『한일지역복지비교연구』, 서울: 나남출판.
김수현(2000), "한국의 시민사회와 사회자본", 새마을 국제심포지엄, 새마을운동중앙회.
김영모(1988),『현대 사회보장론』, 한국복지정책연구소.
김영모(1999),『지역사회복지론』, 한국복지정책연구소.
김영모 · 원석조 외(1982), "한국빈곤정책에 관한 연구",『사회정책연구』, 1.
김영종(2006), "사회복지관 프로그램 개발과 평가", 서울: 한국사회복지관협회세미나.
김영종(2007), "공동모금제도와 사회복지공동모금회의 발전방향",『국회도서관보』, 44(9), 통권340호.
김영태 · 조당호 · 이대진(2007),『지역사회복지론』, 경기: 공동체.
김점수 · 유기억(1996),『한계농지의 효율적 이용방안』. 강원개발연구원.
김종일(2005),『지역사회복지론』, 경기: 학현사.
김종일(2007), 지역사회복지론, 서울: 청목출판사.
김주연(2006), "지역사회복지관의 문제점과 개선방안에 관한 연구",『인권복지연구』, 창간호.
김진화(2002),『평생교육프로그램 개발론』, 서울: 교육과학사.
김철환(1996),『에센스 영한사전』, 서울: 민중서림.
김태성(1997), "한국의 사회복지는 왜 낙후되었는가",『사회복지연구』, 8.
김태성 · 성경륭(2000),『복지국가론』, 서울: 나남출판.
김통원 · 김혜란(1998), "IMF경제위기와 민간자원의 복지참여",『사회복지』, 한국사회복지협의회.
남경현(1978), "사회복지관의 역사적 배경과 유형",『사회복지관 개요』, 한국사회복지관연합회.
남기철(2007),『자원봉사론』, 서울: 나남출판.
노병일(2000),『사회보장론』, 서울대학교 출판부.
노연희 옮김(2002), Anheire, H. K. & Seibel, W 저,『제3섹터란 무엇인가: 비영리조직에 대한 비교 연구』, 서울: 아르케.
단양군(2017), 단양군 예산서, 단양군 통계 연보.
단양군(2017), 제3기 사회복지계획 평가.
단양군(2018), 재정공시 예산.
단양군(2019),『단양군 지역사회보장계획』(2019~2022).
대통령자문21C위원회(1991),『21C를 향한 한국의 과제』. 서울: 도서출판 비파.
류기형(1991), "공동모금제에 관한 연구", 서울대학교 대학원 미간행 박사학위청구논문.
류상열(2008),『지역사회복지론』, 서울: 형설출판사.
류종훈(2007),『지역사회복지론』, 경기: 학현사.
맹정주(1986),『도시빈곤의 실태와 정책(제6차 5개년 계획에서 영세민 생활향상 대책)』, 홍기용편, 단국대학교 출판부.
박광준(2019),『조선왕조의 빈곤정책』, 서울: 도서출판 문사철.

박서호(1993), 『지역사회운동을 통한 공동체의식 형성방안』, 대전: 한국 지역사회개발협회 대전지부.
박순일(1994), 『한국의 빈곤현실과 사회보장』, 서울: 일신사.
박용순(2006), 『지역사회복지론』, 서울: 학지사.
박태영(1999), "사회복지협의회의 기본 구조 재정립 방안", 한국사회복지협의회 직원연수교육자료, 전국사회복지협의회.
박태영(2007), 『지역사회복지론』, 서울: 학현사.
방성수(2001), "사회복지공동모금제도의 발전방안", 『복지행정논총』, 11(1).
변재관(2000), 지역복지 강화를 위한 사회복지사업법 개정 공청회 자료, 한국보건사회연구원.
보건복지부(2017a), 국민기초생활보장 2018년도 자활사업안내.
보건복지부(2017b), 사회복지관 및 재가복지봉사센터 운영관리 업무처리 요령안내.
보건복지부(2017c), 지역사회복지협의체 운영 매뉴얼.
보건복지부(2017d), 『케뮤니티케어 운영 매뉴얼』.
보건복지부(2018), 『제3차 중장기 보육 기본계획』(2018~2022).
보건복지부(2020a), 2020 사회복지관 운영관련 업무처리안내.
보건복지부(2020b), 2020 사회복지자원봉사사업지침.
보건복지부(2020c), 2020 자활사업 안내.
사회복지공동모금회(2019), 2019 연간보고서.
사회복지공동모금회. 2006~2007 사회복지공동모금회 연간보고서.
서경석(1999), 『민간 사회안전망 구축』. 서울: 실업극복국민운동위원회.
성규탁 외(1997), 『비교지역사회복지－사회복지기관과 재가복지의 국제비교』, 사회복지관협회.
송두범(1998), "지역사회단위별 유형구분에 관한 연구", 대구대학교 대학원 미간행 박사학위청구논문.
송준헌(2006), "사회복지 전달체계 개편방향과 사회복지관의 역할 및 발전방안", 한국사회복지관협회 세미나.
스웨덴 대사관(2006), 스웨덴 복지모델의 성공요인.
신복기 외(1995), 『공공복지와 민간 사회복지 연계』, 부산대학교 사회복지연구소.
신섭중 외 역(1995), 『일본 현대복지학총람』, 서울: 대학출판사.
신섭중 외(1993), 『한국사회보장정책론』, 서울: 박영사.
신수식(1990), 『사회보장론』, 서울: 박영사.
신중섭(1989), 『사회보장정책론』, 서울: 대학출판사.
신혜종(1998), 『사회복지』; 한국사회복지협의회.
실업극복국민운동위원회(1999), "실업대책 사각지대의 지원체제 구축에 관한 연구", 실업극복 범국민운동위원회.
양동현(2002), "사회복지관의 운영 실태와 개선방안", 동의대학교 대학원 석사학위논문.

양용희 · 김범수 외(1997), 『비영리 조직의 모금전략과 자원개발』, 한국사회복지협의회.
양정하 · 황인옥 · 김정희 · 배의식 · 박미정 · 김남숙 · 윤성호(2008), 『지역사회복지론』, 경기: 공동체.
양창삼(1995), "사회봉사의 철학과 기능", 『대학의 사회봉사』, 한양대학교 출판부.
여성가족부(2011), 『제1차 아동정책 기본계획』(2015~2019).
여성가족부(2011), 『제6차 청소년정책 기본계획』(2013~2019).
오정수(1997), 『통일한국의 사회복지민간부문 구축방안』, 한국사회복지협의회.
오정수(1998), 『우리나라 민간부문 복지구조 개선방안』, 한국 사회복지협의회.
오정수 · 유진석(2006), 『지역사회복지론』, 서울: 학지사.
윤근섭 · 최낙필(1994), "과소지역의 구조와 사회적 결속에 관한 연구", 『한국사회학회 학회지』, 28.
이규환(1989), "지역개발에 있어서 주민참여의 확대방안", 『도정연구』, 9월호.
이삼식(2016), 저출산 · 고령화 대책의 현황과 정책과제. 보건복지포럼.
이성기(1996), "사회부조의 유형화에 관한 연구", 미간행 서울대학교 대학원 박사학위청구논문.
이연숙(1998), 『성인을 위한 가족생활 교육론』, 서울: 신정.
이영철(2004), "사회복지공동모금회의 모금배분사업의 발전방안", 『한국지역사회복지학회』, 14.
이영철(2007), 『지역사회복지론』, 경기: 양서원.
이재완(1996), 『일본시정론 사회복지협의회 현황과 문제점』, 한국지역사회복지연구회.
이준모(1998). "지역 민간안전망 구축사례", 성남지역 범시민실업대책본부 · 크리스챤 아카데미 사회교육원 주최 실업대책 심포지엄 자료집.
이창호(1994), 『한국민간복지 활성화 방안』, 이웃돕기운동추진협의회.
인경석(2000), 『한국복지국가의 이상과 현실』, 서울: 나남출판.
장인협(1995), 『지방화 시대의 지역복지실천 방법론』. 서울대학교 출판부.
전보경(2007), "지역사회복지 네트워크 구축을 위한 자원봉세센터 활성화 방안", 제4회 전국자원봉사센터관리자대회 자료집.
전석 복지재단교육특별위원회(2004), 손쉽게 작성하는 사업제안서.
전해황 외(2007), 『사회복지전문요원 인력양성실무』, 교육인적자원부 재정관리사업교재, 대원과학대학.
전해황(2002), "지역사회유형별 민간사회안전망 구축방안에 관한 연구". 대구대학교 대학원 박사학위논문.
전해황 외(2014), 『평생교육 방법론』, 경기: 정민사.
전해황 외(2019), 『사회복지행정론』, 경기: 양서원.
전해황(2004), "대전지역 주민공동체 형성", 대전발전연구원 · 대전학연구회 공동학술 세미나.
정구현 · 배규환 외(1996), 『21세기 한국의 사회발전전략』, 서울: 나남출판.
정무성(1999), 『민간 사회안전망 효율적 구축방안』, 실업극복국민운동위원회.
정무성(2005), 『사회복지 프로그램 개발론』, 서울: 학현사.

정영순(1995), 『민간복지차원의 적극동원 및 활성화』, 한국보건사회연구원.
정진경(2007), "비영리조직-정부관계 측면에서 자원봉사센터 운영의 자율성에 관한 연구", 『한국비영리연구』, 6(3).
정진경(2008), "사회복지재정분권에 따른 지방비 부담 변화에 관한 연구".
제천시(2006. 6. 26), 제천시 지역사회복지계획(2007-2010), 충청북도 제천시청.
조소라(1999), "사회복지기관 후원자들의 지속에 영향을 미치는 요인 연구", 서울대학교 대학원 미간행 석사학위논문.
주성수(1999), 『시민사회와 제3섹터』, 한양대학교 출판부.
주성수(2007), 『자원봉사: 이론, 제도, 정책』, 서울: 아르케.
중앙대학교 사회복지학과(1992), 『한국사회보장제도의 재조명』, 한국복지정책연구소.
채재송(2000), 사회자본과 사회안전망, 새마을 30주년 심포지엄. 새마을운동중앙회.
최민홍(1983), 『한국윤리사상사』, 서울: 성문사.
최순남(2001), 『인간행동과 사회환경』, 한신대학교 출판부.
최옥채(2001), 『지역사회실천론』, 서울: 아시아미디어리서치.
최일섭 외(1996), 『지역사회복지론』, 서울대학교 출판부.
최일섭(1999), "민간사회안전망과 지역사회복지". 민안망 운동 워크숍. 민간사회안전망운동 범국민협의회.
최일섭·류진석(2004), 『지역사회복지론』, 서울대학교 출판부.
최재원(1993), 『지역사회개발론』, 서울: 백산출판사.
최항순(2007), 『지역사회복지론』, 서울: 대영문화사.
충북 복지넷(2017). 인터넷 홈페이지.
통계청(2000), "1999년도 도시근로자 가계지수 동량", 통계청.
표갑수(2003), 『지역사회복지론』, 서울: 나남출판.
하상락 편(1989), 『한국사회복지사론』. 서울: 박영사.
한국농촌경제연구원(1983), "2000년을 향한 농촌인구의 전망과 대책".
한국보건사회연구원(1999), "한국의 사회보장비 추계", OECD연구보고서.
한국사회복지관협회(1997), "지역복지발전방안", 서울: 한국사회복지관협회.
한국사회복지관협회(1999), "2000년대 사회복지관 활동방향", 한국사회복지관협회.
한국사회복지프로그램연구회(1999). 복지공동체 건설을 위한 시범마을운동 최종보고서.
한국소비자보호원(1999), "소비생활에서의 사회안전망 구축방안 연구보고서", 한국소비자 보호원.
한국임상사회사업학회(2008), 『지역사회복지론』, 서울: 신정.
한국자원봉사센터협회(2007), 2007년 자원봉사센터 운영현황.
행정안전부(2017. 5), 2007년 자원봉사센터 운영현황.

행정안전부·보건복지가족부(2008), 민관협력기구 운영 효율화 방안.

홍동식 · 박대식(1996), 『지역사회학』. 서울: 경문사.

홍부길(1988), 『비영리조직 마케팅과 사회마케팅』, 이화여자대학교 출판부.

황성철(1998), “지역사회복지의 개념과 학문적 동향 및 실천”, 『지역사회복지운동』, 6, 한국지역사회복지학회.

황성철 · 강혜규(1994), “사회복지관 운영평가 및 모형개발”, 한국보건사회연구원.

경향신문, 2008. 7. 30. 12면

동사무소별 수급자세대현황(2005).

동아일보(2018.11.28). B4면.

동아일보(2020.12.16), 정부, 2022년부터 셋째이상 자녀 대학 ‘등록금’ 전액 지원.

연합뉴스(2018.07.14), KOICA 뉴욕서 ‘ODA 토론회’…이미경 “평화가 SDGs 전제조건”.

한국대학신문(2018.05.10), [4차 산업혁명 시대, 고등직업교육 정책 제언④] 시대 바뀌어도 ‘전인적 인재’가 주인공… 다양성 살린 교육해야.

한국일보(2001). 1. 12. 사회면.

http://www.welfare.net 한국사회복지사협회

http://www.chest.or.kr 사회복지공동모금회

http://www.kaswc.or.kr 한국사회복지관협회 통계자료

http://www.kavc.or.kr 한국자원봉사센터협회

http://www.ktngwelfare.or KT& G복지재단

http://www.reportnet.co.kr. 레포트네트

http://www.reportworld.co.kr. 레포트월드

http://www.sasw.or.kr 서울사회복지사협회

http://www.saswc.or.kr 서울시복지관협회

http://www.welfare.net 한국사회복지사협회

http://www.welfare.samsungfoundation.org 삼성복지재단

## 2. 국외문헌

오오하시켄사쿠(2005), “전후 일본 사회복지연구 및 사회복지학의 과제: 소셜워크와 국민문화”, 한국사회복지학회 2005년 춘계학술대회 자료집, 한국사회복지사협회.

共同募金會(2000), 『平成11年度 共同募金運動統計』, 共同募金會.

Aldrich, H. E.(1979). *Organization and Environments*. Prentice Hall. Inc.

Barber, B. R.(1984). *Strong democracy: participatory politics for a new age*. Berkeley:

University of califonia.

Barnes, S. H. & Max Kaase et al.(1979). *Political action: Mass participation in five western democracies*. Beverly Hills: Sage publications. ch, 2.

Brilliant, E. L.(1990). *The United Way: Dilemmas of Organized Charity*. New York: Columbia University.

Brilliant, E.(1995). *Encyclopedia of Social Work*.

Coleman, J.(1990). *Foundations of social Theory*. Cambrige: Belknap press.

Dunham, A.(1970). *The New Community Organization.* New York: Thomas Y. Crowell Co.

Fred, M. C.(1979). *Strategies of Community Organization*. F. E. Peacock Publishers. Inc.

Fukuyama, F.(1995). *Trust: The Social Virtuse and the Creation of Prosperity*. N.Y.: Free press.

Funk & Wagnnalls.(1963). *Standard College Dictionary*. Harcourt. Brace acd World Inc.

George, A. H., Jr.(1995). Definitions of Community. *Areas of Agreement Rural Sociology*, Vol. 20.

Gilbert, N. & Harry Specht(1974). *Dimensions Social of Welfare Policy*. Englewood Cliffs, New Jersey: Prentice-Hall.

Graham, C.(1994). *Safety Nets, Politics, and the Power: Transitions to Market Economics*.

Greenberg, E. S.(1983). *The American polical System: A rodical approoch(3rd ed).* Boston: Little, Brown & Co.

Hardina, D.(2002). *Analytical skills for Community Organization Practice.* New York: Columbia University Press.

Herbert, K.(1982). *Administrative Decentralization and Political Power: Francis E Rourke*. Bureaucratic Power in National Politices. Boston: Little Brown and Company.

Hillman, A.(1998). *Neighborhood Center Today.* New York: National Federation of Settlements.

ILO.(1984). *Into the Twenty-First Century: The Deveolpment of Social Security*. Geneva.

Johns, R. & Dermache, D. F.(1951). *Community Organization and Agency Responsibility.* New York: Association Press.

Johnson, H. M.(1960). *Sociology: A Systematic Introduction*. New York: Harcourt Brace.

Johnson, L. C.(1995). *Social Work Practice*. USA: Allyn and Bacon.

Kramer, R.(1981). *Voluntary Agencies in the welfare state*. Berkeley, CA: University of California Press.

Lyons, W. E. & David Lowery(1989). Citizen responses to dissatisfaction in urban communities: A partial test of a general model. *Journal of politics*.

Maclver, R. M.(1921). *The Elements of Social Science*.

MacIver, R. M.(1994). *Charles H. Society: An Introductory Analysis*. New York: Holt, Rinehart and Winston.

Mayo, M.(1994). *Communities and Caring*. London: Macmillan

McNeil, C. F.(1954). "Community Organization for Social Welfare". *Social Work Year Book.* New York: American Association of Social Workers.

Medovk, G. P.(1950). *Outline of Cultural Materials*. New Haven: Yale Univ. Press.

Michigan State University.(1998). *Social Capital Interest Group Social Capital: A Position Paper*.

Milbrath, L. W. & Goel, M. L.(1977). *Political Participation: How & Why do People get involved in politics?* Chicago: Rand Mcnally College Publishing Co.

Miller, S. M. & Rein Martin(1971). Participation, Poverty, and Administration. Dean L, Yarwood(Ed.). *The National Administrative System-Selected Rading.* New York: John Wiley & Sones, inc.

MSU Social Capital Interest Group(1998). Social Capital Conference: Bridging Disciplines. *Policies and Commumities*. Michigan State Univeristy.

O'Neill, M.(1989). *The Third America: The Emergence of the Nonprofit Sector in the United states*.

Parry, G., George Moyser, & Day, N.(1992). *Participation and democracy in Britain.* Cambridge: Cambridge University Press.

Perlman, R. & Gurin, A.(1972). *Community Organization and Social Planning*. New York: John Wiley & Sons.

Putnam, F.(1993). The Prosperous Community: Social Capital and public Life. *The American Prospect* 13.

Ross, M. G.(1967). *Community Organization: Theory, Principles, and Practice(2nd ed.).* New York: Harper & Brothers.

Rothman, J., Erlich, J., & Tropman, J.(2001). *Strategies of Community Individual and Community Practice(2nd ed.).* MA: Allyn and Bacon.

Rousseau, J. J.(1968). *The social contract*. M. Cranston trans. Penguin Books, recited from Pateman.

Salamon, L.(1992). *America's Nonprofit Sector: A Primer*.

Sanders, I. T.(1975). *The Community(3rd ed.)*. New York: The Ronald Press.

Stougger, W. B., Cynthia Opheim, & Susan Bland Day.(1991). *State and Local Politics: The individual and the Governments*. Harper Collins Publishers Inc.

Warren, R. L.(1963). *The Community America*. Chicago: Rand McNally & Co.

Weil, M. & Gamble, D.(1995). *Community Practice Models. Encyclopedia of Social Work(19th ed.)*. New York: National Association of Social Workers.

Weil, M. O. & Gamble, D. N.(1995). "Community Practice Models". In Edwards, Richard(Ed.), *Encyclopedia of Social Work*, NASW Press.

Weil, M.(2005). *The Handbook of Community Practice.* Sage.

Weil, M.(1996). Model Development in Community Practice: An Historical Perspective. *Journal of Community Practice*, 3(3/4).

World Bank(2000). *Social Capital for Development*.

Zimmerman, J. F.(1974). The Metropolitan Area Problem. *The Annals of American Academy of Political and Social Sciences*. 416(November).

# 찾아보기

# 저자소개

**전해황** 한남대학교 사회과학대학원(문학 석사)
대구대학교 대학원(행정학 박사)
대원대학교 사회복지과 교수
| 저서 및 논문 | 한국 지역사회복지의 세계화(2006), 교육인적자원부 교재 5권(2007~2010)
사회복지행정론(2016, 공저), 사회복지법제론(2010, 공저) 외 다수

**이성윤** 단국대학교 대학원(행정학 석사)
단국대학교 대학원(행정학 박사)
신안산대학교 사회복지과 교수
| 저서 및 논문 | 자원봉사론(2019, 공저), 새로운 행정학(2003),
사회복지사의 직무만족과 이직의사 간의 상관관계에 관한 연구(2002) 외 다수

**송낙길** 한국외국어대학교 대학원(경제학 석사)
광운대학교 대학원(행정학 박사)
경민대학교 사회복지과 교수
| 저서 및 논문 | 사회복지행정론(2016, 공저), 사회복지정책론(2015, 공저) 외 다수

**정주석** 경희대학교 대학원(행정학 석사)
평택대학교 사회복지대학원(사회복지학 석사)
경희대학교 대학원(행정학 박사)
신성대학교 사회복지과 교수
| 저서 및 논문 | 자원봉사론(2020, 공저), 사회복지실천론(2019, 공저) 외 다수

**염일열** 전남대학교 대학원(행정학 석사)
서울시립대학교 대학원(행정학 박사)
서정대학교 사회복지행정과 교수
[저서 및 논문] 사회복지정책론(2020, 공저)
시화호 개발사업의 협력적 계획과정 활용에 관한 연구(2008)
사회적경제와 마을교육공동체가 함께 상생하는 방과후학교 운영방안 연구(2019)
경기도형 발달장애인 평생교육센터 설립방안에 관한 연구(2019)
양주시 마을공동체 만들기 기본계획 수립 연구(2020) 외 다수

**김정호** 동국대학교 대학원(행정학 석사)
동국대학교 대학원(행정학 박사)
신한대학교 행정학과 교수
| 저서 및 논문 | 사회복지정책론(2020), 사무관리(2020) 외 다수

제4판

# ▌지역사회복지론▐

1판 1쇄 발행 2008년 8월 30일
1판 4쇄 발행 2010년 3월 10일
2판 1쇄 발행 2010년 8월 10일
2판 5쇄 발행 2014년 2월 10일
3판 1쇄 발행 2016년 9월 5일
3판 2쇄 발행 2018년 1월 25일
4판 1쇄 발행 2021년 3월 5일
4판 2쇄 발행 2023년 8월 25일

저 자 | 전해황 이성윤 송낙길 정주석 염일열 김정호
발 행 인 | 박철용
발 행 처 | 양서원
주 소 | 경기도 파주시 직지길 522 파주출판도시
전 화 | 031-955-8000(代)
팩 스 | 031-955-8005
홈페이지 | www.yswpub.co.kr
이 메 일 | yswgroup@naver.com
출판등록 | 1987년 11월 24일 제 406-2003-037 호

ISBN 978-89-994-1111-3

정가 21,000원